DuMonts Kriminal-Bibliothek

Mord als schöne Kunst betrachtet

Noch mehr Morde

Herausgegeben und mit Einführungen versehen
von Volker Neuhaus

DuMont

Die Deutsche Bibliothek – CIP-Einheitsaufnahme

Mord als schöne Kunst betrachtet. Noch mehr Morde. – Köln : DuMont, 2001
(DuMonts Kriminal-Bibliothek ; 1100)
ISBN 3-7701-5877-6

© 2001 für die deutsche Ausgabe: DuMont Buchverlag, Köln
Alle deutschsprachigen Rechte vorbehalten

Ellery Queen, »The Mad Tea-Party«, © 1934 by Ellery Queen. Copyright renewed.
Reprinted here with the permission of the Frederic Dannay and Manfred B. Lee Literary
Property Trusts and their agent, JackTime, 3, Erold Court, Allendale, NJ 07401, USA
Stanley Ellin, »The Cat's-Paw«, © 1979 Stanley Ellin
Mary Roberts Rinehart, »The Secret«, © 1943, 1949, 1950 by Mary Roberts Rinehart,
Copyright renewed 1978 by Alan G. Rinehart and Frederick R. Rinehart. Abdruck mit
Genehmigung der Liepman AG, Zürich
Michael Innes, »A Matter of Goblins«, © 1956 J. I. M. Stewart
John Dickson Carr, »The Man Who Explained Miracles«, © by John Dickson Carr. Mit
freundlicher Genehmigung von David Higham Associates, London und Agence Hoffman,
München
Poul Anderson, »The Martian Crown Jewels«, © 1958 Davis Publication, Inc.
James Yaffe, »Mom remembers«, © 1997 by James Yaffe. Veröffentlicht mit Genehmigung
Nr. 63416 der Paul & Peter Fritz AG in Zürich

Umschlagmotiv von Pellegrino Ritter
Umschlag- und Reihengestaltung: Groothuis & Consorten
Satz: Greiner & Reichel, Köln
Druck und Verarbeitung: Clausen & Bosse, Leck
Printed in Germany
ISBN 3-7701-5877-6

Inhalt

Ellery Queen
Der verrückte Fünf-Uhr-Tee   7

Stanley Ellin
Das Werkzeug   56

Mary Roberts Rinehart
Das Geheimnis   80

Michael Innes
Eine Koboldsgeschichte   226

John Dickson Carr
Der Mann, der das Unerklärliche erklärte   285

Poul Anderson
Die Kronjuwelen des Mars   352

James Yaffe
Mom erinnert sich   378

Ellery Queen

»Ellery Queen ist die amerikanische Detektivgeschichte«: Mit diesem Zitat – »einem der berühmtesten der Genregeschichte und einem der wahrsten« – beginnt der Krimiautor, -kritiker und Genrehistoriker William L. DeAndrea den Queen-Artikel seiner Krimi-Enzyklopädie. Es stammt von Anthony Boucher, den ›Ellery Queen‹ wiederum einmal einen »Renaissancemenschen des Detektivromans« genannt hat, war er doch als Kritiker, Anthologist, Förderer junger Talente und als Autor von Kriminalromanen und -hörspielen gleichermaßen erfolgreich.

Das klingt nach einem Lobkartell, ist es jedoch nicht, sondern die logische Konsequenz daraus, dass man »Mord als schöne Kunst betrachtet«: Der Detektivroman lebt vom Spiel mit der Gattung und von der Gattung als Glasperlenspiel, das nur derjenige kompetent mitspielen kann, der nahezu alle Werke aller Vorgänger und Mitspieler kennt. Eröffnet hat es einst Edgar Allan Poe, als er 1841 ein grausig blutiges Geschehen mit der überlegenen Verstandeskraft eines exzentrischen Sonderlings kombinierte und dem Ganzen den Schauertitel »The Murders in the Rue Morgue« gab. In seinem Vaterland verachtet und vergessen, wurde Poe erstmals von den französischen Symbolisten in seinem weltliterarischen Rang erkannt; und der Franzose Emile Gaboriau war es, der 1865 in »L'affaire Lerouge« einen an Poes Dupin angelehnten Amateurdetektiv mit dem Stoffkomplex des französischen Feuilletonromans der Sue-Dumas-Schule verband, den er praktisch als Sekretär des berühmten Paul Feval kennen gelernt hatte.

Wenn dann zweiundzwanzig Jahre später in Arthur Conan Doyles »A Study in Scarlet« Sherlock Holmes erstmals auftritt, bemerkt sein neuer WG-Partner Watson – seinerseits der legitime Nachfahre von Poes anonymem Ich-Erzähler –, so etwas wie Holmes kenne er nur aus Büchern: denen Poes und Gaboriaus.

So lief das Spiel denn weiter; der erste amerikanische Superdetektiv, S. S. Van Dines Philo Vance, war nichts anderes als ein nach New York verpflanzter Lord Peter Wimsey, wie ihn Dorothy L. Sayers wenige Jahre zuvor erfolgreich geschaffen hatte. Bevor er ihn kreierte, hatte Willard Huntington Wright, so des Autors längere Zeit geheim gehaltener wahrer Name, mehrere tausend Werke des Genres studiert, und die Frucht dieser Studien waren nicht nur die Van-Dine-Romane um den ebenso reichen wie versnobten Amateur Philo Vance, sondern auch eine äußerst erfolgreiche Anthologie mit einer material- und faktenreichen Genregeschichte als Einleitung.

Als die Vettern Manford Lepofsky und Daniel Nathan, die in der Jugend ihre Namen zu Manfred B. Lee (1905–1971) und Frederic Dannay (1905–1982) amerikanisiert hatten, 1929 gemeinsam ihren ersten Detektivroman für einen Wettbewerb einreichten, stutzten sie ihren seit 1926 erfolgreichen Vorgänger lediglich auf menschliches Maß zurecht: Hatte Vance in Oxford studiert, war ihr Held Harvard-Absolvent, entstammte Vance einer so berühmten Geldaristokratenfamilie, dass er hinter einem Pseudonym versteckt werden musste, war sein Nachfolger lediglich durch eine Erbschaft finanziell unabhängig, sammelte Vance französische Impressionisten, kauft die neue Hauptfigur seltene Bücher. Da die Werke für den Wettbewerb unter einem Pseudonym eingereicht werden mussten, wählten die bis dahin in der Werbebranche tätigen Vettern das ebenso vornehm wie rhythmisch angenehm klingende »Ellery Queen« und nannten mit wachem Sinn für ein Markenzeichen den Detektiv ebenso. In der Fiktion ist der Detektiv zugleich Schriftsteller, der seinen eigenen Fällen anschließend Romanform gibt.

Neben den von Anfang an erfolgreichen Romanen pflegte das Queen-Duo auch immer die Kurzgeschichte und die Detektivnovelle, wie Edgar Allan Poe sie in Fortführung europäischer Vorbilder vor allem aus der deutschen Romantik begründet hatte. Nicht eben bescheiden nannten die beiden die erste Sammlung in Buchform 1933 »The Adventures of Ellery Queen« – in Anlehnung an die legendäre erste Sammlung der Holmes-Geschichten, mit der Doyle weltberühmt wurde.

Vor allem Frederick Dannay liebte die kürzeren Formen über alles und wurde mit den Jahren zu ihrem besten Kenner – er baute der Welt größte Sammlung von Detektivkurzgeschichten und -novellen auf. 1941 veröffentlichte »Ellery Queen« anlässlich der hundertsten Wiederkehr des Erscheinens von Poes »Morgue«-Geschichten die Anthologie »101 Years' Entertainment. The Great Detective Stories, 1841–1941«, und im selben Jahr begann, gleichsam als Fortschreibung der Anthologie, die Zeitschrift »Ellery Queen's Mystery Magazine« zu erscheinen, bis heute die erfolgreichste Genre-Zeitschrift aller Zeiten. Von Stanley Ellin als nächstem Autor bis zu James Yaffe als letztem dieses Bandes wurde Frederick Dannay zum nimmermüden Entdecker und Förderer, zur Hebamme der Krimi-Genies.

Als die Queens ihre Anthologie 1941 zusammenstellten, waren sie gerecht und unvoreingenommen genug, auch ein Werk von sich selber aufzunehmen – das hier vorgelegte »The Mad Tea-Party«, eine Novelle aus ihrem Debüt-Jahr 1929. Eine Anthologie zu »Mord als schöne Kunst betrachtet« kann kaum adäquater beginnen als mit dieser Geschichte. Sie betrachtet Mord nicht als gesellschaftliches, ökonomisches oder gar politisches Phänomen, wie es Merkmal der deutschen Tradition ist, sondern als hochliterarisches Spiel, ja, als potenziertes Spiel mit dem Spiel, bezieht sich der Titel doch auf das siebte Kapitel von Lewis Carrolls »Alice in Wonderland« (1865), das zusammen mit seiner Fortsetzung »Through the Looking Glass« (1872) selbst zu den schönsten Zeugnissen für Dichtung als Spiel zählt. In diesen Werken liegt bei Queen die Lösung des Mordrätsels, nicht in irgendeiner Wirklichkeit, auf die uns ein ideologischer Realismus festnageln möchte.

Von Ellery Queen sind in DuMonts Kriminal-Bibliothek bisher erschienen: »Der mysteriöse Zylinder« (Band 1008), »Sherlock Holmes und Jack the Ripper« (Band 1017), »Der Sarg des Griechen« (Band 1040), »Das ägyptische Kreuz« (Band 1069), »Die Katze tötet lautlos« (Band 1076), »… und raus bist du!« (Band 1085), »Am zehnten Tage« (Band 1094) und die Novelle »Das Licht Gottes« in »Mord als schöne Kunst betrachtet« (Band 1060).

Ellery Queen
Der verrückte Fünf-Uhr-Tee

Dem hoch aufgeschossenen jungen Mann im graubraunen Regenmantel wollte es so scheinen, als habe er noch nie ein solches Unwetter erlebt. Der Regen brach in Strömen aus den schwarzen Wolken, schimmerte gräulich im matten Gelb der Bahnhofsbeleuchtung und hatte im Westen die roten Rücklichter des Regionalzugs aus Jamaica gerade ertränkt. Jenseits des verschwommenen Lichtscheins, der den kleinen Bahnhof umgab, war es sehr dunkel und fraglos sehr nass. Unter der Bahnsteigüberdachung schlotterte der große junge Mann vor sich hin und fragte sich, welch idiotische Laune ihn dazu getrieben hatte, sich bei diesem Wetter ins *hinterland* von Long Island zu wagen. Und wo zum Teufel blieb Owen?

Gerade hatte er es sich in seiner Zerknirschung anders überlegt und beschlossen, eine Telefonzelle zu suchen, um mit Bedauern abzusagen und den nächsten Zug zurück in die Stadt zu nehmen, als ein niedriges Coupé schnaubend und spritzend aus der Dunkelheit auftauchte, mit einem Quietschen hielt, ein livrierter Chauffeur heraussprang und sich über den Kies unter die Überdachung rettete.

»Mr. Ellery Queen?«, keuchte er und schüttelte seine Mütze aus. Es war ein blonder junger Mann mit rötlichem Gesicht und sonnenverkniffenen Augen.

»Ja«, erwiderte Ellery mit einem Seufzen. Zu spät.

»Ich bin Millan, Mr. Owens Chauffeur, Sir«, erklärte der Mann. »Mr. Owen konnte Sie leider nicht selbst am Bahnhof abholen – die Gäste. Hier entlang bitte, Mr. Queen.«

Er nahm Ellerys Tasche, und beide rannten sie zu dem Coupé. In nachtschwarzer Stimmung ließ Ellery sich auf die Mohairsitze fallen. Dieser Owen mit seinen verdammten Einladungen! Er hätte es besser wissen sollen. Letztlich doch nur eine oberflächliche Bekanntschaft, einer von J.J.'s dubiosen Freunden. Die Leute drängten einen immer so. Stellten ihn schamlos zur Schau wie einen dressierten Seehund. Komm, komm, Rollo; hier ist noch ein fetter kleiner Hering für dich! … Zogen eine Art Ersatzbefriedigung daraus, sich Mordgeschichten erzählen zu lassen. Da kam man sich doch vor wie eine Jahrmarktsattraktion. Er würde sich eher rädern und vierteilen lassen, als das Wort »Verbrechen« auch nur in den Mund zu nehmen! Aber andererseits würden Owen und Emmy Willowes dort sein, und Emmy hatte er schon immer einmal kennen lernen wollen. Eigenartige Frau, diese Emmy, nach allem, was man hörte. Tochter eines blaublütigen Diplomaten, die vor die Hunde gegangen war, das hieß, in diesem Falle zur Bühne. Ziemliche Fatzkes also wohl, ihre Sippschaft. Atavi! Es gab ja Leute, die noch immer in mittelalterlichen … hmm. Owen hatte gewünscht, er möge sich bitte »das Haus« anschauen. Er hatte es erst vor einem Monat bezogen. Allerliebst, hatte er gesagt. »Allerliebst«! Dieses ungehobelte Scheusal …

Das Coupé platschte durch die Dunkelheit; seine Scheinwerfer erhellten nur Fluten unbarmherziger Wasserschlieren und zuweilen einen Baum, ein Haus, eine Hecke.

Millan räusperte sich. »Sauwetter, oder, Sir? Schlimm dieses Frühjahr. Das Wetter, meine ich.«

Ah ja, auch noch ein redseliger Chauffeur!, dachte Ellery mit einem inneren Stöhnen. »Gott steh allen Seeleuten bei, die jetzt draußen sind«, erwiderte Ellery fromm.

»Haha«, lachte Millan. »Aber es stimmt doch? Sie sind ein klein wenig spät dran, Sir, oder irre ich? Das war der Viertelnachelfer. Mr. Owen hat mir heute morgen gesagt, Sie kämen mit dem Zwanzignachneuner.«

»Bin aufgehalten worden«, erwiderte Ellery und wünschte, er wäre tot.

»Ein Fall, Mr. Queen?«, fragte Millan eifrig und rollte seine verkniffenen Augen.

12

Selbst er, oh Gott … »Nein, nein. Mein Vater hatte nur seinen jährlichen Anfall von Elephantiasis. Armer Daddy! Wir haben eine Stunde lang gebangt, es könnte zu Ende gehen.«

Einen Augenblick lang stand dem Chauffeur der Mund offen, dann jedoch widmete er seine Aufmerksamkeit wieder der überschwemmten Straße. Mit einem wohligen Seufzen der Erleichterung schloss Ellery die Augen.

Aber Millan war von der beharrlichen Art, denn nach einem Augenblick des Schweigens begann er zu grinsen – wenn auch auf zweifelhafte Weise. »Gibt heute Abend eine Menge Aufregung bei Mr. Owen. Sie wissen ja, Master Jonathan …!«

»Ah ja«, erwiderte Ellery, leicht aufgeschreckt. »Master Jonathan, hm?« Ellery erinnerte sich seiner als eines mickerigen Balges mit stechendem Blick, der sich im schwer bestimmbaren Alter zwischen sieben und zehn befand und perfekt über die Gabe verfügte, jedem auf die Nerven zu gehen. Master Jonathan … Er musste sich unwillkürlich schütteln, diesmal vor besorgter Anspannung. Master Jonathan hatte er völlig vergessen.

»Ja, Sir. Für Jonathan wird morgen eine Geburtstagsparty gegeben – neun wird er, glaube ich –, und Mr. und Mrs. Owen haben sich diesmal was Besonderes ausgedacht.« Wieder überzog Millans Gesicht ein rätselhaftes Grinsen. »Etwas ganz Besonderes. Es ist geheim, müssen Sie wissen. Der Junge – Master Jonathan – ahnt selbst noch nichts davon. Wird der überrascht sein!«

»Das bezweifle ich, Millan«, brummte Ellery und verstummte so nachdrücklich, dass nicht einmal mehr das anbiedernde Geschwätz des Chauffeurs sein Schweigen brechen konnte.

Richard Owens »allerliebstes« Haus stellte sich als großes, weitläufiges Anwesen heraus. Es hatte viele Flügel und war überall mit Giebeln verziert, das Mauerwerk war aus bunten Steinen, und die Fensterläden waren in leuchtenden Farben gestrichen. Es stand am Ende einer gewundenen Einfahrt, an der zu beiden Seiten Bäume soldatisch stramm standen. Helles Licht flutete aus dem Haus, und die Eingangstür stand leicht offen.

»Hier wären wir denn, Mr. Queen!«, rief Millan fröhlich, sprang aus dem Wagen und hielt ihm die Tür auf. »Bis zum Eingang ist es nur ein Sprung, sodass Sie nicht nass werden, Sir.«

Gehorsam stieg Ellery aus und sprang zum Eingang. Millan holte seine Tasche aus dem Wagen und polterte die Treppen hinauf. »Tür offen und so, jaja«, grinste er. »Die Hausangestellten gucken sich wohl alle die Vorstellung an.«

»Die Vorstellung?«, keuchte Ellery mit einem unguten Gefühl in der Magengrube.

Millan stieß die Tür weit auf. »Immer hereinspaziert, immer hereinspaziert, Mr. Queen. Ich hole Mr. Owen … Sie proben, müssen Sie wissen. Das konnten sie ja nicht, solange Jonathan noch auf war, also mussten sie warten, bis er schlafen ging. Morgen ist es so weit. Und er scheint was gerochen zu haben; sie hatten schreckliche Mühe, ihn ins Bett zu kriegen …«

»Das kann ich mir lebhaft vorstellen«, murmelte Ellery. Verdammter Jonathan und seine ganze Bagage! Er stand in einer kleinen Eingangshalle und blickte in ein großes Wohnzimmer, in dem es lebhaft zuging; es wirkte warm und anheimelnd. »Soso, sie üben also ein Stück ein. Hmmm … Machen Sie sich keine Mühe, Millan, ich gehe einfach hinein und warte, bis sie fertig sind. Wer wäre ich, ein Theaterstück zu unterbrechen?«

»Sehr wohl, Sir«, erwiderte Millan mit Anzeichen leichter Enttäuschung, stellte die Tasche ab, hob eine Hand zum Gruß an seine Mütze und verschwand in der Dunkelheit draußen. Die Tür fiel in einer Weise ins Schloss, die etwas eigentümlich Endgültiges an sich hatte, und sperrte sowohl den Regen als auch die Nacht aus.

Widerstrebend zog Ellery seinen durchtränkten Regenmantel aus und nahm seinen ebenso nassen Hut ab, hängte beide in

14

den Garderobenschrank in der Eingangshalle, gab seiner Tasche einen Tritt in die Ecke und schlenderte ins Wohnzimmer, um seine steif gefrorenen Finger am Kamin zu wärmen. Er stellte sich direkt vors Feuer, sog die wohlige Wärme geradezu auf und nahm die Stimmen nur unterschwellig wahr, die durch eine der beiden offenen Türen jenseits des Kamins herüberdrifteten.

Er hörte eine kindlich verstellte Frauenstimme. »Nein, nein, bitte erzähl doch weiter! Ich will auch nicht mehr dazwischenfragen. *Eine* Karamellmühle gibt es ja vielleicht wirklich auf der Welt.«

»Emmy«, dachte Ellery, der plötzlich wieder hellwach war. »Was geht denn hier vor sich?« Er ging zur ersten Tür und lehnte sich gegen den Pfosten.

Ihm bot sich ein erstaunlicher Anblick. Alle waren sie – soweit er erkennen konnte – anwesend; es handelte sich offenbar um eine Bibliothek, einen großen Raum voller Bücher, der im modernen Stil eingerichtet war. Der hintere Teil war leer geräumt worden; und ein selbst gemachter Vorhang, der aus Stücken gestärkter Leinwand und aus einer Zugvorrichtung bestand, zog sich quer durch den Raum. Der Vorhang stand offen, und die Bühne zeigte einen langen Tisch mit weißer Tischdecke, Tassen, Untertassen und anderen Dingen darauf. In einem Sessel am Kopf des Tisches saß Emmy Willowes, albern kleinmädchenhaft mit einer Kinderschürze angetan; ihr goldbraunes Haar wallte offen den Rücken hinab, ihre schlanken Beine steckten in weißen Strümpfen, ihre Füße in schwarzen Lackschuhen mit niedrigen Absätzen. Neben ihr saß nichts weniger als ein Wesen aus der Geisterbahn; ein kaninchenartiges Etwas von der Größe eines Mannes mit riesigen, steif aufgerichteten Löffeln und einer enormen Fliege um den flauschigen Hals, dessen Maul auf- und zuschnappte, während menschliche Laute daraus entwichen. Neben dem Hasen erblickte Ellery eine weitere Erscheinung: ein Wesen mit einem freundlichen kleinen

15

Nagetiergesicht und langsamen, schläfrigen Bewegungen. Jenseits der bescheidenen Kreatur, die unwillkürlich an eine Haselmaus erinnerte, saß die bemerkenswerteste Gestalt des Quartetts – ein seltsamer Geselle mit struppigen Augenbrauen und Gesichtszügen, die an George Arliss gemahnten; um seinen Hals hatte er sich eine getüpfelte Fliege gebunden, dazu trug er eine eigentümliche, viktorianisch anmutende Weste und auf dem Kopf einen außergewöhnlich hohen Zylinder, in dessen Hutband ein Zettel steckte: »Dieses Modell 10 Shilling 6 Pence«.

Das Publikum bestand aus zwei Frauen – einer alten Dame mit schneeweißem Haar und jenem trotzig süßlichen Gesichtsausdruck, hinter dem sich meist chronische Verbitterung verbirgt, und einer sehr schönen jungen Frau mit vollen Brüsten, rotem Haar und grünen Augen. Dann fiel Ellery auf, dass in der anderen Tür die Köpfe zweier Hausangestellter steckten, die schicklich gafften und kicherten.

»Der verrückte Fünf-Uhr-Tee«, dachte Ellery mit einem Schmunzeln. »Das hätte ich mir eigentlich denken können, wo Emmy im Haus ist. Viel zu viel Aufwand für diesen unsäglichen Bengel!«

»Sie lernten also malen«, fuhr die Haselmaus mit überschriller Stimme fort und begann dabei zu gähnen und sich die Augen zu reiben, »und sie malten alle möglichen Sachen – alles, was mit S angeht …«

»Warum mit S?«, fragte die Kindfrau.

»Warum nicht?«, fragte der Märzhase zurück und wedelte indigniert mit den Löffeln.

Die Haselmaus hatte inzwischen schon die Augen geschlossen und war eingeschlummert, doch vom Hut tragenden Gentleman bedrängt und in die Seite gezwickt, kam sie leise aufquietschend wieder zu sich und fuhr fort: »… was mit S angeht, wie Sichelbein und Sonne und Seelsorge und Selbstheit – du weißt ja, man sagt oft von etwas, es sei ›die Selbstheit selbst‹, vielleicht hast du auch das schon einmal gesehen, das Gemälde von einer Selbstheit?«

»Also jetzt, wo du mich fragst«, sagte das Mädchen in größter Verwirrung, »glaube ich nicht …«

»Dann halte den Mund«, sagte der Hutmacher scharfzüngig.

Ganz angewidert stand das Mädchen auf und schritt mit leuchtend weißen Beinen davon; die Haselmaus schlief auf der Stelle ein. Der Hutmacher erhob sich, packte den kleinen Kopf der Haselmaus und versuchte sehr ernsthaft, ihn in die Öffnung der Teekanne zu stopfen.

Das kleine Mädchen begann zu weinen und stampfte mit dem rechten Fuß auf: »*Die* sehen mich jedenfalls bestimmt nicht wieder! Bei einem so dummen Fünf-Uhr-Tee bin ich mein Lebtag noch nicht gewesen!«

Sie verschwand hinter dem Vorhang, der sich im nächsten Augenblick schaukelnd zu schließen begann, während sie am Seil der Zugvorrichtung zog.

»Vortrefflich«, bemerkte Ellery und begann zu klatschen. »*Bravo*, Alice! Und zwei *bravi* für die zoologischen Charaktere, Messieurs Haselmaus und Märzhase, ganz zu schweigen von meinem Freund, dem verrückten Hutmacher!«

Der Hutmacher stierte ihn an, zog seinen Hut vom Kopf und kam durchs Zimmer gestürmt. Seine geiergleichen Züge unter der Schminke wirkten zu gleichen Teilen gutmütig und gerissen; er war ein untersetzter Mann in der Blüte seiner Jahre – in einer recht zynischen und skrupellosen Blüte. »Queen! Wann um Gottes Willen sind Sie angekommen? Ich hatte Sie ja schon ganz vergessen! Was hat Sie aufgehalten?«

»Familienangelegenheiten. Millan hat mir die Ehre erwiesen, mich abzuholen. Owen, dieses Kostüm ist Ihnen wie auf den Leib geschneidert, wirklich. Ich verstehe nicht, was Sie jemals zur Wall Street getrieben hat – Sie sind der geborene verrückte Hutmacher!«

»Meinen Sie?«, lachte Owen geschmeichelt. »Ich glaube,

mein Herz hat im Grunde schon immer fürs Theater geschlagen, deshalb habe ich ja auch Emmy Willowes' *Alice*-Show unterstützt. Aber jetzt lassen Sie mich die Bande mal vorstellen. Mutter«, sagte er zu der weißhaarigen alten Dame, »darf ich dir Ellery Queen vorstellen. Lauras Mutter, Queen – Mrs. Mansfield.« Die alte Dame setzte ein zuckersüßes Lächeln auf, doch Ellery entging der scharfe Blick aus ihren grauen Augen nicht. »Mrs. Gardner«, fuhr Owen fort und wies auf die dralle junge Frau mit dem roten Haar und den grünen Augen. »Ob Sie's glauben oder nicht – sie ist die Frau dieses haarigen Hasen da drüben. Ha, ha, ha!«

In Owens Gelächter schwang eine brutale Note mit. Ellery verbeugte sich vor der schönen Frau. »Gardner?«, fragte er schnell. »Sie sind nicht etwa die Frau von Paul Gardner, dem berühmten Architekten?«

»Schuldig«, sagte der Märzhase mit hohler Stimme. Er zog seinen Kopf ab; zum Vorschein kam ein mageres Gesicht mit funkelnden Augen. »Wie geht es Ihnen, Mr. Queen? Ich habe Sie nicht mehr gesehen, seit ich in diesem Mordfall Schultz in Greenwich Village ausgesagt habe.«

Sie gaben sich die Hand. »Welch Überraschung«, bemerkte Ellery. »Wie nett! Mrs. Gardner, Sie haben einen sehr cleveren Mann. Mit seiner Aussage hat er die Verteidigung damals richtig an den Ohren langezogen.«

»Ach, ich habe schon immer gesagt, Paul ist ein Genie«, lächelte die Rothaarige. Ihre Stimme klang ungewöhnlich rauchig. »Aber er glaubt mir ja nicht. Er glaubt, ich sei der einzige Mensch auf der Welt, der ihn nicht zu schätzen weiß.«

»Also hör mal, Carolyn«, protestierte Gardner lachend; das Strahlen jedoch war aus seinen Augen verschwunden, und aus unerfindlichem Grund schaute er zu Richard Owen hinüber.

»Natürlich erinnern Sie sich an Laura«, dröhnte Owen und nahm Ellery nachdrücklich beim Arm. »Das ist die Haselmaus. Bezaubernde kleine Ratte, nicht wahr?«

18

Einen flüchtigen Augenblick lang verlor sich das süßliche Lächeln auf Mrs. Owens Gesicht, einen sehr flüchtigen allerdings. Was die Haselmaus darüber dachte, von ihrem Mann vor allen Anwesenden als besagter Nager bezeichnet zu werden, wie zauberhaft auch immer, blieb unter dem kleinen Pelzkopf verborgen; als sie ihn abgeschüttelt hatte, lächelte sie – eine kleine Frau mit müdem Blick und bereits sackender Wangenpartie.

»Und dies«, fuhr Owen fort, als preise ein Züchter seine prämierte Milchkuh an, »ist unsere unvergleichliche Emmy. Emmy, darf ich vorstellen: Mr. Queen, der Bursche, der jeden Mord schon von weitem riecht. Ich hatte Ihnen ja von ihm erzählt, Miss Willowes.«

»Sie sehen uns«, murmelte die Schauspielerin, »in unseren jeweiligen Rollen. Sie sind doch hoffentlich nicht aus beruflichen Gründen hier? Wenn nämlich doch, dann werden wir sofort unsere Zivilkleidung anziehen und Sie an die Arbeit gehen lassen. *Ich* zumindest habe gleich mehrere Leichen im Keller. Wenn man mich wegen jeden Mordes verurteilen wollte, den ich im Geiste begangen habe, dann brauchte ich die neun Leben der Cheshire-Katze. Diese verfluchten Kritiker …«

»Ihr Kostüm«, sagte Ellery und vermied es, ihr auf die Beine zu schielen, »ist absolut hinreißend. Und ich glaube, Sie gefallen mir als Alice besser.« Sie gab eine zauberhafte Alice ab; ihre schlanken Konturen kamen so besonders zur Geltung – halb Junge, halb Mädchen. »Wessen Idee war denn das überhaupt?«

»Sie werden uns wahrscheinlich für übergeschnappt halten«, lachte Owen. »Setzen Sie sich doch, Queen. Maud!«, brüllte er. »Einen Cocktail für Mr. Queen. Und bringen Sie noch etwas zum Knabbern.« Ein verschüchterter Hausmädchenkopf verschwand. »Wir machen eine Kostümprobe für Johnnys Geburtstagsfeier morgen, alle Kinder in der Nachbarschaft sind eingeladen. Emmy ist auf diese brillante Idee gekommen; sie hat die Kostüme vom Theater hergebracht. Sie wissen vielleicht, dass am Samstagabend die letzte Vorstellung war.«

»Davon habe ich nichts gehört. Ich dachte, *Alice* spiele immer vor ausverkauftem Haus.«

»So war es auch. Aber unser Pachtvertrag mit dem Odeon ist ausgelaufen, und wir müssen unseren Tourneeverpflichtungen nachkommen. Nächste Woche eröffnen wir in Boston.«

Die langbeinige Maud stellte ein rosafarbenes Gebräu vor Ellery ab. Er nippte vorsichtig daran und es gelang ihm, die Contenance zu wahren.

»Tut uns leid, dass ausgerechnet wir die Spielverderber abgeben müssen«, sagte Paul Gardner und begann sich sein Kostüm auszuziehen. »Aber Carolyn und ich haben noch eine anstrengende Fahrt vor uns. Und dann morgen erst … Die Straßen werden völlig im Morast versinken.«

»Wie unangenehm für Sie«, bemerkte Ellery höflich und setzte sein noch zu drei Vierteln gefülltes Glas wieder ab.

»Kommt gar nicht in Frage«, sagte Laura Owen. Ihr molliges Haselmausbäuchlein machte sie zu einer kuriosen Erscheinung – winzig, fett und geschlechtslos. »Nach Hause fahren bei diesem Sturm! Carolyn, Sie und Paul müssen heute Nacht hier bleiben.«

»Es sind doch gerade mal sechs Kilometer, Laura«, murmelte Mrs. Gardner.

»Unsinn, Carolyn! In einer Nacht wie dieser sind das eher 60!«, dröhnte Owen. Seine Wangen wirkten seltsam feucht und fahl unter der Schminkschicht. »Keine Widerrede! Wir haben so viel Platz, wir wissen gar nicht, was wir damit anfangen sollen. Paul hat dafür gesorgt, als er dieses Anwesen plante.«

»Das ist das Tückische daran, wenn man Architekten privat kennt«, bemerkte Emmy Willowes und verzog das Gesicht. Sie warf sich in einen Sessel und zog ihre langen Beine an. »Man kann sie nicht über die Anzahl der verfügbaren Gästezimmer täuschen.«

»Hören Sie nicht auf Emmy«, grinste Owen. »Sie ist das böse Mädchen des Showgeschäfts, wie es in Pecks Büchern steht: keine Spur von Manieren. Na denn! Das ist ja großartig. Wie wär's mit einem Drink, Paul?«

»Nein, danke.«

»Aber Sie werden doch nicht nein sagen, Carolyn, oder? Sie sind schließlich der einzige anständige Kerl in der ganzen Runde hier, haha.« Ellery registrierte heftig verlegen und angewidert, dass sein Gastgeber unter der leutselig-rotwangigen Außenansicht sturzbetrunken war.

Mrs. Gardners Schlafzimmerblick kletterte an ihm hoch. »Aber gern doch, Dick.« Mit eigentümlichem Hunger in den Augen fixierten sie einander. Plötzlich begann Mrs. Owen zu lächeln, drehte ihnen den Rücken zu und kämpfte mit ihrem widerspenstigen Kostüm. Genauso plötzlich erhob sich Mrs. Mansfield und setzte ihr wenig überzeugendes honigsüßes Lächeln auf. »Würdet ihr mich bitte entschuldigen«, sprach sie mit ihrer verzuckerten Stimme ungezielt in die Runde. »Es war ein anstrengender Tag, und ich bin eine alte Frau … Laura, mein Liebling.« Sie ging zu ihrer Tochter und küsste sie auf die von Furchen durchzogene, abgewandte Stirn.

Alle murmelten sie etwas, einschließlich Ellery, den Kopfschmerzen, ein rosafarbenes Brennen in den Eingeweiden und eine verzehrende Sehnsucht danach plagten, weit, weit weg zu sein.

Mit einem aufgeschreckten Stöhnen kam Ellery Queen zu sich, wälzte sich auf die andere Seite und fühlte sich äußerst elend. Seit ein Uhr war er immer wieder in einen unruhigen Schlaf gefallen; der Regen, der eintönig gegen das Schlafzimmerfenster prasselte, störte dabei mehr als er half. Und nun war er unrettbar wach, aus unerklärlichen Gründen im Griff eiserner Schlaflosigkeit. Er setzte sich auf und nahm seine Armbanduhr vom Nachttisch neben dem Bett, die dort Hammerschlägen gleich vor sich hin tickte. Den Leuchtzeigern nach war es fünf nach zwei.

Er legte sich wieder hin, verschränkte die Arme hinter dem

Kopf und starrte ins Halbdunkel. Die Matratze war dick und daunenweich, wie man bei einem Plutokraten wohl zu Recht erwarten durfte, doch seine müden Knochen vermochte sie nicht zur Ruhe zu betten. Das Haus war heimelig und angenehm, und doch behagte es ihm nicht. Seine Gastgeberin war aufmerksam und zuvorkommend, dennoch erschien sie ungemütlich vergrämt. Sein Gastgeber wirkte wie eine zerstörerische Urgewalt, einem Sturm gleich. Und die anderen Gäste ... Master Jonathan, der in seinem Kinderbett vor sich hin schnarchte – Ellery war sicher, dass Master Jonathan schnarchte ...

Um viertel nach zwei gab er den Kampf verloren, kroch aus dem Bett, knipste das Licht an, warf sich seinen Morgenrock über und schlüpfte in seine Pantoffeln. Dass auf oder im Nachtschrank weder ein Buch noch eine Zeitschrift zu finden war, hatte er schon festgestellt, bevor er sich zum Schlafen zurückgezogen hatte. Schockierende Gastgebersitten! Mit einem Seufzen ging er zur Tür, öffnete sie und lugte nach draußen. Ein schwaches Nachtlicht glomm am Treppenabsatz unten im Flur. Alles war ruhig. Plötzlich überkam ihn eine seltsame Scheu. Um keinen Preis wollte er sein Schlafzimmer verlassen.

Als er seine flüchtige Furcht einer Analyse unterzog und nichts dabei heraus kam, tadelte Ellery sich im Stillen, ein hysterischer Idiot zu sein, und trat hinaus in den Flur. Für gewöhnlich war er keineswegs ein Mann mit schwachen Nerven, übersinnlich veranlagt war er ebenso wenig; so schrieb er seinen Zustand verminderter körperlicher Widerstandskraft infolge Erschöpfung und Schlafmangels zu. Dies war ein nettes Haus mit netten Leuten darin, Punkt. Er kam sich vor wie ein Mann, der es, einem zähnefletschenden Löwen ausgeliefert, mit »Miez, Miez« versuchte. Diese Frau mit den seegrünen Augen. In einem seegrünen Boot zur See gelassen. Oder war es teegrün ... »Kein Platz! Kein Platz!« ... »Da ist doch noch *viel* Platz«, sagte Alice ärgerlich ... Und das Lächeln der Mrs. Mansfield ließ einem das Blut gefrieren.

Während er sich innerlich heftig für den Aufruhr schalt, in dem sich seine Fantasie offenbar befand, stieg er die mit Teppichboden ausgelegten Stufen zum Wohnzimmer hinab.

Es war stockdunkel, und er wusste nicht, wo sich der Lichtschalter befand. Er stolperte über ein Betkissen, stieß sich den großen Zeh und fluchte stumm. Die Bibliothek musste gegenüber der Treppe liegen, neben dem Kamin. Er versuchte angestrengt, den Kamin zu erkennen, aber die letzte Glut war erloschen. Behutsam schritt er weiter und erreichte schließlich die Kaminwand. In der regenplätschernden Stille tastete er umher und suchte nach der Tür zur Bibliothek. Seine Hand bekam einen kalten Türknauf zu fassen; er drehte ihn recht laut herum und drückte die Tür auf. Mittlerweile hatten sich seine Augen an die Dunkelheit gewöhnt, und in dem Schleier aus dichter Schwärze begann er bereits die ersten Konturen von Gegenständen zu erkennen.

Die Dunkelheit von jenseits der Tür jedoch traf ihn wie ein Hieb. Nicht Dunkelheit – Finsternis … Er war schon dabei, über die Türschwelle zu treten, als er stehen blieb. Es war das falsche Zimmer. Ganz und gar nicht die Bibliothek. Woher er das wusste, vermochte er selbst nicht zu sagen; aber er wusste, dass er die Tür zum falschen Zimmer aufgestoßen hatte. Er musste nach rechts abgedriftet sein. Leute, die sich im finsteren Wald verlaufen …

Angestrengt starrte er geradeaus in die absolute, gleichmäßige Schwärze, seufzte leise und machte einen Schritt zurück. Wiederum geräuschvoll schloss sich die Tür.

Er tastete sich nach links an der Wand entlang. Noch ein, zwei Meter … Da war sie, die nächste Tür! Er hielt inne, um seine hellseherischen Fähigkeiten zu überprüfen. Nein; alles war in bester Ordnung. Grinsend stieß er die Tür auf, trat kühn ein, tastete an der nächstgelegenen Wand nach einem Lichtschalter, fand einen und drückte darauf. Licht erfüllte den Raum und gab triumphierend die Bibliothek preis.

Die Vorhänge waren geschlossen, der Raum war in Unordnung, wie er ihn zuletzt gesehen hatte, bevor ihn sein Gastgeber nach oben geleitet hatte.

Er ging zu den eingebauten Wandregalen, überflog einige Bücherreihen, zögerte zwischen zwei Bänden, entschied sich schließlich für *Huckleberry Finn* als geeignete Lektüre in einer düsteren Nacht, schaltete das Licht wieder aus und ertastete sich seinen Weg zurück durch das Wohnzimmer zur Treppe. Mit dem Buch unterm Arm begann er die Stufen hinaufzusteigen. Auf dem Treppenabsatz über ihm hörte er einen Schritt. Er schaute nach oben. Unter der winzigen Lampe sah er die Silhouette eines Mannes dunkel im Gegenlicht.

»Owen?«, flüsterte eine unsichere Männerstimme.

Ellery lachte. »Ich bin's, Queen, Gardner. Können Sie auch nicht schlafen?«

Er hörte den Mann vor Erleichterung aufatmen. »Himmel, nein! Ich wollte bloß gerade runter, um mir etwas zum Lesen zu holen. Carolyn … meine Frau schläft, wie ich vermute, tief und fest im Zimmer nebenan. Wie sie das nur fertigbringt! Es liegt doch irgendwas in der Luft heute Nacht.«

»Oder Sie haben zu viel getrunken«, erwiderte Ellery erheitert, während er die Stufen erklomm.

Gardner war ebenfalls im Morgenrock und Pyjama; sein Haar war zerwühlt. »Ich habe überhaupt nichts Nennenswertes getrunken. Muss an diesem verfluchten Regen liegen. Meine Nerven liegen blank.«

»Da ist was dran. Hardy glaubte an die griechische Einheit von außen und innen … Wenn Sie nicht schlafen können, dann kommen Sie doch auf eine Zigarette in mein Zimmer, Gardner.«

»Und Sie sind sicher, dass ich Sie nicht …«

»Mich wach halten? Unsinn. Ich habe doch da unten nur nach einem Buch gestöbert, um meinen Verstand irgendwie zu beschäftigen. Aber ein Gespräch ist unendlich viel besser

24

als Huck Finn, auch wenn der manchmal hilft. Kommen Sie schon.«

Sie gingen in Ellerys Zimmer. Ellery holte Zigaretten hervor; sie entspannten sich in ihren Sesseln, unterhielten sich und rauchten, bis sich draußen die Morgendämmerung durch die dichte graue Regenschraffur zu mühen begann. Dann begab Gardner sich gähnend in sein Zimmer zurück, und Ellery fiel in einen schweren, unruhigen Schlummer.

Er lag auf einer Folterbank der heiligen Inquisition, und sie rissen ihm gerade den linken Arm aus dem Schultergelenk. Der Schmerz war beinahe angenehm. Da erwachte er und erblickte über sich Millans rötliches Gesicht im vollen Tageslicht, das blonde Haar dramatisch zerzaust. Mit aller Gewalt zog er an Ellerys linkem Arm.

»Mr. Queen!«, keuchte er. »Mr. Queen! Um Himmels willen, wachen Sie auf!«

Ellery fuhr alarmiert hoch. »Was ist los, Millan?«

»Mr. Owen, Sir. Er – er ist weg!«

Ellery sprang aus dem Bett. »Was meinen Sie damit, Mann?«

»Verschwunden, Mr. Queen. Wir können ihn nicht finden. Einfach verschwunden. Mrs. Owen ist völlig …«

»Gehen Sie runter, Millan«, unterbrach Ellery ruhig, während er sich das Pyjamaoberteil auszog, »und genehmigen Sie sich einen Drink. Bitten Sie Mrs. Owen, nichts zu unternehmen, bis ich runterkomme. Es darf auch niemand das Haus verlassen oder telefonieren. Verstanden?«

»Ja, Sir«, erwiderte Millan leise und stolperte davon.

Ellery zog sich in Windeseile an, spritzte sich Wasser ins Gesicht, spülte den Mund aus, band sich seine Krawatte um und raste nach unten. Er fand Laura Owen in einem zerknitterten Negligee schluchzend auf dem Sofa. Mrs. Mansfield tätschelte die Schulter ihrer Tochter, während Master Jonathan Owen sei-

25

ner Großmutter Grimassen schnitt. Emmy Willowes rauchte schweigend eine Zigarette, und die Gardners standen blass und still an den vom Regen blinden Fenstern.

»Mr. Queen«, begann die Aktrice hastig. »Es ist ein Trauerspiel, frisch aus dem Skript. Zumindest denkt Laura Owen so. Würden Sie ihr bitte versichern, dass das alles wahrscheinlich nicht das Geringste bedeutet?«

»Das kann ich nicht«, lächelte Ellery, »bevor ich die Fakten kenne. Owen ist verschwunden? Wie? Seit wann?«

»Oh Mr. Queen«, wimmerte Mrs. Owen mit erstickender Stimme und hob ihr tränenüberströmtes Gesicht. »Ich weiß, dass etwas – etwas Furchtbares geschehen ist. Ich hatte so eine Ahnung … Sie erinnern sich an gestern Abend, nachdem Richard Ihnen Ihr Zimmer gezeigt hatte?«

»Ja.«

»Er kam wieder herunter und sagte, er habe für Montag noch ein paar Dinge in seinem Arbeitszimmer zu erledigen, ich solle schon mal zu Bett gehen. Alle anderen waren schon hochgegangen, auch die Bediensteten. Ich bat ihn, nicht mehr zu lange aufzubleiben, und ging zu Bett. Ich – ich war erschöpft und bin sofort eingeschlafen …«

»Sie schlafen im selben Zimmer, Mrs. Owen?«

»Ja. In zwei Einzelbetten. Ich bin eingeschlafen und erst vor einer halben Stunde wieder aufgewacht. Da sah ich …« Sie schüttelte sich und begann wieder zu schluchzen. Ihre Mutter wirkte hilflos und zornig. »In seinem Bett hat er nicht geschlafen. Seine Kleider – diejenigen, die er abgelegt hatte, bevor er in sein Kostüm schlüpfte –, befanden sich noch immer dort über dem Stuhl neben seinem Bett, wo er sie gelassen hatte. Ich war schockiert und bin runtergelaufen, aber er war nicht da …«

»Ah«, sagte Ellery mit seltsamem Gesichtsausdruck. »Dann läuft er also, soweit Sie wissen, noch immer in seinem Hutmacher-Kostüm herum? Haben Sie seine Garderobe durchgesehen? Fehlen irgendwelche seiner üblichen Sachen?«

»Nein, nein, die sind alle noch da. Oh. Er ist tot. Ich weiß, dass er tot ist.«

»Laura, meine Liebe, bitte«, sagte Mrs. Mansfield mit angespannter, zittriger Stimme.

»Kommen Sie«, bat Ellery. »Nicht hysterisch werden. War er wegen irgendetwas beunruhigt? Geschäftliches zum Beispiel?«

»Nein, ganz sicher nicht. Erst gestern noch hat er gemeint, es würde sich alles prächtig entwickeln. Und er ist – er ist sowieso nicht der Typ, der sich groß Sorgen macht.«

»Dann handelt es sich wohl nicht um Amnesie. Er hat auch nicht in letzter Zeit einen Schock oder so etwas erlitten?«

»Nein, nein.«

»Und es wäre auch nicht denkbar, dass er in dem Kostüm ins Büro gefahren ist?«

»Nein. Samstags fährt er nie dorthin.«

Master Jonathan rammte die Fäuste in die Taschen seiner Eton-Jacke. »Der ist bestimmt wieder besoffen«, bemerkte er bitter. »Und bringt Mama zum Heulen. Ich hoffe, der kommt *nie mehr wieder*.«

»Jonathan«, schrillte Mrs. Mansfield. »Du gehst sofort auf dein Zimmer, hörst du, du ungezogener Bengel? Sofort!«

Niemand sagte etwas. Mrs. Owen schluchzte weiter, Master Jonathan stülpte verächtlich seine Unterlippe vor, warf seiner Großmutter einen finsteren Blick zu, der von tiefer Antipathie zeugte, und stapfte die Treppen hinauf.

»Wo«, fragte Ellery stirnrunzelnd, »war Ihr Mann, als Sie ihn zuletzt sahen, Mrs. Owen? In seinem Zimmer?«

»In seinem Arbeitszimmer«, antwortete seine Frau mühsam. »Er ist hineingegangen, als ich gerade hochging. Ich habe ihn das Zimmer betreten sehen. Diese Tür da.« Sie zeigte auf die Tür rechts von der Tür zur Bibliothek. Ellery fuhr leicht zusammen; es handelte sich um den Raum, in den er auf seiner nächtlichen Suche nach der Bibliothek beinahe hineingestolpert wäre.

»Glauben Sie …«, begann Carolyn mit ihrer rauchigen Stim-

27

me und sprach nicht weiter. Ihre Lippen waren trocken, und im fahlgrauen Morgenlicht schimmerten ihr Haar weniger rot und ihre Augen weniger grün. Sie wirkte, wenn man es genauer besah, insgesamt ein wenig verwaschen und schlaff, als ob das, was vorgefallen war, das letzte bisschen ihrer unbändigen Vitalität aus ihr herausgespült hätte.

»Halt dich da raus, Carolyn«, sagte Paul Gardner barsch. Seine Augen waren vom Mangel an Schlaf rot gerändert.

»Na, na«, murmelte Ellery, »es könnte gut sein, dass wir, wie Miss Willowes meint, die Flöhe husten hören. Wenn Sie mich entschuldigen wollen … Ich werde mal einen Blick ins Arbeitszimmer werfen.«

Er betrat das Arbeitszimmer, schloss die Tür hinter sich und blieb mit dem Rücken zur Tür stehen. Es handelte sich um einen kleinen Raum, so schmal, dass er im Kontrast lang wirkte; er war spärlich möbliert, vollkommen nüchtern und sachlich. Sein Schreibtisch war von gepflegter Schlichtheit, die moderne Strenge der Möbel reflektierte nur zu genau Richard Owens' direktes, ungehobeltes Wesen. Alles war blitzsauber; es schien völlig absurd sich vorzustellen, an diesem Ort könne ein Verbrechen geschehen sein.

Ellery schaute sich das Zimmer lange und gründlich an. Nichts schien, soweit er erkennen konnte, zu fehlen; und es schien auch nichts, soweit ein Fremder dies abschätzen konnte, hinzugefügt worden zu sein. Er ließ seinen Blick weiter schweifen – und plötzlich blieb er an etwas haften. Das war in der Tat *seltsam* … Er stand an die Tür gelehnt, und direkt ihm gegenüber entdeckte er einen stattlichen rahmenlosen Spiegel, der glatt in die gegenüberliegende Wand eingelassen war und vom Boden bis zur Decke reichte – ein erstaunliches Einrichtungsstück. Ellerys hagere Gestalt und die Tür hinter ihm spiegelten sich exakt in der glitzernd reflektierenden Glasfläche. Und da, darüber … Über dem Spiegelbild der Tür, an der er lehnte, sah er im Spiegel eine moderne elektrische Uhr. Im schmutzig grauen Licht des Zimmers schien ihr Ziffernblatt ein wenig zu leuchten … Er machte einen Schritt nach vorn, drehte sich um und schaute hoch. Es war eine Chromuhr mit schwarzem Onyx-Ziffernblatt von etwa dreißig Zentimeter Durchmesser – rund, einfach und verstörend.

Er öffnete die Tür und gab Millan, der sich zu der schweigenden Gruppe gesellt hatte, ein Zeichen. »Hätten Sie eine Trittleiter für mich?«

Millan schleppte eine herbei. Ellery lächelte, machte die Tür fest zu, bestieg die Leiter und untersuchte die Uhr. Ihre elektrischen Leitungen waren kaum sichtbar verlegt. Der Stecker steckte in der Steckdose, wie er sofort bemerkte; die angezeigte Zeit – er warf einen Blick auf seine Armbanduhr – war recht genau. Er wölbte beide Hände darüber, um sie so stark abzudunkeln, wie es nur ging; und er sah, wie er bereits vermutet hatte, dass die Ziffern und Zeiger der Uhr mit Radium beschichtet waren und matt leuchteten.

Er stieg von der Leiter herunter, gab sie in Millans Gewahrsam zurück und schlenderte ins Wohnzimmer. Alle blickten vertrauenvoll zu ihm auf.

»So«, sagte Emmy Willowes mit einem leichten Schulterzucken, »hat unser Superhirn jetzt das entscheidende *eine* Indiz gefunden? Erzählen Sie uns bitte nicht, Dickie Owen würde in seinem Hutmacher-Kostüm draußen auf dem Golfplatz von Meadowbrook Golf spielen!«

»Nun, Mr. Queen?«, fragte Mrs. Owen ängstlich.

Ellery ließ sich in einen der Sessel fallen und zündete sich eine Zigarette an. »Etwas Eigenartiges habe ich dort *schon* entdeckt. Mrs. Owen, haben Sie dieses Haus möbliert bezogen?«

Sie schien verwirrt. »Möbliert? Aber nein. Wir haben es gekauft, wissen Sie, und unsere eigenen Möbel und so weiter mitgebracht.«

»Dann gehört die elektrische Uhr über der Tür des Arbeitszimmers Ihnen?«

29

»Die Uhr?« Alle starrten ihn an. »Sicher, ja. Aber was hat das …«

»Hmm«, sagte Ellery. »Diese Uhr scheint sich in Luft auflösen zu können – wie die Cheshire-Katze, um mit Carroll zu sprechen, Miss Willowes.«

»Aber was sollte die Uhr denn mit Richards … Abwesenheit zu tun haben?«, fragte Mrs. Mansfield schroff.

Ellery zuckte mit den Schultern. »*Je n'sais pas.* Die Sache ist die, dass ich heute morgen, weil ich nicht schlafen konnte, um kurz nach zwei nach unten gegangen bin, um mir ein Buch zu holen. Im Dunkeln bin ich aus Versehen in den Eingang des Arbeitszimmers gestolpert, den ich mit der Tür zur Bibliothek verwechselt hatte. Ich habe die Tür geöffnet und hineingeschaut. Aber ich sah nichts, müssen Sie wissen.«

»Aber wie hätten Sie denn können, Mr. Queen?« fragte Mrs. Gardner eher kleinlaut. »Wenn es dunkel war …«

»Das ist ja das Eigenartige daran«, fuhr Ellery unbeirrt fort. »Ich hätte etwas sehen *müssen*, gerade *weil* es so dunkel war, Mrs. Gardner.«

»Aber …«

»Die Uhr über der Tür.«

»Sind Sie hineingegangen?«, murmelte Emmy Willowes ratlos. »Ich fürchte, ich kann nicht folgen. Die Uhr hängt doch über der Tür, oder?«

»Und gegenüber der Tür befindet sich ein Spiegel«, erklärte Ellery geistesabwesend. »Und der Umstand, dass es so dunkel war, macht die Tatsache, dass ich nichts gesehen habe, einigermaßen bemerkenswert. Denn die Uhr hat Leuchtzeiger und Leuchtziffern. Folglich hätte ich im stockdunklen Zimmer ihren reflektierten Schimmer sehr klar im Spiegel erkennen müssen. Aber das habe ich nicht, verstehen Sie. Ich habe überhaupt nichts gesehen.«

Sie schwiegen irritiert. »Ich verstehe noch immer nicht«, begann Gardner schließlich. »Sie meinen, etwas oder jemand stand vor dem Spiegel und verdeckte das Spiegelbild der Uhr?«

»Oh nein. Die Uhr ist über der Tür angebracht – vom Boden aus deutlich mehr als zwei Meter hoch, und der Spiegel reicht bis zur Decke. In dem Raum gibt es kein Möbelstück, das so groß wäre, ebenso können wir wohl einen weit über zwei Meter großen Eindringling ausschließen. Nein, nein, Gardner. Es scheint eher so, als wäre die Uhr nicht an ihrem Platz gewesen, als ich hinsah.«

»Sind Sie sicher, junger Mann«, fragte Mrs. Mansfield giftig, »dass Sie überhaupt wissen, wovon Sie reden? Ich dachte bislang, wir würden uns mit der Abwesenheit meines Schwiegersohnes befassen. Und wie in aller Welt soll die Uhr von dort verschwunden sein?«

Ellery schloss die Augen. »Elementar. *Sie ist von ihrem Platz entfernt worden*. Hing nicht über der Tür, als ich eintrat. Nachdem ich gegangen war, ist sie wieder zurückgebracht worden.«

»Aber warum bitte«, murmelte die Schauspielerin, »sollte jemand eine einfache Uhr von der Wand entfernen, Mr. Queen? Das klingt ja beinahe so absurd, als sei es aus *Alice*.«

»Das«, erwiderte Ellery, »ist die Frage, die ich mir selbst stelle. Ehrlich gesagt, weiß ich auch keine Antwort.« Er schlug die Augen auf. »Ach, ganz nebenbei – hat jemand den Hut des verrückten Hutmachers gesehen?«

Mrs. Owen schüttelte sich. »Nein, der … der ist auch verschwunden.«

»Sie haben danach gesucht?«

»Ja. Aber wenn Sie selbst nach…«

»Nein, nein, Mrs. Owen. Ich glaube Ihnen, wenn Sie's sagen. Ach ja. Ihr Mann hat sicher keine Feinde?« Er lächelte. »Das ist die Routinefrage, Miss Willowes. Ich fürchte, was Verhörtechniken angeht, kann ich Ihnen keine Offenbarungen bieten.«

»Feinde? Oh, ganz sicher nicht«, quäkte Mrs. Owen. »Richard war … ist stark und … und manchmal ziemlich schroff und arrogant, aber ich bin mir sicher, dass niemand ihn genug hasst, um ihn … um ihn umzubringen.« Sie schüttelte sich erneut und zog ihr Seidennegligee fester um ihre dicklichen Schultern.

»Sag so etwas nicht, Laura«, bemerkte Mrs. Mansfield scharf. »Ich muss schon sagen, ihr benehmt euch wie Kinder! Vermutlich gibt es eine ganz simple Erklärung.«

»Gut möglich«, erwiderte Ellery mit heiterer Stimme. »Es liegt an dem deprimierenden Wetter, nehme ich an … Oh! Ich glaube, es hat aufgehört zu regnen!« Benommen schauten sie aus den Fenstern. Der Regen hatte eigensinnigerweise von der Erde abgelassen, und der Himmel klarte auf. »Natürlich«, fuhr Ellery fort, »gibt es diverse Möglichkeiten. Es ist denkbar – und ich sage denkbar, Mrs. Owen –, dass Ihr Mann, nun ja, entführt worden ist. Na, na, jetzt gucken Sie doch nicht so erschrocken. Es ist doch nur eine Theorie. Die Tatsache, dass er mitsamt seinem Kostüm verschwunden ist, scheint mir auf einen sehr plötzlichen – und daher erzwungenen – Aufbruch hin zu deuten. Sie haben nicht etwa eine Nachricht oder so etwas gefunden? Nichts im Briefkasten? Die Morgenpost …«

»Entführt«, flüsterte Mrs. Owen matt.

»Entführt?«, schnaubte Mrs. Gardner und biss sich auf die Lippe. In ihren Augen jedoch lag ein Leuchten, ein Leuchten wie das des aufgeklarten Himmels draußen.

»Keine Nachricht, keine Post«, zischte Mrs. Mansfield. »Ich persönlich halte das ganze Theater hier für tief lächerlich. Laura, dies ist dein Haus, aber ich denke schon, dass auch ich hier Pflichten habe … Du solltest dich entscheiden. Entweder du nimmst die Sache ernst und verständigst die *richtige* Polizei, oder du vergisst den ganzen Unsinn. Ich selbst neige der Ansicht zu, dass Richard völlig benebelt war – er *hat* gestern viel getrunken, meine Liebe –, und dann volltrunken irgendwohin getorkelt ist. Wahrscheinlich schläft er gerade in einem Feld oder so seinen Rausch aus und wird mit nichts Schlimmerem als einer üblen Erkältung zurückkommen.«

»Exzellenter Vorschlag«, bemerkte Ellery. »Bis auf das Detail mit der *richtigen* Polizei, Mrs. Mansfield. Ich versichere Ihnen, ich besitze … ähm … durchaus amtliche Eigenschaften. Lassen Sie uns die Polizei nicht rufen und einfach behaupten, wir hätten es getan. Wenn irgendwelche Erklärungen vonnöten sein sollten – hinterher –, dann werde ich die liefern. Bis dahin, schlage ich vor, vergessen wir diese unschöne Geschichte erst einmal und warten ab. Sollte Mr. Owen bei Einbruch der Dämmerung noch immer nicht zurück sein, dann können wir erneut darüber verhandeln und uns überlegen, wie wir weiter vorgehen wollen. Einverstanden?«

»Klingt vernünftig«, sagte Gardner melancholisch. »Dürfte ich denn« – er lächelte und zuckte mit den Schultern – »das ist ja hier ganz schön aufregend! – mein Büro anrufen, Queen?«

»Sicher doch.«

Plötzlich gab Mrs. Owen einen spitzen Schrei von sich, erhob sich und wankte zur Treppe. »Jonathans Geburtstagsfeier! Die hab ich ja völlig vergessen! Und all die Kinder, die eingeladen sind – was sage ich *denen* nur?«

»Sagen Sie am besten«, erwiderte Ellery im Kondolenzton, »Master Jonathan sei plötzlich krank geworden, Mrs. Owen. Hart, aber notwendig. Rufen Sie alle potenziellen Zuschauer Ihres verrückten Fünf-Uhr-Tees an und äußern Sie Ihr tiefes Bedauern.« Ellery stand auf und schlenderte in die Bibliothek.

Trotz des aufgehellten Himmels und der forschen Sonne war es ein bedrückender Tag. Der Morgen ging in den Vormittag über, ohne dass etwas passierte. Mrs. Mansfield steckte ihre Tochter mit Nachdruck ins Bett und überredete sie, ein wenig Luminol aus einem Glas aus dem Medizinschrank zu nehmen, und blieb bei ihr, bis sie in einen Erschöpfungsschlaf gesunken war. Dann rief die alte Dame Gott und die Welt an, um im Namen der Familie Owen ihr Bedauern über die unglückliche Entwicklung zu äußern. Jonathan *musste* ja auch ausgerechnet dann eine fiebrige Erkältung ausbrüten, wenn … Als seine Großmut-

33

ter ihn später über die unglückliche Wendung in Kenntnis setzte, schickte er ein Geheul zum Himmel, dessen gesunder, gepeinigt klingender Zorn Ellery, der unten in der Bibliothek herumstöberte, einen Schauer über den Rücken jagte. Es bedurfte der gemeinsamen Anstrengung von Mrs. Mansfield, Millan, dem Hausmädchen und der Köchin, um den Stammhalter der Owens zu besänftigen. Eine Fünf-Dollar-Note entlastete schließlich die zum Reißen gespannten Familienbande ein wenig … Emmy Willowes verbrachte den Tag still lesend. Die Gardners spielten lustlos Zweier-Bridge.

Das Mittagessen geriet zu einer sehr trostlosen Angelegenheit. Die Unterhaltung war im Wortsinne einsilbig, und die angespannte Atmosphäre wurde unerträglich.

Während des Nachmittags gingen sie umher wie ruhelose Gespenster. Selbst die Schauspielerin konnte die seelische Belastung nicht mehr verhehlen; sie begann ihre Zigaretten förmlich zu fressen, kippte unzählige Cocktails hinunter und verfiel dann in ein beinahe trotziges Schweigen. Es kam keine Nachricht; auch das Telefon klingelte nur einmal, und dann war nur der örtliche Konditor dran, der sich über den Widerruf der Eiscreme-Bestellung beschwerte. Ellery verbrachte den Nachmittag mit rätselhaften Aktivitäten in der Bibliothek und dem Arbeitszimmer. Wonach er suchte, blieb sein Geheimnis. Um fünf kam er mit recht fahlem Gesicht aus dem Arbeitszimmer heraus. Zwischen seinen Augenbrauen zeigte sich eine Sorgenfalte. Er trat hinaus auf die Veranda und lehnte sich gedankenverloren gegen einen Pfeiler. Der Kies war trocken; die Sonne hatte das Regenwasser schnell aufgesogen. Als er ins Haus zurückging, dämmerte es bereits und die Nacht brach so rasch herein, wie man es nur auf dem Land erlebte.

Niemand war zu sehen; im Haus war es ruhig, seine unglücklichen Bewohner hatten sich in ihre Zimmer zurückgezogen. Er vergrub das Gesicht in seinen Händen und dachte lange Minuten nach, ohne sich zu regen.

Schließlich hellte sich seine Miene auf; er ging zum Fuß der Treppe und horchte. Nichts zu hören. Auf Zehenspitzen schlich er zurück, griff zum Telefonhörer und unterhielt sich die nächste Viertelstunde lang in ernstem, gedämpftem Ton mit jemandem in New York. Als das Gespräch beendet war, ging er nach oben auf sein Zimmer. Eine Stunde später, während sich die anderen unten zum Dinner einfanden, schlüpfte er über die Hintertreppe aus dem Haus; nicht einmal die Köchin in der Küche bemerkte ihn. Einige Zeit brachte er im undurchdringlichen Dunkel des Geländes zu.

Wie es genau passiert war, hat Ellery nie herausgefunden. Die Wirkung setzte kurz nach dem Dinner ein; und rückblickend erinnerte er sich, wie die anderen zu etwa derselben Zeit eine bleierne Schläfrigkeit übermannt hatte. Das Dinner wurde spät serviert und war bereits erkaltet; Owens Verschwinden hatte offenbar sogar die Organisation des Kulinarischen durcheinander gebracht, sodass der Kaffee – Ellery war später sicher, dass es sich um den Kaffee gehandelt hatte – erst nach acht von dem Hausmädchen mit den schmucken Beinen serviert wurde. Die große Müdigkeit stellte sich eine halbe Stunde später ein. Sie saßen im Wohnzimmer und unterhielten sich gequält über Nichtigkeiten. Mrs. Owen, blass, schweigsam und durstig, hatte den Kaffee gierig ausgetrunken und sich sogar eine zweite Tasse bringen lassen. Nur Mrs. Mansfield blieb angriffslustig. Wie es schien, war sie darauf erpicht gewesen, die Polizei zu verständigen; offenbar brachte sie der Polizeitruppe von Long Island und im Besonderen einem Chief Naughton, dem örtlichen Präfekten, tiefes Vertrauen entgegen und ließ keinen Zweifel daran aufkommen, dass sie von Ellerys Unfähigkeit überzeugt war. Gardner hatte rastlos und ein wenig aggressiv gewirkt, während er auf dem Klavier in einer Zimmernische herumklimperte. Emmy Willowes hatte sich in eine schlitzäugige, zugeklappte Muschel verwandelt; sie wirkte inzwischen gänzlich unamüsiert und sehr, sehr still. Mrs. Gardner war einfach nur nervös gewesen. Und Jonathan, den sie schreiend zu Bett gebracht hatten …

Es legte sich sanft und schleichend über ihre Sinne wie eine wachsende Schneedecke. Schlichte angenehme Schläfrigkeit. Im Zimmer war es zudem warm, und Ellery spürte wie durch einen Nebel hindurch Schweißperlen auf seiner Stirn. Er war schon fast eingenickt, als sein Hirn die Alarmglocke schrillen ließ. Während er panisch aufzustehen, seine Muskeln zu bewegen versuchte, spürte er, wie er fortglitt, fort in die Bewusstlosigkeit, und sein Körper ihm so tot und fern vorkam wie ein fremdes Gestirn. Sein letzter bewusster Gedanke, während sich das Zimmer schon wie ein Karussell um ihn drehte und er verschwommen in die Gesichter der Abendrunde sah, galt der Vermutung, dass sie alle betäubt worden waren …

Die Benommenheit schien genau dort wieder einzusetzen, wo sie aufgehört hatte, nahezu ohne spürbaren Übergang. Blitze und Sterne tanzten vor seinen geschlossenen Augen, und jemand hämmerte erbarmungslos gegen seine Schläfen. Dann schlug er die Augen auf und sah den hereinflutenden Sonnenschein auf dem Teppich zu seinen Füßen. Guter Gott, die ganze Nacht …

Stöhnend setzte er sich auf und fasste sich an den Kopf. Die anderen waren in varriierenden Spielarten komatösen, schweren Atmens willkürlich um ihn herum im Raum verteilt – ohne Ausnahme. Dann bewegte sich jemand und stöhnte; sein schmerzendes Denkorgan registrierte trübe, dass es sich um Emmy Willowes handelte. Er stand auf, schwankte zu einem Tablett mit Flaschen, goss sich einen fast ungezogen großen Scotch ein und fühlte sich, sobald seine Kehle wohlig brannte, gleich unendlich viel besser. Er ging hinüber zu der Mimin und schlug sie sanft gegen die Wange, bis sie die Augen öffnete und ihn elend, benommen und beunruhigt anstarrte.

»Was … wann …«

»Betäubt«, krächzte Ellery. »Die ganze Bagage hier. Versuchen Sie, sie ins Leben zurückzuholen, Miss Willowes, während ich ein bisschen das Terrain sondiere, und achten Sie drauf, ob einer die Benommenheit nur simuliert.«

Noch unsicheren Schrittes, aber zielbewusst, schlängelte er sich zur Rückseite des Hauses und tastete sich zur Küche vor. Und dort fand er das langbeinige Hausmädchen, Millan und die Köchin bewusstlos auf den Küchenstühlen, über Tassen voll kaltem Kaffee vornüber auf den Tisch gesackt. Er schlich zum Wohnzimmer zurück, nickte Miss Willowes zu, die sich um Gardner über der Klaviertastatur bemühte, und stolperte die Treppe hoch. Er brauchte nicht lange zu suchen, da hatte er Master Jonathans Schlafzimmer gefunden; der Junge schlief noch immer, allerdings einen gesunden, natürlichen Schlaf, durchsetzt von gelegentlichen Schnarchgeräuschen. Er schnarchte tatsächlich! Stöhnend ging Ellery ins Bad neben dem Schlafzimmer des familiären Hoffnungsträgers. Nach einer Weile mühte er sich wieder hinunter ins Arbeitszimmer, um auf der Stelle wieder herauszuschießen – mit wild aufgerissenen Augen. Er nahm seinen Hut aus dem Garderobenschrank in der Halle und hastete nach draußen in den warmen Sonnenschein. Eine Viertelstunde lang stocherte und suchte er auf dem Grundstück herum; das Haus der Owens war von Buschwerk umgeben und so abgelegen wie eine Western-Ranch … Als er mürrisch und enttäuscht dreinblickend zum Haus zurückkehrte, waren die anderen längst wieder bei vollem Bewusstsein, gaben klagend maunzende Töne von sich und hielten sich die Köpfe wie verängstigte Kinder.

»Queen, um Gottes willen«, begann Gardner heiser.

»Wer immer es war, hat das Luminol aus dem Bad oben benutzt«, erklärte Ellery und schleuderte seinen Hut vom Kopf; ein plötzlicher stechender Kopfschmerz ließ ihn zusammenzucken. »Das Zeug, das Mrs. Mansfield gestern Mrs. Owen verabreicht hat, um sie zum Schlafen zu bewegen. Mit dem Unterschied, dass uns fast der gesamte Inhalt des großen Glases eingeflößt worden ist. Netter Schlummertrunk! Machen Sie es sich gemütlich, während ich in der Küche ein paar Ermittlungen anstelle. Ich glaube, es war der Kaffee.« Als er jedoch aus der Küche zurückkehrte, war sein Gesicht zu einer Grimasse verzogen. »Pech. *Madame la cuisinière*, so scheint es, hat einmal die Toilette aufsuchen müssen; Millan war draußen in der Garage und hat nach den Wagen gesehen, und das Hausmädchen hatte die Küche verlassen, zweifellos, um sich schön zu machen. Ergebnis: Unser Freund, der Luminalist, hatte Gelegenheit, das meiste des Pulvers im Glas in die Kaffeekanne zu kippen. Verdammt!«

»Mich hält jetzt nichts mehr davon ab, die Polizei zu verständigen!«, erklärte Mrs. Mansfield in hysterischem Ton und versuchte aufzustehen. »Man wird uns demnächst noch im Schlaf ermorden! Laura, ich muss darauf bestehen …«

»Bitte, bitte, Mrs. Mansfield«, fiel ihr Ellery erschöpft ins Wort. »Kein falsches Pathos! Sie würden uns einen größeren Dienst erweisen, wenn Sie in die Küche gingen und den Aufstand dort niederschlügen. Die beiden Frauen sind kurz davor, ihre Sachen zu packen, das schwöre ich Ihnen.«

Mrs. Mansfield biss sich auf die Lippe und stolzierte davon. Einen Augenblick später vernahmen sie ihre gar nicht mehr lieblich klingende Stimme, als sie die Bediensteten zusammenstauchte.

»Aber Queen«, protestierte Gardner. »Wir können doch nicht schutzlos …«

»Was ich auf meine kindische Art gern wüsste«, redete Emmy dazwischen, »ist, wer das getan hat und warum. Dieses Glas da oben … Sieht doch irgendwie extrem so aus, als wäre das einer von uns gewesen, oder?«

Mrs. Gardner stieß einen spitzen Schrei aus. Mrs. Owen sank in ihren Sessel zurück.

»Einer von uns?«, flüsterte die Rothaarige.

Ellery lächelte ein ernstes, kaltes Lächeln, das bald wieder aus seinem Gesicht verschwand. Er nickte in Richtung Halle. »Was war das?«, rief er unvermittelt.

Sie wirbelten herum, gelähmt vor Entsetzen, und blickten in die angezeigte Richtung. Es gab jedoch nichts zu sehen. Ellery schritt zur Haustür.

»Was wird jetzt das schon wieder?«, stammelte Mrs. Owen.

»Ich dachte, ich hätte etwas gehört …« Er riss die Tür auf. Die frühe Morgensonne flutete herein. Sie sahen, wie er sich bückte und etwas in der Vorhalle aufhob, sich wieder aufrichtete und sich draußen hastig umsah. Dann schüttelte er den Kopf, trat zurück ins Haus und schloss die Tür.

»Ein Paket«, sagte er stirnrunzelnd. »Ich habe mir ja *gedacht*, dass jemand …«

Der leere Blick aller klebte an dem mit braunem Packpapier umwickelten Bündel in seinen Händen. »Ein Paket?«, fragte Mrs. Owen. Ihre Miene hellte sich auf. »Vielleicht ist es ja von Richard!« Dann jedoch erlosch der Funken in ihren Augen und wich furchtsamer Blässe. »Oder glauben Sie …?«

»Es ist«, erwiderte Ellery bedächtig, »an Sie adressiert, Mrs. Owen. Keine Briefmarke, kein Poststempel, mit Bleistift in verstellten Blockbuchstaben daraufgekritzelt. Ich glaube, ich werde so frei sein, es zu öffnen, Mrs. Owen.« Er zerriss den dünnen Bindfaden und wickelte das lieblos verpackte Paket aus dem Papier. Die Runzeln gruben sich tiefer in seine Stirn, denn das Päckchen enthielt lediglich ein Paar großer Herrenschuhe, die an Sohlen und Absätzen abgenutzt waren – sportliche Halbschuhe in Gelbbraun und Weiß.

Mrs. Owen rollte die Augen; ihre Nasenflügel zitterten vor Übelkeit. »Von Richard!«, keuchte sie und sank halb ohnmächtig zurück.

»Tatsächlich?«, murmelte Ellery. »Wie interessant. Es sind natürlich nicht die Schuhe, die er Freitagabend trug. Sind Sie sicher, dass es seine sind, Mrs. Owen?«

»Oh, er ist wirklich entführt worden!«, sagte Mrs. Mansfield mit zittriger Stimme von der rückwärtigen Tür her. »Ist da nicht eine Nachricht bei, oder B-Blut …«

»Nein, nichts außer den Schuhen. An die Entführungstheorie mag ich nicht glauben, Mrs. Mansfield. Dies sind nicht die Schuhe, die er Freitagabend getragen hat. Wann haben Sie diese hier zuletzt gesehen, Mrs. Owen?«

»Erst gestern Nachmittag noch«, schluchzte Mrs. Owen, »in seinem Kleiderschrank. Oh …«

»Da haben wir's!«, befand Ellery fröhlich. »Vermutlich sind sie aus dem Kleiderschrank gestohlen worden, während wir gestern Nacht alle bewusstlos waren, und nun hat der Dieb sie auf recht spektakuläre Weise zurückgegeben. Bislang, wissen Sie, ist kein echter Schaden entstanden. Ich fürchte«, fügte er ernst hinzu, »wir nähren eine Schlange am Busen.«

Niemand lachte. »In der Tat sehr seltsam«, sagte Miss Willowes. »Verrückt, um genauer zu sein, Mr. Queen. Ich kann mir nicht den geringsten Reim darauf machen.«

»Das kann ich auch nicht, zumindest zurzeit noch nicht. Entweder spielt uns jemand einen monströsen Streich, oder hinter allem steckt ein teuflisch cleverer, aber abartig veranlagter Verstand.« Er nahm seinen Hut und ging zur Tür.

»Wohin, um Himmels willen, wollen Sie?«, hauchte Mrs. Gardner.

»Hinaus zu einer fleißigen Denkrunde unter Gottes blauem Himmelszelt. Aber bedenken Sie«, fügte er leise hinzu, »dies ist ein Privileg, das Detektiven vorbehalten ist. Niemand sonst wird einen Fuß vor die Tür setzen.«

Eine Stunde später kehrte er ohne eine Erklärung zurück.

Mittags entdeckten sie das zweite Paket. Es handelte sich um ein viereckiges Ding, das in dasselbe braune Papier eingepackt war. In einem Pappkarton fanden sie, in zerknüllte Papiertaschentücher eingewickelt, zwei prächtige Miniatur-Segelschiffe, solche wie die, die Kinder im Sommer auf Seen schwimmen lassen. Das Päckchen war an Miss Willowes adressiert.

40

»Das wird ja immer schrecklicher«, murmelte Mrs. Gardner; ihre vollen Lippen zitterten. »Ich hab eine Gänsehaut.«

»Ich würde mich besser fühlen«, bemerkte Miss Willowes, »wenn es ein blutiger Dolch wäre oder so was. Aber Spielzeugschiffchen!« Sie machte einen Schritt zurück; ihre Augen wurden schmal. »Jetzt hört mal zu, liebe Leute, ich bin ganz bestimmt keine Spielverderberin, nicht mehr jedenfalls als ihr; aber ein Scherz ist ein Scherz, und von diesem hier habe ich langsam die Nase voll. Wer von euch veranstaltet diesen Blödsinn?«

»Scherz«, zischte Gardner. Er war weiß wie die Wand. »Das ist das Werk eines Irren, sag ich euch!«

»Na, na«, murmelte Ellery, während er die grün- und beigefarbenen Boote fixierte. »So kommen wir nicht weiter. Mrs. Owen, kommen Ihnen vielleicht auch diese Schiffchen bekannt vor?«

»Um Gottes willen, Mr. Queen«, wimmerte Mrs. Owen, die jeden Moment zu kollabieren drohte. »Ich versteh … ja, das sind … das sind die von Jonathan!«

Ellery blinzelte. Er ging zum Fuß der Treppe. »Johnny!«, rief er. »Komm bitte einmal eine Minute herunter!«

Träge und trotzig kam er die Stufen herabgestiegen. »Was wollense?«, fragte er in eisigem Ton.

»Komm mal her, mein Sohn.« Master Jonathan näherte sich mit schlurfenden Schritten. »Wann hast du deine Boote hier zum letzten Mal gesehen?«

»Boote!«, kreischte Master Jonathan und erwachte zum Leben. Er stürzte sich auf sie und grapschte sie sich, während er Ellery wütend anfunkelte. »Meine Boote! Wo sind wir denn hier? Meine Boote! Sie haben sie gestohlen!«

»Komm, komm«, erwiderte Ellery errötend. »Jetzt sei mal ein braver kleiner Mann. Wann hast du sie zuletzt gesehen?«

»Gestern! In meinem Spielzeugschrank! Meine Boote! Unmöglich!«, fauchte Master Jonathan und flüchtete mit den Schiffchen an seine dürre Brust gepresst nach oben zurück.

41

»Zur gleichen Zeit gestohlen«, bemerkte Ellery hilflos. »Zu verteufelt auch, Miss Willowes. Ich wäre fast geneigt, Ihnen Recht zu geben. Ach ja – wer hat dieses Spielzeug Ihrem Sohn eigentlich gekauft, Mrs. Owen?«

»S… sein Vater.«

»Verdammt«, sagte Ellery zum zweiten Mal an diesem gottlosen Sonntag und schickte alle los, um das Haus abzusuchen und so festzustellen, ob noch etwas fehlte. Aber niemand vermisste etwas.

Als sie vom oberen Stockwerk wieder herunterkamen, sahen sie, dass Ellery äußerst verwundert einen kleinen weißen Umschlag betrachtete.

»Was ist denn das jetzt wieder?«, fragte Gardner gereizt.

»Steckte in der Tür«, erwiderte Ellery nachdenklich. »Ich hatte ihn bislang nicht bemerkt. Das hier ist *wirklich* seltsam.«

Es war ein teurer Umschlag, der auf der Rückseite mit blauem Wachs versiegelt war und vorne mit den bekannten flüchtig hingekritzelten Bleistiftbuchstaben beschrieben war; diesmal an Mrs. Mansfield adressiert.

Die alte Dame sank in den nächststehenden Sessel und presste die Hand aufs Herz. Sie war stumm vor Angst.

»Na denn«, sagte Mrs. Gardner heiser. »Öffnen Sie ihn.«

Ellery riss das Kuvert auf; pure Ratlosigkeit erschien auf seinem Gesicht. »So was«, murmelte er. »Da ist überhaupt nichts drin!«

Gardner nagte an seinen Fingern und wandte sich murmelnd ab. Mrs. Gardner schüttelte den Kopf wie ein benommener Boxer und stolperte zur Bar, zum fünften Mal an diesem Tag. Emmy Willowes' Miene war finster wie ein heraufziehender Sturm.

»Sie müssen wissen«, sagte Mrs. Owen beinahe gefasst. »Das ist das Briefpapier meiner Mutter.« Wieder herrschte Schweigen.

»Seltsamer und seltsamer. Ich muss da Ordnung reinkriegen … Die Schuhe sind ein völliges Rätsel. Die Boote könnten

42

als Geschenk gedacht sein; gestern hatte Jonathan schließlich Geburtstag, und die Boote wären dann sein … ein geschmackloser Streich …« Er schüttelte den Kopf. »Kommt nicht hin. Und dieses dritte – ein Kuvert ohne Brief darin. Das müsste auf den Umschlag selbst als das wichtige Detail verweisen. Aber der Umschlag ist Eigentum von Mrs. Mansfield. Das einzig andere … das Siegelwachs!« Er untersuchte den blauen Klumpen auf dem Papier, aber das Siegelwachs trug kein Siegel, welcher Art auch immer.

»Das«, bemerkte Mrs. Owen in diesem unnatürlich beherrschten Ton, »sieht ganz so aus, als handelte es sich auch um unser Wachs, Mr. Queen, aus der Bibliothek.«

Ellery preschte los, gefolgt vom betrübten Rest. Mrs. Owen ging zum Schreibtisch und öffnete die oberste Schublade.

»Ist es da drin gewesen?«

»Ja«, sagte sie; ihre Stimme begann wieder zu zittern. »Ich habe es erst Freitag benutzt, als ich einen Brief geschrieben … Oh, gütiger …«

Es lag kein Wachsstück in der Schublade.

Während sie auf die Schublade starrten, klingelte es an der Haustür.

Diesmal handelte es sich um einen Einkaufskorb, der unschuldig auf der Veranda stand. Darin lagen, taufrisch und grün, zwei große Kohlköpfe.

Ellery rief nach Gardner, und Millan selbst führte den Angriff die Stufen hinunter. Sie schwärmten aus, durchsuchten Büsche und Wald rund um das Haus. Aber sie fanden nichts. Keine Spur von demjenigen, der geklingelt hatte, keine Spur von dem Geisterwesen, das ihnen unbekümmert einen Korb mit Kohlköpfen vor die Tür gestellt hatte, als viertes Geschenk. Es war, als wäre es aus Rauch und würde nur in dem Augenblick feste Form annehmen, in dem es mit seinem ungreifbaren Finger auf den Klingelknopf drückte.

43

Sie fanden die Frauen zusammengedrängt in einer Ecke des Wohnzimmers, schaudernd und weißlippig. Mrs. Mansfield, die zitterte wie Espenlaub, war am Telefon und sprach mit der örtlichen Polizei. Ellery wollte schon protestieren, zuckte dann jedoch mit den Schultern, schloss den Mund wieder und ging in die Hocke. Am Griff des Korbes war ein Stück weißes Papier mit einer Kordel befestigt. Dieselbe ungelenke Schrift … »Mr. Paul Gardner«.

»Sieht ganz so aus«, murmelte Ellery, »als wären Sie diesmal der Auserwählte, Freund.«

Gardner starrte auf den Korb, als traue er seinen Augen nicht. »Kohlköpfe!«

»Entschuldigen Sie mich«, bat Ellery knapp und ging fort. Als er zurückkam, zuckte er erneut mit den Schultern. »Aus dem Gemüsebehälter in der Vorratskammer draußen, sagt die Köchin. Sie habe nicht daran gedacht, auf fehlendes *Gemüse* zu achten, ließ sie mich abschätzig wissen.«

Mrs. Mansfield plapperte aufgeregt auf einen arg verwunderten Beamten am anderen Ende ein; als sie einhängte, war sie rot angelaufen wie ein Neugeborenes. »Jetzt ist nämlich *Schluss* mit dem ganzen Unsinn, Mr. Queen!«, zischte sie. Dann sank sie in einen Sessel und verfiel in hysterisches Gekicher. »Oh, ich habe ja gewusst, dass du den Fehler deines Lebens machst, wenn du dieses Scheusal heiratest, Laura«, schrillte sie und begann sofort wieder zu lachen wie eine Wahnsinnige.

Eine Viertelstunde später kam die Polizei mit Sirenengeheul und repräsentiert von einem stämmigen, rotgesichtigen Mann mit den Abzeichen eines Chiefs und einem schlaksigen jungen Polizisten.

»Ich bin Naughton«, erklärte ersterer knapp. »Was zum Teufel geht hier vor?«

»Ah, Chief Naughton«, sagte Ellery. »Ich bin Queens Sohn – Inspector Richard Queen von der Centre Street. Wie geht's?«

»Oha!«, sagte Naughton. Mit strenger Miene wandte er sich

Mrs. Mansfield zu. »Warum haben Sie mir nicht gesagt, dass Mr. Queen hier ist, Mrs. Mansfield? Sie sollten doch wissen …«

»Ach, ich habe euch alle gründlich satt!«, zeterte die alte Dame. »Unsinn, Unsinn und noch mal Unsinn, seit das Wochenende angefangen hat! Zuerst diese schreckliche Schauspielerin mit ihrem kurzen Rock, diesen Beinen und so weiter, und dann dieses … dieses …«

Naughton rieb sich das Kinn. »Kommen Sie mal hier rüber, Mr. Queen, wo wir uns wie normale Menschen unterhalten können. Was ist denn bloß passiert?«

Mit einem Seufzen erzählte Ellery ihm die Geschichte. Während er sprach, wurde das Gesicht des Chiefs roter und roter. »Sie meinen das alles ganz im Ernst?«, brummte er schließlich. »Klingt in meinen Ohren völlig idiotisch. Mr. Owen ist wahrscheinlich durchgedreht und spielt Ihnen jetzt Streiche. Gütiger Himmel, Sie können so was doch nicht ernst nehmen!«

»Ich fürchte«, murmelte Ellery, »wie müssen es … Was ist denn das? Beim Henker, wenn das eine weitere Daseinsbekundung unseres verspielten Phantoms ist …!« Er rannte zur Tür, ließ Naughton offenen Mundes stehen und riss sie auf. Der Abendhauch wehte ihm entgegen, und auf der Veranda lag das fünfte Paket, diesmal nur ein winziges.

Die zwei Beamten schossen mit umher lichternden, suchenden Taschenlampen aus dem Haus. Neugierig hob Ellery das Päckchen auf. Es war in der mittlerweile vertrauten Schrift an Mrs. Gardner adressiert. Innen befanden sich zwei gleich geformte Gegenstände: Schachfiguren, Könige. Einer war weiß und der andere schwarz.

»Wer spielt hier Schach?«, fragte er.

»Richard«, piepste Mrs. Owen. »Mein Gott, ich verliere noch den Verstand!«

Die Untersuchung ergab, dass die beiden Schachkönige von Richard Owens Schachspiel verschwunden waren.

Die örtlichen Polizeibeamten kamen blass und schnaufend

zurück. Sie hatten draußen niemanden gesehen. Ellery betrachtete schweigend die beiden Könige.

»Und nun?«, fragte Naughton und ließ die Schultern fallen.

»Nun«, erwiderte Ellery ruhig, »Folgendes. Ich habe da eine brillante Idee. Kommen Sie doch bitte mal einen Moment her.« Er zog Naughton zur Seite und redete mit gesenkter Stimme in rasendem Tempo auf ihn ein. Die anderen standen schlaff herum und zuckten vor Nervosität. Niemand mehr machte sich die Mühe, Selbstbeherrschung vorzutäuschen. Wenn dies ein Scherz war, dann allerdings ein ungeheuer schauriger. Und Richard Owen lauerte im Hintergrund …

Der Chief blinzelte konzentriert und nickte. »Sie alle«, befahl er knapp, »gehen jetzt in die Bibliothek da!« Sie starrten ihn bloß an. »Na los! Alle! Dieses alberne Spielchen wird sofort ein Ende haben!«

»Aber, Mr. Naughton«, schnaufte Mrs. Mansfield. »Von uns kann es keiner sein, der diese Sachen geschickt hat. Mr. Queen wird Ihnen bestätigen, dass wir heute immer in seiner Sichtweite waren …«

»Tun Sie, was ich sage, Mrs. Mansfield«, blaffte der Beamte.

Zutiefst verwundert marschierten sie in die Bibliothek. Der Polizist trieb Millan, die Köchin und das Hausmädchen zusammen und ging mit ihnen hinein. Keiner sagte etwas, keiner sah jemanden an. Minuten verstrichen, eine halbe Stunde, eine Stunde. Jenseits der Tür zum Wohnzimmer herrschte Grabesstille. Dennoch horchten sie …

Um halb acht wurde die Tür ruckartig aufgerissen, und der Chief blickte finster zu ihnen hinein. »Alle raus«, befahl Naughton knapp. »Na los, bisschen fix!«

»Raus?«, flüsterte Mrs. Owen. »Wohin? Wo ist Richard? Was …«

Der Polizist scheuchte sie aus dem Raum. Ellery ging zur Tür des Arbeitszimmers, drückte sie auf, knipste das Licht an und trat zur Seite.

»Wenn Sie bitte hereinkommen und Platz nehmen würden«, sagte er trocken; sein Gesicht wirkte angespannt, und er machte einen erschöpften Eindruck.

Schweigend und langsam folgten sie ihm. Sie setzten sich. Naughton ließ die Rollläden herunter. Der Polizist schloss die Tür und lehnte sich mit dem Rücken dagegen.

»In gewisser Weise«, begann Ellery tonlos, »ist dies einer der bemerkenswertesten Fälle meiner Karriere gewesen – unorthodox in jeder Hinsicht. Äußerst ungewöhnlich. Ich glaube, Miss Willowes, der Wunsch, den Sie Freitagabend geäußert haben, ist in Erfüllung gegangen. Sie werden Zeugin einer ziemlich schrägen Anwendung kriminellen Einfallsreichtums werden.«

»Krim …« Mrs. Gardners volle Lippen bebten. »Sie meinen – es hat ein Verbrechen gegeben?«

»Ruhe!«, brummte Naughton.

»Ja«, erwiderte Ellery in sanftem Ton, »es hat ein Verbrechen gegeben. Genauer gesagt – es tut mir leid, Mrs. Owen –, ein Kapitalverbrechen.«

»Richard ist …«

»Es tut mir furchtbar leid.« Eine Weile sagte niemand etwas. Mrs. Owen weinte nicht; sie schien keine Tränen mehr zu haben. »Unglaublich«, sagte Ellery. »Schaun Sie her.« Er seufzte. »Die Crux des Problems war die Uhr. *Die Uhr, die nicht war, wo sie hätte sein sollen*, die Uhr mit dem unsichtbaren Ziffernblatt. Sie erinnern sich sicher, wie ich darauf hinwies, die Uhr müsse, da ich den Reflex der Leuchtzeiger in jenem Spiegel dort nicht sah, von ihrem Platz entfernt worden sein. Das war eine haltbare Theorie, aber nicht die *einzig* mögliche.«

»Richard ist tot«, wiederholte Mrs. Owen, als könne sie es nicht begreifen.

»Mr. Gardner«, fuhr Ellery eilig fort, »hat auf eine andere Möglichkeit hingewiesen: dass die Uhr vielleicht noch immer über der Tür gehangen, jedoch etwas oder jemand vor dem

Spiegel gestanden haben könnte. Ich erklärte Ihnen, warum diese Theorie ausschied.« Er ging zu dem hohen Spiegel. »Aber es gab noch eine Erklärung, warum ich die Leuchtzeiger nicht gesehen habe, nämlich dass zu dem Zeitpunkt, als ich die Tür im Dunkeln öffnete, hineinblickte und nichts sah, die Uhr noch immer dort war, der *Spiegel* jedoch nicht!«

»Aber wie sollte denn das gehen, Mr. Queen?«, fragte Miss Willowes in provozierend trockenem Ton. »Das … das ist doch albernes Zeug.«

»Nichts ist hier albern, meine Liebe, solange es nicht bewiesen ist. Ich sagte mir: Wie konnte das angehen, dass der Spiegel in jenem Moment nicht da war? Wie man sieht, ist er fester Bestandteil der Wand, eingebaut in dieses moderne Zimmer.« In Miss Willowes' Augen schimmerte etwas auf. Mrs. Mansfield starrte stur geradeaus und hielt die Hände fest umklammert im Schoss. Mrs. Owen sah Ellery mit glasigen Augen an, blind und taub. »Dann«, fuhr Ellery mit einem weiteren Seufzer fort, »war da die äußerst seltsame Natur der Pakete, die heute den ganzen Tag auf uns herabgeregnet sind wie himmlisches Manna. Ich sagte, die Sache habe fantastische Züge. Es wird Ihnen sicher in den Sinn gekommen sein, dass jemand unsere Aufmerksamkeit verzweifelt auf das Geheimnis des Verbrechens zu lenken versucht hat.«

»Unsere Aufmerksamkeit …«, murmelte Gardner ratlos.

»Exakt. Nun, Mrs. Owen«, begann Ellery vorsichtig, »das erste Paket war an Sie adressiert. Was war sein Inhalt?« Sie starrte durch ihn hindurch. Es folgte unerträgliches Schweigen. Plötzlich begann Mrs. Mansfield sie zu schütteln, als sei sie ein Kind. Sie schreckte auf, lächelte unsicher; Ellery wiederholte seine Frage.

»Ein Paar von Richards Halbschuhen«, erklärte sie fast strahlend.

Er zuckte leicht. »Mit einem Wort – *Schuhe*. Miss Willowes.« Als er sie ansprach, wurde ihre Haltung trotz aller Non-

48

chalance ein wenig steifer. »Sie waren die Empfängerin des zweiten Pakets. Und was enthielt das?«

»Jonathans Spielzeugboote.«

»Wiederum mit einem Wort – *Schiffe*. Mrs. Mansfield, das dritte Päckchen ging an Sie. Darin war was genau?«

»Nichts.« Sie warf stolz den Kopf zurück. »Ich halte das Ganze noch immer für versponnenes Gefasel. Sehen Sie denn nicht, dass Sie meine Tochter – und uns alle – in den Wahnsinn treiben? Naughton, wollen Sie wirklich, dass er mit dieser Farce weitermacht? Wenn Sie wissen, was Richard zugestoßen ist, dann sagen Sie es uns in Gottes Namen!«

»Beantworten Sie die Frage«, brummte Naughton.

»Also gut«, erwiderte sie trotzig, »es handelte sich um einen albernen leeren Umschlag, der mit unserem Wachs versiegelt war.«

»Wiederum mit einem Wort«, fuhr Ellery fort, »*Siegelwachs*. Nun, Gardner, Sie bedachte man mit dem wunderlichsten, dem vierten Geschenk. Und das war …?«

»Kohl«, antwortete Gardner mit einem unsicheren Grinsen.

»Kohlköpfe, mein Feund; es waren zwei. Und schließlich Sie, Mrs. Gardner, was erhielten Sie?«

»Zwei Schachfiguren«, flüsterte sie.

»Nein, nein. Nicht bloß zwei Schachfiguren, Mrs. Gardner. Zwei *Könige*.« Ellerys graue Augen funkelten. »Mit anderen Worten, wir wurden in der genannten Reihenfolge bombardiert mit Gaben«, – er legte eine Kunstpause ein und blickte in die Runde, bevor er ruhig weitersprach –, »*von Schuhen – Schiffen – Siegellack, von Kohlköpfen und Königen.*«

Man hätte eine Stecknadel fallen hören können. »Das Walross und der Zimmermann«, platzte Emmy Willowes hervor. »*Alice im Wunderland*!«

»Sie sollten sich schämen, Miss Willowes. Wo genau steht Zwiddeldeis Gedicht vom Walross in Carrolls Doppelwerk?«

49

Ihre Züge begannen vor Eifer hell zu leuchten. »In *Alice hinter den Spiegeln*!«

»*Hinter den Spiegeln*«, wiederholte Ellery in die knisternde Stille hinein. »Und kennen Sie auch den Untertitel von *Alice hinter den Spiegeln*?«

»*Und was sie dort fand*«, erwiderte sie ehrfürchtig.

»Perfekt zitiert, Miss Willowes. Wir sind also angewiesen worden, hinter den Spiegel zu gehen und – per Rückschluss – auf der anderen Seite etwas zu finden, was mit dem Verschwinden von Richard Owen zu tun hat. Irre Idee, was?« Er lehnte sich vor. »Aber lassen Sie mich zu meinem ursprünglichen Gedankengang zurückkehren«, erklärte er knapp. »Ich sagte, eine wahrscheinliche Erklärung dafür, dass ich die reflektierten Leuchtzeiger nicht sah, habe darin bestanden, dass der Spiegel nicht an seinem Platz war. Da die Wand jedoch in jedem Fall massiv und unbeweglich ist, musste der Spiegel selbst beweglich sein, um von seinem Platz entfernt worden zu sein. Wie war dies möglich? Gestern habe ich zwei Stunden lang damit verbracht, das Geheimnis des Spiegels zu ergründen – oder sollte ich sagen: *hinter den Spiegel* zu blicken?« Ihre Blicke wanderten entsetzt zu der eingebauten Glasfläche in der Wand, der sie im Schimmer der Glühbirnen zurückwarf. »Und als ich das Geheimnis entdeckt hatte, schaute ich also *hinter den Spiegel,* und was glauben Sie, habe ich – zugegebenermaßen eine etwas schwerfällig geratene Alice! – dort gefunden?«

Niemand antwortete.

Ellery ging entschlossen zu dem Spiegel, stellte sich auf die Zehenspitzen, berührte etwas, und die ganze Vorrichtung geriet in Bewegung: Der Spiegel kam nach vorn, als hänge er an Scharnieren. Er griff mit den Fingern in den Spalt und zog kräftig. Wie eine Tür schwang der Spiegel nach außen und gab den Blick auf einen flachen, schrankartigen Hohlraum frei.

Die Frauen brachen in einen einzigen Schrei aus und schlugen die Hände vors Gesicht.

Die steife Gestalt des verrückten Hutmachers mit Richard Owens unverwechselbaren Gesichtszügen stierte sie an – grauenvoll, böse, tot.

Paul Gardner stolperte auf die Füße, würgte und zerrte an seinem Kragen. Seine Augen traten aus den Höhlen. »O-O-Owen«, keuchte er. »Owen. Er *kann* nicht hier sein. Ich habe ihn s-s-selbst unter dem großen Stein im Wald hinter dem Haus begraben. Oh, mein Gott!« Sein Gesicht überzog ein grässliches Grinsen, er verdrehte die Augen und brach zusammen.

Ellery pfiff durch die Lippen. »Ist in Ordnung, De Vere«, sagte er; der verrückte Hutmacher bewegte sich, und seine Züge hörten auf magische Weise auf, Richard Owen zu gleichen. »Sie können jetzt rauskommen. Bewundernswerte Probe schauspielerischer Totstellkunst. Und der Trick hat funktioniert, wie ich es mir bereits gedacht hatte. Da haben Sie Ihren Mann, Mr. Naughton. Und wenn Sie Mrs. Gardner verhören, dann werden Sie, wie ich glaube, herausfinden, dass sie seit einiger Zeit Owens Geliebte gewesen ist. Gardner ist offenbar dahinter gekommen und hat ihn umgebracht. Sehen Sie, schon fällt auch *sie* in Ohnmacht.«

»Was ich nicht verstehe«, wisperte Emmy Willowes nach langem Schweigen in jener Nacht, während Mr. Ellery Queen und sie nebeneinander im Regionalzug saßen, der sie nach Jamaica brachte, und später im Express, dessen Ziel Pennsylvania Station war, »das ist …« Sie verstummte hilflos. »Ich kann so vieles nicht verstehen, Mr. Queen.«

»Es war ein Kinderspiel«, erwiderte Ellery müde und starrte durchs Fenster in die vorbeihuschende dunkle Gegend hinaus.

»Wer ist denn dieser Mann – dieser De Vere?«

»Ach, der! Ein Schauspieler, den ich kenne und der zurzeit ›frei gestellt‹ ist. Er spielt kleine Rollen. Sie werden ihn nicht kennen. Schauen Sie, als meine Überlegungen mich zu dem Spiegel geführt hatten, ich ihn untersuchte, ihm schließlich sein

51

Geheimnis entwand und ihn öffnete, fand ich dort Owens Leiche im Hutmacher-Kostüm …«

Sie schauderte. »Viel zu realistisches Theater für meinen Geschmack. Warum haben Sie Ihre Entdeckung nicht gleich bekannt gemacht?«

»Und was damit erreicht? Nicht das geringste Indiz wies auf den Mörder hin. Ich brauchte Zeit, um einen Plan auszutüfteln, der den Mörder dazu bringen würde, sich selbst zu verraten. Die Leiche habe ich dort liegen lassen …«

»Sie meinen, Sie haben seelenruhig da gehockt und wussten die ganze Zeit, dass es Gardner war?«, fragte sie mit unverhohlener Skepsis.

Er zuckte mit den Schultern. »Natürlich. Die Owens wohnten ja erst einen Monat in dem Haus. Der Auslösemechanismus dieser Vorrichtung ist bemerkenswert gut getarnt; wahrscheinlich hätte ihn niemand von selbst entdeckt, wenn er nicht davon wusste und direkt danach suchte. Ich entsann mich, dass Gardner selbst an jenem Freitag bemerkte, er habe ›diese Anlage‹ geplant. Da hatte ich es natürlich. Wer sonst als der Architekt konnte von einem solchen Geheimschrank wissen? Warum er einen solchen Geheimschrank in das Haus eingebaut hat, weiß auch ich nicht; vermutlich hat er da einer Architektenlaune nachgegeben. Sehen Sie, es musste also Gardner gewesen sein.« Nachdenklich blickte er zur staubigen Decke des Abteils hoch. »Der Hergang des Verbrechens war schnell rekonstruiert. Nachdem wir uns Freitagabend zurückgezogen hatten, ist Gardner runtergegangen, um Owen wegen Mrs. Gardner zur Rede zu stellen – wenn die nicht das klassische verhurte Weibsstück ist, dann weiß ich es auch nicht. Es gab eine Auseinandersetzung; Gardner brachte ihn um; er muss im Affekt gehandelt haben. Seinem ersten Impuls folgend, suchte er nach einem Versteck für die Leiche. Er konnte sie schließlich Freitagnacht nicht in diesem Dauerregen nach draußen schleifen, ohne dass er dabei Schlafanzug und Morgenmantel beschmutzt hätte. Da kam ihm der Hohlraum hinter dem Spiegel in den Sinn – ein, wie er glaubte, sicherer Aufbewahrungsort für die Leiche, bis er sie wieder rausholen konnte, sobald der Regen aufgehört hatte und der getrocknete Boden ein dauerhaftes Versteck bot – indem er sie in einem Loch verscharrte oder was auch immer … Als ich die Tür zum Arbeitszimmer öffnete, verstaute er die Leiche gerade in dem Geheimschrank; deshalb konnte ich das Spiegelbild der Uhr nicht sehen. Dann, als ich in der Bibliothek war, schloss er die Spiegeltür und hastete nach oben. Ich jedoch kam zu schnell wieder heraus, und er entschloss sich zur Flucht nach vorn – indem er sogar vorgab, mich für Owen zu halten, der die Treppe hoch kam.

Wie auch immer; am Samstagabend verabreichte er uns allen das Betäubungsmittel, schleppte die Leiche nach draußen, vergrub sie, kam zurück und nahm selbst eine kräftige Dosis von dem Schlafmittel, um seinen Part so natürlich wie möglich erscheinen zu lassen. Er wusste nicht, dass ich am Samstagnachmittag die Leiche hinterm Spiegel gefunden hatte. Als sie am Sonntagmorgen von dort verschwunden war, wusste ich natürlich, warum wir ausgeschaltet worden waren. Gardner hatte sich selbstredend des primären Beweisstückes entledigt, das bei jedem Mord anfällt … des *corpus delicti* …, ohne, soweit er wusste, ein Indiz zu hinterlassen, das darauf hinwies, dass überhaupt ein Mord begangen worden war. Nun, ich verschaffte mir die Gelegenheit, De Vere anzurufen und ihn zu instruieren. Er trieb irgendwo das Kostüm des Hutmachers auf, besorgte sich in der Theaterverwaltung ein Foto von Owen und kam her … Wir sperrten ihn in den Geheimschrank, während Naughtons Mitarbeiter Sie alle in der Bibliothek festhielt. Sie verstehen, ich musste Spannung aufbauen, um Gardners moralischen Widerstand zu brechen, damit er sich schließlich selbst verriet. Er musste dazu gezwungen werden zu verraten, wo er die Leiche vergraben hatte; und er war der Einzige, der es uns sagen konnte. Es hat funktioniert.«

Die Schauspielerin warf ihm einen Blick aus dem Augenwinkel zu. Ellery seufzte melancholisch und wandte die Augen von ihren schlanken Beinen ab, die sie auf dem gegenüberliegenden Sitz ausgestreckt hatte. »Aber das Verwirrendste an dem Ganzen«, sagte sie mit entzückend ratloser Miene, »diese absolut verteufelten, absurden Pakete. Wer um Himmels willen hat die nur geschickt?«

Eine ganze Weile blieb Ellery stumm. »Sie waren das«, murmelte er schließlich schläfrig über das Geratter des Zuges hinweg.

»*Ich?*« Sie war so entsetzt, dass ihr der Mund offen stehen blieb.

»Nur in gewisser Weise«, murmelte Ellery und schloss die Augen. »Ihre Idee, diese Teestunde aus *Alice* zu Master Jonathans Erbauung aufzuführen – der ansteckende Geist von Reverend Dodgsons alias Lewis Carrolls Erzählung –, entzündete in meinem Gehirn ein Feuerwerk der Fantasie, wissen Sie. Nur den Schrank zu öffnen und zu erklären, dort sei Owens Leiche drin gewesen, oder sogar De Vere dafür zu gewinnen, die Rolle der Leiche zu spielen, war nicht genug. Ich musste Gardner mittels psychologischer Kriegsführung mürbe machen, ihn zuerst verwirren und ihn nach einer Weile ahnen lassen, wohin diese Pakete beziehungsweise das, was sie implizierten, hinführten … Ich konnte nicht anders, als ihn auf die Folter spannen, nehme ich an. Kleine Schwäche von mir. In jedem Fall war es für mich ein Leichtes, meinen Vater, den Inspector, zu verständigen; er schickte Sergeant Velie her, und ich schaffte es, all die Dinge, die ich aus dem Haus stibitzt hatte, in die Wälder hinter dem Haus zu schmuggeln und dem guten Velie zu übergeben, was ich hatte erbeuten können … Er erledigte den Rest … Pakete schnüren und so weiter.«

Sie richtete sich auf und musterte ihn mit strengem Blick. »Mr. Queen! Gilt das in höchsten Detektivkreisen neuerdings als korrektes Verhalten?«

Er grinste verlegen. »Ich musste es so machen. Theater, Drama, Miss Willowes. Sie sollten doch in der Lage sein, das zu verstehen. Umgib einen Mörder mit Ereignissen und Dingen, die er nicht versteht, verwirre ihn, lande einen Treffer nach dem anderen gegen seinen Verstand, bis er benommen torkelt, und verpasse ihm dann den K. o.-Schlag … Oh ja, es war teuflisch clever von mir, das muss ich zugeben.«

Sie beobachtete ihn so lange, mit solch nachdrücklichem Schweigen und mit so subtiler Zurschaustellung ihrer jungenhaften Figur, dass er verlegen hin und her zu rutschen begann und spürte, wie sich seine Wangen röteten. »Und was, wenn ich fragen darf«, sagte er heiter, »zaubert diesen anzüglichen Peter-Pan-Ausdruck auf Ihr Gesicht, meine Liebe? Alles in Ordnung? Geht es Ihnen gut? *Antworten* Sie doch, wie fühlen Sie sich?«

»Wie Alice sagen würde«, erwiderte sie sanft und neigte sich ein wenig zu ihm hin, »seltsämer und seltsämer.«

Aus dem Englischen von Monika Schurr

Stanley Ellin

Stanley (Bernard) Ellin (1916–1986) gehört zu den von ›Ellery Queen‹ entdeckten und geförderten Autoren. Als Ellin 1956 erstmals eine Sammlung seiner bereits legendären Kurzgeschichten vorlegte, die ausnahmslos zuerst in »Ellery Queen's Mystery Magazine« erschienen waren, steuerten die unter ›Ellery Queen‹ firmierenden Vettern – vermutlich war Dannay diesmal Ellery – gerne ein Vorwort bei, in dem sie den Tag festhielten, an dem das erste Ellin-Manuskript in der Redaktion eingetroffen war, den 22. November 1946. Es war der leise Horror-Klassiker »Die Spezialität des Hauses«, wert, dem Besten aus der Feder Edgar Allan Poes zur Seite gestellt zu werden (in »Mord als schöne Kunst betrachtet«, DuMonts Kriminal-Bibliothek Band 1060).

Ellin ist einer der sorgfältigsten literarischen Handwerker, von dem wir wissen. Wie von Flaubert angestiftet, meißelt er an jeder Seite wie an einer griechischen Säule. Jede wird immer wieder neu geschrieben, in Extremfällen über zehnmal, was der Autor selbst als »Wahnsinn« bezeichnet. Erst dann wird die nächste Seite in Angriff genommen usw.

So kommt es, dass Ellin nach dem schönen lateinischen Ausdruck seinen Lesern »multum« gibt und nicht »multa«. Neben dem eher schmalen, aber vielfältigen Romanwerk, das von der hard-boiled Story bis zur psychologischen Tour de force reicht, sind es vor allem seine Kurzgeschichten, denen er seinen Rang verdankt: Das 1999 erschienene »Oxford Companion to Crime and Mystery Writing« zählt ihn zu den zwei oder drei besten Verfassern von Kriminalstorys des ganzen Jahrhunderts, und William L. DeAndrea nennt ihn in seiner »Encyclopedia Mysteriosa« 1994 einen der besten US-Schriftsteller des zwanzigsten Jahrhunderts überhaupt.

Stanley Ellin lässt sich dabei weder im Roman noch in der

Kurzgeschichte auf einen bestimmten Typ festlegen und schreibt stattdessen: »Das Genre Kriminalliteratur bietet dem Schriftsteller eine unendliche Vielfalt der Themen und ihrer Behandlung. Aus dieser Vielfalt ziehe ich gern meinen Nutzen.« »Das Werkzeug« – im Original »The Cat's Paw« – ist die zweite von Ellins Geschichten, entstanden 1947. Zunächst banal und harmlos daherkommend wie das Leben ihres Protagonisten, tut sich in ihr ein Abgrund auf, ein Abgrund, den Hannah Arendt sehr viel später die Banalität des Bösen nennen sollte.

Von Stanley Ellin sind in DuMonts Kriminal-Bibliothek erschienen: »Der Mann aus dem Nichts« (Band 1047) und die Kriminalerzählung »Die Spezialität des Hauses« in »Mord als schöne Kunst betrachtet« (Band 1060).

Stanley Ellin
Das Werkzeug

Viel Unterschied machte es nicht, welches Zimmer in der heruntergekommenen Pension man sich aussuchte, alle mit den gleichen Linoleumböden, dem gleichen Messingbett; aber an dem Tag, an dem Mr. Crabtree sich auf die Stellenanzeige bewarb, ging ihm auf, dass er einen kleinen Vorteil mit dem seinen doch hatte: Der öffentliche Fernsprecher auf dem Flur hing direkt gegenüber seiner Tür, und wenn er die Ohren offen hielt, konnte er schon Sekunden nach dem ersten Schrillen der Glocke am Apparat sein.

Das ließ er sich durch den Kopf gehen und setzte dann unter die Unterschrift, mit der er seine Bewerbung abgeschlossen hatte, noch die Telefonnummer. Seine Hand zitterte ein wenig dabei; für seine Begriffe machte er sich einer schweren Täuschung schuldig, wenn er den Eindruck erweckte, es handle sich um einen Privatanschluss; aber, überlegte er, das Prestige, das er auf diese Weise gewann, würde vielleicht den entscheidenden Ausschlag zu seinen Gunsten geben. Und so opferte er schließlich bangen Herzens die hohen Ideale eines ganzen Lebens.

Die Anzeige selbst war ja das reinste Wunder gewesen. *Stelle zu vergeben*, hatte es geheißen, *harte Arbeit, mäßiger Lohn. Nüchterner, aufrechter Mann, fleißig, Büroerfahrung, Alter 45–50 bevorzugt. Ausführliche Bewerbung. Postfach 111*; und Mr. Crabtree, ungläubig hinter seinen Brillengläsern, hatte sie mit Schaudern studiert, Schaudern beim Gedanken an all die Leidensgenossen, Alter 45–50, die auf der Suche nach harter Arbeit bei mäßigem Lohn waren und dieselbe Anzeige Minuten, womöglich sogar Stunden vor ihm gelesen hatten.

Seine Antwort hätte man als Muster eines Bewerbungsbriefes drucken können. Alter achtundvierzig, Gesundheit ausge-

58

zeichnet. Unverheiratet. Dreißig Jahre lang einer einzigen Firma gedient, und das treu und gewissenhaft; nie krank gewesen, nie zu spät gekommen. Leider war die Firma in einer anderen, größeren aufgegangen; bedauerlicherweise hatten viele fähige Mitarbeiter ihre Stelle verloren. Arbeitszeiten? Spielten keine Rolle. Ihm kam es vor allem darauf an, seine Arbeit ordentlich zu tun, so lange er dafür auch brauchte. Bezahlung? Legte er ganz in die Hände seines zukünftigen Arbeitgebers. Zuvor hatte sein Lohn fünfzig Dollar die Woche betragen, aber das natürlich erst nach jahrelanger Bewährung auf seinem Posten. Zum Vorstellungsgespräch jederzeit verfügbar. Referenzen bei den Folgenden. Unterschrift. Und dann: die Telefonnummer.

All das hatte Mr. Crabtree ein Dutzend Mal formuliert und neu formuliert, bis er überzeugt war, dass jedes notwendige Wort enthalten war, keins zu viel und jedes genau am richtigen Platz. Dann hatte er mit der gestochen scharfen Handschrift, die aus jedem seiner Rechnungsbücher ein Kunstwerk machte, die Reinschrift auf feines, eigens für diesen Anlass erworbenes Wasserzeichenpapier übertragen und die Bewerbung zur Post gebracht.

Allein mit der Frage, ob eine Antwort wohl per Brief, per Telefon oder überhaupt nicht kommen würde, hatte Mr. Crabtree pochenden Herzens zwei endlose Wochen verbracht, bis zu dem Augenblick, in dem er den Hörer abnahm und über den Draht seinen Namen hörte wie die Posaunen des Jüngsten Gerichts.

»Ja«, rief er schrill, »Crabtree, das bin ich! Ich habe mich beworben!«

»Immer mit der Ruhe, Mr. Crabtree«, sagte die Stimme, »immer mit der Ruhe.« Es war eine klare, hohe Stimme, die jede Silbe erst von allen Seiten zu betrachten schien, bevor sie sie aussprach, und sie dämpfte sogleich die Erregung, in der Mr. Crabtree den Hörer umfangen hielt, als könne er Gnade daraus hervorwringen.

»Ich habe Ihre Bewerbung erwogen«, fuhr die Stimme fort, so bedächtig, dass es schmerzte, »und bin sehr zufrieden damit. Sehr zufrieden. Aber bevor ich die Sache als abgemacht ansehe, möchte ich Ihnen die Bedingungen erläutern, zu denen ich die Stelle anbiete. Haben Sie etwas dagegen, dass ich es jetzt gleich tue?«

Mr. Crabtree konnte keinen Gedanken fassen, so sehr klingelte in seinem Ohr das Wort *abgemacht*. »Aber nein«, rief er, »ganz und gar nicht!«

»Schön. Die erste Frage wäre: Trauen Sie sich zu, selbstständig zu arbeiten?«

»Selbstständig?«

»Oh, machen Sie sich keine falsche Vorstellung von der Größe des Unternehmens und der Verantwortung, die damit verbunden ist. Es handelt sich um vertrauliche Berichte, die regelmäßig zu verfassen sind. Sie hätten Ihr eigenes Büro, mit Ihrem Namen an der Tür, und natürlich gäbe es keinen Vorgesetzten, der Sie kontrolliert. Das dürfte auch erklären, warum ich einen überdurchschnittlich verlässlichen Mann suche.«

»Selbstverständlich«, sagte Mr. Crabtree. »Aber diese vertraulichen Berichte …«

»In Ihrem Büro werden Sie eine Liste mit den Namen wichtiger Firmen vorfinden. Dazu ist auf die Adresse des Büros eine Reihe von Wirtschaftszeitungen abonniert, die über jene Firmen häufig berichten. Sie werden sämtliche Verweise sammeln und am Ende des Tages in einem Bericht zusammenfassen, den Sie an mich schicken. Keinerlei wissenschaftliche Arbeit, muss ich hinzufügen, und keinerlei literarische Aufbereitung ist gefordert. Präzise, kurz und klar: Das sind Ihre drei Maßstäbe. Sie verstehen, was von Ihnen erwartet wird?«

»Vollkommen«, versicherte Mr. Crabtree.

»Ausgezeichnet«, sagte die Stimme. »Ihre Arbeitszeiten sind von neun bis fünf, sechs Tage die Woche, eine Stunde Mittagspause um zwölf. Eins muss ich betonen: Ich erwarte von Ihnen, dass Sie pünktlich und regelmäßig erscheinen und dass Sie die Zeiten so gewissenhaft einhalten, als stünden Sie jede Minute des Tages unter meiner persönlichen Aufsicht. Ich hoffe, es kränkt Sie nicht, wenn ich das betone.«

»Oh nein, Sir!«, versicherte Mr. Crabtree. »Ich …«

»Dann lassen Sie mich fortfahren«, sagte die Stimme. »Ich nenne Ihnen jetzt die Adresse, an der Sie sich heute in einer Woche einfinden werden, und die Nummer Ihres Büros« – Mr. Crabtree hatte weder Bleistift noch Papier zur Hand und hämmerte sich die Zahlen ein –, »und alles wird dort für Sie bereitstehen. Die Tür wird unverschlossen sein, und zwei Schlüssel warten in einer Schreibtischschublade auf Sie: einer für die Tür, einer für den Aktenschrank im Büro. Im Schreibtisch werden Sie auch die Liste finden, von der ich gesprochen habe, außerdem alle Materialien, die Sie zur Abfassung Ihrer Berichte brauchen. Im Aktenschrank finden Sie einen Stapel Zeitschriften, mit dem Sie Ihre Arbeit beginnen.«

»Ich bitte um Verzeihung«, unterbrach Mr. Crabtree, »aber diese Berichte …«

»Sie sollten jede Einzelheit aufführen, die Sie über die fraglichen Firmen in Erfahrung bringen und die von Interesse sein könnte, von geschäftlichen Transaktionen bis zu Veränderungen im Personalbestand. Und Sie geben die Briefe täglich an mich auf, unmittelbar nachdem Sie das Büro verlassen haben. Ist das klar?«

»Nur eine Frage noch«, sagte Mr. Crabtree. »An wen – wohin schicke ich sie?«

»Eine überflüssige Frage«, tadelte die Stimme ihn scharf, sehr zu Mr. Crabtrees Schrecken. »Sie schicken sie selbstverständlich an das Postfach, dessen Nummer Sie bereits kennen.«

»Selbstverständlich«, sagte Mr. Crabtree.

»Nun«, fuhr die Stimme fort, und Mr. Crabtree war froh, dass sie zu ihrem geschäftsmäßigen Ton zurückkehrte, »kommen wir zur Frage Ihrer Bezahlung. Ich habe lange darüber nachgedacht, denn wie Ihnen schon aufgegangen sein wird, spielt eine ganze Reihe von Faktoren hinein. Am Ende ließ ich mich von der altbewährten Maxime leiten: Ein guter Arbeiter ist wert, was man ihm zahlt. Sie kennen diese Redewendung?«

»Gewiß«, versicherte Mr. Crabtree.

»Und eines schlechten Arbeiters«, fuhr die Stimme fort, »kann man sich immer leicht entledigen. Auf der Grundlage dieser Überlegungen bin ich bereit, Ihnen zweiundfünfzig Dollar die Woche zu zahlen. Wäre das akzeptabel?«

Mr. Crabtree starrte benommen das Telefon an, dann fand er seine Stimme wieder. »Sehr«, hauchte er. »Sehr sogar. Ich muss gestehen, nie habe ich …«

Die Stimme ließ ihn nicht ausreden. »Es ist ein Angebot unter Vorbehalt, das muss Ihnen klar sein. Sie werden – um den unschönen Ausdruck zu verwenden – zur Probe angestellt, bis Sie sich bewährt haben. Entweder erledigen Sie Ihre Aufgabe zur vollsten Zufriedenheit, oder es gibt keine Aufgabe für Sie.«

Mr. Crabtree spürte, wie ihm die Knie weich wurden bei dieser grimmigen Aussicht. »Ich werde mein Bestes geben«, versicherte er. »Mein Äußerstes.«

»Und«, fuhr die Stimme unerbittlich fort, »ich lege großen Wert darauf, dass Ihnen bewusst ist, wie vertraulich Ihre Arbeit ist. Sie dürfen mit niemandem darüber sprechen, und da ich selbst für die Pflege des Büros und Ihre Büromaterialien Sorge tragen werde, kann es auch keine Entschuldigung geben, wenn Sie dieser Regel untreu werden. Deshalb habe ich eine Versuchung, der Sie erliegen könnten, von vornherein ausgeschaltet, und Sie werden *kein* Telefon auf Ihrem Schreibtisch vorfinden. Ich hoffe, ich tue Ihnen nicht unrecht in meiner Abscheu vor der Unsitte, dass Angestellte ihre Arbeitszeit mit müßigen Telefonaten vergeuden.«

Seit seine einzige Schwester zwanzig Jahre zuvor gestorben war, gab es keine Menschenseele auf der Welt, die auch nur im Traum daran gedacht hätte, Mr. Crabtree anzurufen und sich mit ihm zu unterhalten; aber er entgegnete nur: »Da haben Sie recht, Sir. Unverzeihlich.«

»Dann wären Sie also mit allem einverstanden, was wir besprochen haben?«

»Jawohl, Sir«, sagte Mr. Crabtree.

»Noch Fragen?«

»Nur eine, Sir«, sagte Mr. Crabtree. »Mein Lohn. Wie ...«

»Er wird jeweils Ende der Woche bei Ihnen eintreffen«, sagte die Stimme, »in bar. Sonst noch etwas?«

In Mr. Crabtrees Kopf wirbelten die Fragen nur so, aber er konnte sich auf keine davon konzentrieren. Bevor er seine Gedanken beisammen hatte, sagte die Stimme ein knappes »Alles Gute dann«, und ein Klicken in der Leitung verriet ihm, dass der Anrufer aufgelegt hatte. Erst als er dasselbe tun wollte, merkte er, dass seine Hand den Hörer so fest umklammert hatte, dass er ihn nur unter Schmerzen wieder daraus befreien konnte.

Als Mr. Crabtree sich das erste Mal der angegebenen Adresse näherte, rechnete er halb damit, dass dort überhaupt kein Haus stehen würde. Aber es war da, ein Gebäude von so immensen Ausmaßen, dass es etwas Beruhigendes hatte, erfüllt vom Gewimmel der Menschen, die sich vor den Aufzügen drängten und durch die Gänge eilten, die durch ihn hindurchsahen, als sei er gar nicht da, und rechts und links mit der Teilnahmslosigkeit derer an ihm vorüberhuschten, die anderes zu tun hatten.

Auch das Büro war tatsächlich da, ganz am Ende eines eigenen verwinkelten Ganges und im obersten Stockwerk, wie Mr. Crabtree vermerkte, als er einen Blick auf die Treppe gegenüber warf, an deren Ende er durch eine offen stehende Tür den grauen Himmel sehen konnte.

Das Eindrucksvollste an seinem Büro war, dass CRABTREES WIRTSCHAFTSBERICHTE in großen, säuberlichen Lettern an die Tür geschrieben stand. Öffnete man diese Tür, so gelangte man in einen unglaublich kleinen und engen Raum, den die massigen Möbel, die sich in ihm drängten, noch umso enger machten.

Rechts, gleich neben der Tür, stand ein gigantischer Akten-schrank. Neben diesen gezwängt, aber selbst so groß, dass er den Rest der Fläche auf dieser Seite des Raumes einnahm, war ein wuchtiger altmodischer Schreibtisch mit einem Drehstuhl davor.

Das Fenster auf der anderen Zimmerseite passte zur Möblie-rung. Es war von immenser Größe, und die Fensterbank lag nur knapp über Mr. Crabtrees Knie. Einen Augenblick lang packte ihn die Furcht, als er zum ersten Mal sah, wie Schwindel erre-gend es in die Tiefe ging, ein Schrecken, den die blinde, fenster-lose Fassade des Gebäudes gegenüber noch verstärkte.

Der eine Blick reichte ihm; von nun an hielt Mr. Crabtree die untere Hälfte des Fensters stets fest verschlossen und öffnete nur die obere zur Ventilation.

Die Schlüssel lagen in der Schublade; eine zweite enthielt Federhalter, Tinte, eine Schachtel Federn, einen Block Lösch-papier und ein halbes Dutzend weiterer Accessoires, eher ein-drucksvoll als nützlich; Briefmarken lagen bereit; und, was ihn besonders freute, es gab einen reichlichen Vorrat an Briefpa-pier, jeder Bogen mit dem Aufdruck *Crabtrees Wirtschaftsbe-richte*, der Nummer des Büros und der Adresse des Bürohauses. Im Übermut warf Mr. Crabtree mit eleganten Federschwüngen ein paar Zeilen zur Übung aufs Papier, und dann, entsetzt über seine Verschwendungssucht, zerriss er das Blatt sorgsam in win-zige Fetzen, die er in den Papierkorb zu seinen Füßen warf.

Dann nahm er energisch seine Arbeit in Angriff. Aus dem Aktenschrank quollen ihm die Zeitungen und Zeitschriften nur so entgegen, jede wollte Zeile für Zeile gelesen sein, und Mr. Crabtree kam nie an das Ende einer Seite ohne das quälende Gefühl, dass er irgendwo die Erwähnung eines Namens überse-hen hatte; eines Namens von der maschinengeschriebenen Lis-te, die er, wie angekündigt, in der Schreibtischschublade gefun-den hatte. Dann sah er die ganze Seite noch einmal durch, mit dem quälenden Gefühl, dass er bei seiner Arbeit trödelte, und stöhnte, wenn er wieder unten anlangte und nicht gefunden hatte, was er ja auch nicht finden wollte.

Manchmal schien es ihm, niemals werde er den ungeheuren Berg an Zeitschriften bewältigen können. Wenn er zufrieden seufzte, weil er ein Stück vorangekommen war, drückte ihn sogleich wieder die finstere Gewissheit nieder, dass er am nächsten Morgen einen neuen Stoß Post vor seiner Bürotür finden und neues Material sein Pensum wieder auf die alte Höhe bringen würde.

Es gab jedoch auch Abwechslung in dieser bedrückenden Routine. Eine davon war das Abfassen des täglichen Berichts, das Mr. Crabtree, ein wenig zu seiner eigenen Überraschung, bald geradezu genoss; die andere war das pünktliche Eintreffen des stattlichen Umschlags, der, stets auf den Dollar genau, seinen Wochenlohn enthielt; auch wenn dies Ereignis nie ganz die ungetrübte Freude war, die es hätte sein können.

Sorgfältig schlitzte Mr. Crabtree jedes Mal den Umschlag auf, nahm das Geld heraus, zählte es und verstaute die Scheine säuberlich in seiner alten Brieftasche. Dann fasste er noch einmal mit zitternden Fingern in den Umschlag, im ängstlichen Gedenken an seine frühere Erfahrung, und wartete auf die Notiz, dass seine Dienste nicht mehr gebraucht würden. Das war immer ein schlimmer Augenblick, und er war unruhig, fühlte sich flau im Magen, bis er sich wieder in seine Arbeit vergraben konnte.

Binnen kurzem ging er ganz in dieser Arbeit auf. Die getippte Liste brauchte er nicht mehr; jeden dieser Namen hatte er wie eingebrannt im Kopf, und es gab schlaflose Nächte, wo er erst Ruhe fand, wenn er sie sich einen nach dem anderen ein paar Mal hintereinander aufsagte. Ein Name hatte es ihm ganz besonders angetan, und er verfolgte die Geschicke dieser Firma mit umso größerer Aufmerksamkeit. Der *Präzisionsinstrumente KG* standen offensichtlich stürmische Zeiten bevor. Eine ganze Reihe von Führungspositionen war neu besetzt worden, es gab Gerüchte um eine Fusion, die Bewertung schwankte stark.

Aus Wochen wurden Monate, und mit Freuden spürte Mr. Crabtree, wie jeder der Namen auf seiner Liste für ihn zu einer lebendigen Persönlichkeit heranwuchs. Die *Konsolidierte* stand fest wie ein Fels, unbeirrbar in ihrem steten Erfolg; *Universal*, jeder neuen Technik aufgeschlossen, war nervöser; und so ging es weiter bis zu den Kleinsten hinab. Doch die *Präzisionsinstrumente KG* war und blieb Mr. Crabtrees Lieblingskind, und er hatte sich schon mehr als einmal dabei ertappt, dass er ihr ein klein wenig mehr Aufmerksamkeit zollte, als ihre Bedeutung rechtfertigte. In solchen Augenblicken ermahnte er sich in aller Strenge zur Disziplin; Objektivität musste gewahrt bleiben, sonst …

Es kam ohne jede Vorwarnung. Er kehrte vom Mittagessen zurück, pünktlich wie immer, öffnete die Bürotür und wusste, dass der Mann, der vor ihm stand, sein Arbeitgeber war.

»Kommen Sie herein, Mr. Crabtree«, sagte die klare, hohe Stimme, »und schließen Sie die Tür.«

Mr. Crabtree schloß die Tür und stand verlegen da.

»Ich muss schon ein eindrucksvoller Bursche sein«, meinte der Besucher mit einer gewissen Genugtuung, »dass ich solche Wirkung auf Sie habe. Sie wissen natürlich, wer ich bin?«

Mr. Crabtree, benommen, wie er war, fand, dass die großen, hervorquellenden Augen, die regungslos auf ihn gerichtet waren, der breite, sinnliche Mund, der Körper so klein und rund wie ein Fass eine entsetzliche Ähnlichkeit mit einem Frosch hatten, der träge am Rand eines Teiches saß, und er selbst war in die undankbare Rolle der Fliege geraten, die gefährlich nahe herangeschwirrt war.

»Ich nehme an«, sagte Mr. Crabtree, »Sie sind mein Arbeitgeber, Mr. … Mr. …«

Ein dicker Zeigefinger piekte Mr. Crabtree übermütig in die Rippen. »Solange die Rechnungen bezahlt werden, spielt der Name doch keine Rolle, was, Mr. Crabtree? Um die Sache einfacher zu machen, schlage ich jedoch vor, dass Sie mich – sagen wir – George Spelvin nennen. Es ist ein Name, der einem häufig begegnet, nicht wahr, Mr. Crabtree?«

»Ich fürchte, er ist mir nicht geläufig«, erwiderte Mr. Crabtree jämmerlich.

»Dann gehen Sie wohl nicht ins Theater, und das ist nur gut so. Und wenn ich eine Vermutung wagen darf, Sie sind auch nicht der Mann, der sich auf einen Roman oder auf das Kino einlässt, nicht wahr?«

»Ich versuche, den Anschluss bei der Tageszeitung zu halten«, antwortete Mr. Crabtree mannhaft. »Es steht manch Lesenswertes darin, Mr. Spelvin, und so sehr, wie meine Arbeit mich hier beschäftigt, ist es nicht immer leicht, die Zeit für solche Zerstreuungen zu finden. Wenn man denn wirklich auf dem Laufenden bleiben will.«

Die Winkel des großen Mundes hoben sich zu dem, was, hoffte Mr. Crabtree, ein Lächeln war. »Exakt, was ich von Ihnen erwartet hatte. Fakten, Mr. Crabtree, Fakten! Ich war auf der Suche nach einem Mann, dem Fakten über alles gehen, und Ihre jetzigen Worte wie auch Ihr Bewerbungsschreiben verraten mir, dass ich genau den Richtigen gefunden habe. Ich bin hocherfreut, Mr. Crabtree.«

Mr. Crabtree spürte, wie beschwingt ihm das Blut durch die Adern hüpfte. »Ich danke Ihnen. Ich danke Ihnen sehr, Mr. Spelvin. Gewiss, ich habe mich nach Kräften bemüht, aber ich wusste ja nicht, ob ich … Wollen Sie nicht Platz nehmen?« Mr. Crabtree versuchte um den Tonnenleib herumzufassen und den Drehstuhl in die richtige Position zu bringen, doch es gelang ihm nicht. »Es ist ein wenig eng hier. Aber sehr gemütlich«, fügte er hastig hinzu.

»Ich bin sicher, es genügt den Anforderungen«, sagte Mr. Spelvin. Er trat zurück, bis er sich fast an das Fenster drücken musste, und wies auf den Stuhl. »Mir wäre es lieber, wenn Sie selbst Platz nehmen würden, Mr. Crabtree, und dann möchte ich Ihnen mitteilen, weswegen ich heute gekommen bin.«

Unter dem Einfluss der gebieterischen Hand sank Mr. Crabtree auf den Stuhl und drehte ihn, bis er das Fenster und die stämmige Gestalt, deren Umrisse sich davor abzeichneten, im Blick hatte. »Wenn Sie wegen des heutigen Berichtes kommen«, hob er an, »muss ich Ihnen leider sagen, dass er noch nicht fertig ist. Ich wollte noch einige Hinweise auf die *Präzisionsinstrumente* …«

Mr. Spelvin tat die Sache mit einer gleichgültigen Handbewegung ab. »Deswegen bin ich nicht hier«, sagte er bedächtig. »Ich bin hier, weil ich die Antwort auf eine Frage suche, die mich beschäftigt. Und ich verlasse mich darauf, Mr. Crabtree, dass Sie mir bei der Suche nach dieser Antwort behilflich sein werden.«

»Behilflich?« Mr. Crabtree spürte, wie ein Glücksgefühl ihn erfüllte. »Ich werde alles tun, was in meiner Macht steht, Mr. Spelvin. Das versichere ich Ihnen.«

Die Froschaugen sahen ihn forschend an. »Dann sagen Sie mir eines, Mr. Crabtree: Wie würden Sie es anstellen, wenn Sie einen Menschen umzubringen hätten?«

»Ich?«, fragte Mr. Crabtree. »Wie ich es anstellen würde, wenn ich … Ich fürchte, das verstehe ich nicht, Mr. Spelvin.«

»Ich habe gefragt«, wiederholte Mr. Spelvin und betonte jedes einzelne Wort dabei, »wie Sie es anstellen würden, wenn Sie einen Menschen umzubringen hätten?«

Mr. Crabtree stand mit offenem Munde da. »Aber das könnte ich nicht. Das würde ich niemals tun. Das wäre ja«, sagte er, »das wäre ja Mord.«

»Ganz genau«, bestätigte Mr. Spelvin.

»Das muss ein Scherz sein«, stammelte Mr. Crabtree und versuchte zu lachen, doch sein zugeschnürter Hals brachte nur ein dünnes, atemloses Keuchen zu Stande. Und selbst dieser jämmerliche Laut erstarb ihm in der Kehle, als er das todernste Gesicht vor sich sah. »Ich bitte um Verzeihung, Mr. Spelvin, es tut mir sehr leid. Es ist nicht die übliche … nicht das, was man …«

»Mr. Crabtree. In den Wirtschaftszeitungen, die Sie mit solchem Fleiß studieren, werden Sie meinen Namen – meinen wirklichen Namen – immer und immer wieder finden. Ich habe mehr als nur ein Eisen im Feuer, Mr. Crabtree, und das zahlt sich aus. Um es in deutlicheren Worten zu sagen: Ich bin mächtiger und wohlhabender, als Sie es sich in Ihren kühnsten Träumen ausmalen könnten – wenn Sie ein Mann wären, der zu kühnen Träumen neigte –, und glauben Sie mir, niemand steigt im Leben zu solcher Höhe mit harmlosen Scherzen auf oder dadurch, dass er mit seinen Angestellten plaudert. Meine Zeit ist knapp, Mr. Crabtree. Wenn Sie meine Frage nicht beantworten können, dann sagen Sie es, und die Sache ist erledigt!«

»Ich fürchte, das kann ich wirklich nicht«, antwortete Mr. Crabtree kleinlaut.

»Das hätten Sie sofort sagen sollen«, erwiderte Mr. Crabtree, »dann hätten Sie mir diesen Augenblick des Ärgers erspart. Um ehrlich zu sein, ich hatte nicht erwartet, dass Sie meine Frage beantworten können, und wenn Sie es gekonnt hätten, hätte mich das sehr verblüfft. Glauben Sie mir, Mr. Crabtree, ich beneide Sie, ich beneide Sie zutiefst um Ihr unbeschwertes Leben, das keine solchen Fragen kennt. Leider ist mir solche Sorglosigkeit nicht vergönnt. An einem gewissen Punkt meiner Karriere habe ich einen Fehler begangen, den einzigen Fehler, der meinen Aufstieg zu Wohlstand und Macht überschattet. Nach einer Weile kam ein Mann hinter diesen Fehler, ein Mann, bei dem sich Skrupellosigkeit und Gerissenheit zu einer höchst gefährlichen Mischung vereinen, und seither stehe ich in der Gewalt dieses Mannes. Er ist, um es beim Namen zu nennen, ein Erpresser, ein ganz gewöhnlicher Erpresser, der den Preis für seine Waren gar zu hoch angesetzt hat und nun seinerseits dafür zahlen muss.«

»Sie wollen ihn«, fragte Mr. Crabtree mit heiserer Stimme, »umbringen?«

Mr. Spelvin hob die fleischige Hand zum Protest. »Säße auf dieser Handfläche eine Fliege«, sagte er streng, »brächte ich es nicht fertig, die Finger zu schließen und sie zu Tode zu drücken. Um es klar zu sagen, Mr. Crabtree, ich bin ganz und gar außer Stande zu jeder Gewalttat; ein edler Zug in mancherlei Hinsicht, aber unter den gegebenen Umständen höchst hinderlich, denn dass der Mann sterben muss, steht fest.« Mr. Spelvin hielt inne. »Aber das ist keine Aufgabe für einen gedungenen Mörder. Wenn ich mich an einen solchen Mann wendete, würde ich mit Sicherheit nur den einen Erpresser gegen den nächsten tauschen, und das wäre höchst unvernünftig.« Wieder hielt Mr. Spelvin inne. »Und Sie sehen, Mr. Crabtree, es gibt nur eine einzige Lösung, auf die alles hinausläuft: Sie allein sind der Mann, der mich von meinem Peiniger befreien kann.«

»Ich!«, rief Mr. Crabtree. »Aber das könnte ich nie, niemals!«

»Unsinn«, erwiderte Mr. Spelvin brüsk. »Kein Grund, sich so aufzuregen. Bevor Sie sich weiter in Rage bringen, Mr. Crabtree, lassen Sie mich klarstellen, dass Sie, wenn Sie meiner Bitte nicht nachkommen, dies Büro heute ein für alle Mal verlassen werden. Ich kann keinen Angestellten dulden, der nicht leistet, was in seiner Position von ihm erwartet wird.«

»Nicht dulden!«, rief Mr. Crabtree. »Aber das ist nicht gerecht, Mr. Spelvin, das ist nicht gerecht. Ich habe hart gearbeitet.« Seine Brillengläser beschlugen. Er nahm die Brille ab, putzte sie sorgfältig und setzte sie wieder auf die Nase. »Und mir ein solches Geheimnis anzuvertrauen. Ich weiß nicht, wie ich es damit halten soll, ich weiß es nicht. Das ist doch«, rief er ängstlich, »eine Sache für die Polizei!«

Zu seinem Entsetzen nahm Mr. Spelvins Gesicht eine besorgniserregend rote Färbung an, und der mächtige Leib schüttelte sich mit einem ohrenbetäubenden Lachen.

»Sie müssen mir verzeihen«, brachte er schließlich japsend hervor. »Verzeihen Sie mir, mein Lieber. Ich habe mir nur ausgemalt, wie Sie sich an die Behörden wenden und von den ungeheuren Forderungen berichten, die Ihr Arbeitgeber an Sie stellt.«

»Verstehen Sie mich nicht miss«, jammerte Mr. Crabtree. »Ich will Ihnen nicht drohen, Mr. Spelvin. Es ist nur …«

»Mir drohen? Mr. Crabtree, sagen Sie mir, welche Verbindung besteht Ihrer Meinung nach zwischen uns beiden in den Augen der Welt?«

»Welche Verbindung? Ich arbeite für Sie, Mr. Spelvin. Ich bin Ihr Angestellter. Ich …«

Mr. Spelvin lächelte selig. »Was bilden Sie sich da ein«, sagte er, »wo doch jeder sehen kann, dass Sie nur ein armseliger kleiner Wicht mit einem jämmerlichen Geschäft sind, das für jemanden wie mich nicht von geringstem Interesse sein kann.«

»Aber Sie haben mich doch selbst angestellt, Mr. Spelvin! Ich habe Ihnen einen Bewerbungsbrief geschrieben!«

»Das haben Sie tatsächlich«, erwiderte Mr. Spelvin, »aber leider war die Stelle schon vergeben, wie ich Ihnen in meiner ausgesucht freundlichen Antwort mitgeteilt habe. Sie sehen mich ungläubig an, Mr. Crabtree, da will ich Ihnen erklären, dass Ihr Schreiben und eine Kopie meiner Antwort sicher in meinen Akten verwahrt sind, sollte der Punkt jemals strittig sein.«

»Aber das Büro hier! Die Ausstattung! Die Abonnements!«

»Mr. Crabtree, Mr. Crabtree!«, rief Mr. Spelvin ungläubig und schüttelte den Kopf, »haben *Sie* denn jemals überlegt, woher Ihr wöchentliches Einkommen stammt? Der Verwalter dieses Hauses, der Schreibwarenhändler, die Verlage, die ihre Zeitungen liefern, haben genauso wenig gefragt, wer ich bin, wie Sie es gefragt haben. Es ist, das gebe ich zu, sonst nicht meine Art, in Bargeld zu zahlen, es gar in Ihrem Namen per Post zu schicken, aber machen Sie sich um mich keine Sorgen, Mr. Crabtree. Nichts beflügelt einen Geschäftsmann so sehr wie sofortige Zahlung.«

»Aber meine Berichte!«, rief Mr. Crabtree, der immer mehr den Boden unter seinen Füßen schwinden spürte.

»Ah ja, die Berichte. Der einfallsreiche Mr. Crabtree hat sich von meinem abschlägigen Bescheid nicht entmutigen lassen und hat die Sache selbst in die Hand genommen. Er gründete ein Büro für Wirtschaftsberichte und versuchte tatsächlich, *mich* als Kunden zu gewinnen! Ich habe ihm die Leviten gelesen, das kann ich Ihnen sagen (ich habe seinen ersten Bericht *und* meine Antwort darauf), aber nichts kann ihn in seiner Halsstarrigkeit davon abbringen, mir weitere Berichte zu schicken. Halsstarrig, sage ich, denn diese Berichte sind von keinerlei Nutzen für mich, ich habe mit keiner der Firmen, über die er berichtet, zu tun und weiß beim besten Willen nicht, wie er auf den Gedanken kommt, dass mich so etwas interessieren könnte. Ehrlich gesagt habe ich den Verdacht, dass der Mann nicht ganz richtig im Kopf ist, aber da ich meine Erfahrung mit solchen Leuten habe, kümmere ich mich einfach nicht um ihn und werfe seine täglichen Berichte, wenn sie eintreffen, einfach fort.«

»Sie werfen sie fort?«, fragte Mr. Crabtree fassungslos.

»Ich hoffe doch sehr, dass Sie keinen Grund zur Klage haben«, erwiderte Mr. Spelvin ein wenig gereizt. »Um einen Mann Ihres Charakters zu finden, Mr. Crabtree, musste ich in meiner Stellenanzeige ausdrücklich *harte Arbeit* fordern. Ich halte mich lediglich an meinen Teil unserer Abmachungen und verschaffe Ihnen diese Arbeit, und ich wüsste nicht, warum das weitere Schicksal Ihrer Bemühungen Sie interessieren sollte.«

»Sie brauchten einen Mann meines Charakters«, fragte Mr. Crabtree ungläubig, »um einen Mord zu begehen?«

»Und warum nicht?« Der breite Mund spannte sich bedrohlich. »Lassen Sie sich eines sagen, Mr. Crabtree. Ich habe einen Gutteil, einen angenehmen und einträglichen Teil meines Lebens damit verbracht, dass ich die Spezies Mensch beobachtet habe, so wie ein Wissenschaftler Insekten hinter Glas studiert. Und zu einem Schluss bin ich dabei gekommen, Mr. Crabtree, einem, der mehr als alles andere dafür verantwortlich ist, dass ich bin, was ich heute bin. Ich kam zu dem Schluss, dass für die meisten Menschen nur die Arbeit selbst zählt, nicht deren Motive oder Konsequenzen.

Und genau so jemanden, Mr. Crabtree, wollte ich mit meiner Stellenanzeige gewinnen; ein Musterexemplar seiner Art sogar. Vom Augenblick an, in dem Sie sich auf die Annonce meldeten, bis zum heutigen Tag haben Sie alle meine Erwartungen erfüllt: Sie haben mit Hingabe Ihre Arbeit getan, ohne zu fragen, welche Motive dahinterstecken und welche Konsequenzen sie nach sich zieht.

Nun ist zu Ihren Aufgaben ein Mord hinzugekommen. Ich war so freundlich und habe Sie über die Motive aufgeklärt; die Konsequenzen sind klar umrissen. Entweder bleiben Sie der zuverlässige Arbeiter, als der Sie sich erwiesen haben, oder Sie verlieren, um es mit einfachen Worten auszudrücken, Ihre Stellung.«

»Meine Stellung!«, rief Mr. Crabtree. »Was nützt mir eine Stellung, wenn ich im Gefängnis sitze? Oder am Galgen ende?«

»Nicht doch«, beschwichtigte Mr. Spelvin ihn. »Denken Sie denn, ich wollte für Sie eine Falle aufstellen, in die ich selbst geraten kann? Das ist einfältig von Ihnen, guter Mann, das muss ich sagen. Wenn Sie einmal nachdenken, werden Sie darauf kommen, dass Ihre und meine Sicherheit aufs Engste miteinander verknüpft sind. Und dass Sie sich für alle Zeit, von allem Äußeren unbeirrt, in diesem Büro ganz Ihrer Arbeit widmen, ist der Garant für diese Sicherheit.«

»Das mag einfach für jemanden klingen, der sich hinter einem falschen Namen verbirgt«, protestierte Mr. Crabtree mit hohler Stimme.

»Ich versichere Ihnen, Mr. Crabtree, meine Stellung in der Welt ist so herausragend, dass meine Identität sich mit einem Minimum an Recherche ermitteln ließe. Aber bedenken Sie, dass Sie, wenn Sie meiner Bitte nachkommen, von da an ein Verbrecher sind und folglich ausgesprochen diskret.

Wenn Sie hingegen meiner Bitte nicht nachkommen – und es steht Ihnen vollkommen frei, sich so zu entscheiden –, werden alle Anschuldigungen, die Sie gegen mich vorbringen, nur Ihnen

73

selbst schaden. Die Welt, Mr. Crabtree, weiß nichts von unserer Beziehung, ebenso wenig, wie sie von meiner Verbindung zu jenem Mann weiß, der mich zum Opfer gemacht hat und der nun deswegen selbst mein Opfer werden muss. Weder sein Ableben noch Ihre Anschuldigungen könnten mich jemals treffen, Mr. Crabtree.

Meine Identität in Erfahrung zu bringen wäre, wie gesagt, nicht schwer. Aber jeder Versuch, aus dieser Information Kapital zu schlagen, Mr. Crabtree, könnte Sie nur ins Gefängnis bringen oder ins Irrenhaus.«

Mr. Crabtree spürte, wie auch der letzte Funken Kraft ihn verließ. »Sie haben an alles gedacht«, sagte er.

»Alles, Mr. Crabtree. Als Sie Ihre Tätigkeit für mich begannen, da waren Sie nur der Mann, der seinen Platz in einem vorbestimmten Plan einnahm; aber schon lange vorher hatte ich jeden Schritt dieses Planes gemessen, gewichtet, abgeschätzt. Dieser Raum hier zum Beispiel, der Raum, in dem wir uns befinden, ist erst nach langer und mühsamer Suche gewählt worden, als perfekt für meinen Zweck. Die Möbel wurden ausgesucht und aufgestellt, um diesen Zweck noch weiter zu befördern. Wie das? Lassen Sie mich erklären.

Wenn Sie an Ihrem Schreibtisch sitzen, bleibt für einen Besucher nur der Platz, an dem ich jetzt stehe, hier am Fenster. Beim Besucher handelt es sich natürlich um den bewussten Gentleman. Er wird hier stehen, und das Fenster hinter ihm wird *zur Gänze geöffnet* sein. Er wird nach einem Umschlag fragen, den ein Freund für ihn hinterlegt hat. Diesen Umschlag«, sagte Mr. Spelvin und warf ihn auf den Tisch. »Sie werden den Umschlag im Schreibtisch haben, werden ihn herausholen und ihn dem Mann überreichen. Da er ein sehr methodischer Mann ist (das habe ich oft genug erfahren können), wird er den Umschlag in die Innentasche seiner Jacke stecken – und das ist der Augenblick, in dem ein kräftiger Stoß genügt, und er stürzt aus dem Fenster. Die ganze Sache dürfte noch nicht einmal eine

Minute dauern. Unmittelbar darauf«, erklärte Mr. Spelvin in aller Ruhe, »werden Sie das Fenster vollständig schließen und sich wieder an Ihre Arbeit begeben.«

»Jemand«, flüsterte Mr. Crabtree, »die Polizei …«

»Wird den Leichnam eines Unglücklichen finden«, sagte Mr. Spelvin, »der über die Treppe jenseits Ihrer Bürotür aufs Dach gestiegen ist und sich von dort in die Tiefe gestürzt hat. Die Polizei wird wissen, dass es ein Selbstmörder ist, denn in dem Umschlag, den er in der Tasche hat, befindet sich nicht das, was der Herr darin vermutet, sondern ein hübsches maschinengeschriebenes Brieflein, das die traurige Tat und ihre Beweggründe erläutert. Es schließt mit einer Entschuldigung für die Unannehmlichkeiten, die er verursacht (Selbstmörder sind wahre Meister in solchen Entschuldigungen, Mr. Crabtree) und einer herzerweichenden Bitte um ein rasches und friedliches Begräbnis. Und«, sagte Mr. Spelvin und legte sanft die Fingerspitzen aneinander, »ich zweifle nicht, dass er es bekommen wird.«

»Was«, fragte Mr. Crabtree, »wenn es misslingt? Wenn der Mann zum Beispiel den Umschlag öffnet? Oder … sonst etwas in dieser Art?«

Mr. Spelvin zuckte mit den Schultern. »In diesem Falle würde der fragliche Herr sich still davonmachen und sich wegen der Sache an mich wenden. Bedenken Sie, Mr. Crabtree, dass jeder, der im Metier meines Freundes arbeitet, auf kleine Vorfälle dieser Art gefasst sein muss, und man darf zwar davon ausgehen, dass er nicht gerade amüsiert sein wird, aber er wird auch nichts Überstürztes unternehmen, was das Huhn umbringen könnte, das goldene Eier legt. Nein, Mr. Crabtree, wenn es zu einem Zwischenfall, wie Sie ihn sich ausmalen, kommt, bedeutet das nur, dass ich meine Falle neu aufstellen muss, und noch raffinierter als zuvor.«

Mr. Spelvin zog eine schwere Taschenuhr hervor, konsultierte sie und steckte sie sorgsam wieder ein. »Es wird Zeit für mich, Mr. Crabtree. Nicht dass ich Ihre Gesellschaft nicht zu schätzen wüsste, aber schon bald wird unser Freund sich hier einfinden, und zu diesem Zeitpunkt muss die Angelegenheit ganz in Ihren Händen sein. Nur eines fordere ich von Ihnen: Wenn er eintrifft, steht das Fenster offen.« Mr. Spelvin schob es mit Wucht in die Höhe und betrachtete einen Moment lang bewundernd den Abgrund, der sich auftat. »Der Umschlag ist in Ihrem Schreibtisch.« Er öffnete die Schublade, legte ihn hinein und schloss die Lade mit einer energischen Bewegung. »Und wenn der Augenblick der Entscheidung kommt, steht es Ihnen frei, welche von beiden Möglichkeiten Sie wählen.«

»Frei?«, rief Mr. Crabtree. »Sie haben gesagt, er wird nach dem Umschlag fragen!«

»Das wird er. Darauf können Sie sich verlassen. Aber wenn Sie ihm zu verstehen geben, dass Sie nichts davon wissen, wird er sich in aller Stille wieder davonmachen und später mit mir Kontakt aufnehmen. Dies werde ich zugleich als Ihre Kündigung auffassen und Sie aus meinen Diensten entlassen.«

Mr. Spelvin ging zur Tür und blieb mit der Hand am Knauf noch einmal stehen. »Wenn ich andererseits«, sagte er, »*nichts* von ihm höre, werde ich das als Zeichen nehmen, dass Sie Ihre Probezeit erfolgreich absolviert haben, und werde Sie von da an als fähigen und zuverlässigen Angestellten ansehen.«

»Aber die Berichte!«, rief Mr. Crabtree. »Sie werfen sie fort …«

»Natürlich«, sagte Mr. Spelvin, ein wenig überrascht. »Aber Sie werden weiter Ihre Arbeit tun und mir die Berichte schicken wie bisher. Ich versichere Ihnen, für mich spielt es keine Rolle, dass Ihre Auskünfte überflüssig sind, Mr. Crabtree. Sie folgen einem vorgegebenen Muster, und dass Sie sich an dieses Muster halten, das ist, wie ich Ihnen ja schon erläutert habe, für mich die beste Garantie meiner eigenen Sicherheit.«

Die Tür öffnete und schloss sich leise, und Mr. Crabtree fand sich wieder allein im Zimmer.

Der Schatten des Hauses gegenüber fiel auf seinen Schreibtisch. Mr. Crabtree blickte auf seine Uhr, konnte die Zahl auf dem Zifferblatt nicht mehr erkennen, so dunkel war es inzwischen geworden, und erhob sich, um den Schalter an der Glühbirne über sich zu ziehen. Im selben Augenblick klopfte es energisch an der Tür.

»Treten Sie ein!«, sagte Mr. Crabtree.

Die Tür öffnete sich, und zwei Leute standen davor. Der eine war ein kleiner, adretter Mann, der andere ein stämmiger Polizist, der neben seinem Gefährten umso massiger wirkte. Der Schmächtige trat ein und holte mit der Geste eines Zauberers, der ein Kaninchen aus dem Zylinder zieht, ein großes Etui aus der Tasche, klappte es auf, zeigte ihm die funkelnde Dienstmarke, schlug es zu und ließ es wieder in der Tasche verschwinden.

»Polizei«, sagte er nur; »Sharpe heiße ich.«

Mr. Crabtree nickte höflich. »Was kann ich für Sie tun?«, fragte er.

»Ich hoffe, es macht Ihnen nichts aus«, antwortete Sharpe geschäftig. »Nur ein paar Fragen.«

Wie auf ein Stichwort holte der dicke Polizist ein sehr professionell wirkendes Notizbuch und einen Bleistiftstummel hervor, bereit mitzuschreiben, was es an Auskünften geben mochte. Mr. Crabtree betrachtete über seine Brillengläser hinweg das Notizbuch, dann wieder durch sie hindurch den winzigen Sharpe. »Nein«, sagte Mr. Crabtree, »das macht mir überhaupt nichts.«

»Sie sind Crabtree?« fragte Sharpe, und Mr. Crabtree fuhr zusammen, doch dann fiel ihm wieder ein, dass sein Name ja an der Tür stand.

»Ja«, sagte er.

Sharpes kalte Augen streiften ihn kurz, dann musterte er den Raum mit einem einzigen verächtlichen Blick. »Ihr Büro?«

»Ja«, sagte Mr. Crabtree.

»Den ganzen Nachmittag hier gewesen?«

»Seit ein Uhr«, erklärte Mr. Crabtree. »Ich gehe um zwölf Uhr Mittag essen und bin pünktlich um eins wieder hier.«

»Kann ich mir vorstellen«, meinte Sharpe, dann wies er mit dem Kopf über die Schulter. »Die Tür am Nachmittag offen gehabt?«

»Ich schließe sie immer, wenn ich arbeite«, erwiderte Mr. Crabtree.

»Dann hätten Sie nichts gesehen, wenn auf der anderen Seite vom Flur jemand die Treppe hochgegangen wäre?«

»Nein«, antwortete Mr. Crabtree, »das hätte ich nicht.«

Sharpe betrachtete den Schreibtisch, dann fuhr er sich nachdenklich mit dem Finger übers Kinn. »Und von hier sehen Sie wohl auch nicht, was draußen vor dem Fenster passiert.«

»Da haben Sie recht«, meinte Mr. Crabtree. »Nicht wenn ich arbeite.«

»Haben Sie denn vielleicht was ge*hört*, draußen vor dem Fenster heute Nachmittag? Etwas Ungewöhnliches, meine ich.«

»Ungewöhnliches?«, fragte Mr. Crabtree versonnen.

»Einen Schrei. Jemanden, der draußen geschrien hat. So was in dieser Art?«

Mr. Crabtree runzelte die Stirn. »Ja«, sagte er, »das habe ich tatsächlich. Und es ist noch gar nicht lange her. Es klang wie ein Schreckensschrei – oder ein verblüffter Schrei. Recht laut war es. Es ist immer so still hier oben, da fiel es umso mehr auf.«

Sharpe blickte über die Schulter und nickte dem Polizisten zu, der bedächtig sein Notizbuch schloss. »Damit wäre die Sache klar«, sagte Sharpe. »Der Bursche ist gesprungen, und im selben Augenblick hat er es schon bereut, und deshalb hat er den ganzen Weg nach unten gebrüllt. Na«, wandte er sich mit einem plötzlichen Anflug von Vertrauensseligkeit an Mr. Crabtree, »ist wohl Ihr gutes Recht, dass Sie erfahren, was hier vorgeht. Vor ungefähr 'ner Stunde hat sich einer vom Dach runtergestürzt, direkt hier über Ihrem Kopf. Selbstmord, eindeutiger

Fall, Abschiedsbrief in der Tasche und alles – aber wir hören uns doch immer gern noch um.«

»Haben Sie eine Ahnung, wer er war?«, fragte Mr. Crabtree.

Sharpe zuckte mit den Schultern. »Wieder mal einer, der mit dem Leben nicht zurechtkam. Jung, sah gut aus, teure Klamotten. Da fragt man sich, wieso einer, der sich so einen Anzug leisten kann, glaubt, das Leben wär' zu viel für ihn.«

Zum ersten Mal meldete sich der Polizist in Uniform zu Wort. »Der Brief, den er in der Tasche hatte«, sagte er respektvoll, »der klingt, als ob er nicht ganz bei Verstand war.«

»Nur einer, der nicht ganz richtig im Kopf ist, kommt auf so eine Idee«, sagte Sharpe.

»Tot ist tot«, fügte der Polizist finster hinzu.

In der Tür blieb Sharpe noch einen Moment lang stehen. »Tut mir leid, dass wir Sie gestört haben«, sagte er zu Mr. Crabtree, »aber Sie wissen ja, wie das ist. Außerdem können Sie noch von Glück sagen. Weiter unten haben zwei Mädels gesehen, wie er runterging, die hat's glatt umgehauen.« Er zwinkerte ihm noch einmal zu, dann schloss die Tür sich hinter ihm.

Mr. Crabtree stand da und sah die Tür an, bis nichts mehr von den schweren Schritten zu hören war. Dann setzte er sich wieder auf seinen Stuhl und zog ihn näher an den Schreibtisch. Einige Zeitschriften und Briefbögen waren ein wenig in Unordnung geraten, und er rückte sie zu einem ordentlichen Stapel zurecht, sodass sämtliche Kanten genau übereinander lagen.

Mr. Crabtree griff zum Federhalter, tauchte ihn ins Tintenfass und hielt mit der anderen Hand den Bogen fest, damit er ihm nicht verrutschte.

Präzisionsinstrumente, schrieb er mit sorgsamer Hand, *zeigen verstärkte Aktivität …*

Aus dem Englischen von Manfred Allié

Mary Roberts Rinehart

An Mary Roberts Rinehart (1876–1956) ist für deutsche Leser noch viel zu entdecken, bedenkt man, dass ihr umfangreiches Werk sie in den dreißiger und vierziger Jahren zur erfolgreichsten und bestverdienenden Autorin der USA – und damit wohl auch der Welt – werden ließ. Ihre nachgeborene Kollegin Charlotte MacLeod erinnert in »Arbalests Atelier« (DuMonts Kriminal-Bibliothek Band 1097) noch ein halbes Jahrhundert später daran, welches Aufsehen die Autorin bei den ebenso reichen wie sparsamen alten neuenglischen Familien erregte, wenn sie irgendwo mit Rolls Royce und Chauffeur in edelster Livree zum High Tea vorfuhr.

Dabei hatte sie in ihrer Jugend eher die Schattenseiten des Lebens kennen gelernt. Ihr Vater hatte als gescheiterter Erfinder Selbstmord begangen. Um für sich selbst sorgen zu können – für eine höhere Tochter damals etwas höchst Ungewöhnliches –, absolvierte sie eine Ausbildung als Krankenschwester und heiratete – schon ein Romanklischee – später einen Arzt. Das Unglück schlug erneut zu, als die Familie das kleine Vermögen verlor, das zur sozialen Sicherheit in bürgerlichen Kreisen der USA damals als unerlässlich galt – Ärzte verdienten nicht viel.

Die vom Beruf her ohnehin schon emanzipierte Ehefrau und Mutter versuchte in dieser Notlage, mit Schreiben Geld zu verdienen. Nach einer Reihe lukrativ verkaufter Geschichten fand sie 1909 mit »Die Wendeltreppe« (DuMonts Kriminal-Bibliothek Band 1004) ihren eigenen Stil und erneuerte das Genre, mit dem die Schauer- und Geheimnisliteratur einst in den Gothic Novels Ann Radcliffes begonnen hatte, den »romantic thriller«. Die zahlreichen in diesem Geist erschienenen Romane der Mutter wurden später zu einer wichtigen Stütze des von ihren Söhnen gegründeten Verlages, der unter wechselnden Firmen und mit wechselnden Teilhabern bis heute besteht.

Die Formel ist einfach, erlaubt aber mannigfache Variationen: Eine Person, meist eine Frau, berichtet aus der Rückschau über die blutigen und geheimnisvollen Vorgänge, die über einen längeren Zeitraum einen Ort, eine Ferienkolonie, eine Villensiedlung oder ein großes Herrenhaus in sinistres Licht getaucht haben. Sie erzählt dabei chronologisch von den einzelnen Morden und den ebenso schrecklichen wie unerklärlichen Ereignissen, verzichtet dabei aber zugleich nicht auf das, was die Erzählforschung später die »zukunftsgewisse Vorausdeutung« nennen wird, etwa in der Art: »Ich konnte damals nicht wissen, dass dieser Mord der erste von insgesamt vieren sein sollte«, oder: »Hätte ich damals gewusst, welche Bedeutung diese Stecknadel noch einmal für uns alle haben sollte ...«

»Had-I-but-known«-Schule hat man daher später spöttisch diese Art des Erzählens genannt; das international berühmteste Beispiel ist Daphne DuMauriers »Rebecca« von 1938. Bei minderen Autor(inn)en ist dieser Spott sicherlich berechtigt; in der Hand einer Meisterin wie Rinehart aber kann sich niemand dem Bann dieser Erzähltechnik entziehen – immer wieder tauchen nur einzelne Fragmente auf, deren weitgreifender unterirdischer Zusammenhang in seinen ganzen Dimensionen erst auf den letzten Seiten sichtbar wird.

Um eine ganze Welt in ihrer trügerischen Sicherheit erst aufzubauen und dann zu zerstören, bedarf es eines langen Atems und vieler hundert Seiten. Daneben hat Mary Roberts Rinehart auch die Gattung der Novelle gepflegt, vor allem in ihren Erzählungen mit der Krankenschwester Hilda Adams als Serienheldin. Seit ihrem Debüt in »Die Tasche mit den Schnallen« (in »Mord als schöne Kunst betrachtet«, DuMonts Kriminal-Bibliothek Band 1060) wird sie von der Polizei gerne zur Heimpflege in Häuser eingeschleust, in denen Merkwürdiges, vielleicht gar Verbrecherisches vor sich zu gehen scheint. »Miss Pinkerton« ist daher ihr anerkennend gemeinter Spitzname, nach der großen Detektivagentur, die vor Gründung des FBI allein staatenübergreifend in den USA tätig werden konnte. Die Skrupel, die ihr dabei gegenüber ihren jeweiligen Arbeitgebern durchaus kommen, bleiben letztlich schwächer als die Eigenschaft, die alle großen Detektive haben – die Neugier, wissen zu wollen, was wirklich geschehen ist.

Das Milieu ist dabei dem ihrer romantischen Romane durchaus ähnlich, müssen sich ihre Klienten doch jeweils eine Privatpflegerin leisten können. So ist es auch in diesem Fall gegen Ende des Zweiten Weltkriegs, dessen Folgen auch Amerika in Form von Verdunkelung, Einberufungen, Benzinrationierung und Personalmangel heimgesucht haben. Das große Stadthaus der Rowlands, der Schauplatz der rätselhaften Vorgänge vom Mordanschlag bis zu geheimnisvollen nächtlichen Besuchern, ist daher ohne männlichen Schutz. Im Unterschied zu den eher passiven Erzählerinnen und Heldinnen ermittelt Hilda Adams gezielt, kann aber doch nicht verhindern – so viel Vorausdeutung sei hier erlaubt –, dass sie selbst einmal niedergeschlagen wird und dass später sozusagen unter ihren Augen ein Mord passiert.

Von Mary Roberts Rinehart sind in DuMonts Kriminal-Bibliothek bisher erschienen: »Die Wendeltreppe« (Band 1004), »Der große Fehler« (Band 1011), »Das Album« (Band 1020) und »Die Tasche mit den Schnallen« in »Mord als schöne Kunst betrachtet« (Band 1060).

Mary Roberts Rinehart
Das Geheimnis

Kapitel 1

Hilda Adams war entrüstet. Sie ließ ihre Handtasche zuschnappen und stand auf.

»So ist das also«, sagte sie. »Ich bin zu alt und zu gebrechlich, um ins Ausland zu gehen, aber hier darf ich problemlos weiter schuften. Mit einer frischen Dauerwelle und einem Besuch bei der Kosmetikerin wäre ich vielleicht noch durchgegangen.«

Der Mann hinter dem Schreibtisch lächelte sie an.

»Es tut mir leid«, sagte er. »Es scheint, als sei der Krieg fast vorüber. Mit Ihrem Herzen …«

»Was ist mit meinem Herzen?«

»Es überspringt hier und da einen Schlag. Nichts Ernstes. Sie können damit uralt werden. Dennoch …«

»Es hat einen Schlag übersprungen, weil ich versucht war, einen Mord zu begehen«, sagte sie eisig.

Sie legte die Hand auf den Schreibtisch. Sie lag gefährlich nahe am Tintenfass, und der Mediziner zeigte Anzeichen von Unbehagen.

»Schauen Sie, Miss Adams«, sagte er, »ich habe diese Vorschriften nicht gemacht. Wir brauchen dort drüben jede Krankenschwester, die wir bekommen können. Aber angenommen, Sie müssten in sechs Kilometer Höhe im Flugzeug sitzen?«

»Das würde mir gefallen.« Zu seiner Erleichterung nahm sie bei diesen Worten wenigstens die Hand fort. »Na schön«, sagte sie. »Vielleicht wollte ich mich ja nur nützlich machen, Dr. Forbes. Und vielleicht wollte ich einfach ein bisschen Abwechslung. In meinem Alter gibt es davon nicht mehr allzu viel. Na schön, ich weiß, wann ich mich geschlagen geben muss.«

83

Ohne sich zu verabschieden, verließ sie den Raum, und Forbes sah nachdenklich hinter ihr her. Sie war eine kleine, adrette Frau mit kurz geschnittenem, ansatzweise grauem Haar und kindlichen blauen Augen. Unter dem schwarzen Kostüm und der weißen Bluse zeichnete sich ein stämmiger Körper ab. Mit einem Stirnrunzeln betätigte er eine Taste auf seinem Schreibtisch.

»Geben Sie mir Inspektor Fuller«, sagte er zu der jungen Frau, die daraufhin eintrat. »Hier ist seine Nummer.«

Er schob einen Zettel über die Schreibtischplatte und lehnte sich zurück. Verflixt und zugenäht, diese Adams hätten sie in Übersee gut gebrauchen können. Sie war kompetent. Selbstbewusst, dachte er, und dabei der mütterliche Typ Frau, zu alt, um den Jungs den Kopf zu verdrehen, aber noch jung genug, um sich um sie zu kümmern. Dennoch hatte die Kommission sich gegen sie entschieden.

Als das Telefon klingelte, griff er abrupt nach dem Hörer.

»Fuller hier«, sagte eine Stimme. »Wie sieht es aus, Doktor?«

»Wenn ich an Ihren Verein nur denke, sträuben sich mir schon alle Haare«, erwiderte er, ungeachtet der Tatsache, dass er so gut wie gar keine mehr hatte. »Wir mussten sie abweisen, das wollen Sie doch von mir hören.«

»Warum? Mit welcher Begründung?«

»Sie ist nicht mehr die Jüngste«, sagte der Arzt verdrießlich. »Und dann die Sache mit ihrem Herzen.«

Fullers Stimme klang erschrocken.

»Himmelherrgott! Was ist denn mit ihrem Herzen?«

»Nichts, das sie umbringen würde. Es überspringt hin und wieder einen Schlag. Sie sagte, das war, weil sie in dem Moment versucht war, einen Mord zu begehen. Vielleicht können wir uns die Sache noch einmal ansehen. Ich könnte sie drüben jedenfalls verdammt gut gebrauchen.«

Fullers Stimme ließ mehr als einen Funken Besorgnis erkennen.

84

»Hören Sie«, sagte er, »warten Sie damit noch eine Woche oder so, ja? Ich benötige sie vielleicht noch.«

»Sie meint, in ihrem Alter biete das Leben nicht mehr viel Abwechslung«, sagte der Arzt trocken. »Ich hatte schon so eine Ahnung, dass das nicht so ganz stimmt. Aber dennoch …«

Fuller war offenbar stumm vor Staunen. Er schnaubte.

»Im Übrigen, wie ich schon sagte, ob der Krieg nun vorüber ist oder nicht, benötigen wir trotzdem Krankenschwestern, Inspektor.«

»Verbrechen sind niemals *vorüber*«, sagte Fuller, nachdem er sich ein wenig erholt hatte, »und sie ist eine meiner Top-Mitarbeiterinnen.« Er bettelte geradezu. »Lassen Sie sich von ihr nicht einwickeln, Forbes. Mit ihren blauen Augen sieht sie mehr, als Sie sich vorstellen können. Wenn ich sie irgendwo einschleuse, fördert sie die haarsträubendsten Dinge zu Tage. Als sie mit dieser fixen Idee herausrückte, hätte ich fast einen Anfall bekommen.«

Dr. Forbes blieb unbeeindruckt.

»Ich würde mir ihrer nicht allzu sicher sein«, sagte er. »Sie wirkte ziemlich niedergeschlagen, als sie ging. Sie meinte, in ihrem Alter biete das Leben nicht mehr viel Abwechslung.«

Fuller lachte.

»Ich frage mich, was sie unter Abwechslung versteht«, sagte er. »Bei dem jüngsten Fall, den sie bearbeitet hat, stellte sie die Täterin vor die Wahl, sich umzubringen oder den elektrischen Stuhl zu besteigen.«

»Und, hat sie?«

»Hat sie was? Ach so, die Frau! Ja, natürlich. Jagte sich eine Kugel in den Kopf. Vielen Dank jedenfalls, Forbes. Ich habe nichts dagegen, wenn sie Soldaten pflegt, aber ich wollte nicht, dass sie irgendwo hingeht, wo ich sie nicht erreichen kann, wenn ich sie benötige.«

»Vielleicht sollten Sie ihr einen Blumenstrauß schicken«, empfahl Forbes. »Im Moment ist sie nicht besonders glücklich.

Ich übrigens auch nicht«, setzte er hinzu und knallte den Hörer auf die Gabel.

Hilda ging an diesem Nachmittag heim in ihre ordentliche Wohnung, ihr kleines Wohnzimmer mit den hellen Chintzbezügen und dem Vogelbauer über dem Schwertfarn, aus dem ein fröhlich hüpfender Kanarienvogel ihr einen Willkommensgruß zuflötete, und in ihr nüchternes Schlafzimmer, wo sie in einem verschlossenen Koffer eine kleine Automatikpistole mit Elfenbeingriff verwahrte. Sie gehörte genauso zu ihrer Schwesternausrüstung wie Spritze, Pinzette, Verbandmull, Schere und Thermometer.

Sie nahm ihren adretten schwarzen Hut ab und fuhr mit der Hand über ihr kurz geschnittenes Haar. Dann – was untypisch für sie war – zündete sie sich eine Zigarette an, stellte sich ans Wohnzimmerfenster und starrte hinaus. Alles, was sie sah, war eine Reihe von Flachdächern und Kaminen, aber sie achtete gar nicht darauf. Im Geiste kehrte sie in das Büro zurück, das sie kurz zuvor erst verlassen hatte. Sie hätten sie nehmen müssen. Sie wusste genau über ihr Herz Bescheid, das schon viel mitgemacht hatte und noch viel mehr mitmachen würde. Zugegeben, sie war nicht mehr jung, aber dennoch stark. Die meisten jüngeren Frauen, die sie kannte, stellte sie immer noch mit Kusshand in den Schatten.

Der Kanarienvogel neben ihr begann wieder zu zwitschern. Geistesabwesend holte sie ein paar Salatblätter aus dem kleinen Kühlschrank und gab sie ihm. Sie würden ihm zwar nicht gut tun, dachte sie, aber warum sollte er nicht auch ein bisschen Freude am Leben haben? Es war ohnehin alles schon schlimm genug. Einen ganzen Monat hatte sie darauf hingearbeitet, in den Krieg geschickt zu werden, ganz gleich, wohin. Und jetzt sah es ganz danach aus, als müsste sie sich wieder auf einen Fall einlassen. Sie wurde gebraucht. Sie alle wurden gebraucht.

Sie war zu empört, als dass sie zum Abendessen ausgehen mochte. Sie briet sich ein Spiegelei auf dem Zweiflammenherd in ihrer Küchenecke und kochte sich einen Kaffee. Dann stellte sie den Spieltisch auf, legte ein weißes Tischtuch darauf und setzte sich zum Abendessen hin.

Als die Blumen eintrafen, stocherte sie noch immer auf ihrem Teller herum. Ihre Hauswirtin brachte ihr die Schachtel voller Neugier.

»Da hält aber jemand große Stücke auf Sie«, sagte sie. »Der Karton ist ja so groß wie ein Sarg!«

Hilda beäugte ihn misstrauisch.

»Danke«, sagte sie. »Ich glaube, ich weiß, von wem sie sind. Und wenn ich Gelegenheit hätte, würde ich sie dem Betreffenden ins Gesicht schlagen.«

»Also, so was!« Die Vermieterin wirkte erschrocken. »Ich muss schon sagen, wenn mir jemand solche Blumen schicken würde, dann würde ich mich aber darüber freuen, das ist doch wohl das Mindeste.«

»Das hängt ganz davon ab, warum sie geschickt werden«, sagte Hilda kühl und schloss die Tür mit Nachdruck, ohne die Blumen eines Blickes zu würdigen. Sie nahm lediglich den Deckel vom Karton und sah auf die beigefügte Karte. Darauf stand: »Für Miss Pinkerton, mit aufrichtiger Bewunderung und besten Grüßen«. Ohne sich um ihr restliches Abendessen zu kümmern, ging sie zum Telefon und wählte eine Nummer.

»Geben Sie mir Inspektor Fuller«, sagte sie und wartete mit versteinerter Miene.

Als sie seine Stimme hörte, war sie so wütend, dass ihre Hände zitterten. Ihre Stimme jedoch war ruhig und sehr, sehr kalt.

»Wozu die Blumen?«, fragte sie knapp.

»Hören Sie, Hilda …«

»Wozu die Blumen? Woher wussten Sie, dass man mich abgelehnt hat?«

»Nun, schauen Sie, ich bin zufällig mit Forbes bekannt. Und als er mir erzählte, was heute vorgefallen ist …«

»Lügen Sie mich nicht an. Das Ganze war eine Farce, das wissen Sie ganz genau. Nun muss ich hier bleiben und die Drecksarbeit für Sie erledigen. Genau so ist es doch, oder?«

»Aber, aber, Hilda, Sie glauben doch wohl nicht, dass ich das gern täte. Ich habe alle Register gezogen, und das ist das Ergebnis. Hier zu Hause muss es doch auch weitergehen, nicht wahr. Aufgrund Ihres Herzens und der Tatsache, dass Sie nicht mehr die Jüngste sind, hätten Sie ohnehin …«

Er merkte, dass sie eingehängt hatte, und starrte entnervt den Hörer an.

Hilda beendete ihr Abendessen nicht. Wenn sie nicht im Dienst war, machte sie üblicherweise einen kurzen Abendspaziergang, und sie war in vieler Hinsicht ein Gewohnheitstier. Im Winter ging sie nur eine bestimmte Anzahl Häuserblocks weit. War das Wetter warm genug, ging sie bis zum Park und setzte sich dort auf eine Bank und strickte. Nun klemmte sie die Blumenschachtel unter einen Arm, den Beutel mit ihrem Strickzeug unter den anderen und ging die Treppe hinunter. Die Blumen deponierte sie vor der Wohnzimmertür ihrer Hauswirtin und machte sich mit grimmiger Miene auf den Weg zum Park.

Sie sah nicht einmal auf, als sich ein Mann zu ihr auf die Bank setzte. Sie strickte mit freudloser Entschlossenheit, bis sie ihn lachen hörte.

»Meine Güte, was ziehen Sie für ein Gesicht!«, sagte er. »Und ich wette, dass Sie Maschen fallen lassen, Hilda.«

Als sie nichts sagte, erkannte Fuller, dass es ihr ernst war. Aber eigentlich war es ihr immer ernst. Hilda arbeitete ungern für die Polizei.

»Ich habe heute eine eigenartige Geschichte gehört«, sagte er. »Ich nenne sie das Geheimnis des schwarzen Punkts.«

Daraufhin sah sie auf. »Muss ich mir das anhören?«, fragte sie kühl. »Ich fand es hier ganz angenehm, aber ich kann auch wieder gehen.«

»Es hat nichts mit Ihnen oder mit mir zu tun«, sagte er. »Bloß eine nette kleine Spionagegeschichte. Ein schwarzer Punkt auf Briefen an gewisse Kriegsgefangene in Deutschland. Die Briefe sollten die Gefangenen gar nicht erreichen, und das haben sie auch nicht. Sie wurden abgefangen und die Punkte von Stecknadelgröße zu kompletten Mitteilungen vergrößert. Clever, nicht wahr?«

Er beobachtete sie. Immerhin hatte sie aufgehört zu stricken, aber sie sagte nichts. Nicht zum ersten Mal dachte er, dass sie abgesehen von ihrem Haar und ihrem kleinen, reifen Körper fast noch wie ein junges Mädchen wirkte. Es lag an ihrer Haut, überlegte er, und dem klaren Blau ihrer Augen. Ihr Gesicht war allerdings nach wie vor angespannt.

»Ich kann es Ihnen genauso gut jetzt gleich sagen«, sagte sie. »Ich werde nicht mehr für Sie arbeiten. Ich bin zu alt, und ich habe ein schwaches Herz. Ich werde mich auf dem Lande niederlassen und Hühner züchten. Das hatte ich immer schon vor.«

»O mein Gott, haben die Ihnen so zugesetzt?«, fragte er betroffen. »Hören Sie zu, Hilda, ich habe in der Sache keinerlei Druck ausgeübt. Ich sagte denen, wenn sie Sie haben wollten, dann müssten sie Sie auch nehmen. Aber ich sagte auch, dass ich Sie gut gebrauchen kann, wenn die Sie nicht wollen. Und das kann ich auch. Jetzt gleich.«

»Ich will keine Morde mehr«, sagte sie kategorisch.

»Wären Sie denn daran interessiert, einen zu verhindern? Ein Menschenleben ist ein Menschenleben, Hilda, ob zu Hause oder an der Front. Es geht um eine eskalierende Situation, die mir Sorgen macht. Lassen Sie mich wenigstens davon erzählen. Manchmal tut mir das gut.«

»Ich kann Sie nicht davon abhalten«, sagte sie knapp und nahm ihre Strickarbeit wieder auf.

Er zündete sich eine Zigarette an und ließ den Blick über den Park schweifen. Die Oktobersonne war untergegangen. Die Kindermädchen waren längst mit ihren Schützlingen nach Hause gegangen und hatten sie nach dem Abendbrot früh ins Bett gesteckt. Die Kinder, die jetzt im Park spielten, stammten aus den umliegenden Mietskasernen. Für ein Weilchen gehörte der Park jetzt ihnen. Sein Blick wurde ganz mild, als er ihnen zusah.

»Das Leben ist eine verdammt komische Sache«, sagte er. »Sehen Sie sich nur diese Kinder an. Sie haben nicht viel, aber sie mögen, was sie haben. Andere Kinder haben alles und mögen gar nichts.« Er räusperte sich. »Ich dachte an ein junges Mädchen. Sie ist eigentlich völlig vernünftig, soweit ich weiß. Sie ist hübsch, hat Geld und schöne Kleider, sie hat einen jungen Offizier, der sie heiraten will. Und ich glaube, sie hat vor, ihre Mutter umzubringen.«

Hilda sah erschrocken auf.

»Was hat die Mutter denn getan?«

»Das ist das Vertrackte daran. Niemand weiß etwas. Es gibt eine Tante, die am Rande der Verzweiflung ist. Sie hält das Ganze für eine fixe Idee, für abnorm. Ich bin mir da nicht so sicher.«

Trotz ihres Ärgers war Hilda interessiert.

»Für so etwas gibt es schließlich Psychiater.«

»Sie ist clever. Wir haben es versucht. Keine Chance. Sie hat keine Silbe verraten.«

»Wie kommen Sie darauf, dass sie so etwas vorhat?«

»Sie hat es bereits versucht. Zweimal.«

Er beließ es dabei. Hilda warf ihm einen ärgerlichen Blick zu.

»Ist das hier wie bei dem Seemann, der dem kleinen Jungen versprach, ihm zu erzählen, wie er sein Bein verloren hatte, wenn er nur keine weiteren Fragen stelle?«

»Und, wie hatte er es verloren?«

»Er sagte, es sei ihm abgebissen worden«, sagte Hilda gelassen, und Fuller lachte.

»Na gut«, sagte er. »Beim ersten Mal hat sie auf sie geschossen. Es heißt, sie sei in dem Moment schlafgewandelt. Öffnete die Tür zum Zimmer ihrer Mutter und drückte zweimal ab. Allerdings ohne zu treffen. Das war vor etwa zwei Monaten.«

»Schlafwandler gibt es wirklich.«

»Aber sie drücken nicht zweimal ab. Beim ersten Schuss wachen sie nämlich auf. Und sie fahren im Schlaf kein Auto vor einen Baum. Und das hat sie ebenfalls getan, als ihre Mutter mit im Wagen saß. Es sollte wohl wie ein Unfall aussehen.«

»Die Psychiater behaupten ja, es gebe keine Unfälle, nicht wahr?«

»Keine Ahnung«, sagte Fuller und unterdrückte ein Triumphgefühl. »Ich meine jedenfalls, sie hat es zweimal versucht und beide Male nicht den Mumm gehabt. Ich habe gesehen, wo der Wagen von der Straße abkam. Dreißig Meter weiter wäre er in eine Schlucht gestürzt. Der Baum hat sie gerettet.«

Sie schwieg eine Weile. Es wurde dunkel, und die Kinder kehrten zurück in die finstern Läden, die ihr Zuhause waren. Über ihren Köpfen blinkten die Positionslampen eines Flugzeugs. Sein entferntes Brummen vermischte sich mit den Verkehrslärm der Busse, Autos und Lastwagen zu dem gedämpften Dröhnen der nächtlichen Stadt.

»Das Ganze gefällt mir nicht«, sagte Hilda nach einer Weile. »Ich verstehe nichts von Psychopathen, und neurotische junge Mädchen kann ich nicht ausstehen.«

»Sie ist nicht neurotisch«, sagte Fuller mit Nachdruck. »Sie steckt in irgendeiner Klemme.«

»Und der Mord soll der Ausweg sein?«

»Es gibt ein Motiv für Verbrechen, das Kriminalschriftsteller niemals erwähnen, Hilda. Verzweiflung.«

»Und was hat das Mädchen in die Verzweiflung getrieben?«

»Ich wünschte in Gottes Namen, ich wüsste es«, sagte er. »Die Tante ist jedenfalls heute die Treppe hinuntergefallen und hat sich ein paar Rippen angeknackst. Das war offenbar nichts Verdächtiges, niemand hat sie gestoßen. Aber nun benötigen sie eine Krankenschwester. Sie können es sich ja einmal überlegen.«

»Ich sagte bereits, ich übernehme keine Fälle mehr für Sie.«

Er musste es dabei belassen. Sie gingen langsam zu ihrer

kleinen Wohnung zurück, doch Fuller kam nicht mit herauf. Er sagte ein paar ziemlich unbeholfene tröstende Worte über ihre Ablehnung, die sie mit eisigem Schweigen erwiderte. Als er sich jedoch zum Gehen wandte, sagte sie plötzlich:

»Dieses Mädchen. Sagt *sie*, das seien Unfälle gewesen?«

»Sie sagt überhaupt nichts. Ich nehme an, ihre Mutter ist für die Erklärungen zuständig. Schlafwandeln und eine defekte Lenkung.«

»Wurde in dem Auto jemand verletzt?«

»Das Mädchen verletzte sich am Arm, das ist alles. Die Tante war bei mir. Sie sagt, sie hätten im Krankenhaus Röntgenaufnahmen angefertigt. Nichts gebrochen. Sie benahm sich offenbar ganz freundlich, bedankte sich bei allen, aber sagte nicht viel. Ich habe mit dem Arzt gesprochen, der sie untersucht hat. Er meint, sie habe nicht verrückt gewirkt, sondern – nun ja, erschöpft, das war sein Ausdruck. Ansonsten habe er sie für ein nettes junges Mädchen gehalten.«

»Das scheint sie ganz und gar nicht zu sein«, sagte Hilda spitz, ohne jedoch weiter auf die Sache einzugehen. Sie ließ ihn vor der Tür stehen und ging hinein. Alles in allem, dachte er, hatte er sich ganz gut geschlagen. Hilda würde sich die Sache überlegen. Danach würde entweder sie ihn anrufen, oder es geschah etwas, so dass er sie anrufen könnte. Auch wenn sie die Detektivarbeit nicht mochte, war ihre angeborene Neugier doch sehr ausgeprägt.

Kapitel 2

Er kehrte in seine gemütliche Junggesellenwohnung zurück und rief sein Büro an, doch es lag keine Nachricht vor. Er mixte sich einen maßvollen Drink, setzte sich in einen alten Ledersessel und dachte nach.

Es war die Tante, Alice Rowland, die ihn aufgesucht hatte. Wie er Hilda gesagt hatte, kannte er sie flüchtig, eine zarte Frau mittleren Alters. Sie hatte ihm die Geschichte erzählt, dabei zunächst versucht, die Identität des betroffenen Mädchens zu verbergen, schließlich jedoch die Karten offen auf den Tisch gelegt.

Wie er wusste, war sie ledig und hatte vor dem Krieg allein in dem großen Haus der Rowlands an der Center Avenue gewohnt. Ihr Bruder Charles war Colonel in der Armee. Er war in Honolulu stationiert gewesen, und seine Frau und seine Tochter hatten dort bei ihm gelebt. Nach dem Überfall auf Pearl Harbor hatte er sie von dort weggeschickt, war aber selbst dort geblieben. Mittlerweile hielt er sich irgendwo im Pazifik auf, während seine Familie bei der Tante wohnte.

In den ersten zwei, drei Jahren war alles in Ordnung gewesen, hatte sie erzählt. Anfangs hatte Nina, ihre Schwägerin, noch unter Schock gestanden, und die Tochter sei übertrieben besorgt gewesen. Sie war damals erst sechzehn, hätte aber ohne weiteres eher die Mutter als das Kind sein können.

»Ich habe mir damals Sorgen gemacht«, sagte Miss Rowland. »Ich dachte, es hänge mit dem zusammen, was geschehen war, aber sie wollte nicht von dem Überfall sprechen, überhaupt nicht von Hawaii. Nina schon. Sie hatte Honolulu geliebt. Aber Tony, ihre Tochter, sprang immer auf und verließ den Raum, wenn nur die Rede darauf kam.«

»Aber sie nannte keinen Grund dafür, nehme ich an?«

»Nein. Mit der Zeit kam sie darüber hinweg, sie wurde wieder völlig normal. Sie besuchte ein Internat und hatte dort viele Freundinnen. Sie war sehr beliebt, glaube ich. Nach ihrem Examen kehrte sie zurück, und vor einem Jahr habe ich sie bei einer zwanglosen Einladung zum Tee so gut in die Gesellschaft eingeführt, wie es mir mitten im Krieg eben möglich war. Seither wohnt sie zu Hause. Nina ist nicht sehr robust, aber wir sind alle gut miteinander ausgekommen. Bisher jedenfalls. Bis dann vor zwei Monaten mit Tony – sie heißt eigentlich Antoinette, nach meiner Mutter – diese Veränderung vor sich ging.«

»Inwiefern? Was fiel Ihnen auf?«

Alice Rowland wirkte bekümmert.

»Es lässt sich nicht ohne weiteres in Worte fassen«, sagte sie. »Sie war ein oder zwei Tage krank, aber das hat sie schnell überwunden. Ich dachte, es sei etwas passiert, weil sie auch ihre Verlobung aufgelöst hatte. Vielleicht hatte das auch etwas damit zu tun, aber es ging noch eine andere Veränderung mit ihr vor sich.«

»Was für eine Veränderung?«

»Nun, sie begann, ihre Mutter zu beobachten. Nina hat seit jeher viel im Bett gelegen – sie lässt sich gern verwöhnen –, und Tonys Zimmer liegt gleich gegenüber. Aber von da an ging sie so gut wie gar nicht mehr aus und ließ ihre Tür die ganze Zeit über offen. Wenn ich zu ihrer Mutter ging, kam sie immer mit. Ich hatte den Eindruck, sie wollte nicht, dass ich sie besuchte, jedenfalls nicht allein. Und sie ließ sie auch nie aus dem Haus gehen, wenn sie es irgendwie verhindern konnte. Ich fragte mich allmählich …«

Sie zögerte, leicht errötend.

»Schauen Sie«, erklärte sie, »meine Schwägerin ist eine sehr schöne Frau. Sie erregt immer viel Bewunderung. Und Tony betet ihren Vater an. Ich – nun, ich dachte, vielleicht ist jemand in sie verliebt und Tony weiß davon. Aber soviel ich mitbekomme, ruft sie niemand an, aber ich sehe ihre Post nicht. Es ist nämlich so« – sie wirkte betreten –, »dass ich nicht einmal weiß, ob sie ihre ganze Post überhaupt bekommt. Tony wartet immer auf den Postboten und nimmt die ganze Post entgegen.«

Sie hielt inne. Ihre Hände waren feucht vor Nervosität; sie nahm ein Taschentuch aus ihrer Handtasche und wischte sie ab.

»Ich tue das sehr ungern«, sagte sie. »Es … diese Dinge gehen die Polizei eigentlich nichts an. Ich benötige lediglich einen Rat. Als eine meiner Freundinnen Nina schriftlich zum Lunch und zum Bridge einlud, erhielt sie eine telefonische Absage von Tony. Später sprach ich mit Nina darüber. In meinen Augen wirkte sie sehr eigenartig, als hätte sie gar nichts davon gewusst.«

»Aber sie nimmt das alles hin – die Aufmerksamkeit?«

»Sie ist es gewöhnt, verhätschelt zu werden. Mein Bruder hat sie verwöhnt. Wenn sie und Tony Streit hätten, würden sie es mir nicht sagen. Seit dem Autounfall liegt Nina ziemlich viel im Bett. Dr. Wynant sagt, es handelt sich nur um einen Schock, aber sie leidet darüber hinaus auch an einer Nervenentzündung. In den Armen.«

»Wann kam es denn zu den Schüssen?«

»Vor zwei Monaten. Ich glaube fest daran, dass Tony schlafwandelte. Sie war sehr traurig. Sie hatte ihre Verlobung aufgelöst, als schon alles für die Hochzeit bereit war. Das war vermutlich der Grund.« Sie wischte sich erneut die Hände ab. »Dabei ist das so ein netter junger Mann, Johnny Hayes. Er ist Leutnant des Heeres. Ich nehme an, er ist inzwischen bereits wieder fort.«

»Hatte Mrs. Rowland Einwände gegen die Heirat?«

»Nein. Sie war begeistert. Wie wir alle.«

»Hat Tony je gesagt, warum sie die Verlobung aufgelöst hat?«

»Nein. Sie sagte lediglich, es sei alles abgesagt. Sie schickte die Geschenke zurück und verstaute ihre Aussteuer in einem Kleiderschrank im zweiten Stock. Die Sachen sind immer noch dort, das Brautkleid und alles andere.«

»Noch einmal zu den Schüssen. Hat sie selbst gesagt, sie sei schlafgewandelt?«

»Sie hat seither überhaupt nichts gesagt. Aber die Pistole lag unter einigen Kleidern in einer Schublade in Ninas Zimmer. Charles hatte sie ihr nach dem Überfall gegeben. Sie war geladen, und keiner von uns weiß, wie man sie entlädt.«

»Können Sie sich an die Nacht erinnern, Miss Rowland? Ich nehme an, Sie haben die Schüsse gehört. Was geschah dann?«

»Ich rannte in das Zimmer, im Nachthemd. Ninas Zimmer liegt hinter meinem, Tonys gegenüber. Ich fand Tony auf dem Fußboden in der offenen Tür zum Zimmer ihrer Mutter, die Pistole lag neben ihr. Sie war ohnmächtig, und Nina versuchte, aufzustehen. Sie wusste offenbar gar nicht, was geschehen war.«

»Verletzt war sie nicht? Ihre Schwägerin, meine ich.«

»Nein, aber sie hatte einen ziemlichen Schock. Es war spätabends, und da das Haus freisteht, haben nur die Angestellten die Schüsse gehört. Sie kamen die Treppe heruntergelaufen und halfen, Tony ins Bett zu bringen. Nina war zu nichts zu gebrauchen. Das ist sie nie, wenn Not am Mann ist. Aber sie sagte, Tony sei als Kind oft schlafgewandelt, vor allem, wenn sie Kummer hatte.«

»Und Tony? Wie hat sie reagiert?«

»Sie wirkte benommen. Nachdem wir sie ins Bett gebracht hatten, lag sie einfach nur da. Ich versuchte, ihren Puls zu messen, aber er war kaum zu spüren. Ich rief Dr. Wynant, und er gab ihr eine Spritze. Ich erzählte ihm nicht viel, jedenfalls nicht, dass sie auf ihre Mutter geschossen hatte. Aber das hat sie, Inspektor. Ich fand eine Kugel im Kopfteil des Bettes. Die andere muss aus dem Fenster geflogen sein. Es stand offen.«

»Das ist zwei Monate her?«

»Ja. Sie hat ungefähr eine Woche im Bett gelegen. Aber ich mache mir große Sorgen. Immerhin hat sie zweimal abgedrückt, und genau das verstehe ich nicht. Man sollte doch meinen, wenn sie geschlafen hat, hätte sie von dem ersten Schuss aufwachen müssen.«

Zum Autounfall sagte sie wenig Genaues. Sie war nicht dabei gewesen, und Nina hatte gesagt, mit der Lenkung sei etwas nicht in Ordnung gewesen. Immerhin war der Wagen alt, und es gab nicht viele offene Autowerkstätten. Was sie jedoch nicht verstand, war, wo es passiert war.

»Wir haben nur sehr wenig Benzin«, sagte sie. »Ich kann mir nicht vorstellen, dass Tony einfach so aufs Land fährt, so wie die Dinge liegen, oder dass Nina mitfahren würde. Es war aber offenbar so, denn es geschah auf einer abgelegenen Landstraße. Allerdings wurde Tony als einzige verletzt. Sie tat sich den Arm weh, er ist immer noch steif. Mit Nina ist in Notfällen nichts anzufangen, aber Tony ging ein oder zwei Meilen zu Fuß und hielt sich den Arm, ohne sich zu beklagen. Nina sagt, sie war sehr blass, aber ganz ruhig.«

»Und das alles ist in den letzten zwei Monaten passiert? Vorher war alles wie sonst?«

»Ja.«

»Gab es irgend etwas anderes, was ihr Sorgen machte, abgesehen von der aufgelösten Verlobung?«

»Das weiß ich nicht. Ich weiß nicht, warum sie sie aufgelöst hat. Und Nina weiß es auch nicht.«

»Hat sie gar keine Erklärung gegeben?«

»Ich weiß nicht, was sie Johnny gesagt hat. Ihre Mutter hat sie lediglich über die Tatsache informiert, mich ebenso. Aber sie ist sehr traurig. Sie schläft und isst offenbar nicht mehr. Sie ist furchtbar dünn geworden.«

»Haben Sie mit dem jungen Hayes gesprochen?«

»Einmal. Er ist genauso bestürzt wie wir alle. Er weiß nicht, was das alles soll. Er musste natürlich zurück zu seinem Regiment, und seither haben wir ihn nicht mehr gesehen. Er wird in Kürze in den Pazifikraum versetzt.«

Fuller war nachdenklich.

»Ich bin natürlich kein Psychiater«, sagte er, »aber wir haben es sicherlich mit einer emotionalen Störung zu tun. Irgendein innerer Konflikt, vermute ich. Wenn wir wüssten, warum sie sich von dem jungen Hayes getrennt hat … Sind Sie sicher, dass es nichts anderes gab?«

»Ich kann mir nicht vorstellen, was sie sonst beunruhigt hätte. Im Gegenteil, wir hatten gute Neuigkeiten erhalten. Mein Bruder schrieb, dass er voraussichtlich aus dienstlichen Gründen zurückkehren werde.«

97

»War das, bevor sie die Verlobung auflöste?«

»Danach. Warum hätte ihr das auch etwas ausmachen sollen, Inspektor? Sie betet ihren Vater an. Aber sogar das ist eigenartig. Sie …«

Sie stockte und zögerte, weiter zu sprechen.

»Ja?«, hakte er nach.

»Nun, normalerweise hätte ich erwartet, dass sie begeistert oder zumindest aufgeregt sein würde. Sie hat ihn über drei Jahre nicht gesehen. Aber sie war es nicht. Sie benahm sich, tja, als sei es ihr nicht recht, dass er kommt. Nina war deswegen beunruhigt. Sie konnte es auch nicht verstehen.«

Sie stand auf und stellte einen Karton auf den Tisch.

»Ich habe die Pistole mitgebracht«, erklärte sie. »Von uns kennt sich niemand mit Waffen aus, und ich dachte, es sei besser, wenn sie aus dem Haus kommt. Sie wissen, wie es in Honolulu nach dem Überfall zuging. Angesichts der vielen Japaner dort gab Charles Nina und Tony die Pistole und zeigte ihnen, wie man sie entsichert. Aber wir hatten Angst, sie zu entladen.«

Er öffnete das Paket. Die Automatik lag in Watte gebettet in einer Art Schuhkarton. Er nahm sie heraus und untersuchte sie, eine schwere Colt Automatik, die abgefeuert und nicht gereinigt worden war.

»Es wurden zwei Schüsse abgegeben?«

»Ja.«

»Kurz hintereinander?«

»Ich glaube schon. Ja.«

»Wie weit von der Tür zum Zimmer ihrer Mutter stand sie entfernt, als sie schoss? Wie viele Meter?«

»Ich weiß es nicht. Das Bett ist am anderen Ende des Raums. Vielleicht drei oder vier Meter, vielleicht mehr. Unsere Zimmer sind geräumig.«

»Das ist ziemlich nah. Wie hätte sie da vorbeischießen können?«

Alice Rowland wusste es nicht. Sie stand da, hielt krampfhaft ihre Handtasche umklammert und entspannte sich erst, als er das Magazin geleert und die Waffe wieder hingelegt hatte. Dann öffnete sie ihre Tasche.

»Ich habe eine der Kugeln mitgebracht«, sagte sie. »Ich habe sie aus dem Bett herausgestochert. Ich weiß nicht, ob Sie sie haben wollen oder nicht.«

Sie holte die sauber in Seidenpapier eingewickelte Kugel hervor und legte sie ihm hin.

»Ich hoffe, Sie verstehen das richtig.« Ihre Stimme war unsicher. »Ich möchte nicht, dass Tony leidet. Ich möchte keine Polizei im Haus haben. Ich brauche lediglich einen Rat. Was soll ich tun, Inspektor? Mit Nina kann ich darüber nicht sprechen. Sie ist überzeugt, dass Tony schlafwandelt.«

»Aber Sie sind es nicht?«

»Ich weiß nicht, was ich denken soll«, sagte sie ausweichend.

Sie wandte sich zum Gehen, doch Fuller schob ihr einen Block und einen Stift über den Schreibtisch zu.

»Ich schlage vor, Sie zeichnen mir in etwa den Grundriss von Mrs. Rowlands Zimmer auf«, sagte er. »Am besten den ganzen ersten Stock, die Raumaufteilung. Ich hole Ihnen einen Stuhl.«

Er tat es, und sie fertigte eine krakelige Skizze an. Sie zeigte vier große Schlafzimmer mit einem Flur dazwischen. Ihr eigenes Zimmer lag an der Frontseite, das ihrer Schwägerin dahinter; gegenüber von Nina Rowlands Zimmer gab es ein ebenfalls zur Front zeigendes Gästezimmer, und dahinter erstreckte sich ein weiterer Flügel, der ein so genanntes Nähzimmer, die Hintertreppe und einige Wandschränke enthielt. Ninas Bett stand rechts von der Tür zum Flur, daneben befand sich kein Fenster. Die beiden eingezeichneten Fenster lagen der Tür gegenüber.

Fuller sah sich die Skizze gründlich an.

»Wenn der zweite Schuss aus dem offenen Fenster hinausgegangen ist, muss sie ganz schön daneben geschossen haben«, gab er zu bedenken. »Sind Sie sicher, die Kugel ist nicht im Zimmer?«

Alice war sich gewiss. Sie hatte den ganzen Raum sorgfältig durchsucht. Die Fliegenfenster waren herausgenommen worden, und das Fenster hatte weit offen gestanden. Es waren zwei Schüsse gewesen, aber nur eine Kugel. Deshalb …

Daraufhin hatte Fuller vorgeschlagen, einen Psychiater einzuschalten, und Dr. Wynant, der Hausarzt, hatte zugestimmt. Es war nicht leicht gewesen. Tony hatte sich zunächst kategorisch geweigert. Sie war jahrelang nicht schlafgewandelt. Wenn die anderen Angst um sie hatten, dann konnten sie sie ja nachts in ihrem Zimmer einschließen. Letzten Endes war sie dennoch hingegangen, allerdings strikt unkooperativ geblieben.

»Ich habe nicht einmal die Oberfläche angekratzt«, hatte der Psychiater Fuller berichtet. »Wie ein poliertes Porzellan-Osterei. Sie war höflich, hat aber jedes Gespräch verweigert. Sie ist – nun, sie ist eigentümlich für ein Zwanzigjährige. Zu ruhig, vor allem. Ich hatte das Gefühl, sie hasste mich die ganze Zeit abgrundtief.«

»Vielleicht hatte sie Angst vor Ihnen.«

Eine Reaktion hatte er allerdings bemerkt. Ihre Hände hatten zu zittern begonnen, als er sie auf Honolulu ansprach.

»Ich möchte nicht raten«, sagte er, »aber ich vermute, dass ihr dort etwas zugestoßen ist. Sie sind nach dem Überfall von dort geflohen, nicht wahr?«

»Ja«, sagte Fuller. »Aber warum dauert es vier Jahre, bevor sie deswegen aus dem Gleichgewicht gerät?«

Der Psychiater zuckte die Achseln.

»Die Psyche ist ein seltsames Ding. Je länger ich damit arbeite, desto weniger scheine ich darüber zu wissen! Aber ich denke, sie wird noch Schwierigkeiten bekommen.«

Alice Rowlands Geschichte hatte sich im Kopf des Inspektors festgesetzt. An einem der folgenden Tage suchte er die Werkstatt auf, zu der man den Wagen nach dem Unfall gebracht hatte. Er stand noch immer dort und wartete auf Ersatzteile. Er sah ihn sich genau an.

»Hat ganz schön was abgekriegt«, sagte der Automechaniker. »Vor allem der Kühler ist im Eimer. Ist ein Wunder, dass das Mädchen und ihre Mutter nicht durch die Windschutzscheibe geflogen sind.«

»Wie ist der Unfall passiert?«

»Na ja, Sie wissen ja, wie manche Frauen fahren. Drehen den Kopf herum, wenn sie mit ihrem Beifahrer reden, und kommen pardauz! von der Straße ab.«

»Dann lag es also nicht an der Lenkung?«

Der Mechaniker starrte ihn an.

»Behauptet das Mädchen das?«, fragte er. »Na, glauben Sie mir, sie lügt. Die Leute von der Versicherung waren fast genauso schnell hier wie der Wagen. Die wissen, was passiert ist.«

Mehr bekam Fuller nicht heraus. Er hatte nochmals mit Alice Rowland gesprochen. Sie hatte Angst gehabt, sowohl um als auch vor Tony, doch ihr Vorschlag gegenüber ihrer Mutter, sie solle sich eine Weile in einem Sanatorium für Nervenkranke erholen, war mit wütendem Groll beantwortet worden. Danach war nichts mehr geschehen, und Fuller hatte nicht mehr an den Fall gedacht und sich stattdessen einer Verbrechenswelle in der Nähe eines der Militärlager gewidmet. An dem Tag, als er sich mit Hilda Adams traf, hatte ihn dann Dr. Wynant angerufen.

»Ich habe Neuigkeiten für Sie, Inspektor«, sagte er. »Alice Rowland ist heute die Treppe hinuntergefallen und hat sich ein paar Rippen angebrochen. Sie behauptet, es sei alles in Ordnung gewesen, ein schlichter Unfall. Es war niemand in ihrer Nähe, als es passierte. Trotzdem bat sie mich, Ihnen Bescheid zu sagen.«

»Tony hat nichts damit zu tun?«

»Alice geht davon aus, aber ich habe mich gefragt, ob diese Krankenschwester, die Sie gelegentlich einsetzen, wohl frei wäre. Wie nennen Sie sie doch gleich?«

»Miss Pinkerton. Ihr richtiger Name ist natürlich Adams.«

»Nun, Krankenschwestern sind Mangelware, und ich denke, Alice fühlt sich nicht wohl. Sie wird ein paar Tage lang strikte Bettruhe einhalten müssen und ziemlich hilflos sein.«

»Sie meinen, sie hat Angst vor dem Mädchen?«

»Ich weiß es nicht, aber ihre Schwägerin taugt nicht viel als Krankenpflegerin, außerdem ist sie selbst nicht fit. Fragen Sie mich nicht, was mit ihr los ist. Sie will mich nicht sehen. Offenbar habe ich sie nach dem Autounfall beleidigt. Als ich sie fragte, ob sie meinte, es sei Absicht gewesen, regte sie sich furchtbar auf. Ich nehme an, es handelt sich um ihre altbekannte Nervenentzündung kombiniert mit Schock und Wut. Tony versorgt im Moment alle beide.«

»Das wird schon in Ordnung sein, ich meine, ungefährlich, oder?«

»Alice gegenüber hat sich Tony nie irgendwie feindselig verhalten. Aber das ist alles, was ich dazu sagen kann.«

Das war der Stand der Dinge, als Fuller sich an dem Abend nach seinem Gespräch mit Hilda noch einen Drink mixte und zu Bett ging. Er schlief allerdings ziemlich schlecht und war um sechs Uhr, als das Telefon klingelte, bereits wach. Er war nicht überrascht, Hilda am anderen Ende zu hören.

»Ich habe über dieses Mädchen nachgedacht«, sagte sie. »Was soll das ganze Gerede über Verzweiflung? Könnte sie nicht manisch-depressiv sein, an Dementia praecox oder sonst etwas Unkompliziertem leiden?«

»Mag sein.«

»Und, was meinen Sie dazu?«, fragte sie ungeduldig.

Er gähnte.

»Ich bin um diese Tageszeit noch nicht in Bestform«, sagte er. »Ich denke, sie steckt in der Klemme und will nicht, dass ihre Mutter davon erfährt. Es ist wahrscheinlich schlimm genug, dass es für Mord und Selbstmord reicht – jedenfalls in ihren Augen.«

»Sie meinen, sie wollte sich selbst auch umbringen?«

»Wenn sie schon den Wagen zu Schrott fährt, wie hätte sie dann hoffen können, selbst heil zu bleiben? Ich dachte, Sie wollten Hühner züchten. Der Markt dafür ist heutzutage günstig.«

Sie ignorierte das.

»Wo liegt das Haus, und wer ist dieser Arzt?«

»Wynant. Sie kennen ihn.«

»Na schön. Ich rufe ihn an«, sagte sie und legte auf. Fuller grinste in sich hinein.

Kapitel 3

Um halb acht an diesem Morgen stieg Hilda in ein Taxi und stellte ihren kleinen Koffer neben sich auf den Sitz. Sie sah frisch gewaschen und gebügelt aus, wie Fuller zu sagen pflegte, darüber hinaus aber auch wie frisch gestärkt. Ihr kindliches Gesicht war geradezu grimmig. Jim, der Taxifahrer aus der Nachbarschaft, der sie stets fuhr, wenn sie an einem Fall arbeitete, sah sie im Rückspiegel kurz an.

»Ich dachte, Sie wollten an die Front«, sagte er. »Meine Frau sagt, sie nimmt gern Ihren Kanarienvogel in Pflege, wenn Sie weggehen.«

Hildas Miene wurde noch grimmiger.

»Ich bin zu alt und habe ein schwaches Herz«, sagte sie mürrisch. »Hier zu Hause kann ich mich krumm schuften, darf aber das Gleiche nicht in Übersee tun.«

»Schwaches Herz! Sie sehen doch ganz gesund aus!«

»Ich *bin* gesund. Wenn ich mir die Haare gefärbt hätte, hätten die mich vermutlich genommen.«

Er half ihr mit der Tasche, als sie an der angegebenen Adresse angelangt waren. Das Haus der Rowlands war freistehend, ein großer viereckiger Backsteinbau mit hübschen Vorhängen an den Fenstern und einer Aura von Würde und Anstand. Ein kultiviertes Haus, dachte Hilda, als sie das Gebäude vom Zementweg zum überdachten Vordereingang betrachtete. Ein Gebäude, das eher an Wohlstand und Sicherheit denken ließ als an – was hatte Fuller gesagt? Verzweiflung. Daran änderte auch die Tatsache nichts, dass die einstmals gepflegte Rasenfläche rings um das Gebäude vernachlässigt wirkte. Hilfsarbeiter waren Mangelware, genauso wie jede andere Art von Dienstboten.

Der Eindruck wurde bestätigt, als ein ältliches Hausmädchen ihr die Tür öffnete. Sie sah aus, als hätte sie sich hastig angezogen, und war noch dabei, ihre weiße Schürze um ihre ausladende Taille zu binden. Hilda trat in die Eingangshalle und stellte ihre Reisetasche ab.

»Ich bin Miss Adams«, sagte sie. »Dr. Wynant schickt mich. Zeigen Sie mir bitte, wo ich meine Schwesterntracht anziehen kann?«

»Ich bin sehr froh, dass Sie hier sind«, sagte die Frau. »Mein Name ist Aggie, Miss. Ich trage Ihnen die Tasche nach oben. Möchten Sie etwas frühstücken?«

»Ich habe bereits gefrühstückt, vielen Dank.«

»Wir haben zu wenig Angestellte«, sagte Aggie, als sie die Tasche hochhob. »Das Zimmermädchen ist fort, und der Butler ist vor zwei Jahren in den Krieg gezogen. Miss Tony hilft natürlich, so gut sie kann.«

Hilda schwieg. Sie betrachtete die lang gestreckte Diele mit dem schweren Teppich, den Spiegeln und Konsolen und die großen quadratischen Räume, die davon abgingen. Alles wirkte hübsch, aber düster. Auch die Stille war beunruhigend, als gebe es in diesem Haus nichts Lebendiges außer der schweren Gestalt von Aggie, die lautlos die Treppe hinaufstieg. Die Treppe, dachte sie, die Alice Rowland am Tag zuvor entweder hinuntergefallen war oder die sie jemand hinabgestoßen hatte. Sie war zudem ein wenig überrascht. Eine Tony, die bei der Hausarbeit

half, war schwer in Einklang zu bringen mit einem neurotischen, womöglich geisteskranken Mädchen, das zwei Mordver-
suche auf seine Mutter verübt hatte.

Ihre Überraschung verstärkte sich, als sie Tony im oberen
Flur gegenüberstand. Das schlanke Mädchen, das Rock und Pullover trug und dessen glänzendes dunkles Haar offen auf ihre
Schultern fiel, wirkte nicht älter als etwa sechzehn. Und es war
vor allem ein freundliches Mädchen mit einem charmanten,
sensiblen Gesicht und einem liebenswerten, allerdings todernst-
en Mund.

Was sollte das alles nur, dachte Hilda ärgerlich. Sie ist ein
Kind, obendrein ein nettes Kind. Ohne lange nachzudenken, gab
sie Tony die Hand und hörte sie sagen: »Ich bin ja so froh, dass
Sie kommen konnten. Ich kann mich zwar um den Haushalt
kümmern, aber für die Krankenpflege bin ich nicht besonders
begabt. Möchten Sie Ihr Zimmer sehen? Es ist altmodisch, aber
bequem.«

Das war es in der Tat, das große Gästezimmer zur Straßenseite, das Alice in ihrer Skizze eingezeichnet hatte. Die Möbel
stammten offenbar mindestens aus den neunziger Jahren, doch
hatte jemand in aller Eile versucht, es für sie wohnlich zu machen: ein Blumenstrauß auf dem Schreibtisch, eine Zeitschrift
auf dem Tisch. Das Zimmer hatte sogar ein eigenes Bad, wofür
Hilda ausgesprochen dankbar war.

Die ganze Angelegenheit wirkte besser, als sie erwartet hatte,
und die tiefe Besorgnis, die sie hergeführt hatte, begann sich zu
lösen. Doch dann hatte sie erstmals Gelegenheit, sich Tony genauer anzusehen. Im Flur war es dunkel gewesen, und in der hellen Morgensonne ihres Zimmers musste sie nun ihren ersten
Eindruck korrigieren. Das Mädchen war sicher jung und attraktiv, die Freundlichkeit jedoch nur aufgesetzt, um ihren Mund
sah sie einen harten Zug. Außerdem wirkte sie müde, zum Um-
fallen müde, als hätte sie viele Nächte lang nicht geschlafen. Um
ihren Hals hing eine Armschlinge, aber sie benutzte sie nicht.

Aggie hatte ihre Tasche hereingetragen und war wieder gegangen, und zu ihrer Überraschung schloss Tony hinter ihr die Tür.

»Ich hoffe, Sie haben nichts dagegen«, sagte sie. Ihr Blick fuhr besorgt über Hildas Gesicht. »Meiner Mutter geht es nicht besonders gut. Sie ist nervös und sieht es gern, wenn ich mich selbst um sie kümmere. Ich gehe ohnehin davon aus, dass Tante Alice Ihre Zeit voll und ganz in Anspruch nehmen wird.«

Hilda nahm ihren adretten schwarzen Hut ab und legte ihn auf das Wandschrankfach. So beiläufig es auch geklungen haben mochte, war sie gerade davor gewarnt worden, Mrs. Rowland zu nahe zu kommen, und zwar nachdrücklich. Als sie sich wieder umwandte, war ihr Gesicht ausdruckslos.

»Ich nehme an, der Unfall Ihrer Tante hat ihr ebenfalls einen Schrecken versetzt«, sagte sie. »Wie ist das denn eigentlich passiert?«

»Das wissen wir nicht. Sie weiß es selbst nicht. Vielleicht war es die Katze. Sie liegt manchmal auf den Stufen, und sie ist genauso dunkel wie der Teppich. Man sieht sie kaum.«

»Glaubt Miss Rowland das?«

Sie war sich klar, dass das Mädchen sie beobachtete, als habe sie plötzlich Verdacht geschöpft.

»Das ist doch eigentlich nicht wichtig, oder?«, sagte sie kühl. »Sie ist gestürzt. Das ist schlimm genug. Kommen Sie herüber, wenn Sie fertig sind – es ist das Zimmer gegenüber – dann erkläre ich Ihnen, was der Arzt angeordnet hat.«

Sie ging hinaus. Die Bewegungen ihres schlanken Körpers wirkten recht steif, und Hilda hatte das Gefühl, einen schlechten Anfang gemacht zu haben. Doch nachdem sie Tony Rowland nun kennen gelernt hatte, verlor die ganze Geschichte an Glaubwürdigkeit. Sie dachte wieder an Fuller und seine Bemerkung über Verzweiflung als Motiv für ein Verbrechen. Natürlich war an dem Mädchen irgendetwas ungewöhnlich, allein schon der Hinweis, dass sie sich selbst um ihre Mutter kümmern werde. Aber sie benahm sich nicht wie eine Psychopathin, und im Übrigen wirkten das Haus, Aggie, sogar Tony selbst in ihrem kurzen Rock und Pullover, mit ihrem offen auf die Schultern fallenden Haar wie das genaue Gegenstück zu einer Tragödie. Die Augen des Mädchens allerdings …

Sie zog ihre Tracht an und steckte sorgfältig ihr Häubchen fest. Eine der ersten Bemerkungen, die sie Fuller gegenüber gemacht hatte, als sie ihren ersten Fall für ihn übernahm, galt ihrer Haube: »Ich trage sie nicht wie ein Fass, das den Niagarafall hinunterzustürzen droht«, hatte sie gesagt, »sondern dort, wo sie hingehört.« Und dort saß das Häubchen auch, als sie quer über den Flur zum Zimmer ihrer Patientin ging.

Alice Rowland lag in dem großen Doppelbett, in dem sie aller Wahrscheinlichkeit nach geboren worden war. In diesem Moment bestand sie für Hilda lediglich aus einem Namen und angeknacksten Rippen, und sie betrachtete sie ohne jede Emotion. Sie sah eine magere Frau mittleren Alters mit langer Nase und verdrossenem Mund, der sich nun zu einem gezwungenen Lächeln verzog.

»Guten Morgen«, sagte Hilda munter. »Haben Sie bereits gefrühstückt?«

»Ja, danke. Ich hatte keinen Hunger. Wie dumm von mir, die Treppe hinunterzufallen, nicht wahr? Mein ganzes Leben lang gehe ich in diesem Haus treppauf, treppab. Gerade jetzt so hilflos dazuliegen …«

Sie beendete den Satz nicht, und Hilda überlegte, ob sie wohl vermutete, wer sie wirklich war. Offenbar nicht, denn sie wirkte etwas entspannter, als sie sich zurücklehnte.

»Ich hatte jahrelang keine Krankenschwester im Haus«, sagte sie, »aber wir beide sind einfach zu viel für die Dienstboten.«

»Sie beide?«

»Meiner Schwägerin geht es nicht gut. Vor allem die Nerven. Sie verbringt viel Zeit im Bett. Sie waren alle in Honolulu während des Überfalls auf Pearl Harbor, und sie hat das bis heute nicht überwunden. Außerdem sorgt sie sich natürlich um ihren Mann, meinen Bruder Charles. Er ist Colonel beim Berufsheer und irgendwo im Pazifikraum stationiert.«

So war das also, überlegte Hilda, während sie ihre altmodische Uhr hervorholte und ihrer Patientin den Puls maß. Alles wurde dem Krieg angelastet. Mrs. Rowland sorgte sich um ihren Mann und litt nach fast vier Jahren noch immer unter Pearl Harbor. Ihre Tochter hatte zweimal auf sie geschossen und versucht, sie mit dem Auto umzubringen, aber das Problem waren nach wie vor die Japsen.

»Tony kümmert sich um sie«, sagte Alice, als Hilda ihre altmodische Taschenuhr mit dem großen Minutenzeiger – ein Erbstück von ihrer Mutter – wieder in ihre Tasche auf dem Schreibtisch steckte. »Er hat Nina ihrer Obhut anvertraut.« Sie sah Hilda scharf an. »Ich nehme an, sie hat Sie gewarnt, ihr nicht zu nahe zu kommen, nicht wahr? Das Kind ist eifersüchtig, wissen Sie. Sie hat sich furchtbar aufgeregt, als ich ihr sagte, dass Sie kommen.«

»Das ergibt doch keinen Sinn«, sagte Hilda brüsk. »Was sollte sie dagegen haben?«

»Ich wünschte, ich wüsste es«, sagte Alice und ließ sich waschen und ihr Bett frisch beziehen. Sie kam nicht mehr auf Tony zu sprechen, und während Hilda sie mit routinierten Handgriffen umbettete, sah Hilda, dass ihr mit einem Heftpflasterverband umwickelter Körper mager und eckig war. Die altjüngferliche Fünfzigjährige war ganz gewiss unattraktiv und ganz gewiss besorgt. Aber sie war ganz eindeutig nicht bereit, über ihre Nichte zu reden.

»Wie kam es denn zu dem Sturz?«, fragte Hilda, als sie das letzte Laken glattzog.

»Ich bin mit dem Absatz an einer der obersten Stufen hängen geblieben und gestolpert. Wie ungeschickt von mir, nicht wahr?«

»Waren Sie allein, als das geschah?«

»Ganz allein«, sagte Alice kurz angebunden. »Wieso? Gestürzt wäre ich doch so oder so.«

»Ich frage deshalb, weil ich gesehen habe, dass Ihre Nichte sich am Arm verletzt hat. Ich dachte, vielleicht …«

»Das ist schon eine Weile her. Eine Prellung.«

Da das offenbar alles war, was Alice ihr zu erzählen bereit war, fuhr Hilda mit ihrer Arbeit fort. Sie legte letzte Hand an das Bett, bürstete ihrer Patientin das spärliche Haar und trug die benutzte Bettwäsche hinaus. Der Flur war leer, die Tür zu Nina Rowlands Zimmer geschlossen und niemand in Sicht. Auf dem Rückweg ging sie ins Treppenhaus und unterzog die oberen Stufen einer gründlichen Untersuchung. Es bestand immer noch die Möglichkeit einer Falle, vielleicht hatte jemand eine Schnur gespannt, an der sich der Absatz verfangen hatte, doch sie fand keinerlei Hinweise auf irgendetwas derartiges. Sie stand noch immer vornübergebeugt, mit dem Rücken zur Eingangshalle, als sie Tonys Stimme hinter sich hörte.

»Was um Himmels willen tun Sie da?«, fragte sie.

Hilda war so erschrocken, dass sie ihre übliche Gelassenheit vergaß.

»Ich hatte mein Schulabzeichen verloren«, sagte sie etwas zu hastig. »Aber das ist in Ordnung, ich habe es schon gefunden.«

Tony blieb stehen und sah ihr nach, als sie in Alices Zimmer zurückging, doch Hilda spürte eine Welle von Misstrauen von ihr ausgehen. Und sie hatte einen Fehler gemacht. Da sie schon einmal auf der Treppe war, hätte sie hinuntergehen müssen, um mit der Köchin das Essen ihrer Patientin zu besprechen, zu telefonieren oder sonst irgendetwas, anstatt schmählich den Rückzug anzutreten.

Der Fall ging ihr bereits an die Nerven, stellte sie fest. Von den beiden Frauen, die sie bisher kennen gelernt hatte, schien ihr Alice Rowland bei weitem neurotischer zu sein als das Mädchen. Sie zweifelte allmählich an der Geschichte, die Fuller gehört hatte. Schließlich gab es tatsächlich Schlafwandler, und es

109

gab auch Autounfälle, ohne dass gleich Mord oder Selbstmord dahinterstecken musste. Trotzdem ließ sie das Gesicht des Mädchens nicht los.

Bis zum Mittagessen sah sie Tony nur noch von weitem. Das eine Mal warf sie einen Blick aus dem Fenster und sah sie mit dem Briefträger vorn auf dem Weg stehen, wo sie sich die Post aushändigen ließ. Das zweite Mal trug sie Straßenkleidung und kehrte später mit Einkäufen zurück. Sie wirkte älter, denn sie hatte jetzt ihr Haar im Nacken festgesteckt und Lippenstift und Rouge aufgelegt. Aber sie ging langsam, als falle es ihr schwer, zum Haus zurückzukehren.

Mittags ging Hilda in die Küche hinunter, um das Mittagessen für Alice zu besprechen. Die Köchin war allein, eine magere kleine Frau, die sich als Stella vorstellte und chronisch mürrisch zu sein schien.

»Für Miss Alice habe ich ein Kotelett«, sagte sie, ohne zu lächeln. »Sie werden Fisch essen müssen, wie wir alle.«

Hilda hatte Übung darin, mit aufmüpfigen Köchinnen fertig zu werden, und hielt sich auch jetzt daran.

»Ich mache mir nichts aus Fisch. Sie können mir ein Ei kochen. Vier Minuten, bitte.«

Stella starrte sie an, und Hilda starrte zurück, doch Stella war ihr nicht gewachsen, sie senkte als Erste den Blick.

»Na schön, Miss«, sagte sie. »Vier Minuten.«

Nachdem das geklärt war, ging Hilda zur Küchentür. Draußen führte ein rund dreißig Meter langer gepflasterter Weg zu einer Garage und einer Zufahrt. Die Nachbarhäuser standen etwas weiter weg, die Grundstücke waren durch niedrige Ligusterhecken getrennt. In ihrem Rücken hörte sie Stella mit Pfannen lärmen. Sie wandte sich wieder um und sah sie an. Der Lärm ließ sofort nach.

»Sind Sie schon lange hier?«, fragte sie freundlich.

»Dreißig Jahre.«

»Haben Sie schon immer eine Katze?«

110

Stella sah sie an.

»Was hat die Katze damit zu tun?«

»Miss Rowland glaubt, ihre Tante sei über das Tier gestolpert.«

»Die Katze war hier bei mir, als sie stürzte. Und das habe ich Miss Tony auch gesagt. Miss Alice mag keine Katzen. Sie sagt, sie übertragen Bazillen. Mit solchen Sachen ist sie pingelig. Aber das ist sowieso meine Katze. Die bleibt bei mir.«

Wie zur Bestätigung tauchte eine schwarze Katze hinter dem Küchenherd auf und streckte sich. Hilda beugte sich zu ihr hinunter und streichelte sie. Stellas Miene heiterte sich auf.

»Der Sturz war ein Unfall«, sagte sie. »Kommen Sie bloß nicht auf irgendwelche Ideen.«

»Warum sollte ich?«, fragte Hilda mit gespielter Überraschung. »Selbstverständlich war das ein Unfall.«

Doch Stella presste ihre Lippen bereits wieder fest aufeinander und sagte nichts mehr.

Da Alice schlief, als sie nach ihr sah, war sie beim Mittagessen mit Tony allein im großen viereckigen Esszimmer, dessen Anrichte sich unter altmodischen Silbergeräten bog. Das Mädchen hatte sein Misstrauen offenbar abgelegt und machte sogar Anstalten zu einem Gespräch darüber, wie schwierig es war, Lebensmittel zu kaufen, wenn zwei Personen im Haushalt nicht wohlauf waren. Ihre Mutter war natürlich nicht richtig krank, aber übernervös. Sie mochte niemanden sehen und schlief schlecht.

Hilda fiel auf, dass Tony sehr wenig aß, dafür aber während der ganzen Mahlzeit rauchte. Von jeder Zigarette nahm sie nur ein oder zwei Züge und drückte sie dann im Aschenbecher aus, während Aggie sie aufgeregt umsorgte.

»Noch ein bisschen hiervon, Miss Tony, das ist Karamellcreme, die mochten Sie doch sonst immer so gern.«

Tony nahm ein wenig und schob es auf ihrem Teller hin und her, kostete aber lediglich davon.

111

Gegen Ende der Mahlzeit drückte sie ihre dritte Zigarette aus und stellte Hilda eine Frage, den Blick eigentümlich angespannt auf sie gerichtet.

»Wie lange arbeiten Sie schon als Krankenschwester?«

»Über zwanzig Jahre.«

»Sie müssen in so langer Zeit ja mit allen möglichen Fällen zu tun gehabt haben.«

»In der Tat. Alles von Delirium tremens über Blattern bis zum Nervenzusammenbruch.«

Tonys Blick fixierte sie noch immer, doch falls sie noch etwas hatte sagen wollen, wurde sie von Aggies Auftauchen daran gehindert. Hilda fragte sich, ob sie wohl etwas über Schlafwandeln hatte wissen wollen.

Sie war noch immer ratlos, als sie das Tablett mit Alices Mittagessen hinauftrug. Wenn sie einen Fall für Fuller übernahm, war es sonst üblich, dass er ihr die Sachlage mehr oder weniger vollständig aus allen möglichen Blickwinkeln erläuterte. Am Vorabend hatte sie ihm jedoch das Wort abgeschnitten, bevor er den Fall richtig mit ihr diskutieren konnte, und ihre eigene Entscheidung, doch herzukommen, war unvermittelt gefallen. Nun fragte sie sich, was Tony wohl *nicht* gesagt hatte und was der ängstliche Ausdruck ihrer Augen bedeuten mochte.

Sie war ungefähr zwanzig, dachte Hilda. Also konnte sie kaum über siebzehn gewesen sein, als sie Hawaii verließ, eher jünger. Aller Wahrscheinlichkeit nach zu jung für eine Romanze, sicherlich über so lange Zeit. Und was hätte das damit zu tun haben können, dass sie zwei Mordanschläge auf ihre Mutter verübt hatte? Falls sie sie überhaupt verübt hatte.

Ihre Ratlosigkeit nahm weiter zu, als sie an Mrs. Rowlands Tür vorüberkam. Dahinter war eine klagende Stimme zu hören.

»Tony!«, rief die Stimme. »Bist du das, Tony?«

Hilda blieb stehen.

»Ich bin Miss Rowlands Krankenschwester«, sagte sie. »Kann ich etwas für Sie tun?«

Sie nahm das Tablett in eine Hand und griff mit der anderen nach dem Türgriff. Zu ihrer Verblüffung ließ sich die Tür nicht öffnen. Sie war verschlossen. Sie starrte sie an.

»Ich fürchte, es ist abgeschlossen«, rief sie.

Nach einer kurzen Pause hörte sie die Frau im Innern auflachen.

»Grundgütiger«, sagte sie. »Der Riegel muss eingeschnappt sein. Machen Sie sich keine Gedanken. Ich wollte Tony nur sagen, dass ich statt Kaffee lieber Tee hätte.«

Hilda bemerkte, dass Tony mit dem Tablett für ihre Mutter die Treppe hinter ihr heraufgekommen war. Sie hatte abrupt innegehalten, als sie Hilda sah, und diesmal gab es keinen Zweifel: Sie war bestürzt. Sie wandte sich rasch ab und stellte das Tablett auf einen Tisch im Flur.

»Ich habe etwas vergessen«, sagte sie atemlos und rannte die Treppe wieder hinunter.

Hilda war perplex. Warum schloss Mrs. Rowland sich in ihrem Zimmer ein? Hatte sie vor jemandem im Haus Angst? Wer es auch sein mochte, es war sicher nicht Tony. Wer oder was war es dann? Als sie zu ihrer Patientin zurückkehrte, hatte sie die Tür fest im Blick.

»Ich dachte, ich hätte Nina rufen gehört«, sagte Alice. »Ist … ist alles in Ordnung?«

»Tony hatte etwas auf dem Tablett für ihre Mutter vergessen«, sagte Hilda gleichmütig. »Ich hätte es ihr gern heraufgetragen, wenn ich das gewusst hätte. Mit ihrem Arm …«

»Wir haben immer noch zwei Dienstboten im Haus«, sagte Alice knapp. »Es ist völlig unsinnig, wenn sie das selbst tut.«

Kapitel 4

Wenn Hilda gehofft hatte, Alice Rowland werde an diesem Tag mit ihr sprechen, hatte sie sich geirrt. Abgesehen davon, dass sie ihre Schwägerin als zarte Frau bezeichnete, sagte sie kein Wort mehr über die Familie, doch über dem Haus lag eine gewisse Spannung. Als sich Hilda abends für ihren üblichen Spaziergang fertig machte, bevor sie zu Bett ging, wurde schnell klar, dass Alice nicht vorhatte, allein und hilflos im Bett zurückzubleiben.

»Ich muss noch ein paar Dinge mit Aggie besprechen«, sagte sie. »Sie ist seit Jahren bei uns, irgendwie ist sie eher unsere Haushälterin als sonst etwas. Würden Sie sie wohl bitte zu mir heraufschicken?«

So war Aggie bei ihr, als Hilda das Haus verließ, und sie war noch immer dort, als sie zurückkehrte. Die Tür zum Flur war geschlossen.

So, wie die Dinge standen, kehrte Hilda ziemlich aufgewühlt zurück.

Sie war in einem Drugstore an der Ecke gewesen, als es geschah. Sie hatte von der Telefonzelle aus versucht, Inspektor Fuller zu erreichen, und hatte beim Heraustreten einen gut aussehenden jungen Mann in Uniform mit den Rangabzeichen eines Leutnants gesehen, der sie über eine Flasche Cola hinweg anstarrte. Sie hatte ihr Cape über ihre weiße Schwesterntracht geworfen und dachte im ersten Moment, das habe sein Interesse geweckt. Beim Hinausgehen sah sie dann, dass er hastig bezahlte. Als sie auf die Straße hinaustrat, war er direkt hinter ihr und sprach sie an, kaum dass sie ein paar Meter zurückgelegt hatte.

»Es tut mir leid, Sie zu belästigen«, sagte er, »aber ich sah Sie aus dem Haus der Rowlands kommen. Ist dort etwas nicht in Ordnung?«

Seine Stimme verriet eine geradezu krankhafte Angst. Hilda

hielt inne und sah zu ihm auf. Es handelte sich um einen hoch gewachsenen jungen Mann, der in diesem Moment den bettelnden Blick eines geprügelten Hundes hatte.

»Wer sind Sie?«, fragte sie.

»Ich bin John Hayes. Ich bin ... war ein Freund von Tony Rowland. Sie ist doch nicht etwa krank, oder?«

»Es geht ihr ausgezeichnet. Ihre Tante ist gestern die Treppe hinuntergefallen und hat sich verletzt. Deshalb bin ich dort. Es ist aber nichts Ernstes.«

Es war nicht Hildas Art, Erklärungen abzugeben, aber sie hatte den festen Eindruck, sie wisse, wer der junge Mann war. Außerdem gefiel ihr, was sie von ihm sah. Vor allem war er nicht zu gut aussehend. Sie hegte ein vages Misstrauen gegen alle gut aussehenden Männer. Und aufgrund seiner Uniform konnte er ohnehin Respekt erwarten.

Als sie weiterging, blieb er bei ihr und versuchte, seine langen Schritte mit ihren kurzen in Einklang zu bringen, gab es dann jedoch auf. Zunächst sagte er nichts, und auch sie schwieg. Als er schließlich den Mund aufmachte, fragte er zu ihrer Überraschung:

»Warum haben sie mich hinausgeworfen? Wissen Sie das? Haben sie irgendetwas gesagt?«

»Ich bin erst seit heute früh dort. Niemand hat Sie erwähnt, es sei denn, Sie sind der Mann, den Tony Rowland heiraten sollte.«

»Das ist richtig«, sagte er düster.

»Ich fürchte, ich weiß nichts darüber, außer, dass die Hochzeit verschoben wurde.«

»Verschoben!«, rief er ungläubig. »So nennen sie das also. Verschoben! Tony hat mir vor zwei Monaten schlichtweg den Laufpass gegeben, ohne jede Vorwarnung. Ich hatte Urlaub bekommen, es war alles vorbereitet. Ich hatte ...« Seine Stimme brach. »Sie schickte mir den Verlobungsring zurück. Wir hatten sogar schon das Aufgebot bestellt. Und dann – Lebwohl, sei brav und nimm es gelassen. Zum Teufel«, sagte er aufgeregt, »ich weiß nicht, warum ich überhaupt noch hier herumlungere.«

»Und, warum tun Sie es?«, fragte Hilda.

Er verstand die Frage wortwörtlich. Für Rhetorik schien er keinen Sinn zu haben.

»Ich hatte die Masern«, sagte er, »und habe den Abmarsch meiner Einheit verpasst. Ich muss jetzt natürlich bald fort.«

Angesichts dieser recht prosaischen Erklärung musste Hilda im Schutz der Dunkelheit lächeln.

»Und welche Erklärung hat sie Ihnen gegeben?«, fragte sie.

»Sie sagte, sie hätte es sich anders überlegt. Es sei alles vorüber. Sie sagte, sie liebe mich nicht so sehr, wie sie gedacht habe, aber das war eine verdammte Lüge.« Er blieb stehen und zündete sich mit zitternden Händen eine Zigarette an. Hilda bot er auch eine an, sie lehnte jedoch ab. »Ihre Mutter steckt dahinter«, sagte er trübsinnig. »Ihre Mutter oder diese Tante. Ich habe auch eine Mutter. Sie findet, dass ich gut genug für sie bin, ganz im Gegenteil sogar. Was ist bloß mit denen los?«

»Und Tony selbst?«, hakte Hilda nach. »Junge Mädchen tun manchmal eigenartige Dinge. Sie sind neurotisch oder kommen auf komische Ideen.«

Er lachte freudlos.

»Tony ist zwanzig«, sagte er. »Sie ist kein neurotisches Kind, Miss …?«

»Mein Name ist Adams.«

»Jedenfalls, wenn sie neurotisch ist, dann ist sie das reichlich plötzlich geworden, Miss Adams. Sie war das normalste Mädchen, das ich je gesehen habe. Sie besuchte meine Schwester Nancy, und die ganze Familie war auf Anhieb von ihr begeistert. Sie können es immer noch nicht nachvollziehen. Sie glauben, ich hätte irgendetwas falsch gemacht.«

»Wann geschah das alles?«

»Letztes Jahr im Sommer. Da habe ich sie kennen gelernt. Ich hatte dreißig Tage Urlaub. Wir besitzen ein Sommerhaus in Massachusetts, und falls sie wirklich irgendwelche komischen Ideen hatte, dann hat sie die verdammt gut für sich behalten. Sie ist geschwommen und gesegelt, wir haben getanzt …« Er hielt abrupt inne und blieb stehen. »Ich fürchte, ich mache mich zum Narren«, sagte er. »Vielen Dank, Miss Adams. Gute Nacht.«

Er salutierte steif, wandte sich rasch ab und ließ sie völlig verblüfft im Dunkeln stehen.

Fuller traf sie erst am folgenden Abend. In der Zwischenzeit war nichts geschehen, und oberflächlich war im Haushalt der Rowlands alles in bester Ordnung. Alice trug weiterhin ihren Heftpflasterverband und war zwar unruhig, aber sonst wohlauf. Dr. Wynant stattete ihr einen kurzen Besuch ab, sagte, sie werde in ein paar Tagen wieder aufstehen können, und verschwand eilends wieder. Tony schien Hilda akzeptiert zu haben, wenn auch mit gewissen Vorbehalten. Im Haushalt lief alles reibungslos, Tony kümmerte sich um die Einkäufe und half bei der Hausarbeit.

Am zweiten Tag bestellte Nina Rowland sie schließlich zu sich. Tony richtete es ihr widerwillig aus.

»Sie macht sich Sorgen um Tante Alice«, sagte sie. »Es ist dummes Zeug, das habe ich ihr gleich gesagt.« Und sie hatte hinzugefügt: »Sie ist leicht erregbar. Bitte bleiben Sie nicht lange. Sie regt sich über alles und jedes auf.«

»Ist sie lediglich nervös?«

»Sie hat eine Nervenentzündung im Arm«, erklärte Tony widerstrebend.

»Was meint der Arzt dazu?«

Tony wandte sich brüsk ab.

»Von Ärzten hat sie die Nase voll«, sagte sie. »Sie braucht lediglich Ruhe und Zeit für sich allein. Ist Ihnen drei Uhr recht?«

Es klang, dachte Hilda sarkastisch, als solle sie der Queen ihre Aufwartung machen. Trotzdem klopfte sie an Nina Rowlands

Tür, als ihre altmodische Uhr exakt drei Uhr anzeigte. Tony ließ sie herein, und sie blinzelte im strahlenden Licht der Herbstsonne. Ihre ersten Eindrücke waren leuchtende Farben, ein Meer von Blumen und helle Vorhänge und Polster.

Dann erst sah sie die Frau im Bett. Hilda war erschüttert. Sie wusste nicht recht, was sie eigentlich erwartet hatte, aber was sie sah, war eine bildschöne Frau, die viel jünger wirkte als Mitte vierzig und einen so atemberaubenden Liebreiz verströmte, dass selbst die für weibliche Attraktivität ansonsten völlig unempfängliche Hilda beeindruckt war. Sie war dunkelhaarig, wie Tony, aber damit war die Ähnlichkeit bereits erschöpft. Sie wusste, dass Tony sie beobachtete, aber ihre Überraschung war so vollkommen, dass Nina als Erste das Wort an sie richtete.

»Es wäre ziemlich unhöflich von mir gewesen, Sie nicht persönlich kennen zu lernen, Miss Adams«, sagte sie. »Meine Kleine versorgt mich fast schon zu gut. Heute fühle ich mich viel wohler.«

Tony schwieg, und Hilda setzte sich nicht, sondern blieb stocksteif am Fußende des Bettes stehen.

»Es freut mich, dass es Ihnen besser geht«, sagte sie. »Falls ich irgendetwas für Sie tun kann ...« Sie fühlte sich unbehaglich.

Tony beobachtete sie noch immer, öffnete jetzt jedoch den Mund.

»Wir wollen Sie Tante Alice nicht vorenthalten«, sagte sie rasch. »Sie braucht Sie. Wir nicht.«

Nina Rowland lächelte reizend und zeigte dabei ihre schönen Zähne.

»Nein, natürlich nicht. Wie geht es der armen Alice? Dass sie ausgerechnet die Treppe hinunterfallen musste, ist doch geradezu – unelegant.«

»Sie fühlt sich heute viel besser. Der Arzt sagt, sie wird bald wieder wohlauf sein.«

Inzwischen bemerkte sie, dass auch Nina sie beobachtete.

118

Sie lächelte noch immer, aber ihr Blick hatte nun einen scharfen, misstrauischen Ausdruck.

»Wie ist es denn Ihrer Meinung nach passiert?«, fragte sie.

Das war es also. Hilda war bestellt worden, weil die Frau im Bett argwöhnisch war. Aber bevor sie antworten konnte, kam Tony ihr zuvor.

»Ich habe dir das doch alles erzählt, Mutter. Sie ist gestolpert. Ich war in der Küche, als ich sie fallen hörte.«

»Sie wohnt hier ihr ganzes Leben lang. Ich verstehe es nicht.«

Sie sah Tony nicht an, doch galt die Bemerkung offensichtlich ihr. Einen Moment lang fragte sich Hilda, ob es zwischen dem Mädchen und der Frau einen geheimen Groll gab, ob die beiden sich weniger gut verstanden, als Alice angedeutet hatte. Der Eindruck verschwand rasch wieder. Nina Rowland hob die Arme und zog das Kissen unter ihrem Kopf zurecht, und Tony sprang hinzu, um ihr zu helfen, doch sie kam zu spät. Der Ärmel von Ninas Bettjäckchen war hoch gerutscht und hatte an dem der Tür zugewandten Arm einen dicken Verband enthüllt.

Hilda schaute hastig weg.

»Was für hübsche Blumen«, sagte sie. »Darf ich sie mir ansehen?«

Als sie sich wieder umdrehte, war der Verband wieder verborgen, aber Tony war leichenblass. Hilda blieb noch ein paar Minuten, ging dann jedoch in der festen Überzeugung, dass eine der beiden Kugeln, die Tony abgefeuert hatte, ihre Mutter am Arm getroffen hatte und die Wunde noch nicht verheilt war.

Das erzählte sie an diesem Abend Fuller, mit dem sie sich vor dem Haus traf, als sie zu ihrem Abendspaziergang aufbrach. Er war beeindruckt.

»Allerdings verstehe ich nicht, was die Geheimniskrämerei soll«, sagte er. »Dr. Wynant weiß, dass sie auf ihre Mutter geschossen hat, und falls die Kugel noch steckt, kann sie eine Menge Probleme bereiten.«

119

»Ich verstehe es nicht«, sagte Hilda nachdenklich. »Mrs. Rowland ist nicht der Typ, der so etwas lange verschweigt. Ich nehme an, sie ist ihr ganzes Leben lang verwöhnt und in Watte gepackt worden.«

»Mutterliebe, meine Beste«, sagte er trocken. »Wenn Tony sie wirklich angeschossen hat, hält sie vielleicht den Mund, um das Mädchen zu retten.«

»Ich glaube nicht, dass sie sie wirklich so gern hat.«

Er sah sie überrascht an.

»Was erwarten Sie? Sie hat zweimal versucht, sie umzubringen.«

»Aber das weiß sie nicht, oder?«

Er blieb unvermittelt stehen.

»Heraus damit«, sagte er. »Was denken Sie? Hat Tony ihre Tante die Treppe hinuntergestoßen oder nicht?«

Sie schüttelte den Kopf.

»Ich glaube nicht. Sie war in der Küche, als es passierte. Alice ist offenbar überzeugt, dass sie gestolpert ist. Es ist nur so – es sieht fast so aus, als ob Nina das Mädchen verdächtigt. Warum sollte sie das tun?«

Daraufhin erzählte er ihr die Geschichte, die er von Alice Rowland gehört hatte, mit allen Details, der Flucht aus Honolulu, den ruhigen Jahren, der aufgelösten Verlobung, den Schüssen, dem Autounfall, dem fruchtlosen Besuch beim Psychiater sowie seine Bemerkung, dass Tony Sorgen habe und wohl in Schwierigkeiten geraten werde. Sie hörte gespannt zu.

»So also ist die Lage«, endete er. »Nun wissen Sie alles. Was halten Sie davon?«

»Es ergibt alles keinen Sinn«, sagte sie störrisch. »Das Mädchen ist mit Sicherheit seiner Mutter treu ergeben. Vielleicht schützt sie jemand anders.«

»Wen?«

»Das weiß ich nicht. Alice Rowland vielleicht. Vielleicht wollte Alice Ihnen Sand in die Augen streuen, als sie zu Ihnen

120

kam und Ihnen erzählte, Tony sei verrückt. Sie ist nicht verrückter als ich.«

»Sie mögen Alice nicht, stimmt's?«

»Ich kümmere mich um meine Patienten. Das heißt nicht, dass ich sie lieben muss.«

Er lachte vor sich hin, während sie weitergingen. Hildas scharfe Zunge und ihr warmes Herz machten ihm Spaß.

»Was für ein Motiv könnte sie haben? Alice, meine ich.«

»Nun, schauen Sie mal«, sagte Hilda sachlicher, »seit sie erwachsen ist, lebt sie allein. Sie hat immer Dienstboten und Geld gehabt. Über ihr Haus konnte sie ebenso allein verfügen wie über ihre Zeit. Und was passiert? Die Familie ihres Bruders wird bei ihr einquartiert, einige der Dienstboten gehen fort, ihr ganzes Lebensgefüge wandelt sich, und sie ist – nun, sie befindet sich in einer Lebensphase, in der Frauen sich nicht immer besonders rational verhalten. Andererseits …«

Sie hielt inne. Fuller sah sie neugierig an.

»Andererseits was?«, hakte er nach.

»Tony schließt ihre Mutter in ihrem Zimmer ein, wenn sie sie allein lassen muss.«

Fuller blieb stehen und starrte sie an.

»Das ist ja ungeheuerlich!«, sagte er. »Sind Sie sicher?«

»Ich mache in der Regel keine Angaben, über die ich mir nicht sicher bin«, sagte Hilda steif. »Ich habe es gestern herausgefunden. Als ich abends in meinem Zimmer das Licht löschte, sah ich sie zum Abendessen hinuntergehen. Sie schaute sich um, wohl um sicher zu gehen, dass ich nicht in der Nähe war, und schloss die Tür vom Flur aus ab.«

»Dann weiß ihre Mutter also Bescheid?«

»Ich bin mir nicht sicher. Sie liegt die meiste Zeit im Bett. Tony macht das erst, seit ich im Haus bin.«

»Himmelherrgott noch mal, Hilda!«, rief er verstört aus. »Warum erzählen Sie mir nicht einfach, was Sie wissen, anstatt dass ich Ihnen die Würmer einzeln aus der Nase ziehen muss? Woher wollen Sie wissen, dass sie Angst vor Ihnen hat? Ich meine, ich kann es ihr nicht verübeln«, fügte er hinzu, »denn Ihr Babygesicht kann mich nicht täuschen. Sie sind genauso gefährlich wie eine Klapperschlange, und selbst *die* klappert mit dem Schwanz, bevor sie zubeißt.«

Völlig zu Recht ignorierte Hilda diese Feststellung.

»Aggies Fußballen«, sagte sie kurz und bündig.

Er blieb stehen.

»Aggies was?«

»Aggie ist das Hausmädchen. Sie hat entzündete Fußballen. Ich sage ihr, was sie dagegen unternehmen kann, daraufhin redet sie mit mir. Stehen wir oder gehen wir? Ich brauche Bewegung.«

Er setzte sich wieder in Gang, und sie fuhr fort. Als Hilda am Vorabend fort war, war auch Tony ausgegangen, und als Aggie frische Handtücher in Ninas Zimmer bringen wollte, war die Tür verschlossen und der Schlüssel steckte nicht innen.

»Sie sagte, ihr sei das Blut in den Adern erstarrt«, berichtete Hilda gedankenverloren.

»Aber warum«, wollte Fuller wissen, »sollte ihr deswegen gleich das Blut in den Adern erstarren?«

»Weil es noch nie vorgekommen ist. Weil sie nicht daran glaubt, dass Tony die Schüsse abgefeuert hat. Weil sie denkt, Nina Rowland habe versucht, sich das Leben zu nehmen, und Tony habe ihr die Pistole entrissen und die Schuld auf sich genommen.«

»Möglich«, sagte Fuller. »Also schließt sie ihre Mutter jetzt ein. Was für eine Frau ist das überhaupt, die Mutter?«

»Ich habe es schon gesagt. Sie ist schön und verwöhnt und selbstverliebt. Außerdem hat sie vor irgendetwas Angst. Vielleicht vor Tony. Vielleicht vor ihrer Schwägerin.

»Dann ist also Nina verrückt?«

Hilda schwieg einen Augenblick lang.

»Ich glaube, keine von ihnen ist verrückt«, sagte sie schließlich. »Irgendetwas ist passiert, entweder allen dreien oder einer oder zwei von ihnen. Ich persönlich denke, es ist Tony passiert.«

»Das müsste aber etwas Schlimmes sein, wenn es sie alle drei an den Rand der Verzweiflung treibt. Um es gelinde zu sagen«, fügte er lächelnd hinzu.

Hilda lächelte nicht.

»Wir haben lediglich Tonys Aussage, dass sie den Wagen fuhr, als der Unfall geschah«, sagte sie. »Vielleicht war das ja auch ihre Mutter. Aber ich finde, sie ist reichlich von sich eingenommen. Sie liegt gern im Bett, umgeben von einem Meer von Blumen und umsorgt von Tony, die sie von vorn und von hinten bedient.«

»Kein Typ für einen Selbstmord, hm?«

»Eindeutig nicht.«

Sie waren fast wieder am Haus der Rowlands angekommen. Hilda blieb stehen, und Fuller legte ihr die Hand auf die Schulter.

»Hören Sie«, sagte er. »Ich möchte, dass Sie in dem Haus gut auf sich selbst aufpassen. Ich wünschte allmählich, Sie wären nicht hingegangen. Hier geht es nicht um ein Verbrechen. Bisher ist ja eigentlich gar keines verübt worden, so wie ich die Dinge sehe. Aber das kann noch kommen. Es herrscht dort eine Spannung, und die kann schnell umschlagen. Halten Sie sich bedeckt, Hilda. Passen Sie auf sich auf.«

Er ließ sie stehen, und Hilda ging weiter. Sie war sich ziemlich sicher, in den Büschen an der anderen Straßenseite einen Mann gesehen zu haben, und überlegte, ob es wohl Johnny war. Er näherte sich ihr jedoch nicht, und als sie sich vor der Haustür noch einmal nach ihm umsah, merkte sie, dass er keine Uniform trug.

Kapitel 5

An diesem Abend bat Alice Rowland Hilda, bei ihr im Zimmer zu schlafen. Hilda hatte sie mit Alkohol abgerieben und ihr die vom Arzt verordnete Schlaftablette gegeben, doch Alice hielt die Pille in der Hand und betrachtete sie.

»Ich kann doch davon ausgehen, dass damit alles in Ordnung ist, oder?«, fragte sie mit einem freudlosen Lächeln. »Ich meine … es sind ja ein, zwei Dinge vorgefallen, und ich … wahrscheinlich ist das kindisch von mir, aber würden Sie bitte nachschauen?«

Hilda untersuchte die Tablette.

»Das ist in Ordnung. So sind die immer gekennzeichnet. Was meinen Sie mit den ein, zwei Dingen, Miss Rowland?«

Alice antwortete nicht sofort. Sie nahm die Tablette mit einem Schluck Wasser und legte den Kopf wieder auf das Kissen.

»Sie sind nun schon ein paar Tage hier«, sagte sie. »Ich frage mich, was Sie über uns denken.«

»Von den übrigen Hausbewohnern habe ich nicht viel gesehen«, sagte Hilda ruhig. »Miss Rowland scheint ihre Mutter sehr gern zu haben. Mrs. Rowland habe ich nur ganz kurz kennen gelernt.«

»Ich dachte an Tony. Sie haben sie ja des öfteren gesehen. Glauben Sie, sie macht sich irgendwelche Sorgen?«

»Sie wirkt ziemlich ernst für ein Mädchen ihres Alters«, sagte Hilda ausweichend.

»Ist das alles? Halten Sie sie für völlig normal? Bitte seien Sie ehrlich, Miss Adams. Ich bin ihretwegen sehr beunruhigt. Vor ein paar Monaten hat sie ihre Verlobung aufgelöst. Seither ist sie nicht mehr sie selbst.«

»Vielleicht hat sie das mehr mitgenommen, als Sie ahnen. Es sei denn, sie hat sich nichts aus dem Mann gemacht.«

»Nichts aus ihm gemacht! Sie war hoffnungslos verliebt!«

Hilda schob das Fenster für die Nacht hoch, bevor sie ant-

124

wortete. Der Mann auf der anderen Straßenseite war offenbar verschwunden. Sie war sich mehr und mehr gewiss, dass es sich nicht um Johnny gehandelt hatte, aber ihre Miene war ausdruckslos, als sie sich wieder dem Bett zuwandte und eine zusätzliche Decke ausbreitete.

»Ich habe ihn wahrscheinlich gestern Abend kennen gelernt«, sagte sie. »Ein junger Offizier sah meine Schwesterntracht und sprach mich an. Er befürchtete, Tony sei krank.«

»Ich verstehe nicht, wieso ihm das noch etwas bedeuten sollte«, sagte Alice schneidend. »Sie hat ihn unmöglich behandelt. Alles war vorbereitet. Seine Familie sollte hier herkommen, und die Geschenke waren sehr hübsch. Und dann war mit einem Mal alles vorbei. Ich fühlte mich regelrecht zum Narren gehalten. Es war zu spät, um noch irgendetwas zu unternehmen, wir konnten nur noch in der Zeitung bekannt geben, die Hochzeit sei verschoben worden, und dauernd riefen Leute hier an. Ich konnte immer nur sagen, er sei unerwartet versetzt worden. Ich sagte nicht ausdrücklich, nach Übersee, aber ich ließ sie in dem Glauben.«

»Ich verstehe«, sagte Hilda. »Und danach fing sie an zu schlafwandeln?«

Alice sah sie bestürzt an.

»Wer hat Ihnen das gesagt?«

»Aggie erwähnte es.«

»Was hat sie Ihnen noch erzählt?«

»Nur, dass Tony zum Schlafwandeln neigt und man sie nicht plötzlich aufwecken soll.«

Alices Misstrauen klang ab. Sie ließ sich in die Kissen zurücksinken.

»Das war ungefähr zu der Zeit«, sagte sie. »Hier herrschte ein ziemliches Durcheinander wegen der abgesagten Hochzeit und alledem. Tonys Mutter hatte eine Art Zusammenbruch und legte sich ins Bett, und Tony selbst sah aus wie ein Gespenst. Eines Nachts ging sie schlafwandelnd durchs Haus und – ich

125

nehme an, Sie werden es früher oder später sowieso erfahren –
dabei fand sie eine geladene Pistole und hätte damit beinahe
ihre Mutter erschossen.«

Hilda zeigte in angemessenem Maße Überraschung und Entsetzen.

»Vielleicht hat sie sich an die Japsen erinnert«, sagte sie.
»Wo hatte sie die Pistole denn her?«

»Nina bewahrte sie in ihrem Zimmer auf. Tony wusste natürlich, wo sie war. Verstehen Sie jetzt, warum ich mir um das Kind
Sorgen mache? Jetzt habe ich Angst, dass sie wieder schlafwandelt. Wenn es Ihnen nichts ausmacht, wäre es mir lieb, wenn Sie
heute Nacht hier auf der Couch schlafen könnten. Sie ist recht
bequem.«

»Wie kommen Sie darauf, dass sie schlafwandelt«, beharrte
Hilda.

»Sie kam letzte Nacht hier herein, nachdem Sie zu Bett gegangen waren. Das muss etwa um zwei Uhr gewesen sein. Ich
wachte auf und sah sie vor meinem Bett stehen. Sie sah zu mir
herunter, aber ihr Gesichtsausdruck war höchst eigenartig. Sie –
ich sprach sie an, und sie erschrak und rannte hinaus, ohne ein
Wort zu sagen.«

»Und Sie sind sicher, dass es Tony war?«

»Sie hatte die Tür zum Flur offen gelassen, und dort brannte
Licht. Ich konnte sie ganz deutlich sehen.«

»Vielleicht wollte sie einfach nur mit Ihnen reden und hat es
sich dann anders überlegt?«

»Warum ist sie dann weggerannt? Ich war ja wach, und das
wusste sie auch.«

»Wie kommen Sie dann darauf, dass sie schlafwandelte?«

Alice wirkte ungeduldig.

»Ich weiß es nicht«, sagte sie verdrossen. »Ich weiß nichts
über junge Mädchen, und in letzter Zeit schon gar nichts über
Tony. Sie hat sich verändert. Sie ist gar nicht mehr sie selbst.
Ich habe regelrecht Angst vor ihr.«

126

Hilda übernachtete auf der Couch in Alices Zimmer. Oder besser gesagt, sie lag dort, beobachtete die Tür und dachte nach. Dass Fuller recht hatte und in diesem Haus eine Spannung herrschte und sich allmählich zu einer Krise zuspitzte, war ihr völlig klar. Aber wie diese Krise aussehen würde, konnte sie sich nicht vorstellen. Gefährdet war vor allem Alice, die mehr oder weniger hilflos im Bett lag. Dennoch konnte sie keinen sachlichen Grund für eine Gefahr sehen, es sei denn, es hatte etwas mit den Schüssen zu tun. Irgend jemand musste sie abgefeuert haben. Fullers Geschichte zufolge hatte man Tony ohnmächtig auf der Schwelle zum Zimmer ihrer Mutter gefunden, die Pistole neben sich, während Nina aufzustehen versuchte. Wenn Nina verwundet gewesen war, hatte sie das in der allgemeinen Aufregung verbergen können. War das denkbar? Und doch – wie Fuller gesagt hatte, wenn sie nun ihr eigenes Kind schützen wollte?

Das hätte beachtliche Selbstbeherrschung erfordert, dachte sie, aber es wäre möglich gewesen, die blutigen Bettlaken im Badezimmer auszuwaschen, sich selbst eine Staubinde anzulegen, um die Blutung zu stoppen, vielleicht hatte eine der Angestellten ihr geholfen. Nicht die geschwätzige Aggie. Wahrscheinlich eher Stella. Sie beschloss, am nächsten Morgen mit der Köchin zu sprechen.

Alice hatte ihre Tablette genommen und schlief fest. Die Nacht war so warm, das Hilda die Tür offen stehen ließ. Gegen zwei Uhr hörte sie ein vages Geräusch im Flur. Es klang, als werde ganz leise eine Tür geöffnet und wieder geschlossen. Unbewusst straffte sie sich, doch niemand betrat den Raum. Sie stand rasch auf und sah hinaus.

Jemand eilte leise die Treppe hinunter. Sie konnte nicht erkennen, wer es war. Der Flur im Erdgeschoss war dunkel, aber die Person dort unten ging mit der Selbstverständlichkeit langjähriger Vertrautheit in den rückwärtigen Bereich des Hauses.

Hilda griff nach ihrem Kimono und streifte ihn im Gehen

über. Trotz ihrer Statur konnte sie sich rasch und leise bewegen, und genau das tat sie jetzt. Sie war am Fuß der Treppe angekommen, noch bevor sich die Schwingtür zum Wirtschaftstrakt wieder ganz geschlossen hatte. Von dort an ging sie jedoch noch vorsichtiger weiter vor. Der hintere Teil des Flurs war dunkel und leer, doch in der Küche dahinter war jemand. Sie hörte, wie eine Herdplatte angehoben und ein Streichholz angezündet wurde. Es folgte eine kurze, praktisch geräuschlose Pause. Dann öffnete die unbekannte Person so plötzlich die Tür, dass Hilda kaum Zeit hatte, im Dunkel zu verschwinden, und stieg die Treppe wieder hinauf.

Hilda musste sich augenblicklich entscheiden, ob sie der Person folgen und sie identifizieren oder herausfinden wollte, was sie in den Herd getan hatte. Sie entschied sich für Letzteres und eilte in die Küche.

Es war ziemlich dunkel, abgesehen von einem schwachen Feuerschein im Herd. Sie ging darauf zu, stieß sich das Schienbein an einem Stuhl und veranstaltete dabei beachtlichen Lärm. Es schien jedoch, als hätte sie niemand gehört, und so humpelte sie zum Herd und hob mit einiger Mühe die Platte an. Darunter loderte ein kleines Feuer, doch der brennende Gegenstand war noch nicht vollständig von den Flammen verzehrt worden.

Sie tastete umher und fand oben auf dem Tellerwärmer, wo Stella sie ihres Wissens verwahrte, eine Schachtel Streichhölzer und zündete eines davon an. Bei der langsam verkohlenden Masse handelte es sich um einen Wundverband aus Watte und Gaze, von dem nur ein Endstück übrig blieb. Die Watte war so gut wie vollständig verbrannt, doch konnte kein Zweifel bestehen, was sie da vor sich hatte. Jemand hatte einen Verband von Nina Rowlands Arm verbrannt.

Sie fror ein wenig auf dem Rückweg zu ihrem Zimmer. Mit Ausnahme von Alice hätte sich jeder Hausbewohner in die Küche hinunterschleichen können, aber wozu die Geheimniskrämerei? Es schien außer Frage, dass Tony die Schüsse auf ihre

Mutter abgegeben hatte. Aber wenn sie sie tatsächlich verletzt hatte, warum ging sie dann jetzt das Risiko einer Infektion ein? War da vielleicht noch eine andere Waffe im Spiel gewesen, sollten Tonys Schüsse etwas vertuschen, um Nina zu decken oder möglicherweise Alice Rowland? Diente die Geschichte, die Alice Fuller aufgetischt hatte, womöglich nur dazu, jemand anders zu schützen, etwa sie selbst?

Falls die Person in der Küche jedoch wirklich Tony gewesen war, so wirkte sie am nächsten Morgen am Frühstückstisch erstaunlich unbefangen. Sie trug wieder den Pullover zum kurzen Rock und das Haar offen, so dass sie wie sechzehn aussah. Zudem frühstückte sie ganz normal, wie Hilda erleichtert feststellte. Sie wirkte sogar geradezu, als sei sie irgendwie erleichtert, was umso seltsamer war, als sie sagte:

»Wir haben einen Brief von meinem Vater erhalten. Er kommt nun doch nicht nach Hause. Im Pazifik hat sich die Lage grundlegend verändert, alles geht dort jetzt rasend schnell.«

»Das muss eine ziemliche Enttäuschung sein«, sagte Hilda schlicht und sah Tony erröten.

»Für meine Mutter ist das in der Tat ein Schlag«, sagte sie. »Sie rechnete fest damit, ihn bald zu sehen. Aber er ist Soldat. Selbst wenn er anders könnte, möchte er dort auf jeden Fall dabei sein.«

Hilda stieg die Treppe hinauf. Zu ihrer Überraschung stand Ninas Tür offen, ihr Zimmer war leer. Als sie den oberen Flur erreichte, hörte sie Stimmen in Alices Zimmer. Offensichtlich war Nina bei ihr, und ebenso offensichtlich stritten die Schwägerinnen sich. Ninas Stimme erklang hoch und schrill.

»Du lässt sie überwachen«, sagte sie wütend. »Deshalb ist diese Krankenschwester hier, nicht wahr? Erst ein Psychiater, jetzt eine Schwester. Was hast du vor? Willst du beweisen, dass sie verrückt ist?«

Alices Stimme war eisig.

»Du bist jedenfalls in meinen Augen hysterisch«, sagte sie.

»Du kannst mir nicht zum Vorwurf machen, dass Charles nicht heimkehrt. Und was Tony angeht, hältst du es denn für normal, wenn ein Mädchen auf seine eigene Mutter schießt?«

»Sie hat nicht auf mich geschossen, und das weißt du ganz genau. Sie hatte die Pistole in der Hand, und sie ging los. Sie hatte im ganzen Leben noch nie eine Pistole abgefeuert.«

»In diesem Fall gelang es ihr aber doch recht gut«, sagte Alice schneidend.

»Denk daran, dass *du* es warst, die sie gefunden hat. Sie kann sich an nichts erinnern. Es ist deine Geschichte, nicht ihre. Und ich bin keine Närrin, Alice.« Ninas Stimme war immer noch schrill. »Ich weiß, dass du uns hier nicht haben willst. Ich habe Charles angefleht, etwas anderes für uns zu finden, aber er sagte, du seist beleidigt, wenn er es täte. Wenn er doch nur heimkäme …«

Hilda hörte Tony mit Ninas Frühstückstablett die Treppe heraufkommen und hatte gerade noch Zeit, in ihrem eigenen Zimmer zu verschwinden. Als sie kurze Zeit später zu ihrer Patientin ging, fand sie sie entrüstet und hochnervös vor. Sie sah wütend zu Hilda auf.

»Nina war hier«, sagte sie. »Sie glaubt, ich versuchte, Tony ins Irrenhaus zu bringen.«

»Und, tun Sie das?«, fragte Hilda rundweg.

Alice sah sie schockiert an.

»Selbstverständlich nicht. Aber ich mache mir Sorgen. Sie könnte etwas tun, was für sie selbst oder jemand anders gefährlich ist.«

»Ich gehe davon aus«, sagte Hilda, »dass kein Grund zu der Annahme besteht, Mrs. Rowland hätte in der Nacht selbst die Waffe gehabt und Tony hätte versucht, sie ihr zu entreißen?«

Alice lachte.

»Sich selbst erschießen?«, sagte sie voller Bitterkeit. »Bei ihrer Schönheit? Und einem Ehemann, der sie anbetet? Ich versichere Ihnen, Miss Adams, sie liebt das Leben. Sie liebt Kleider und Geld. Und sie ist selbstverliebt. Sie hat ein wunderschönes Leben geführt. Ich dagegen ...«

Sie beendete den Satz nicht, und Hilda, die ihre morgendlichen Arbeiten methodisch erledigte, spürte verborgene Strömungen im Haus, die sorgfältig vor ihr geheim gehalten wurden. Trotz des Streites zwischen den beiden Frauen verlief der Tag insgesamt besser als der Vortag. Nachdem es sich ihre Patientin nachmittags mit einem Buch bequem gemacht hatte, ging Hilda in die Küche hinunter.

Tony war ausgegangen, und Stella gab der Katze ein wenig Milch. Sie grüßte kurz angebunden, Hilda nickte nur und setzte sich.

»Ich wollte Sie fragen, wie das war, als neulich nachts die Schüsse fielen«, sagte sie ohne Einleitung. »Was wissen Sie darüber?«

»Ich? Gar nichts. Ich hörte die Schüsse und ging hinunter. Genau wie Aggie.«

»Ist das alles?«

»Ich weiß nicht, wovon Sie sprechen, Miss.«

»Wer hat Mrs. Rowland in der Nacht den Arm verbunden?«

»Den Arm? Ich weiß nichts von ihrem Arm. Was soll denn damit gewesen sein?«

Hilda beobachtete sie, aber Stellas mageres Gesicht war undurchdringlich. Sie versuchte es erneut.

»Wie oft stellen Sie fest, dass etwas in Ihrem Herd verbrannt worden ist, wenn Sie morgens in die Küche kommen, Stella?«

Diesmal warf ihr Stella einen scharfen Blick zu und wandte sich ab.

»Mein Herd ist morgens genauso, wie ich ihn abends verlassen habe, Miss. Darf ich fragen, was Sie das eigentlich angeht?«

Hilda wusste, wann sie sich geschlagen geben musste.

»Na schön«, sagte sie resigniert. »Wer brachte Mrs. Rowland in der Nacht nach der Schießerei ins Bett?«

131

Stella wirkte erleichtert. »Sie war gar nicht richtig aufgestanden. Sie war ganz schwach, wie man sich vorstellen kann. Miss Alice half dabei, es ihr bequem zu machen, als der Doktor wegen Miss Tony kam. Vielleicht war es auch Aggie. Das ist alles, was ich weiß.«

Möglich war es, dachte Hilda beim Aufstehen. Vielleicht hatte Alice einen Skandal vermeiden wollen und Ninas Arm selbst verbunden. Die Geschichte, dass eine Kugel durch das offene Fenster geflogen war, stammte von ihr. Sie konnte auch die Laken gewaschen und gebügelt haben, denn im Nähzimmer stand griffbereit ein elektrisches Bügeleisen. Als sie jedoch später Dr. Wynant die Treppe hinunterfolgte und ihn in der Bibliothek danach fragte, lachte er sie nur aus.

»Nina und angeschossen!«, sagte er. »Sie kennen sie nicht. Wenn sie sich den Finger klemmt, schreit sie schon die Nachbarschaft zusammen.«

»Ihr Arm ist verbunden.«

»Mein liebes Mädchen«, fuhr er herablassend fort, »Fragen Sie mich nicht, wozu sie den Verband trägt. Fragen Sie mich auch nicht, warum sie da oben im Bett liegt. Sie ist eine starke, vollkommen gesunde Frau, die sich gern verhätscheln lässt, das ist alles. Und das«, fügte er hinzu, »ist einer der Gründe, warum sie auf mich nicht mehr zählen kann. Das habe ich ihr auch gesagt.«

Hilda sah ihn kalt an.

»Das ist also alles?«, fragte sie, die blauen Augen eisig. »Machen Sie es sich nicht ein bisschen einfach? Tony versucht zweimal, ihre Mutter umzubringen, aber die Mutter lässt sich gern verhätscheln, und das reicht Ihnen.«

»Meine liebe Miss Adams …«

»Ich bin nicht Ihre liebe Miss Adams«, sagte sie schroff. »Sie können also nicht mehr auf Sie zählen. Sie meinen, das gehe Sie alles nichts an. Nun, es tut mir leid, aber mich schon.«

»Ich schlug ja vor, Sie herzuholen, vielleicht erinnern Sie sich daran«, sagte er, zutiefst beleidigt.

»Dann habe ich auch das Recht, gewisse Dinge zu erfahren.«
Sie beobachtete, wie er seine Tasche abstellte und Hilda resigniert anschaute. »In welcher Verfassung waren sie – Tony und ihre Mutter –, als sie frisch aus Hawaii hier eintrafen? Sie haben sie doch damals gesehen, nicht wahr?«

»Natürlich. Nina jammerte, war aber wohlauf. Tony hatte Anpassungsschwierigkeiten, wie Neurotiker sich eben schlecht auf Veränderungen ihrer Umgebung einstellen können. Ich denke, man kann sie als neurotisch bezeichnen. Allein schon deshalb, weil sie mich mied. Ich glaube, sie hatte regelrecht Angst vor mir. Später haben wir uns dann natürlich angefreundet.«

»Und Mrs. Rowland? Worüber hat sie gejammert?«

»Ach, Banalitäten. Die Kälte, die Tatsache, dass sie ein Dienstmädchen zurücklassen musste, das sie gern gehabt hatte. Alices eher sparsame Haushaltsführung. Nichts von Bedeutung.«

»Und Miss Rowland selbst?«

»Sie tat ihr Bestes. Für sie war das alles nicht einfach. Sie und Nina verstehen sich nicht besonders gut, aber da Nina die meiste Zeit in ihrem Zimmer verbringt, war das nicht so wichtig. Es wurde allerdings besser, nachdem Tony aus dem Internat zurück war. Sie ist ein freundliches Mädchen, auch wenn sie schlafwandelt.«

Er hob seine Tasche auf. Er war nicht mehr jung und sah sehr müde aus. Hilda hatte Mitleid mit ihm, erstarrte allerdings, als er zum Abschied sagte:

»Lassen Sie sich nicht zu falschen Vermutungen hinreißen, Miss Adams. Abgesehen von chronischer Trägheit und gelegentlichen Nervenentzündungen im Arm ist mit Nina Rowland alles in bester Ordnung. Sie werden sehen, dass das alles ist – Tony hat sie lediglich gut und sicher versorgt.«

Kapitel 6

Hilda fand Alice schlafend vor, als sie wieder hinaufging. Im Flur wartete Aggie mit Verschwörermiene auf sie.

»Miss Tony ist nicht da«, flüsterte sie. »Der Wagen ist aus der Werkstatt zurück und sie probiert ihn aus. Möchten Sie das Brautkleid und die übrigen Sachen sehen? Ich packe sie morgen weg, wenn Sie also Interesse haben?«

Hilda bejahte. Ninas Tür war geschlossen, sie hatte im Moment nichts anderes zu tun. Die Aussteuer war in den zweiten Stock verbannt worden. Das Stockwerk hatte sie noch nicht gesehen und unterzog es jetzt einer gründlichen Prüfung. Es war im Großen und Ganzen genauso aufgeteilt wie der erste Stock, die Dienstbotenzimmer lagen im hinteren Teil. Die Brautkleidung war in Wandschränken im Zimmer über ihrem eigenen untergebracht. Hilda öffnete vorsichtig die Tür, ging zu den Fenstern hinüber und lüftete eine Jalousie.

»Die Sachen sind im Wandschrank«, sagte Aggie. »Sie sind wunderschön. Und das Brautkleid ist ein Traum – warten Sie nur, bis Sie es gesehen haben.«

Einen Augenblick später stellte sich jedoch heraus, dass Hilda lange würde warten müssen, vielleicht bis in alle Ewigkeit. Aggie hob nämlich das Tuch auf, das es bedeckt hatte, und wandte sich bestürzt zu Hilda um.

»Es ist weg!«, flüsterte sie. »Sehen Sie, genau hier war es. Wer kann es nur weggenommen haben?«

»Vielleicht war sie es selbst.«

»Warum? Wo ist es? In ihrem Zimmer ist es nicht.« Sie stocherte zwischen den Kleidern im Wandschrank herum. »Ihr Cocktailkleid ist auch weg. Glauben Sie – vielleicht hat sie es sich anders überlegt. Vielleicht heiratet sie ihn ja doch noch. Gestern war alles noch da, ich habe es Stellas Schwester gezeigt.«

»Haben Sie sie heute weggehen sehen?«, fragte Hilda sachlich.

»Nein, habe ich nicht. Stella vielleicht.«

Doch Stella hatte Tony nicht weggehen sehen. Sie war nach dem Essen in ihrem Zimmer gewesen und hatte sich umgezogen. Hilda hielt beide Frauen zum Schweigen an und ging wieder nach oben.

Tonys Zimmer war noch immer leer, als sie den Flur entlangging, und nachdem sie sichergestellt hatte, dass Alice noch schlief, ging sie dorthin zurück und trat ein. Es war ein normales, feminines Mädchenzimmer mit blassblauem Teppich, weißen Gardinen, rosa Bettüberwurf und einer seidenen Patchworkdecke, die sauber zusammengefaltet am Fußende der Chaiselongue lag. Sie bemerkte einen Tennisschläger mit Spannrahmen und auf dem Toilettentisch das Foto eines Mannes in Uniform, offenbar ihres Vaters. Hilda sah es sich genau an: ein ausgesprochen gut aussehender Mann mit kräftiger Nase und vorspringendem Kinn, jedoch mit dem gleichen sinnlichen Mund wie Tony. Das Foto trug die Widmung »Für Tony, mein geliebtes Mädchen, von Dad.«

Das Brautkleid war allerdings nicht im Wandschrank, und auch der kleine Schreibtisch am Fenster ergab keine Hinweise. Das einzige Unpassende im Raum war der Türstopper. Es handelte sich um Band XIII der *Encyclopedia Britannica*. Sie beugte sich gerade darüber, als sie Aggie hinter sich hörte.

»Ist es hier?«

»Ist was hier?«

»Das Kleid. Ich habe Angst, Miss Adams. Ich war dafür verantwortlich. Erst gestern hat mich Miss Alice danach gefragt, und ich habe gesagt, es sei alles in Ordnung.«

»Sie werden Ihnen keine Schuld geben«, sagte Hilda begütigend. »Ich vermute, dass sie es selbst fortgenommen hat. Vielleicht schenkt sie es jemandem.«

»Es verschenken!«, kreischte Aggie. »Es hat ein Vermögen gekostet. Ihr Vater hat ihr das Geld dafür geschickt. Das würde sie nie und nimmer tun.«

135

Aggie nach der Enzyklopädie zu fragen war sinnlos. Sie rannte wie eine Wilde umher, schaute unter das Bett, riss hektisch Schreibtischschubladen auf und stöhnte vor sich hin. Sie unterbrach ihre Suche erst, als es an der Haustür klingelte. Sie strich sich das Haar glatt, während sie die Treppe hinunterging, und Hilda beobachtete, wie sie die Haustür öffnete.

Auf der Veranda vor der Tür stand eine grauhaarige, gut gekleidete Frau von Anfang fünfzig.

Aggie stand wie betäubt und starrte sie an. Die Frau lächelte dünn.

»Ich möchte Miss Tony sprechen, Aggie«, sagte sie. »Ich weiß, dass sie zu Hause ist. Ich habe gesehen, wie sie gerade den Wagen in die Garage gefahren hat.«

Aggie fand die Sprache wieder.

»Es tut mir leid, Mrs. Hayes. Es mag sein, dass sie zu Hause ist, aber ich glaube nicht …«

Mrs. Hayes ließ sich keineswegs beirren. Sie trat energisch in den Flur und baute sich dort in aller Würde und Entschlossenheit auf.

»Entweder empfängt sie mich jetzt, oder ich warte hier, bis sie es tut«, sagte sie schroff. Dann sah sie Hilda in ihrer Schwesterntracht auf dem Treppenabsatz stehen. »Ist jemand krank? Ich wusste nicht …«

Aggie erklärte es ihr mit düsterer Miene. Als sie fertig war, ging Mrs. Hayes resolut ins Wohnzimmer; Aggie starrte hilflos hinter ihr her.

Hinter sich hörte sie Tonys Stimme.

»Wer ist es?«

Sie wandte sich um. Tony stand in der Nähe ihres Zimmers, eine Hand am Türrahmen, als suche sie Halt. Ihr Gesicht hatte jede Farbe verloren.

»Soweit ich weiß, eine Mrs. Hayes.«

Tony sagte nichts. Sie schien sich innerlich zu rüsten und schritt dann mit hoch erhobenem Kopf und eigentümlich entschlossener Miene an Hilda vorbei die Treppe hinunter. Die Wohnzimmertür schloss sich hinter ihr. Aggie kam völlig aufgelöst zu Hilda herauf und ließ sich unversehens in einen der Sessel im Flur fallen.

»Ich konnte nichts dafür, Miss Adams«, stieß sie hervor. »Sie haben ja gesehen, wie sie hereinmarschiert ist, einfach über mich weg, sozusagen. Sie ist seine Mutter.«

»Das habe ich angenommen«, sagte Hilda. »Machen Sie sich keine Sorgen. Sie konnten sie nicht aufhalten. Aggie, wie lange dient das Buch da in Miss Tonys Zimmer schon als Türstopper?«

»Was für ein Buch? Ist mir nicht aufgefallen. Sie putzt ihr Zimmer derzeit selbst.«

»Würden Sie mir einen Gefallen tun? Holen Sie einen anderen *Britannica*-Band aus der Bibliothek, und bringen Sie diesen hier in mein Zimmer, aber verstecken Sie ihn in einer Schublade. Ich möchte ihn mir ansehen.«

Sie ging wieder zu ihrer Patientin und sah ein paar Minuten später vom Fenster aus Mrs. Hayes den Weg zu einem wartenden Taxi hinuntergehen. Sie bewegte sich zögernd, geradezu unsicher, und bevor sie einstieg, schaute sie mit ratlosem, ungläubigem Ausdruck in ihrem hübschen Gesicht noch einmal zum Haus zurück. Es dauerte noch eine ganze Weile, bis Tony wieder die Treppe heraufkam. Sie ging nicht ins Zimmer ihrer Mutter, sondern direkt in ihr eigenes und verschloss die Tür von innen.

Beim Abendessen ließ sie sich nicht blicken, dafür war jedoch zu Hildas Überraschung Nina anwesend. Sie trug ein weites, langärmeliges Hauskleid und hatte einen betrübten Ausdruck auf ihrem Gesicht.

»Tony kommt nicht herunter«, sagte sie. »Sie fühlt sich nicht wohl. Sie sagt, sie will auch nichts heraufgebracht haben. Ich wünschte, sie würde mehr essen«, fügte sie hinzu, als Hilda sich an den Tisch setzte. »Sie ist in letzter Zeit so dünn geworden. Vielleicht verstehe ich die jungen Mädchen nicht mehr. Es ist lange her, seit ich selbst eins war.«

»Warum rufen Sie nicht Dr. Wynant?«

»Sie würde ihn nicht zu sich lassen. Sie hat sich in den letzten Wochen sehr eigenartig benommen. Sie war früher so fröhlich, Miss Adams. Ich verstehe das alles nicht.«

Hilda sah, dass sie beide Arme benutzte, den linken jedoch ziemlich steif bewegte. Tony erwähnte sie danach nicht mehr. Beim Essen war sie gesprächig. Es tue ihr so gut, einmal ihr Zimmer zu verlassen. Und es sei doch jammerschade, dass ihr Ehemann nun doch nicht heimkommen würde. Sie vermisse ihn so schrecklich. Und sie vermisse die Kammerzofe, die sie in Honolulu so lange Zeit gehabt habe. Von diesen beiden Ereignissen, dachte Hilda, während sie gleichgültig aß, war die Abwesenheit des Gatten ein bedauerlicher Umstand, der Verlust der Zofe jedoch ein echter Schicksalsschlag.

»Sie konnte traumhaft gut massieren«, sagte Nina seufzend. »Und sie verstand sich aufs Frisieren. Seit ich sie nicht mehr habe, sehe ich längst nicht mehr so gut aus wie früher.«

Als der erwartete Kommentar ausblieb, fuhr sie fort. Der Name der Zofe lautete Delia, und sie hatte mit ihnen zum Festland zurückkehren sollen. In letzter Minute war und blieb sie verschwunden. Stattdessen tauchte ihr Bruder auf und erzählte, Delia werde verdächtigt, für die Japsen zu arbeiten. Das war natürlich alles Unsinn. Colonel Rowland bewahrte keinerlei Unterlagen bei sich zu Hause auf.

Es steckte natürlich mehr dahinter, vor allem ihre Verärgerung über den Verlust Delias und ihrer gewohnten Schönheitspflege sowie über Alices sparsame Haushaltsführung »mit nur zwei Dienstboten«. Hilda beendete ihre Mahlzeit mit dem Eindruck, dass Nina eine durch und durch egozentrische, egoistische Frau war; etwas verwundert war sie allerdings auch über die viel gerühmte Delia, die der Spionage für die Japaner verdächtigt wurde.

»Diese Zofe, die Sie hatten«, sagte sie beim Aufstehen, »was sagt sie denn selbst zu den Anschuldigungen?«

»Ich weiß es nicht«, sagte Nina vorwurfsvoll. »Nicht einmal geschrieben hat sie mir. Dabei war ich immer so gut zu ihr.«

»Aber Sie halten sie für unschuldig?«

»Vielleicht hatte sie ihren Preis. Das haben wir doch fast alle, nicht wahr? Ich kann mir nur nicht vorstellen, dass sie Zugang zu etwas Wichtigem gehabt haben soll. Wir wussten ja selbst von nichts.«

Keine von ihnen erwähnte Mrs. Hayes' Besuch, und nach dem Essen ging Nina wieder nach oben. Hilda hörte sie an Tonys Tür klopfen, aber offenbar erhielt sie keine Antwort.

Auf Alices Bitte hin ließ Hilda an diesem Abend Aggie im Zimmer ihrer Patientin zurück, als sie zu ihrem Abendspaziergang aufbrach. Alice war nervös, entweder wegen der morgendlichen Szene mit Nina oder weil sie von Mrs. Hayes' Besuch erfahren hatte. Und das hatte sie offenbar, denn als Hilda Cape und Handtasche aus ihrem Zimmer holte, fragte Alice Aggie aus.

»Was hat Tony zu ihr gesagt?«

»Das weiß ich nicht, Miss Alice. Ich lausche nicht an der Tür.«

»Das tun Sie sehr wohl, wenn es Ihnen nützt«, sagte Alice spitz. »Wenn ich jetzt einmal etwas wissen will, brauchen Sie nicht die Heilige zu spielen. Wie hat sich Mrs. Hayes verhalten, als Sie sie hinausführten?«

»Ich habe sie nicht hinausgeführt. Sie ging einfach.«

Die beiden zankten sich noch, als Hilda das Haus verließ. Nach den Ereignissen des Tages wunderte sie sich nicht, dass der junge Hayes auf der anderen Straßenseite auf sie wartete. Er kam schräg über die Straße, bis er auf ihrer Höhe war, und ging neben ihr her. Im Licht der Straßenlaternen sah sie, dass sein junges Gesicht verschlossen und grimmig wirkte.

»Ich habe auf Sie gewartet«, sagte er ohne lange Vorrede. »Was geht in dem Haus vor? Was für einen Auftritt hat Tony heute Nachmittag meiner Mutter gegenüber hingelegt?«

»Ich habe keine Ahnung«, sagte Hilda nachsichtig.

»Sind Sie sicher, dass Sie es nicht wissen?«

»Ich pflege nicht an der Tür zu lauschen.« Hilda musste unwillkürlich an Aggie denken und lächelte. »Wieso? Was ist denn geschehen?«

»Ich weiß nur, dass meine Mutter in ihrem Hotel, dem ›Majestic‹, im Bett liegt. Sie will nicht darüber sprechen, aber es geht ihr gar nicht gut, sie weint und jammert. Ich warte schon seit Stunden hier auf der Straße. Was geht denn da vor? Es muss ziemlich schlimm sein, normalerweise hat Mutter viel Mumm in den Knochen. Jetzt sagt sie lediglich, ich dürfe nicht mehr versuchen, Tony wiederzusehen, oder sie belästigen.«

Hilda schwieg. Hatte Tony Mrs. Hayes erzählt, dass sie auf ihre Mutter geschossen hatte? War es das? Oder gab es noch etwas anderes, das viel tiefer reichte, das aber zu den Schüssen geführt hatte? Was es auch sein mochte, sie war sicher, dass es noch nicht vorüber war. Aber das konnte sie dem jungen Mann neben ihr nicht erzählen.

»Ich kann Ihnen nur so viel sagen«, meinte sie schließlich. »Was auch immer Tony getan hat, es ist ihr nicht leicht gefallen, Leutnant. Sie hat sich seither in ihrem Zimmer eingeschlossen.«

Er holte tief Luft.

»Ich habe alles Mögliche überlegt«, sagte er. »Vielleicht gibt es in der Familie eine Geisteskrankheit. Darüber wäre Mutter sehr erschrocken. Da muss etwas sein«, sagte er naiv. »Sie hat mich gern gehabt, müssen Sie wissen. Wir waren schrecklich verliebt. Sie schrieb mir jeden Tag ins Lager, ich habe alle ihre Briefe verwahrt und lese sie immer wieder. Sie sind wunderschön.«

»Und Sie haben nie etwas getan, das sie zu dieser Entscheidung getrieben haben könnte? Oder diese Veränderung ausgelöst hätte?«

»Niemals. Auch in meiner Vergangenheit gibt es nichts. Ich

140

bin ein wenig herumgekommen. Wer ist das nicht? Aber da gibt es nichts von Bedeutung. Mit Sicherheit nicht, seit ich sie kenne.«

Kurz darauf ging der zurückgewiesene junge Mann traurig und verwirrt fort. Hilda kehrte zum Haus zurück. Sie war genauso konfus wie er und dachte noch immer über die Sache nach, als sie sich dem Haus auf leisen Gummisohlen näherte. Abseits der Straßenlaternen lag am Beginn des Wegs eine kleine Oase der Dunkelheit. Sie erschrak, als sie dort plötzlich zwei Gestalten sah, einen Mann und ein junges Mädchen, und in dem Mädchen Tony erkannte. Sie war sicher, dass die beiden sie nicht bemerkt hatten, wandte sich unvermittelt um, überquerte die Straße und spähte im Schutz der Dunkelheit hinüber.

Von dem, was gesagt wurde, konnte sie nicht viel hören. Die Straße war breit, und die beiden sprachen leise. Klar war jedoch, dass die beiden miteinander stritten. Einmal wandte sich Tony abrupt ab, wurde jedoch von dem Mann am Arm zurückgerissen. Etwas lauter sagte er: »Vielleicht möchten Sie gern, dass ich das melde. Gäbe doch eine nette Story, was meinen Sie?«

»Das würden Sie nicht wagen.« Tony sprach jetzt auch lauter.

»Ach, nein? Warten Sie es ab.«

Mehr bekam Hilda nicht mit. Einen Augenblick später war Tony zum Haus zurückgerannt. Hilda hatte den Eindruck, dass sie weinte. Am Fenster von Alices Zimmer sah sie eine Gestalt stehen. Vermutlich Aggie.

Kapitel 7

Die Szene hatte Hildas stets wache Neugier geweckt, und als der Mann die Straße hinunterging, folgte sie ihm, allerdings in sicherem Abstand. Nach zwei oder drei Häuserblocks hielt er an und wartete offenbar auf den Bus. In der Dunkelheit konnte sie

141

ihn nur als vage, recht finstere Gestalt ausmachen, und als der Bus kam, beschloss sie, ihm weiter zu folgen. Er beachtete sie nicht. Er stieg zuerst ein, warf dabei seine Zigarette fort und schwang sich mit Leichtigkeit auf das Trittbrett. Selbst jetzt konnte sie nur einen allgemeinen Eindruck von ihm bekommen. Ein etwa vierzigjähriger Mann in einem schäbigen blauen Anzug mit einem ebenfalls abgetragenen braunen Hut.

Falls er sie bemerkt hatte, gab er es nicht zu erkennen. Er schien in Gedanken versunken zu sein, und Hilda beschloss herauszufinden, wo er hinwollte. Er blieb fast bis zur Endstation im Bus sitzen, und sie machte sich allmählich Sorgen um ihre Patientin. Doch dann stand er plötzlich auf. Hinter zwei oder drei weiteren Fahrgästen stieg Hilda als Letzte aus. Er war bereits ein Stück voraus. Sie zog ihr blaues Cape enger um ihre Schultern und ging hinter ihm her.

Einmal blieb er stehen und zündete sich eine Zigarette an, hatte sie aber, soweit sie erkennen konnte, nicht bemerkt. Sie befand sich in einem Stadtteil, den sie nicht kannte, während er dort zu Hause zu sein schien. Die Straßen waren leer, die Gebäude finster und abweisend, sie konnte seine Gestalt kaum noch erkennen. Unbehagen stieg in ihr auf. Vor einer Reihe kleiner baufälliger Häuser verlor sie ihn schließlich ganz aus den Augen. Soviel sie sah, gab es keine Hausnummern, deshalb hatte sie vom Ende des Blocks an zu zählen begonnen. Beim sechsten oder siebten Haus hatte sie ihn dann verloren. Sie ging weiter, merkte sich aber die Stelle.

Und das war für längere Zeit ihr letzter wacher Gedanke.

Als sie wieder zu sich kam, lag sie auf dem Pflaster einer schmutzigen Gasse zwischen zwei Häusern. Ihre Handtasche war fort und ihr Kopf schmerzte fürchterlich. Sie brauchte minutenlang, um wieder auf die Beine zu kommen, und musste dann heftig würgen. Stehen konnte sie nur mit Mühe.

Von ihrem Angreifer fehlte jede Spur. Die Straße war leer und still, als sie dorthin zurücktaumelte. Sie ließ sich auf eine

Türschwelle fallen und überdachte ihre Situation. Sie war Kilometer vom Haus der Rowlands und von ihrer eigenen Wohnung entfernt, sie hatte kein Geld, und was das Schlimmste war: Sie war auf den billigsten und durchsichtigsten Trick der Welt hereingefallen.

Es dauerte eine Weile, bevor sie einen klaren Gedanken fassen konnte. Offenbar hatte er die ganze Zeit gewusst, wer sie war. Wahrscheinlich hatte Tony sie gesehen und es ihm gesagt, als er sie festhielt.

»Die Krankenschwester meiner Tante beobachtet uns von der anderen Straßenseite aus. Lassen Sie mich los, sonst rufe ich sie.«

Der Rest war ein Kinderspiel gewesen, dachte sie übellaunig. Ihre Schwesterntracht, der fehlende Hut, das lange Warten auf den Bus. Und dann war sie hinter ihm hergegangen …

Nach einigen Minuten fühlte sie sich schließlich besser. Sie hatte zwar immer noch Kopfschmerzen, aber zumindest gehorchten ihr die Beine wieder. Mit mehreren Zwischenstopps schaffte sie es bis zu einem Drugstore, und der Mann hinter dem Tresen sah sie erschrocken an, als sie immer noch recht taumelig eintrat.

»Entschuldigen Sie«, keuchte sie, »aber ich bin niedergeschlagen und ausgeraubt worden. Darf ich mal telefonieren? Ich habe kein Geld.«

»Natürlich«, sagte er. »Vergessen Sie die Telefonzelle. Nehmen Sie das hier.«

Er stellte das Telefon auf den Tresen, und sie setzte sich dankbar hin. Es dauerte allerdings noch ein wenig, bevor sie sich in der Lage fühlte, es zu benutzen. Sie sah auf, als er ihr ein Glas hinstellte.

»Aromatisierter Salmiakgeist«, sagte er. »Hilft vielleicht.«

Sie trank und war kurz darauf in der Lage, Fuller in seiner Wohnung anzurufen.

»Hilda hier«, sagte sie. »Ich bin …« Der Drugstore-Besitzer

nannte ihr die Adresse, und sie gab sie weiter. »Ich hatte ein kleines Problem. Jemand hat mich niedergeschlagen und ausgeraubt. Können Sie mich abholen lassen?«

»Ich komme selbst. Was zum Teufel tun Sie denn da draußen?«

»Das ist eine lange Geschichte«, sagte sie und legte hastig auf.

Als er endlich eintraf, hatte sie inzwischen den aromatisierten Salmiakgeist zusammen mit dem übrigen Mageninhalt dem Rinnstein vor der Tür anvertraut, und der Mann aus dem Drugstore stand neben ihr auf dem Bürgersteig und reichte ihr Papiertaschentücher. Er sah überrascht auf, als er den Streifenwagen mit dem uniformierten Fahrer sah.

»Der Dame geht es nicht gut«, sagte er, als der Inspektor ausstieg. »Am besten bringen Sie sie ins Krankenhaus.«

»Alles in Ordnung«, sagte Hilda und fügte voller Abscheu hinzu: »Ich bin eine dumme Pute, das ist alles. Kann ich jetzt einsteigen, oder soll ich die ganze Nacht hier herumstehen?«

Fuller lächelte. Hilda, wie sie leibt und lebt, stellte er fest. Sie sah zwar aus wie der Geisterbahn entsprungen, benahm sich jedoch so gut wie normal. Er ließ sie ohne großes Aufhebens auf den Rücksitz klettern und stieg hinter ihr ein. Er kurbelte die Glasscheibe zwischen ihnen und den Beamten auf den Vordersitzen hoch und steckte sich eine Zigarette an.

»Erzählen Sie, sobald Sie so weit sind«, sagte er fröhlich. »So eine Beule tut zwar weh, wird Sie aber nicht umbringen.«

»Ich wünschte, Sie hätten sie. Dann würde Ihnen die Fröhlichkeit schon vergehen.«

»Na schön. Wenn eine meiner besten Agentinnen sich in diesen Stadtteil locken und k. o. schlagen lässt, dann ist sie entweder dumm oder sie hatte einen guten Grund. Was davon trifft zu?«

»Er hat mich hereingelegt. Er hat mich nicht beachtet. In meinem Alter hätte ich es besser wissen müssen.«

Fuller beäugte sie gründlich.

144

»Völlig klar und sehr verständlich«, sagte er. »Vielleicht sollten wir Sie doch lieber ins Krankenhaus bringen.«

»Ich gehe zurück an meinen Fall«, verkündete sie fest. »Dort fing alles an. Er sprach auf der Straße mit Tony Rowland. Deshalb bin ich ihm gefolgt.«

Sie erzählte die Geschichte so knapp wie möglich, beschrieb den Mann und die Art und Weise, wie er sie losgeworden war. Vor allem jedoch erzählte sie, dass Tony geweint und versucht hatte, ihm zu entfliehen, dass der Mann ihr gedroht hatte, sie wegen irgendetwas zu melden, und dass Tony ihm vermutlich gesagt hatte, wer Hilda war und dass sie vielleicht etwas mitbekommen hatte.

»Er hat sich exzellent verstellt«, sagte sie. »Aber das tun alle in dem Haus. Tony oder sonst wer verbrennt nachts im Küchenherd Verbandsmaterial. Heute verschwand ihr Brautkleid. Es hat ein Vermögen gekostet und ist jetzt weg. Sie benutzt die *Britannica* als Türstopper, und heute Nachmittag bekam sie Besuch von John Hayes' Mutter, die anschließend ganz hysterisch in ihr Hotel zurückeilte.«

»Grundgütiger«, sagte Fuller. »Sind Sie ganz sicher, dass es Ihnen gut geht? Es klingt eher, als redeten Sie im Delirium.«

»Es stimmt alles«, sagte Hilda. Sie überlegte, den Kopf am Rücksitz anzulehnen, verwarf den Gedanken aber schnell wieder.

»Und nach alledem halten Sie das Mädchen immer noch für normal?«

»Ich bin nicht ganz sicher, ob ich selber normal bin.«

Sie war fest entschlossen, den Fall wieder aufzunehmen, und da war es völlig witzlos, mit ihr zu streiten. Fuller versuchte es trotzdem, erntete aber nur verstocktes Schweigen. Schließlich schaltete er die Innenbeleuchtung ein und sah sich Hilda gründlich an. Ihr Gesicht hatte wieder etwas Farbe bekommen, doch war es verschmiert, ihr kurz geschnittenes graues Haar stand nach allen Seiten ab, und ihre weiße Schwesterntracht war schmutzig. Ihre Augen jedoch schauten ihn kalt und hart an. Ihr Blick war exakt der einer sehr, sehr störrischen Hilda.

»Na schön«, sagte er resigniert. »Wenn Sie damit fertig werden, dann kann ich es auch. Es ist Ihr Kopf und Ihr Brummschädel.«

Bevor er sie absetzte, ließ er sich jedoch noch einmal eine genaue Beschreibung ihres Angreifers geben und versuchte, eine Weile nachdenklich, die diversen Aspekte zu sortieren. Über das Verbandszeug machte er sich keine Gedanken. »Wenn sie ihre Mutter angeschossen hat und nicht will, dass es herauskommt, dann ist das deren Sache.« Aber die Sache mit dem Brautkleid machte ihn stutzig.

»Könnte sie es verbrannt haben?«, schlug er vor. »Alles in allem wird sie es ungern um sich gehabt haben.«

»Der Heizkessel ist nicht in Betrieb. Vielleicht hat sie es verkauft.«

»Verstehe. Glauben Sie, der Mann verlangte Geld von ihr?«

»Auf meines hatte er es jedenfalls abgesehen«, sagte sie knapp. »Und die Uhr meiner Mutter hat er auch. Das ist für mich das Schlimmste.«

Er ließ sich die Uhr beschreiben, falls sie auf dem Markt oder in einer Pfandleihe auftauchen sollte. Dann lehnte er sich zurück und sah sie erneut an.

»Nun hören Sie gut zu«, sagte er. »Was wir wissen wollen, ist, warum das Mädchen auf seine Mutter geschossen hat, falls Tony es überhaupt war. Warum sie den Autounfall hatte und ob es einen weiteren Anschlag geben könnte. Dazu sind Sie hier. Sie müssen doch inzwischen eine Vorstellung davon haben!«

»Eine Vorstellung!« sagte sie bitter. »Vorstellungen habe ich jede Menge. Was *ich* gern wüsste, ist, warum Tony Band dreizehn der *Britannica* studiert.«

Er sah sie entnervt an.

»Heraus damit«, sagte er mit Nachdruck. »Wenn Sie eine

Theorie über den Fall haben, dann will ich sie hören. Es ist jetzt nicht der Zeitpunkt, mich hinzuhalten.«

Doch Hilda schüttelte lediglich den Kopf, was sich augenblicklich als katastrophaler Fehler erwies, und schwieg still.

Kapitel 8

Es war ein Uhr nachts, als sie endlich das Haus erreichten, und noch etwas später, als Aggie im Morgenmantel die Haustür einen Spalt weit aufmachte und die beiden erschrocken ansah. Hilda blieb demonstrativ gelassen.

»Es tut mir leid, Sie zu wecken«, sagte sie. »Man hat mich niedergeschlagen und mir die Handtasche gestohlen. Dieser Herr hat mich gefunden und freundlicherweise nach Hause gebracht. Ist alles in Ordnung?«

Aggie fand ihre Sprache wieder.

»Ich habe mir schreckliche Sorgen Ihretwegen gemacht«, sagte sie. »Ja, sie schlafen alle. Vielleicht sollte ich heute Nacht lieber bei Miss Alice bleiben.«

»Mir geht es hervorragend«, sagte Hilda leicht schwankend. »Gehen Sie zu Bett, Aggie, und machen Sie sich keine Sorgen.« Sie wandte sich förmlich zu Fuller um. »Und vielen Dank. Das war sehr freundlich von Ihnen.«

Der Inspektor kapierte, murmelte etwas und ging, während Hilda sich im Flur auf einen Stuhl setzte und wartete, bis sich die Wände nicht mehr drehten und sich schließlich wieder an ihrem gewohnten Platz befanden. Aggie wirkte noch immer erschrocken.

»Wer hat das getan?«, fragte sie. »Ich muss schon sagen, seit Kriegsbeginn ist die Verbrechensrate wirklich schlimm gestiegen. Haben Sie ihn gesehen?«

»Ich konnte einen kurzen Blick auf ihn werfen«, sagte Hilda

vorsichtig. »Ein Mann von etwa vierzig, nicht besonders gut gekleidet. Seine Haut war dunkel. Mehr konnte ich nicht sehen.«

Aggie starrte sie an.

»Der?«, sagte sie. »Warum sollte der Sie denn niederschlagen?«

»Wissen Sie etwa, wer das ist?«

Doch Aggie verzog den Mund.

»Nein, Miss«, sagte sie phlegmatisch. »Ich dachte einen Moment lang, es könnte jemand sein, den ich in der Nähe gesehen habe. Aber das kann nicht sein.«

Falls sie mehr wusste, so sagte sie es nicht, und mit ihrer Hilfe kletterte eine schmutzige, verärgerte Hilda die Treppe hinauf. Alice hatte ihre Schlaftablette genommen und war still. Aggie folgte Hilda in ihr Zimmer.

»Ich habe das Buch in Ihren Schreibtisch getan«, sagte sie mit Verschwörermiene. »Sie hat den Tausch gar nicht bemerkt. Sie war eine Weile fort, und als sie zurückkam, sah sie ganz eigenartig aus. Ich mache mir ein bisschen Gedanken wegen ihr.«

Hilda setzte sich benommen auf die Bettkante.

»Ich habe Miss Alice noch nichts von den Kleidern erzählt«, sagte Aggie, noch immer vorsichtig. »Ich habe überall nachgesehen. Hier im Haus sind sie nicht, das schwöre ich notfalls auf die Bibel.«

Hilda stand auf und zog ihre schmutzige Tracht aus. Aggies Gerede über das Hochzeitskleid hörte sie gar nicht zu. In Gedanken war sie wieder auf dem Rücksitz des Autos und sprach mit Fuller; er sagte, es klinge, als rede sie im Delirium. Das tat es wirklich, aber es gab eindeutig einen Anfang, wenn auch noch kein Ende.

»Versuchen Sie, sich zu erinnern, Aggie«, sagte sie. »Wie standen die Dinge hier, bevor Miss Tony ihre Verlobung auflöste?«

»Genauso wie immer, Miss. Abgesehen von der Aufregung,

den Paketen, Kleidern und all den Sachen. Der Blumenhändler kam wegen der Dekoration für den Empfang, und der Partyservice wegen des Essens.«

»Und Miss Tony?«

»Sie wanderte laut singend umher. Sie war ganz aus dem Häuschen, Miss, und so vernarrt in ihren Leutnant, dass es einem ganz warm ums Herz wurde.«

»Und wann hörte das auf?«

Aggie dachte nach.

»So etwa zehn Tage vor der Hochzeit. Ich erinnere mich, dass Stella sagte, sie hätte ihr Frühstückstablett nicht angerührt. Am Tag darauf ging sie in die Bibliothek und blieb ein paar Stunden da. Ich nehme an, sie telefonierte, denn als sie wieder heraufkam, ging sie zum Zimmer ihrer Tante Alice und verkündete, die Hochzeit finde nicht statt.«

»Wie nahmen sie es auf? Ihre Mutter und Miss Alice?«

»Sie taten so, als hätte sie den Verstand verloren. Aber sie ließ sich auf nichts ein. Ihre Mutter hatte fast einen hysterischen Anfall. Sie ist seither gar nicht mehr sie selbst.«

»Welchen Grund hat sie genannt?«

»Soweit ich weiß, gar keinen, Miss.«

»Und wie viel später fing Tony an zu schlafwandeln?«

»In der Hochzeitsnacht«, sagte Hilda Eindruck heischend. »Kann man das dem armen Kind verübeln, Miss? Sie war den ganzen Tag über ganz durcheinander. Sie putzte ihr Zimmer und das ihrer Mutter und schloss sich dann ein. Ich habe sie danach nicht mehr gesehen, bis ich nachts die Schüsse hörte.«

»Und was genau haben Sie da gesehen?«

»Stella und ich haben beide den Krach gehört. Wir haben gar nicht erst etwas übergezogen, sondern sind gleich die Treppe hinunter, und unten stand Miss Alice über Tony gebeugt, die auf der Schwelle zum Zimmer ihrer Mutter auf dem Fußboden lag. Mrs. Rowland lag in ihrem Bett und schrie. Als ich dazukam, versuchte sie gerade aufzustehen.«

»Was passierte anschließend mit ihr?«

»Mrs. Rowland? Also, sie wirkte ganz schwach, und ich brachte sie dazu, sich wieder hinzulegen. Sie zitterte am ganzen Leib.«

»Sie hatten nicht den Eindruck, dass eine der Kugeln sie getroffen hatte?«

Aggie erschrak.

»Sie meinen, Sie sei angeschossen worden!«, sagte sie ungläubig. »Und hätte nichts davon gesagt? Nein, Miss Adams, die nicht. Sie hätte ein Heidenspektakel veranstaltet.«

»Und es war kein Blut da?«

»Ich habe jedenfalls keines gesehen. Aber ich war auch nur eine Minute dort.«

»Warum trägt sie dann einen Verband am Arm?«

Aggie wirkte erleichtert.

»Ach das«, sagte sie. »Sie hat eine Nervenentzündung. Die ist in den letzten zwei Wochen schlimmer geworden. Deshalb liegt sie auch so viel im Bett.«

»Wie war das mit den Lichtern in der Nacht, Aggie? Sie sagen, Sie hätten Tony auf dem Fußboden liegen gesehen. War das Flurlicht an?«

»Es brennt ständig. Miss Alice ist ein bisschen ängstlich.«

»Und in Mrs. Rowlands Zimmer? Brannte da auch Licht?«

Aggie zögerte.

»Tja, wenn ich jetzt so darüber nachdenke, es war aus. Ich konnte aber trotzdem alles sehen, weil die Tür offen war. Ich habe das Licht erst später eingeschaltet, nachdem wir Miss Tony ins Bett gebracht und versorgt hatten.«

Danach ging Aggie schlafen. Hilda wusch sich und sah noch einmal nach ihrer Patientin, doch Alice schlief noch immer friedlich. Hilda ging in ihr Zimmer zurück und nahm das schwere Buch, das Aggie ihr gebracht hatte, aus der Schublade ihres Schreibtischs. Es handelte sich um Band XIII, Jere bis Libe. Sie legte ihn auf ihr Bett und untersuchte ihn. Falls er Le-

150

sezeichen enthielt, so fand sie sie jedenfalls nicht, und kein Teil des Buches wirkte abgenutzter als andere. Schließlich nahm sie es hoch und schüttelte es. Ein kleiner unbeschriebener Zettel fiel heraus, und sie war ärgerlich über ihre eigene Unvorsichtigkeit. Sie hätte Seite für Seite durchgehen müssen, überlegte sie, und mit dieser äußerst üblen Stimmung und schlimmer werdenden Kopfschmerzen legte sie sich auf Alices Couch schlafen.

Sie schlief noch nicht lange, als Tony vorsichtig das Zimmer betrat. Eine Weile stand sie zögernd auf der Schwelle, ging dann direkt zu Hilda und schaute zu ihr herab. Sie war so leise gewesen, dass Hilda sie nicht gehört hätte, wäre sie nicht längst wach gewesen. Eine Schlafwandlerin war sie jedoch nicht, denn sie stellte offenbar erleichtert fest, dass Hilda nicht schlief.

»Ich wollte Sie fragen, ob ich wohl eine Schlaftablette haben kann«, flüsterte sie. »Mutters Pillen sind alle, und ich liege schon seit Stunden wach.«

Im schwachen Licht der Flurlampe sah sie jung und bemitleidenswert aus. Offensichtlich wusste sie nicht, was vorgefallen war. Dennoch zitterte sie, und Hilda griff rasch nach ihrem Handgelenk. Ihr Puls war schnell und unregelmäßig. Kurzentschlossen zog Hilda sie auf den Flur hinaus und schloss die Tür.

»Was ist los, Tony?« fragte sie. »Es ist doch irgendetwas nicht in Ordnung, stimmt's? Ich bin Überraschungen gewöhnt. Vielleicht kann ich Ihnen helfen.«

Tony lächelte dünn.

»Das ist nett von Ihnen«, sagte sie. »Aber es ist nichts Besonderes.« Dann, als sei es ihr gerade erst eingefallen: »Wenn ich nervös bin, schlafwandle ich manchmal. Und heute Nacht wollte ich das nicht. Das ist alles.«

»Wenn Sie sich Sorgen um Ihre Mutter machen …«

»Was ist mit meiner Mutter?« Ihre Stimme hatte jetzt einen anderen Klang, scharf und herausfordernd.

»Ich habe gesehen, dass sie einen Verband am Arm trägt,

wissen Sie. Ich möchte Sie nicht beunruhigen, aber wenn sie verletzt ist …«

»Wovon um Himmels willen reden Sie?«, sagte Tony kalt.

Da riss Hilda der Geduldsfaden.

»Seien Sie doch keine Närrin«, sagte sie schneidend. »Ich will damit sagen, wenn Ihre Mutter eine Kugel in den Arm abbekommen hat, dann muss die Wunde ordentlich versorgt werden.«

Tony schnappte nach Luft.

»Wer hat Ihnen das erzählt? Von den Schüssen?«, fragte sie herausfordernd.

»Mein liebes Kind, das ist doch kein Geheimnis, oder?«, fragte Hilda rundweg. »Im Schlaf tut man seltsame Dinge. Ich hatte einmal eine Patientin, die beinahe ihr Baby erwürgt hätte. Sie glaubte, sie habe es mit einem Einbrecher zu tun.«

Der argwöhnische Ausdruck auf Tonys Gesicht milderte sich etwas, doch nun wirkte sie einem Zusammenbruch nahe.

»Ich verstehe«, sagte sie. »Der Arzt und die Dienstboten. Vor allem Aggie. Und Tante Alice natürlich. Aber ich habe nicht auf meine Mutter geschossen, Miss Adams. Fragen Sie sie doch selbst.«

Hilda war sich sicher, dass Nina diese Version bis zum letzten Atemzug bestätigt hätte, ganz gleich, was wirklich passiert war. Sie hielt jedoch ihren Mund. Sie holte eine Tablette, Tony schluckte sie mit etwas Wasser herunter und gab ihr das Glas zurück.

»Der Mann, mit dem ich heute Abend sprach«, sagte sie, »das ist der Bruder eines Dienstmädchens, das wir in Honolulu hatten. Er ist arbeitslos, behauptet er. Dabei gibt es jede Menge Stellen. Aber ich möchte nicht, dass er Mutter belästigt.«

Hilda nickte. Offensichtlich sollte sie Stillschweigen über den Mann bewahren. Und sie hatte Recht gehabt. Tony hatte sie auf der Straße gesehen, hatte sie wahrscheinlich auch benutzt, um ihm zu drohen. Aber sie konnte nicht wissen, was danach vorgefallen war, oder dass die Polizei hinter ihm her war; dass Fuller in der ganzen Stadt nach ihm fahnden ließ.

Am nächsten Morgen fühlte sich Hilda besser. Sie war steif im Genick und hatte aufgeschlagene Knie, ein Strumpf war beim Sturz zerrissen. Ansonsten ging es ihr gut. Dennoch fühlte sie sich unbehaglich. Der Fall würde nicht mehr lange dauern. Alice ging es erheblich besser. Sie konnte an diesem Tag aufrecht in einem Stuhl sitzen, dabei war sie der Lösung nicht einen Zentimeter näher gekommen als zu Beginn ihres Aufenthalts, sie schien eher weiter entfernt. Anfangs hatte es so ausgesehen, als hätten sie es mit einer neurotischen oder verstörten jungen Frau zu tun, die verzweifelt entschlossen sei, ihre Mutter umzubringen, auch wenn sie sich dafür selbst opfern musste.

Nun war sie überzeugt, dass Tony Rowland keineswegs eine Psychopathin war, sondern lediglich ein völlig verängstigtes, unglückliches junges Mädchen mit Sorgen, die sie mit niemandem teilen konnte. In Gedanken war sie noch immer damit beschäftigt, als sie Alice später in einen Stuhl am Fenster setzte und ihre Matratze wendete. Was war das für ein Geheimnis? Und als ob sie Gedanken lesen könnte, sprach Alice sie an.

»Sie kennen Tony jetzt zwei oder drei Tage«, sagte sie. »Was für einen Eindruck haben Sie von ihr?«

»Sie wirkt bedrückt«, erklärte Hilda.

»Bedrückt!« Alice präsentierte ihr dünnes Lächeln. »Das ist eine höfliche Umschreibung. Sie ist nicht mehr sie selbst. Sie müsste eigentlich in ein Sanatorium, aber was soll ich machen?«

»Haben Sie denn gar keine Vorstellung, was los ist?«

»Keine, es sei denn, es ist ihr Geisteszustand. Wir haben sie zu einem Psychiater geschickt, aber sie wollte nicht mit ihm sprechen. Er war wütend. Sehen Sie, es mag ja sein, dass sie schlief, als sie die Schüsse neulich nachts abfeuerte. Aber sie hat bestimmt nicht am helllichten Tag geschlafen, als sie meinen Wagen kaputt gefahren hat.«

153

»Ich glaube, davon haben Sie mir noch gar nichts erzählt«, sagte Hilda.

»Dann sollte ich das jetzt vielleicht auch nicht tun. Aber ich denke dauernd darüber nach. Dieser Unfall, bei dem sich Tony am Arm verletzt hat. Zumindest wird behauptet, es sei ein Unfall gewesen. Mit der Lenkung war angeblich etwas nicht in Ordnung. Aber das stimmt nicht, Miss Adams, das hat die Werkstatt gesagt. Aber Tony will nicht einmal darüber sprechen.«

»Das wirkt ja so, als hätte sie vorgehabt, sie beide … als hätte sie den Unfall absichtlich verursacht«, sagte Hilda nachdenklich. »Das sieht ihr gar nicht ähnlich, oder? Sie ist ihrer Mutter sehr ergeben. Wenn sie sich selbst umbringen wollte, warum sollte sie dann beide töten?«

Alice zuckte ihre mageren Achseln. »Sie liebt auch ihren Vater. Warum war sie dann so erleichtert, als sie erfuhr, dass er nicht nach Amerika zurückkehrt? Und das war sie tatsächlich.«

Hilda glättete den Bettüberwurf und betrachtete ihn. Er lag ausreichend geometrisch für ihr kritisches Auge.

»Ich frage mich …«, sagte sie, während sie dem Kopfkissen einen letzten Knuff verabreichte. »Dieser Überfall auf Pearl Harbor muss doch ein ziemlicher Schock gewesen sein. Hat sie dabei vielleicht jemanden verloren, jemanden, der ihr wichtig war?«

»Das weiß ich nicht. Schließlich war sie damals erst sechzehn. Wenn Sie damit einen Mann meinen … Etwas ist schon eigenartig. Nina erzählt gern von Hawaii. Sie hofft, dorthin zurückzukehren, wenn der Krieg erst vorüber ist. Sie hat ihr Zimmer ziemlich genau so eingerichtet, wie es dort war, und Tony besorgt ihr immer eine Menge Blumen, dabei hasst Tony die Inseln. In den knapp vier Jahren, seit sie herkam, hat sie kaum jemals davon gesprochen. Offenbar ist ihr allein der Gedanke daran zuwider.«

Das gab Hilda zu denken. Sie ging nicht gern ins Kino, aber die Filme über Pearl Harbor hatte sie gesehen. Selbst als der

Überfall vorüber war, konnte man sich dort nicht sicher fühlen. Colonel Rowland hatte seiner Frau eine Pistole gegeben und sie so bald wie möglich in die Heimat zurückgeschickt. Und das, als überall die Lichter ausgingen …

»Irgendetwas muss ihr dort drüben zugestoßen sein«, meinte sie. »Etwas, von dem Mrs. Rowland nichts weiß. Von dem außer Tony niemand etwas weiß. Vielleicht hat ihre Psyche Narben davongetragen. Vielleicht wurde sie überfallen …«

»Ich bin sicher, es war nichts derartiges«, sagte Alice errötend. »Und ich bin sicher, sie hat es überwunden, Miss Adams. Sie war nach den ersten ein, zwei Monaten völlig normal.«

»Bekommt sie irgendwelche Briefe aus Hawaii?«

»Ich bekomme ihre Post nie zu Gesicht. Sie lässt sie sich immer als Erste geben.«

Während Hilda das Bad aufräumte, dachte Alice offensichtlich nach, denn als Hilda wieder ins Zimmer kam, schlugen ihre ersten Worte wie eine Bombe ein.

»Was hat Herbert Johnson gestern Abend zu Tony gesagt, Miss Adams? Aggie sagte, Sie hätten auf der anderen Straßenseite gestanden.«

Hilda gelang es, ihre Stimme gleichmütig klingen zu lassen.

»Sie sprach mit einem Mann. Ich wusste nicht, wer es war.«

»Haben Sie etwas mitbekommen?«

»Ich stand ziemlich weit entfernt.«

Alice wirkte enttäuscht.

»Ich glaube, er hat sie in den letzten vier Jahren mit Unterbrechungen immer wieder belästigt«, sagte sie missmutig. »Seine Schwester Delia war Ninas Kammerzofe auf Hawaii, und er kommt ebenfalls von dort. Er ist ein Taugenichts, und ich habe ihm das auch gesagt, aber sie haben Delia gern gemocht.« Sie sah Hilda an. »Glauben Sie, Tony hat ihm gestern Abend Geld gegeben?«

»Das weiß ich nicht, Miss Rowland. Falls es so war, habe ich es jedenfalls nicht gesehen.«

155

Alice war sichtlich enttäuscht. Sie schwieg eine Weile. Als sie dann weiter sprach, hatten ihre Worte scheinbar nichts mit dem Vorherigen zu tun.

»Meine Schwägerin ist eine sehr attraktive Frau«, bemerkte sie reserviert. »Ich kann mir gut vorstellen, dass eine ganze Reihe Männer meinen Bruder beneiden. Es könnte doch ganz einfach sein, dass Nina ...«

Den Rest des Satzes ließ sie offen, und Hilda sagte nichts.

Kapitel 9

An diesem Morgen traf sich Fuller mit dem Polizeichef. Commissioner Bayard und er waren alte Freunde. Der Commissioner bot ihm eine Zigarre an, und Fuller setzte sich. Bayard war erkältet und schneuzte sich in ein Papiertaschentuch. Er zerknüllte es und warf es in den Papierkorb.

»Berdammte Ginger«, schniefte er. »Gann genau so gud ne Gäsereibe nehm. Barum machen sie bie nich aus Baumbolle? Ham doch genug bavon inn Südstaaten. Bas issn bit Ihn los? Sie sehn aus, als häppm Sie nicht geschlafm.«

»Hilda Adams ist gestern nur knapp davongekommen.«

»In Ihrem Aufprag underbegs?«

Fuller nickte.

»Jemand hat sie niedergeschlagen und ihr die Handtasche geraubt. Zum Glück hatte sie eine altmodische Uhr bei sich. Wenn der Kerl versucht, die zu verkaufen oder zu verpfänden, kriegen wir ihn. Trotzdem ist mir nicht wohl bei der Sache. Ich hätte gern, dass ein oder zwei unserer Männer das Haus im Auge behalten, in dem sie arbeitet. Da geht irgendetwas vor sich.«

Der Polizeichef nieste.

»Beine Güte!«, explodierte er. »Bissen Sie nich, bass wir nur noch mit twei Britteln der Bannschaft arbeiden? Bas soll bas? Biese Abams kann auf sich selbst aufbassen, dut sie boch sonss auch.«

»So einen Fall hatte sie noch nie«, sagte Fuller und erzählte, was er wusste. Der Polizeichef hörte grimmig zu.

»Bir bewachen also ein durchgedrehtes Bädel!«, sagte er angewidert. »Bas soll da ein Bolizist auf der Straße schon ausrichtm? Der gann doch auch nur den Gerichtsbediziner rufm, benn schon alles bassiert iss.«

»Es wird gemacht, und wenn ich das selbst tun muss.«

»Sein Sie doch gein Narr. Sie haben selbss einen Job.«

Letztlich bekam Fuller doch, was er wollte, zumindest teilweise. Ein Beamter in Zivil würde das Haus der Rowlands nachts bewachen und Hilda folgen, falls sie auf ihren Abendspaziergängen bestand. An diesem Abend jedoch ging Hilda nicht aus.

Sie tat es am Nachmittag.

»Ich möchte mir frische Kleidung holen«, sagte sie nach dem Mittagessen zu Alice. »Wenn Sie einverstanden sind. Ich bleibe nicht lange weg.«

Alice gähnte.

»Ich werde ein Nickerchen machen«, sagte sie. »Gehen Sie nur. Bitten Sie lediglich Aggie, gelegentlich nach mir zu sehen.«

Also ging Hilda in ihrem adretten schwarzen Kostüm, vervollständigt durch Hut und bequeme, flache Schuhe, die Treppe hinunter. Wie immer ging sie leise, und vom unteren Flur aus sah sie Tony in der Bibliothek telefonieren. Sie hängte hastig ein, als sie Hilda sah, und ihr blasses Gesicht ließ panischen Schrecken erkennen. Hilda sah und ignorierte es.

»Ich gehe für ein, zwei Stunden aus«, sagte sie. »Miss Rowland versucht, etwas zu schlafen.«

Tony antwortete nicht sofort. Sie stand da und starrte Hilda an. Als sie das Wort ergriff, wirkten ihre Lippen wie erstarrt.

157

»Aggie sagte, Sie hätten gestern Abend einen Unfall gehabt.«

»Man hat mich niedergeschlagen und ausgeraubt«, erklärte Hilda heiter. »Heute geht es mir wieder gut. Mich bringt so schnell nichts um.«

Sie dachte, Tony sei noch blasser geworden, und als sie auf die Straße hinaustrat, war sie noch immer verwirrt. Vermutete Tony, was ihr wirklich zugestoßen war? Und was war die Wahrheit über den Mann von gestern Abend? Was hatte Herbert Johnson gegen sie in der Hand? Irgendetwas gab es da offenbar, das hatte er bewiesen, als er sie am Arm festhielt und zurückriss. Und was hatte er gemeint, als er drohte, er werde etwas melden?

Sie war noch immer tief in Gedanken, als sie mit dem Bus in die Stadt fuhr. Denn entgegen ihrer Ankündigung Alice gegenüber ging sie nicht sofort in ihre Wohnung. Stattdessen fuhr sie zum Hotel »Majestic« und fragte nach Mrs. Hayes. Mrs. Hayes, so hieß es, sei nicht wohlauf und empfange niemanden. Bei der Erwähnung von Tony Rowlands Namen am Telefon wurde sie dann doch nach oben gebeten.

Die Tür zum Salon stand offen, und auf ihr Klopfen rief sie eine Stimme herein. Sie fand Johnnys Mutter im Bett liegend vor, sie war gerade dabei, sich ein Bettjäckchen anzuziehen. Sie wirkte blass und erschöpft.

»Sie sind Alice Rowlands Krankenschwester, nicht wahr?«, sagte sie. »Ich habe Sie gestern im Treppenhaus gesehen.«

Hilda bestätigte es und setzte sich. Da sie keine Handtasche hatte, faltete sie die Hände in ihrem Schoß und sah Mrs. Hayes heiter an.

»Ich bin hier, weil Ihr Sohn mir sagte, dass Sie sich um Tony Rowland Sorgen machen«, sagte sie. »Ich muss gestehen, mir geht es genauso, Mrs. Hayes. Ich dachte, wenn wir gemeinsam …«

Mrs. Hayes presste die Lippen aufeinander.

»Ich fürchte, ich kann nicht über Tony diskutieren, Miss Adams. Ich habe Sie nur heraufgelassen, um Sie zu bitten, das mit Johnny zu besprechen. Ihnen hört er vielleicht zu. Mir … nicht. Ich wünsche nicht, dass er Tony jemals wieder sieht oder es auch nur versucht.«

Hilda zog die Augenbrauen hoch.

»Das ist etwas drastisch, finden Sie nicht?«, sagte sie höflich. »Es sei denn, Sie haben einen triftigen Grund.«

»Den Grund kann ich ebenfalls nicht diskutieren.« Mrs. Hayes' Stimme war eisig. »Es ist nicht mein Geheimnis, aber ich habe geschworen, nicht darüber zu sprechen. Jeglicher Gedanke an eine Heirat oder auch nur Verlobung steht damit jedoch außer Frage. Tony weiß das selbst. Wenn sie Sie hergeschickt hat …«

»Nein. Sie weiß nicht, dass ich hier bin. Ich habe mich gefragt … ob sie Ihnen vielleicht erzählt hat, in der Familie gebe es eine Geisteskrankheit? Denn soweit ich es beurteilen kann, ist sie ebenso wenig geistesgestört wie ich.«

Mrs. Hayes war stocksteif und schwieg. Hilda fuhr fort: »Es ist mit Sicherheit etwas nicht in Ordnung, Mrs. Hayes. Das weiß ich. Tony Rowland ist am Rande der Verzweiflung. Ich fürchte nur … Sie könnte sich das Leben nehmen, wissen Sie.«

»Es tut mir leid, Miss Adams. Ich mag sie, oder besser, ich mochte sie. Aber ich versichere Ihnen, dass ich nichts tun kann.«

Hilda musterte ihr hübsches, leicht gerötetes Gesicht, das sie an Johnnys maskuline Züge erinnerte, den Ehering aus Platin und den großen viereckigen Brillanten an ihrer Hand. Eine Art Frau, dachte sie, die bestimmt eine gute Haushälterin, Ehefrau und Mutter war. Aber auch bar jeder Fantasie.

Sie stand auf.

»Es kann nur sein«, sagte sie, »dass Sie die Schwierigkeiten erst heraufbeschwören, indem Sie das Geheimnis bewahren. Wie kann ich Tony helfen, wenn ich nichts darüber weiß?«

»Ich fürchte, mir liegt mein Sohn mehr am Herzen. Es kann und darf keine Hochzeit geben, Miss Adams, und wenn ich alles opfern müsste, was mir lieb und teuer ist. Tony weiß das.«

Nach diesen Worten verabschiedete Hilda sich frustriert und beunruhigter als je zuvor, seit sie den Fall übernommen hatte. Als sie ihre Wohnung erreichte, wirkte dort alles adrett und friedvoll. Sie setzte sich ein paar Minuten lang hin und versuchte, Ordnung in ihre Gedanken zu bringen. Mrs. Hayes hatte in allem, was sie gesagt hatte, sehr endgültig geklungen. Es war klar, dass die Unterredung mit Tony sie durch und durch erschüttert hatte. Was aber hatte Tony ihr erzählt?

Sie kramte nach Ersatz für ihre gestohlene Handtasche, als ihre Hauswirtin die Treppe heraufgekeucht kam und ihr eine Nachricht vom Haus der Rowlands überbrachte. Sie sollte Fuller anrufen. Sie war versucht, es zu ignorieren, sich einfach ein Stündchen in ihren gemütlichen Lehnstuhl zu setzen und ihren Kopf auszuruhen, der noch vom Überfall wehtat. Stattdessen nahm sie zwei Aspirin und griff nach dem Hörer.

Fuller war schlechter Laune. Er grüßte kurz angebunden und meinte, sie solle eigentlich im Bett liegen. Dann wollte er wissen, was für seltsame Machenschaften denn nun eigentlich bei den Rowlands im Gange seien.

»Ich weiß nicht, wovon Sie reden. Nur weil ich bei Mrs. Hayes war …«

»Ach, daran haben Sie gedacht, nicht wahr? Nein. Es geht um Ihre Uhr. Sie wurde heute morgen bei einem Pfandleiher in der City versetzt. Er ist ein bekannter Hehler, der sich auf Schmuck spezialisiert hat. Heute Nachmittag hat er die Uhr wieder verkauft. Und dreimal dürfen Sie raten, an wen.«

»Woher soll ich das wissen?«

»Tony Rowland«, sagte er. »Ihre sanftmütige kleine Freundin. Das Mädchen, das versucht hat, seine Mutter umzubringen, wie Sie sich vielleicht erinnern. Vor etwa einer Stunde marschierte sie geradewegs in den Laden, ließ sich Uhren zeigen und entschied sich für Ihre. Hatten Sie ihr erzählt, dass Sie sie vermissen?«

»Nein.«

»Dann sehen Sie ja selbst, was das bedeutet. Sie wusste, dass der Kerl sie hatte. Er hat es ihr gesagt und ihr die Uhr beschrieben. Er fürchtete wahrscheinlich, wir könnten sie zurückverfolgen. Also schützt sie ihn, indem sie die Uhr zurückkauft.«

Hilda blieb ganz still. Offenbar hatte Tony sie am Vorabend gar nicht benutzt, um sich selbst zu schützen, sondern ihn vor ihr gewarnt. Ihre Hände zitterten auf einmal.

»So weit zu Ihrem kleinen Engelchen«, sagte Fuller. »Vielleicht ändern Sie jetzt ein paar Ihrer Theorien. Finden Sie heraus, ob sie heute irgendwann einen Brief oder einen Anruf erhalten hat. Es hilft vielleicht, wenn wir ihn zurückverfolgen können. Wir haben eine gute Beschreibung des Kerls. Es war genau derselbe.«

»Sie hat in der Tat einen Anruf bekommen, das weiß ich.«

»Wann?«

»Etwa um halb drei. Ich wollte gerade gehen.«

»Dann war es das. Sie rast zu dem Laden, ist um drei Uhr da. Um wie viel wetten Sie, dass die Uhr in Ihrem Zimmer liegt, wenn Sie nachher zurückkommen?«

»Ich denke, das wird der letzte Ort sein, an dem ich sie wieder finde«, sagte Hilda schroff. »Sie ist nicht dumm. Sie wird sie hierher schicken oder verstecken, wenn sie sie nicht längst im Fluss versenkt hat. Der Mann heißt Herbert Johnson, falls er sich nicht anders nennt. Er kam nach Pearl Harbor aus Honolulu hierher, seine Schwester war Nina Rowlands Kammerzofe. Ich glaube, dass er sie erpresst.«

»So gefallen Sie mir!« Er war von ihr begeistert. Das war er immer, wenn sie unvermittelt mit wichtigen Informationen herausrückte. »Ist der Mann Hawaiianer?«

»Nein, und man würde mir wahrscheinlich das Telefon sperren, wenn ich Ihnen erzählte, für was ich ihn halte.«

161

Sie hängte ein, schaute noch kurz bei ihrer Vermieterin nach ihrem Kanarienvogel und machte sich gleichmütig auf den Rückweg zu den Rowlands. Tony war nirgends in Sicht, dafür traf sie vor dem Haus den Briefträger und nahm die Post entgegen. Es war ein Brief für Alice aus Honolulu dabei, und Alice nahm ihn mit triumphierender Miene entgegen.

»Vielleicht erfahre ich jetzt etwas über Herbert«, sagte sie und riss den Umschlag auf. »Ich hatte einer Freundin dort drüben geschrieben.« Sie sah zu Hilda auf. »Hat Tony gesehen, dass Sie ihn angenommen haben?«

»Nein. Ich traf den Briefträger auf der Straße.«

Während Alice den Brief las, ging Hilda in ihr Zimmer, um wieder ihre Schwesterntracht anzuziehen. Wie sie erwartet hatte, war ihre Uhr nicht dort. Der Raum war so, wie sie ihn verlassen hatte, mit einer Ausnahme. In der Schublade ihres Schreibtisches lag nicht mehr Band XIII der *Encyclopedia Britannica*, sondern Band XIV, Libi bis Mary. Ein großer Porzellanelefant mit rosa Rosenmuster hielt nun Tonys Tür offen.

Als sie zu ihrer Patientin zurückkehrte, war von dem Brief nichts mehr zu sehen, und Alice hatte das Bett verlassen. Sie stand im Nachthemd vor einer Kommode, einen Schlüssel in der Hand. Irgendetwas war mit ihr geschehen. Sie war totenbleich und taumelte, als sie sich zu Hilda umdrehte.

»Es tut mir leid«, sagte sie. »Ich bin doch noch nicht so kräftig, wie ich dachte.«

Hilda musste ihr ins Bett zurückhelfen. Dort lag sie eine Weile schweigend mit geschlossenen Augen. Erst nach geraumer Zeit ergriff sie wieder das Wort, jedoch ohne irgendwelche Erklärungen abzugeben.

»Jetzt geht es mir wieder besser«, sagte sie. »Ich habe schlechte Nachrichten aus Honolulu erhalten.«

Nach einer Weile kehrte die Farbe in ihr Gesicht zurück, und sie sagte: »Dann war es also Herbert Johnson, der Sie gestern Abend niedergeschlagen und beraubt hat! Ich wusste, dass Sie ihm gefolgt waren. So etwas sieht ihm ähnlich. Warum haben Sie es mir nicht erzählt?«

»Ich belästige meine Patienten nicht mit meinen persönlichen Schwierigkeiten«, sagte Hilda steif. »Warum erpresst er Tony, Miss Rowland? Das tut er doch, oder?«

Aber Alice gab ihr keine Antwort, und Hilda ging verwirrt und übel gelaunt zum Abendessen hinunter. Abgesehen davon, dass Tony anwesend war, verlief die Mahlzeit mehr oder weniger genauso wie am Vorabend. Aus irgendwelchen Gründen sprach Nina von Hawaii und ihrer Hoffnung, dorthin zurückzukehren. Tony aß so gut wie nichts, redete noch weniger und rauchte eine Zigarette nach der anderen. Aber auch mit Aggie war etwas nicht in Ordnung, sie war ungeschickt und nervös. Hilda hatte den Verdacht, dass es mit der Enzyklopädie zusammenhing.

Urplötzlich hatte sie das Bedürfnis, die glatt polierte Fassade zu durchbrechen, die Illusion zu zerstören, hier seien gut gekleidete kultivierte Menschen dabei, eine ausnehmend kultivierte Mahlzeit einzunehmen, die Maske von Ninas apartem Gesicht fallen zu sehen, falls das überhaupt möglich war. Sie nahm einen Anlauf.

»Gestern Abend sah ich einen relativ dunkelhäutigen Mann auf der Straße vor dem Haus herumlungern«, sagte sie. »Es sah aus, als warte er auf jemanden.«

Wenn Blicke töten könnten, hätte Tony sie in diesem Augenblick ermordet. Nina dagegen äußerte nur höfliches Interesse.

»War das wieder Herbert?«, fragte sie. »Ich dachte, du seist ihn los, Tony.« Sie wandte sich an Hilda. »Das ist der Bruder der Zofe in Honolulu, von der ich Ihnen erzählt habe«, erklärte sie. »Er taugt nichts, Tony. Ich wünschte, du würdest dich nicht mit ihm abgeben.«

Tony stand auf. Ihre Miene war starr.

»Es tut mir leid«, sagte sie. »Ich habe noch zu tun.« Sie verschwand ohne weitere Erklärungen.

163

Das hieß, sie wollte nicht über Herbert sprechen, überlegte Hilda. Er hatte ihre Tasche gestohlen, vermutete, dass die Polizei nach ihm und der Tasche fahndete und brachte Tony dazu, die Uhr zu retten. Aber auf ihn sollte kein Verdacht fallen. Was hatte er gegen das Mädchen in der Hand? Ging es nur sie an, oder stellte sie sich schützend vor ihre Mutter? Immerhin vier Jahre …

Als Tony fort war, sah Nina zu Hilda herüber.

»Ich wollte Sie in Tonys Gegenwart nicht fragen«, sagte sie. »Sie ist in letzter Zeit so nervös. Aggie sagte, sie hätten gestern Abend Schwierigkeiten gehabt. Ich hoffe, es war nichts Ernstes.«

Hilda starrte sie an. Falls sie Herbert verdächtigte, zeigte sie es nicht.

»Ich habe eine Dummheit gemacht«, räumte sie ein. »Ich bin mit dem Bus gefahren und in einem düsteren Teil der Stadt ausgestiegen. Jemand schlug mich nieder und raubte mich aus.«

»Wie schrecklich! Sind Sie sicher, Sie sollten nicht lieber im Bett liegen?«

»Mir geht es bestens, danke.«

»Haben Sie viel verloren? Falls die Frage zu persönlich ist, vergessen Sie sie einfach. Ich dachte nur …«

»Ich habe nie viel Geld bei mir. Ich habe die Uhr meiner Mutter verloren, die mir natürlich sehr viel wert war.«

»Wie jammerschade! Haben Sie die Polizei verständigt?«

Hilda sah sie an, aber sie aß ihr Schokoladensoufflee ruhig und mit sichtlichem Genuss.

»Soweit ich weiß, versuchen sie, die Spur der Uhr zurückzuverfolgen«, sagte sie vorsichtig. »Offenbar ist sie wieder aufgetaucht, aber jemand hat sie heute gekauft. Ich fürchte, sie ist weg.«

Doch Nina hatte das Interesse an der Uhr schon wieder verloren. Sie wartete, bis Aggie die Fingerschalen gebracht hatte. Dann zeigte sie zum ersten Mal, seit Hilda im Haus war, irgendwelche echten Gefühle. Sie beugte sich vor und sagte mit leiser Stimme:

»Ich mache mir Sorgen um Tony, Miss Adams. Sie ist völlig verändert. Und sie tut eigenartige Dinge. Ich bin mir beispielsweise ganz sicher, dass sie meine Post liest, bevor ich sie in die Hand bekomme. Sie öffnet die Umschläge im Nähzimmer mit Dampf, und ein- oder zweimal, seit Sie hier sind, hat sie mich eingeschlossen. Ich sage Ihnen das höchst ungern, aber Alice glaubt, sie sei nicht … nun, sie habe eine geistige Störung. Allein die Art und Weise, wie sie ihre Verlobung gelöst hat, nachdem schon alles fix und fertig vorbereitet war!«

Das war Hildas Chance.

»Sie haben keine Vorstellung, warum sie das getan hat?«

»Nicht die leiseste Ahnung.«

»Pearl Harbor war natürlich ein Schock. Manchmal entwickeln sich solche Dinge erst spät, Mrs. Rowland.«

Doch Nina schüttelte den Kopf.

»Das hatte sie sehr schnell überwunden, schon nach ein paar Monaten. Es war natürlich schrecklich.«

Hilda schwieg. Was auch immer passiert war, Nina hatte jedenfalls keine Ahnung davon.

»Manchmal beruhen solche nervösen Störungen auf Dingen, die in der Kindheit stattgefunden haben«, sagte sie nach einer Pause. »Können Sie sich an etwas derartiges erinnern?«

Nina angelte sich eine Zigarette aus Tonys Päckchen, das noch auf dem Tisch lag. Sie dachte an die Vergangenheit, ihr hübsches Gesicht wirkte beklommen.

»Als Kind war sie sehr glücklich«, sagte sie. »Sie hatte ein Kindermädchen, das sie anbetete, eine Hawaiianerin. Als sie zehn war, mussten wir sie entlassen. Das Kindermädchen, meine ich. Es war schrecklich, Tony war lange Zeit ganz unleidig. Aber es war erforderlich, sie wegzuschicken. Wissen Sie, sie …«

Sie beendete den Satz nicht. Tony kehrte zurück. Falls sie

165

gehört hatte, was Nina gesagt hatte, gab sie jedenfalls keinen Kommentar dazu ab. Sie war leichenblass, auch wenn ihre Stimme freundlich klang.

»Du bist schon lange auf«, sagte sie zu Nina und mied Hildas Blick. »Willst du dich nicht wieder hinlegen, wir könnten eine Partie Rommee spielen.«

Nachdem sie Alice für die Nacht fertig gemacht hatte, überdachte Hilda an diesem Abend in ihrem Zimmer die Lage. Seit dem Gespräch mit Nina war sie sich sicher, dass das Geheimnis nur Tony selbst etwas anging. Und dass, ganz gleich, was es war, Tony bis vor kurzem noch ein ganz normales glückliches Mädchen gewesen war; sie hatte sich verliebt, ihre Aussteuer zusammengestellt, ihrem Verlobten täglich Briefe geschrieben und all die Hochzeitsgeschenke geöffnet und bewundert, die sie erhielt. Dann war etwas geschehen, und plötzlich war alles aus.

Hilda war nicht prüde. Sie wusste, welche Versuchungen auf schöne Frauen lauern, und genau das war Nina. Hatte es einen Liebhaber gegeben, und wusste Herbert etwas darüber? Tony war ein modernes Mädchen. Vielleicht war ihr ein solches Wissen zuwider, aber sie würde ihre Mutter nicht für einen Fehltritt dieser Art umbringen wollen.

Sie dachte an die Kammerzofe, Delia Johnson. Was hatte Nina noch gesagt, jeder habe seinen Preis? Hatte sie, Nina, ihren Preis gehabt? Und hatte Delia davon gewusst?

Doch das war absurd. Sie mochte selbstsüchtig sein, sicherlich war sie selbstverliebt. Doch der Versuch, sie mit den Japanern in Verbindung zu bringen, war grotesk. Alles in allem wurde Hilda an diesem Abend klar, dass sie versagt hatte und dass der Fall so gut wie abgeschlossen war.

Doch wie nah sie dem Abschluss war, davon hatte sie keine Vorstellung.

Kapitel 10

Später erst sollte Hilda unter vielen Mühen versuchen, etwas Ordnung in die Ereignisse dieser Nacht zu bringen.

Sie erinnerte sich selbstverständlich an den Spaziergang mit Tony. Sie hatte das Mädchen im Flur im Erdgeschoss vorgefunden. Es wirkte einsam und verlassen, und dieses eine Mal siegte die Frau in ihr über die Detektivin.

»Warum kommen Sie nicht mit und schnappen frische Luft?«, fragte sie. »Nach letzter Nacht könnte ich Gesellschaft gebrauchen.«

Das Mädchen schaute sie mitleidig an.

»Ich fürchte, ich bin nicht sehr nett zu Ihnen gewesen, Miss Adams«, sagte sie überraschend. »Sie sehen ja, ich sitze in der Klemme. Und ich hatte keine Ahnung …«

Sie zögerte, und Hilda dachte, sie wolle vielleicht über die Sache mit der Uhr sprechen, doch das tat sie nicht.

»Ich hole mir einen Mantel«, sagte sie und eilte die Treppe hinauf.

Zu dem Spaziergang waren sie dann natürlich doch nicht gekommen, obwohl sie einträchtig losgegangen waren. Tony hatte hastig einen Blick die Straße hinauf und hinunter geworfen. Doch weder Johnny Hayes noch Herbert waren in Sicht, nur ein Mann in dunkler Zivilkleidung, der unvermittelt nach einem unsichtbaren Hund pfiff, und sie hatten die Ecke des Häuserblocks erreicht, als eine hoch gewachsene Gestalt in Uniform sich aus dem Dunkel löste und sie aufhielt.

Tony blieb stehen und hielt den Atem an.

»Nur eines«, sagte Johnny Hayes mit fester Stimme, »wolltest du Mutter mit dem, was du gestern getan hast, absichtlich beunruhigen?«

Hilda dachte, sie werde sich jeden Moment umdrehen und fortlaufen. Johnny dachte offenbar dasselbe, denn er griff sie an den Schultern und zwang sie, ihn anzusehen.

167

»Nein, das tust du nicht«, sagte er. »Du bleibst, wo du bist. Wir reden jetzt und hier darüber.«

»Lass mich los«, keuchte Tony.

»Noch nicht«, sagte er. »Und nie wieder, wenn ich es vermeiden kann. Du kleine Närrin, was ist denn bloß in dich gefahren? Ich reise doch nicht in den Pazifik, solange dieser unsägliche Unsinn zwischen uns schwelt. Was soll's, selbst wenn du schlafgewandelt bist? Zum Teufel, natürlich weiß ich darüber Bescheid. Schließlich bin ich mit Aggie befreundet. Glaubst du, mir würde das etwas ausmachen?«

Er ließ die Hand fallen, doch Tony rührte sich nicht. Sie zitterte. Sie streckte die Hand aus und tastete blindlings nach Hilda, als suche sie Halt. Der Mann von der anderen Straßenseite kam auf sie zu. Hilda erkannte ihn, es war ein Zivilbeamter vom Präsidium namens Rogers, und Hilda wünschte sich wutentbrannt, er würde sich um seinen eigenen Kram kümmern.

»Den Laufpass hast du mir ja ohnehin vorher gegeben«, sagte Johnny. »Weshalb? Was habe ich getan?«

»Es hat nichts mit dir zu tun, Johnny«, sagte Tony mit zittriger Stimme. »Aber wenn ich dir je etwas bedeutet habe, dann lass mich jetzt in Ruhe. Ich konnte nicht so weiterleben. Das ist alles. Ich kann nicht so weiterleben. Niemals mehr.«

»Warum? Das ist alles, was ich wissen will. Warum? Du hast mich doch geliebt, und ich glaube, du tust es immer noch. Was für verrückte Sachen hast du dir da in den Kopf gesetzt?« Ohne Hilda eines Blickes zu würdigen, nahm er Tony in den Arm und hielt sie fest. »Erzähl es deinem Johnny, Liebes. Lass mich dir helfen. Du weißt doch, ich tue alles, alles. Erzähl es deinem Johnny, ja?«

Tony schüttelte den Kopf, aber ihre eiserne Maske zerbrach mit einem Mal. Von krampfhaftem Schluchzen geschüttelt, weinte sie seine Uniformjacke nass. Er schwieg weise. Er ließ sie sich ausweinen, während Hilda zusah, wie Rogers sich wieder abwendete und erneut nach seinem imaginären Hund pfiff.

Als sie fertig mit Weinen war, löste sich Tony aus seinen Armen.

»Gib mir ein bisschen Zeit, Johnny«, sagte sie zittrig. »Vielleicht wird es ja bald wieder besser. Das mit deiner Mutter tut mir leid. Ich habe lediglich versucht … Ich habe dich wirklich gern, Johnny, bitte vergiss das niemals, ja?«

»Wie meinst du das, ich soll es nicht vergessen?«

»Wenn du in Übersee bist, schreibe ich dir. Versprochen. Ich schreibe dir«, sagte sie mit fiebriger Stimme. »Es gibt keinen anderen. Nur dich, dessen kannst du gewiss sein.«

Sie wandte sich ab und rannte zum Haus zurück. Der junge Hayes starrte ihr betroffen nach.

»Was zum Teufel halten Sie jetzt *davon*?«

Hilda war vorsichtig.

»Ich weiß es nicht«, sagte sie. »Sie steckt in irgendwelchen Schwierigkeiten. Vielleicht bekomme ich es ja bald heraus. Lassen Sie ihr doch etwas Zeit, darum hat sie Sie doch gebeten.«

»Zeit ist das einzige, was ich nicht habe«, sagte er, drehte sich abrupt um und ließ sie stehen.

Als Hilda zurückging, wartete Rogers auf sie, ein Mann mittleren Alters mit pfiffigen, intelligenten Augen.

»Eindrucksvolle kleine Szene«, meinte er. Aber was sollte das alles? Der Junge hat stundenlang gewartet. Ist nicht der Kerl, der Sie gestern Abend erwischt hat, nehme ich an?«

»Nein«, sagte Hilda gedankenverloren. »Er war mal mit ihr verlobt. Er muss bald einrücken, und sie hat Probleme.«

Das ließ er durchgehen. »Ich bleibe in der Nähe«, sagte er. »Passen Sie auf sich auf.« Er kehrte auf seinen einsamen dunklen Wachposten zurück.

Dass alles auf irgendeine Krise zusteuerte, fühlte Hilda in dieser Nacht mit allen Fasern ihres Körpers, als sie ihren Morgenrock über ihr langärmeliges Nachthemd zog und ihre Pantoffeln unter Alices Couch abstellte. Doch obwohl sie müde

169

war, ging sie nicht sofort schlafen. Sie trug Band XIII der *Ency-clopedia Britannica* in ihr Zimmer herauf und ging Seite für Seite durch. An einer Stelle sah es so aus, als hätte das Buch aufgeschlagen auf etwas gelegen, was es ein wenig befleckt hatte, und sie sah sich den recht kurzen Eintrag genauer an. War es möglich?, dachte sie. Dann verwarf sie den Gedanken wieder und legte das Buch mit einem Gähnen weg. In der Nacht zuvor hatte sie wenig geschlafen, und da ihr Kopf immer noch ein wenig schmerzte, hatte sie zwei Aspirin genommen. Etwa eine Stunde darauf ging sie zu Bett und schlief prompt ein.

Sie erwachte kurz nach zwei Uhr morgens mit steifem Nacken und versuchte, ihre Kissen anders zu sortieren. Vom Flur aus drang etwas Licht ins Zimmer, und nach alter Gewohnheit sah sie zum Bett ihrer Patientin hinüber. Der erstes Hinweis, dass irgendetwas nicht in Ordnung war, lag darin, dass das Bett leer war.

Sie sah zum Bad hinüber, aber die Tür stand offen, und es war niemand darin. Trotzdem dachte sie sich noch nichts Böses. Alice hatte wohl nicht schlafen können und wanderte dank ihrer wiedergewonnenen Bewegungsfreiheit durchs Haus. Trotzdem schlüpfte sie in ihre Pantoffeln und trat hinaus auf den Flur. Alles war still. Ninas Tür war verschlossen, ebenso Tonys Tür. Und von Alice war nirgendwo eine Spur zu entdecken.

Als sie die Treppe hinunterschaute, war unten alles leer und dunkel, und in diesem Moment stieg erstmals Angst in ihr auf. Sie versuchte, sich selbst zu beruhigen: Alice hatte bestimmt Hunger bekommen und hatte es bis in die Küche geschafft, aber weil es näher war, kam sie über die Hintertreppe wieder nach oben. Sie hielt abrupt inne, als sie die Treppe erreichte.

Denn von unten her kam jemand herauf oder versuchte es zumindest. Sie konnte lediglich sehen, dass am Fuß der Treppe eine dunkle Gestalt kauerte, eine Person, die offenbar auf Händen und Füßen kroch und leise wimmerte, während sie die Stufen hinaufzuklettern versuchte.

»Miss Rowland?«, rief sie. »Warten Sie. Ich hole Sie.«

Sie konnte den Lichtschalter nicht finden, und so erkannte sie die Gestalt erst, als sie sich über sie beugte. Es war Tony, und als Hilda sie berührte, schnappte sie kurz nach Luft und fiel in Ohnmacht. Hilda fühlte rasch nach ihrem Puls. Er war langsam und schwach, aber sie wusste kaum, was sie tun sollte. Letzten Endes beschloss sie, Tony lieber treppab als treppauf zu befördern. Von unterhalb stützte sie das Mädchen und trug es mehr oder weniger zum Erdgeschoss hinab. Dort legte sie es flach hin und tastete nach dem Lichtschalter. Die plötzliche Helligkeit blendete sie fast, als sie sich wieder dem Mädchen zuwandte. Es hatte sich nicht bewegt. Aus dem Gesicht war jede Farbe gewichen, an der Hand und auf der Brust ihrer weißen Bluse war Blut.

Selbst unter dem Schock dieser Entdeckung fiel Hilda auf, dass Tony vollständig bekleidet war. Sie hatte sich nach dem Abendessen umgezogen und trug wieder ihren üblichen Rock, dazu eine Bluse, jedoch keinen Pullover. Das Blut stammte von einer tiefen Schnittwunde in einer Handfläche. Ansonsten schien sie nicht verletzt zu sein.

Alice sah sie nicht, als sie sich aufrichtete und umschaute. Die Tür vom kleinen rückwärtigen Flur zur Küche war geschlossen, und als sie sie öffnete, dachte sie zunächst, die Küche sei leer. Nach den Gegenständen auf dem Tisch zu urteilen, war jemand dabei gewesen, sich etwas zu essen zu machen, neben einem Laib Brot fand sie ein Messer, ein wenig Butter und ein paar Scheiben Aufschnitt sowie Senf. An der Tischkante war ein blutiger Abdruck, als hätte jemand die flache Hand dort hingelegt.

Tony hatte sich nicht bewegt, als sie zu ihr hinüberschaute, und so ging sie in die Küche hinein. Erst in diesem Moment sah sie Alice Rowland bäuchlings auf dem Fußboden hinter dem Tisch liegen. Ihr Hinterkopf war eingeschlagen, die Splitter einer Milchflasche lagen auf dem Fußboden ringsumher verstreut.

Sie war tot, da war nichts mehr zu machen.

171

Hilda stand über die Leiche gebeugt und fühlte sich von hilfloser Wut geschüttelt. Sie hatte den Fall übernommen, um weiteres Übel zu verhüten, doch nun hatte sie nicht nur versagt, sondern obendrein geschlafen, während ein Mord geschah. Schlimmer noch: Ausgerechnet ihre Patientin war gestorben. Nur einmal in ihrer langen Laufbahn war so etwas passiert, und das Geschehen war zu offensichtlich, als dass sie es hätte ignorieren können. Ganz gleich, was sie dachte – falls überhaupt –, sie war sich gewiss, dass die Polizei Tony für die Täterin halten würde – Tony, die noch immer mit ausdruckslosen, weit aufgerissenen Augen auf dem Fußboden im Flur lag und die Decke anstarrte, ohne etwas zu sehen.

In diesem Moment entdeckte sie den Umschlag. Er lag ganz in der Nähe der Leiche, und sie hob ihn fast automatisch auf. Er war an Alice Rowland adressiert und gehörte ganz offensichtlich zu dem Brief, den sie am Nachmittag vom Postboten in Empfang genommen hatte. Sie stopfte ihn hastig in ihre Schwesterntracht, ließ Tony, wo sie war, und rannte die Treppe hinauf zu Nina Rowlands Zimmer. Es war noch abgeschlossen, und sie trommelte laut gegen die Tür. Falls Nina wach gewesen war, gab sie jetzt eine gekonnte Darbietung eines erschrockenen Erwachens zum Besten.

»Was ist los?«, rief sie verschreckt. »Wer ist dort?«

»Öffnen Sie die Tür«, rief Hilda. »Sie ist abgeschlossen. Und beeilen Sie sich. Bitte beeilen Sie sich.«

Im Nachthemd und barfuß schloss Nina die Tür auf; sie trug Lockenwickler, darüber ein Haarnetz. Unter dem kurzen Ärmel ihres Hemdes war der Verband an ihrem Arm deutlich zu sehen. Sie war leichenblass.

»Was ist denn los?«, fragte sie gequält. »Was ist passiert?«

Hilda sah sowohl Nina als auch den Raum prüfend an. Er wirkte wie jedes normale Schlafzimmer, in dem der Schlafende aufgeschreckt worden ist. Das Fenster stand offen, das Bettzeug war zurückgeworfen, auf dem Schminktisch stand eine Dose

172

Hautcreme mit ein paar Papiertüchern. Vor Hildas innerem Auge war der Streit zwischen Alice und der Frau vor ihr noch sehr lebendig, doch sie hatte jetzt keine Zeit, darauf einzugehen.

»Tony geht es gut«, sagte sie. »Sie hat sich an der Hand geschnitten. Ich … vielleicht sollten Sie sich lieber anziehen, Mrs. Rowland. Es ist etwas passiert, und Tony ist ohnmächtig.«

Sie wartete nicht ab, sondern rannte wieder die Vordertreppe hinunter und hielt nur inne, um das Licht einzuschalten. Auf der gegenüberliegenden Straßenseite saß Rogers auf einer niedrigen Steinmauer und rauchte eine Zigarette. Als sie ihn rief, kam er im Eilschritt zu ihr herüber.

»Es hat hier einen Mord gegeben«, sagte Hilda atemlos. »Kommen Sie herein und rufen Sie den Inspektor an. Ich gehe wieder in den hinteren Flur im Erdgeschoss.«

Sie zeigte ihm, wo das Telefon in der Bibliothek stand, und ging zurück zu Tony. Sie lag genauso da, wie sie sie zurückgelassen hatte, die Augen noch immer offen, wenn auch nicht mehr ganz so ausdruckslos. Ihr Blick glitt langsam über Hilda zur Treppe und zu den grün gestrichenen Wänden.

»Wie bin ich hierhin gekommen?«, fragte sie stockend.

»Wissen Sie das nicht?«

»Nein. Ich …« Allmählich kam die Erinnerung, denn sie hob ihre verletzte Hand hoch und starrte sie an. »Tante Alice?«, fragte sie mit Mühe. »Ist sie …?«

»Können Sie sich aufsetzen?« Hilda legte den Arm um sie und zog sie hoch, doch das schien sie schwindelig zu machen, und sie ließ sie wieder zurücksinken. Sie hörte Rogers vom vorderen Flur aus auf sie zukommen und ging ihm rasch entgegen. Er wollte etwas sagen, doch sie brachte ihn mit einer Handbewegung zum Schweigen.

»Tony Rowland ist dort drüben ohnmächtig geworden«, sagte sie hastig. »Sagen Sie in ihrer Anwesenheit nichts über das, was passiert ist. Ich will sie von hier wegschaffen. Die andere liegt in der Küche.«

173

»Ist Tony das junge Mädchen mit dem Offizier?«

»Ja. Sie werden sie wohl tragen müssen.«

Er hob Tony mühelos auf. Auf dem oberen Treppenabsatz stand ihm Nina im Weg, die inzwischen einen Morgenmantel übergeworfen hatte, ohne jedoch ihre Lockenwickler zu entfernen. Als sie sah, was er trug, starrte sie ihn regungslos an.

»Was ist passiert?«, fragte sie zittrig. »Sie ist doch nicht verletzt, oder?«

Doch Tony rührte sich nicht und sagte kein Wort. Sie lag mit geschlossenen Augen in Rogers Armen und sah erst auf, als sie in ihrem Bett lag und Nina sich über sie beugte. Sie sah das Blut und warf Hilda einen entsetzten Blick zu.

»Sie ist verletzt, Miss Adams. Schwer verletzt.«

Hilda, die bereits auf dem Weg nach draußen war, hielt auf der Schwelle inne.

»Ich habe Ihnen ja bereits gesagt, sie hat sich an der Hand geschnitten, das ist alles. Rufen Sie die Dienstboten, ja?«

Doch Nina rief in dieser Nacht keine Dienstboten. Offensichtlich einem Nervenzusammenbruch nahe, ließ sich in einen Sessel sinken und wandte sich mit verzweifelter Miene an Hilda.

»Wer hat sie gefunden?«

»Ich«, sagte Hilda ruhig. »Ich kann es Ihnen auch gleich sagen, Mrs. Rowland. Miss Alice hatte einen Unfall. Ich fürchte, einen tödlichen Unfall.«

In diesem Moment fiel Nina Rowland in Ohnmacht, und Hilda hatte zwei Patientinnen zu versorgen. Erst als die beiden Dienstmädchen herbeigeeilt waren und sie Nina im Zimmer gegenüber in ihr Bett verfrachtet hatten, stieg Hilda wieder die Treppe hinab. Rogers war in der Küche und starrte ziemlich fassungslos auf die Tote hinunter.

»Wer hat das getan? Das Mädchen?«, fragte er.

»Ich weiß es nicht«, sagte sie kurz angebunden. »Ich nehme an, Sie haben Inspektor Fuller erreicht. Ich rufe den Arzt.«

»Ist das nicht ein bisschen spät?«

»Den Hausarzt. Das Mädchen hat sich in die Hand geschnitten.«

»An der Flasche? Oder an dem Messer?«

Erst jetzt sah sie das Messer, vorher hatte sie es nicht recht wahrgenommen. Es lag auf dem Tisch, und an der langen Klinge klebte Blut. Er grinste angestrengt.

»Was war überhaupt los?«, fragte er. »Ein Duell? Die eine mit einem Messer, die andere mit einer Milchflasche! Wo waren Sie, als das hier ablief?«

»Im Bett«, sagte sie bitter und setzte sich in Bewegung, als es an der Tür schellte.

Zwei Polizisten standen draußen, ihr Streifenwagen war am Straßenrand geparkt. Sie schickte sie nach hinten in die Küche und rannte die Treppe hinauf, wo sie die beiden Dienstmädchen im Flur vorfand, doch in diesem Augenblick fühlte sie sich nicht in der Lage, mit ihnen zu reden. Sie eilte an ihnen vorbei in Tonys Zimmer. Das Mädchen hatte sich nicht gerührt, seit Rogers es heraufgetragen hatte, außer dass ihre Augen jetzt wieder geschlossen waren.

»Sie schlafen nicht, Tony, und Sie sind auch nicht ohnmächtig«, sagte sie fest. »Sie hören jedes Wort, das ich sage.«

Tony bewegte sich nicht, öffnete aber die Augen. Sie ließen so viel Kummer erkennen, dass Hilda sich wie eine Henkerin vorkam. Sie beugte sich über das Bett.

»Hören Sie, Liebes«, sagte sie mit einer Stimme, die Inspektor Fuller noch nie zu hören bekommen hatte. »Sie müssen mir sagen, was Sie wissen. Die Polizei ist im Haus. Sie können jetzt niemandem mehr helfen, indem Sie die Dinge verschleiern.«

»Ist sie …?«

»Ja, Tony.«

Ihre Augen schlossen sich wieder. »Ich bin müde«, sagte sie. »Bitte lassen Sie mich in Ruhe. Ich möchte schlafen.«

Aggie war Hilda ins Zimmer gefolgt und sagte jetzt vorwurfsvoll:

»Warum lassen Sie sie nicht in Ruhe? Sie ist krank. Was ist ihr überhaupt zugestoßen? Was tun die Polizisten da unten?«

Hilda straffte sich.

»Miss Alice ist tot, Aggie«, sagte sie. »Jemand hat sie unten in der Küche getötet. Und Tony hat entweder gesehen, wie es geschah, oder hat sie dort gefunden.«

Aggie schnappte nach Luft.

»Tot!«, rief sie. »Aber warum nur? Wer würde denn so etwas tun?«

»Fragen Sie Tony«, sagte Hilda knapp. »Ich glaube, sie weiß es.«

Doch sie hatten keine Zeit mehr, Tony Fragen zu stellen. Dr. Wynant betrat das Zimmer, und im Erdgeschoss war Fuller eingetroffen und fragte nach Hilda. Sie ging nach unten und trat zu ihm in den vorderen Flur. Er betrachtete sie übellaunig.

»Nun, was halten Sie von der ganzen Geschichte? Halten Sie immer noch zu dem Mädchen?«

Er wartete nicht erst auf eine Antwort, sondern marschierte in Richtung Küche. Sie folgte ihm. Die beiden Männer aus dem Streifenwagen standen mit Rogers an der Küchentür. Sie machten Platz, damit er die Tote sehen konnte, aber das war alles, was er tat.

»Der Halbblaster muss jeden Moment hier sein«, sagte er. »Tun Sie nichts, bevor er nicht da ist.«

»Halbblaster« war der Spitzname der Polizisten für ihr Mobiles Einsatzlabor, das neben allen möglichen technischen Einrichtungen von Beatmungsgeräten bis zum akustischen Bombendetektor eine Crew von Spurensicherungsexperten, mehreren Technikern, einem Fotografen und einem Chemiker sowie diverses Werkzeug enthielt. Fuller war stolz darauf, aber jetzt wollte er zunächst Hildas Story hören. Sie erzählte sie ihm in der Bibliothek.

Sie gab ihm lediglich die reinen Fakten, soweit sie sie kannte, und er hörte gespannt zu.

176

»Nun gut«, sagte er, als sie fertig war. »Sie behaupten nicht, das Mädchen sei diesmal wieder schlafgewandelt, oder?«

»Ich behaupte gar nichts.«

»Sie haben den Küchentisch gesehen. Eine der beiden kommt also herunter, um sich etwas zu essen zu machen, die andere folgt ihr. Sie streiten sich, und vielleicht bekommt es die Tante mit der Angst zu tun. Sie ergreift das Messer, das Mädchen versucht es ihr zu entreißen und nimmt dann die Milchflasche. Es sieht jedenfalls meiner Meinung nach ganz danach aus.«

»Was hatte Alice Rowland hier unten zu suchen? Sie konnte kaum auf den Füßen stehen.«

»Aber sie kam trotzdem herunter. Und sie ist noch immer hier, vergessen Sie das nicht, Miss Pinkerton.«

Zornesröte stieg in Hildas Wangen auf.

»Tony hätte sie also getötet!«, sagte sie. »Und was ist mit den übrigen Leuten hier im Haus? Was ist mit der offenen Küchentür und dem Mann, der mich gestern Abend überfallen hat?«

Er brauchte ihr nicht zu antworten, denn in diesem Moment traf der Halblaster ein, und Fuller folgte den Leuten in die hinteren Räume. Hilda weigerte sich mitzugehen. Sie kannte das Ritual allzu gut, und tun konnte sie ohnehin nichts. Als er irgendwann später wieder auftauchte, saß sie auf einer Treppenstufe, den Kopf in den Händen, und ihr schmaler Körper wirkte durch und durch niedergeschlagen und hoffnungslos. Sie sah zu ihm auf, als erkenne sie ihn nicht.

»Warum ging Tony nach unten?«, fragte sie mit schwacher Stimme. »Und warum folgte Alice ihr? Wenn ich das nur wüsste …«

»Es könnte auch andersherum gewesen sein.«

Sie schüttelte den Kopf.

»Alice war noch längst nicht wieder wohlauf. Auf keinen Fall wäre sie allein die Treppe hinuntergegangen, solange ich in der Nähe war. Sie folgte Tony, da bin ich mir ganz sicher. Und falls sie dachte, sie schlafwandle …«

»Dann hätte sie im Schlaf Brot schneiden und Sandwiches machen müssen! Und ich nehme an, sie schlief auch noch, als sie ihrer Tante die Milchflasche auf den Schädel schlug.«

Hilda stand langsam auf. Sie fühlte sich vollständig ausgelaugt.

»Es könnte sein, dass sie genau das behauptet«, sagte sie trostlos.

Aus Fullers Blick sprach Sympathie, aber auch Verzweiflung.

»Warum?«, fragte er. »Spielen Sie mir gegenüber nicht die Sphinx, die Rolle liegt Ihnen nicht.«

Kapitel 11

Sie folgte ihm steif die Treppe hinauf zu Tonys Zimmer. Der Arzt war im Bad und bereitete eine Spritze vor, während Aggie am Bett Wache hielt. Tonys Hand war mittlerweile sauber verbunden worden. Nina war nicht zu sehen, dafür waren beide Dienstmädchen anwesend. Fuller schickte alle außer Wynant hinaus.

Tony lag mit geschlossenen Augen da. Er ging zum Bett hinüber und sah auf sie hinab.

»Erzählen Sie mir, was heute Nacht da unten vorgefallen ist«, sagte er streng. »Alles. Warum Sie unten waren. Wie Sie sich an der Hand geschnitten haben. Und was Ihrer Tante zugestoßen ist.«

»Ich weiß es nicht«, sagte sie mit schwacher Stimme, die Augen noch immer geschlossen. »Ich ging hinunter, um etwas zu essen, und sie kam hinter mir her. Ich holte etwas aus der Speisekammer. Dort war ich noch, als ich hörte … als ich hörte, wie sie zu Boden fiel.« Sie schauderte. »Ich habe sie dann … so … gefunden.«

»Wie kam es zu Ihrer Schnittwunde?«

Sie hob die Hand hoch und betrachtete den Verband, als sehe sie ihn zum ersten Mal.

»Ich weiß es nicht«, flüsterte sie. »Vielleicht bin ich mit dem Messer abgerutscht.«

»Hatte Ihre Tante das Messer? Haben Sie versucht, es ihr wegzunehmen?«

»Nein«, sagte sie und fing an zu weinen. Ganz langsam rollten die Tränen über ihre bleichen Wangen, ohne dass sie es merkte. »Sie hat es nicht angefasst. Ich habe sie gern gemocht. Wir haben uns nicht gestritten, wenn Sie das glauben. Sie meinte es gut mit mir.«

»War es Ihre Gewohnheit, mitten in der Nacht da unten etwas zu essen?«

Sie schüttelte den Kopf, ohne zu antworten.

»Und Sie haben nichts und niemanden gesehen?«

Nun jedoch schritt der Arzt ein. Tony hatte einen schweren Schock. Die Fragen konnten warten, jetzt benötigte sie erst einmal Ruhe. Fuller war zudem klar, dass das Mädchen alles gesagt hatte, was es zu sagen bereit war. Nachdem Dr. Wynant ihr die Spritze verabreicht hatte, ließen beide Männer Hilda endlich mit Tony allein. Sie trat leise ans Bett. Tony lag ganz still mit geschlossenen Augen da, doch Hilda wusste, dass sie bei Bewusstsein war. In ihrer Stimme lag jetzt keinerlei Freundlichkeit mehr.

»War das Herbert heute Nacht in der Küche?«, fragte sie. »Sie sollten es mir lieber sagen, Tony, ich warne Sie.«

»Herbert!« Tony schnappte nach Luft und versuchte, sich aufzusetzen. »Was wissen Sie über ihn? Er hat überhaupt nichts mit alledem zu tun. Er war nicht einmal hier, er …« Sie schluckte schwer und verstummte. Hildas Miene war wie versteinert.

»Ich glaube schon, dass er heute Nacht hier war«, sagte sie ernst. »Ich glaube, er kommt jeden Abend, um sich vor der Polizei zu verstecken, und Sie haben das Essen für ihn hingestellt.

Und da hat Ihre Tante Alice ihn entdeckt, nicht wahr?« Als Tony darauf nicht antwortete, sagte sie: »Er erpresst Sie, stimmt's? Und heute bekam Ihre Tante einen Brief aus Honolulu. Sie hielt ihn in der Hand, als sie Ihnen in die Küche folgte.«

»Mein Gott!« Tony ließ sich aufs Bett zurücksinken. Sie zitterte. »Bitte erzählen Sie niemandem davon. Es … es hat nichts mit dem zu tun, was passiert ist.«

»Was ist mit dem Brief geschehen, Tony?«, sagte Hilda mit eisiger Stimme. »Ich will ihn haben. Wo haben Sie ihn versteckt?«

»Ich habe ihn nicht. Ich hatte ihn nie.«

»Aber Sie wissen, was darin stand, nicht wahr?«

Tony schüttelte nur den Kopf und schloss die Augen. Sie verweigerte jedes weitere Wort, und Hilda stand da und schaute auf sie hinab, hin und her gerissen zwischen Zorn und Mitleid. Jeder Psychiater hätte bescheinigt, dass das Mädchen geistesgestört war, dachte sie. Aber sie glaubte nicht daran.

Vor allen Dingen, überlegte sie, musste sie mit Nina sprechen. Doch die Nina, die sie im Zimmer gegenüber im Bett liegend vorfand, war eine wild dreinblickende, hysterische Kreatur ohne jeden Sinn und Verstand, die jeden Verdacht, mit Tony könne etwas nicht stimmen, weit von sich wies und versuchte, Hilda aus dem Haus zu werfen. Nicht erwartet hatte Hilda jedoch Ninas Ausbruch, als sie ihr erzählte, dass sie für die Polizei gearbeitet hatte und es noch immer tat.

»So ist das also!«, hatte sie gewütet. »Sie haben die ganze Zeit hier herumgeschnüffelt, und meine arme Tony …«

Hilda hörte zu, so lange es ihr möglich war. Als Nina innehielt, sagte sie ganz ruhig:

»Ich möchte mir Ihren Arm ansehen, Mrs. Rowland. Ich versichere Ihnen, es ist notwendig. Wenn Sie verletzt sind und die Wunde infiziert ist, brauchen Sie ärztliche Hilfe.«

Ganz gleich, was sie erwartet hatte – das, was nun geschah, hatte sie nicht vorhersehen können. Denn Nina brach praktisch unmittelbar in hysterisches Kreischen, Lachen und Weinen aus. Dr. Wynant musste ihr eine Beruhigungsspritze geben, und als diese wirkte, folgte er Hilda aus dem Zimmer.

»Ich weiß nicht, ob Sie hier bleiben oder nicht, Miss Adams«, sagte er, »aber ich empfehle Ihnen, sich von ihr fernzuhalten. Die Dienstmädchen sollen nach ihr sehen. Sie hat einen ganz schönen Schock. Was war denn diesmal der Auslöser?«

»Ich habe sie aufgefordert, mir ihren Arm zu zeigen.«

»Reiten Sie immer noch darauf herum?«, fragte er nachsichtig. »Wie auch immer, bleiben Sie ihr fern. Es ist *ihr* Arm.«

Tony schlief den Rest der Nacht dank des Schlafmittels tief und fest, während die unvermeidlichen Reporter das Haus umlagerten und mit allen möglichen Tricks versuchten, sich Zugang zu verschaffen. Trotz der späten Stunde hatten sich auf der Straße vor der Haustür und in der Gasse hinter dem Haus Schaulustige eingefunden, die von der Polizei in Schach gehalten wurden. Derweilen leuchteten Taschenlampen auf, es wurde vermessen, zersplittertes Glas vorsichtig aufgesammelt und schließlich Alice Rowland zum letzten Mal aus ihrem Haus getragen.

Hilda wurde gerade nirgendwo benötigt und verbrachte ihre Zeit mit der Suche nach dem Brief, den Alice ihrer Meinung nach mit Sicherheit nach unten mitgebracht hatte. Er war nicht in Tonys Zimmer, und falls er im Küchenherd verbrannt worden war, so war davon nichts zu erkennen. Die Küche war jetzt wieder still, und im Tageslicht war von der ganzen Tragödie nur noch ein Fleck auf dem Fußboden zu sehen. Die Polizei und die Schaulustigen waren fort, das Mobile Einsatzlabor war wieder abgefahren, das Grundstück war durchsucht worden, und nun blieben nur noch ein Polizist draußen vor der Tür und einer in der Eingangshalle zurück, ganz abgesehen von Fuller, der im Esszimmer mit Dr. Wynant zusammen Kaffee trank.

Sie schauten nicht auf, als Hilda zu ihnen trat. Der Arzt setzte seine Tasse ab. Er wirkte müde und niedergeschlagen.

181

»Ich kann es nicht glauben«, sagte er. »Ich mag das Mädchen, seit jeher schon. Das war eine prima Familie, jedenfalls bis vor kurzem.«

»Wann haben Sie eine Veränderung bemerkt?«

»Erst neulich. Wissen Sie, ich würde nicht einmal jetzt annehmen, dass Tony gestört ist. Natürlich stimmt irgendetwas nicht mit ihr, seit sie die Verlobung aufgelöst hat. Aber so etwas …«

Fuller zündete sich eine Zigarette an und beobachtete den Arzt durch den Rauch.

»Was machen Sie mit den übrigen Fakten? Sie hat immerhin versucht, auf ihre Mutter zu schießen, nicht wahr? Und dann das mit dem Autounfall. Wozu das alles? Hasst sie sie?«

Der Arzt wirkte schockiert.

»Sie hassen!«, rief er. »Nina hassen! Sie war und ist ihr völlig ergeben. Vielleicht war sie, wie viele Mädchen in dem Alter, vor allem ihrem Vater verbunden, aber hassen – nein, das ist absurd.«

»Dann sind Sie immer noch der Meinung, dass sie schlafwandelte, als sie die Pistole fand?«, beharrte Fuller.

»So ungefähr.«

»Ich nehme an, es könnte nicht Alice gewesen sein? Und die Geschehnisse letzte Nacht beruhen darauf, dass Tony das wusste?«

»Das halte ich für höchst unwahrscheinlich«, sagte der Arzt nachdrücklich. »Alice Rowland hatte ihre Fehler, aber sie hat die Familie ihres Bruders bei sich aufgenommen und versorgt. Vielleicht nicht allzu herzlich. Wie gesagt, sie war manchmal ziemlich schwierig. Aber ich denke schon, sie tat, was sie konnte.«

Fuller sah nachdenklich drein.

»Die Jungs meinen, sie hätten etwas gegen Tony in der Hand«, sagte er. »Ihre Geschichte passt vorn und hinten nicht. Sie haben ihre Fingerabdrücke auf dem Messer und auf dem Tisch, beide Male blutig. Wenn sie irgendwelche Abdrücke auf der Milchflasche finden und die dann womöglich auch noch Tonys sind, dann werden wir sie zum Verhör mitnehmen müssen. Hilda wird sich dem sicher widersetzen, habe ich Recht?«

Er sah Hilda an und lächelte.

»Warum?« Der Arzt starrte Hilda ebenfalls verblüfft an, doch die schwieg. Sie hatte sich eine Tasse Kaffee eingeschenkt und nippte daran.

»Fragen Sie nicht mich, sondern sie. Eine ihrer Ahnungen vermutlich. Sie hat etwas bezüglich Honolulu im Hinterkopf. Aber vier Jahre sind eine lange Zeit.« Er stand auf, nahm seinen Hut und setzte ihn bedächtig auf. »Ich habe eine Menge Respekt vor ihren Ahnungen«, sagte er und ging.

Der Arzt sah Hilda an.

»Was soll das mit Honolulu?«, fragte er übellaunig. »Ich halte nichts von Ahnungen, aber wenn Sie etwas wissen …?«

Hilda antwortete nicht direkt. Sie stellte ihre Kaffeetasse ab und sah ihn unverwandt an.

»Werden Sie sich bei der nächsten Untersuchung Nina Rowlands Arm ansehen?«, fragte sie.

»Was zum Teufel hat ihr Arm mit dem Mord an Alice zu tun?«

»Das will ich ja gerade herausfinden.«

Er war verärgert. Er stand auf und schaute mit äußerstem Unwillen zu ihr herunter.

»Ich untersuche ihren Arm, sobald sie mich dazu auffordert«, sagte er. »Keinen Moment früher.«

»Möglicherweise tut Ihnen das noch einmal leid«, sagte sie zu ihm, aber er griff nach seiner Tasche und stürmte ohne ein weiteres Wort hinaus.

Sie sah Fuller an diesem Morgen nicht wieder. Da es inzwischen Tag geworden war, ging er auf den Rasenflächen rings ums Haus umher, fand jedoch nichts. Er stieg schließlich in seinen Wagen und fuhr in sein Büro. Dort fand er eine Nachricht des Polizeichefs vor. Er traf ihn ausgesprochen schlechter Laune inmitten diverser Morgenzeitungen an. Immerhin war sein

Schnupfen besser, so dass man ihn wieder verstand. Geradezu
unangenehm klar und deutlich sogar.

»Was ist das alles für ein Chaos?«, bellte er. »Ich gebe Ihnen
einen meiner besten Männer, um das Haus zu bewachen, Sie
schleusen Ihre Miss Pinkerton da ein, und unter beider Nase
wird prompt ein Mord verübt.« Er sah Fuller eisig an. »Zumindest haben Sie Hilda Adams gerettet. Darüber sind Sie bestimmt froh.«

»In der Tat«, sagte Fuller. »Ich habe Hilda sehr gern.«

»Sie war da, verdammt noch mal. Wieso konnte das dann passieren?«

»Sie hat geschlafen«, sagte Fuller gelassen. »Sie ist am Vorabend niedergeschlagen worden und war ziemlich fertig.«

»Und wer zum Teufel war das?« fragte der Commissioner.
»Nicht, dass ich nicht selbst gelegentlich dazu Lust hätte. Genauso wie bei gewissen anderen Leuten, die ich nicht näher
nennen möchte«, fügte er düster hinzu, als Fuller grinste.

Als er in sein Büro zurückkehrte, nachdem er seinen Chef in
geradezu hysterischer Verfassung zurücklassen hatte, wartete
dort ein junger Offizier auf ihn, ein hoch gewachsener Jüngling
mit blassem Gesicht, der sich mit krampfhaft verknäuelten Fingern an seiner Mütze festhielt.

»Leutnant Hayes«, stellte er sich vor. »Ich komme gerade
vom Haus der Rowlands.«

»Ich verstehe«, sagte Fuller höflich. »Setzen Sie sich, mein
Junge, und beruhigen Sie sich. Es hat keinen Sinn, sich aufzuregen. Gehen Sie es gelassen an.«

Der Leutnant setzte sich nicht, sondern blieb stocksteif stehen und starrte Fuller an.

»Werden Sie Tony Rowland verhaften?«, fragte er. »Wenn ja,
dann ...«

»Wir verhaften nicht so ohne weiteres, wie Sie glauben, Leutnant. Wir sind hier nicht beim Militär.«

Falls er gehofft hatte, Johnny Hayes mit diesen Worten abzulenken, dann hatte er sich getäuscht. Der geradlinige junge Mann ignorierte sie einfach.

»Warum haben Sie ihr dann Fingerabdrücke abgenommen?«, wollte er wissen. »Aggie – eines der Dienstmädchen – sagt, das hätten Sie.«

»In einem solchen Fall nehmen wir jedem Fingerabdrücke ab.«

Hayes mochte sich immer noch nicht beruhigen.

»Ich habe von Aggie gehört, was passiert ist«, sagte er. »Sie wollen ihr das anhängen, stimmt's? Weil sie einmal im Schlaf eine Pistole in die Hand genommen hat und die losgegangen ist … Was beweist das schon? Sie hat niemanden umgebracht und hat es auch nicht versucht. Ich kenne sie.«

»Sie steht bisher nicht unter Anklage, Leutnant.« Er schob eine Zigarettendose über den Schreibtisch. »Stecken Sie sich eine an und fassen Sie sich. Ich würde Ihnen gern ein paar Fragen stellen. Warum hat sie bloß die Verlobung mit Ihnen gelöst?«

Hayes setzte sich, nahm aber die angebotene Zigarette nicht. Er zog ein Lederetui aus der Tasche und zündete sich eine seiner eigenen an. Seine Hände zitterten leicht.

»Das ist meine Privatangelegenheit, Sir«, sagte er.

»Kam ein bisschen plötzlich, nicht wahr?« Und, als er auch hierauf keine Antwort bekam: »Soweit ich gehört habe, war bereits alles geplant. Und dann, aus heiterem Himmel …«

»Herrgott noch mal. Wenn sie es sich anders überlegt hat, dann ist das doch ihre Sache.«

Fuller beobachtete ihn. Er schien ein netter Kerl zu sein, einer der geradlinigen Typen, die das Militär entweder hervorbringt oder ausfindig macht.

»Das ist alles? Hat sie es sich einfach nur anders überlegt, oder ist zwischen Ihnen beiden etwas vorgefallen?«

»Es ist nichts vorgefallen.«

»Es gab also keinen Streit?«

»Nein, Sir.«

»Ihnen ist natürlich klar, dass sie sich in einer sehr unglücklichen Lage befindet, Leutnant. Ich meine damit nicht die Schüsse vor ein paar Monaten, sondern letzte Nacht. Oberflächlich gesehen scheint sie sich mit ihrer Tante gestritten zu haben. Ihre Tante griff nach einem Messer, und Tony nahm es ihr ab – ihre Fingerabdrücke sind darauf. Und dann erschlug sie ihre Tante mit einer Milchflasche, die auf dem Tisch gestanden hat. Oberflächlich gesehen, wie ich sagte. Wenn ihre Fingerabdrücke auf den Scherben der Flasche sind, dann sieht die Sache gar nicht gut für sie aus.«

»Aber die haben Sie noch nicht?«

»Die Flasche ist zerbrochen, und die ausgelaufene Milch war nicht gerade hilfreich. Das Labor arbeitet im Moment daran.«

Das Telefon klingelte neben seinem Ellbogen. Während er abnahm, fühlte er den Blick des jungen Mannes auf sich ruhen. Er hörte eine Weile zu, bedankte sich dann und legte auf. Hayes war mittlerweile aufgestanden.

»Auf dem Glas sind jede Menge verwischte Abdrücke«, sagte er. »Einige davon scheinen ihre zu sein. Sie arbeiten noch daran. Tut mir leid, Leutnant, das ist noch ungeklärt. Bisher jedenfalls.«

Hayes hörte ihm gar nicht zu. Er setzte sich mit Schwung seine Mütze auf, salutierte halbherzig und eilte davon. Fuller saß eine Weile nur da. Der Junge gefiel ihm, aber was ihn erwartete, war wirklich nicht wenig … Er griff wieder zum Hörer.

»Nehmen Sie sich die anderen Fingerabdrücke vor«, sagte er. »Wenn Sie sie nicht zuordnen können, fragen Sie in Washington nach. Vielleicht gehören sie ja dem Milchmann, vielleicht aber auch nicht. Und genau das will ich wissen.«

Kapitel 12

Hilda verbrachte inzwischen im Haus der Rowlands einen anstrengenden Tag. Der uniformierte Beamte patrouillierte weiterhin vor dem Haus, während ein anderer Polizist sich im unteren Flur aufhielt, gelangweilt aussah und gelegentlich in der Bibliothek heimlich eine Zigarette rauchte. Ninas Tür war verschlossen, und Tony nach wie vor nur halb bei Bewusstsein. Hilda aß allein zu Mittag und fühlte sich nutzlos und unbrauchbar. Bevor sie die Treppe hinaufstieg, ging sie noch einmal in die Küche.

Stella war allein. Sie hatte die Milch vom Fußboden aufgewischt und überall sauber gemacht. Nun saß sie am Tisch und trank zur Nervenberuhigung starken schwarzen Tee. Sie war nicht direkt herzlich, freute sich aber offenbar über Gesellschaft.

»Sie sind doch schon so lange hier, Stella«, sagte Hilda. »War es üblich, dass Miss Tony mitten in der Nacht noch etwas zu essen für sich oder ihre Mutter macht?«

»Nein, Miss. Ich habe das heute schon zu Aggie gesagt. Ich weiß wohl, dass sie sich manchmal ein Stück Käse oder so etwas holt. Aber das ist alles, und auch nur ab und zu. Und was die Milchflasche angeht – sie rührt Milch nicht an.« Stellas verzog das Gesicht. Unvermittelt brach sie in Tränen aus. »Das arme Kind!«, sagte sie. »So ein liebes, nettes Mädchen, und dann löst sie ihre Verlobung und jetzt das. Wenn ich nur daran denke, dass sie gestern ihr Brautkleid weggebracht hat ...«

»Sind Sie sich da sicher?«, fragte Hilda eindringlich.

»Na ja, Aggie sagt, es ist weg. Und ein anderes Kleid auch. Und sie war gestern mit dem Auto weg. Ich habe sie zurückkommen gesehen.«

Hilda war verblüfft.

»Aber warum um alles in der Welt würde sie so etwas tun, Stella?«

187

»Ich vermute, sie wollte es einfach nur los sein. Mochte es nicht mehr im Haus haben, die Ärmste. Dabei war sie davon ganz hingerissen, als es geliefert wurde!«

Hilda verdaute diese Information schweigend. Als Stella sich die Tränen getrocknet und etwas Haltung wiedergewonnen hatte, öffnete Hilda die Tür zur Kellertreppe.

»Ich nehme an, die Polizei ist auch da unten gewesen?«, fragte sie.

»Die waren überall. Das war hier vielleicht schmutzig, das können Sie sich nicht vorstellen. Die haben sich sogar das Butlerzimmer angesehen! Dabei ist das natürlich leer, seit wir Herbert Johnson endlich los sind.«

Hilda zuckte unwillkürlich zusammen.

»Herbert Johnson?«, fragte sie nach. »Wann war er hier?«

»Miss Tony hatte ihn irgendwo getroffen. Sie kannten ihn von den Inseln. Er war eigentlich kein Butler, eher ein Hausdiener. Außerdem taugte er nichts. Schnüffelte dauernd herum. Miss Alice hat ihn rausgeworfen, und das war keinen Augenblick zu früh, wenn Sie mich fragen.«

»Wann war das?«

»Ach, so vor zwei, drei Monaten. Im Grunde hatten wir ihn nur wegen der Hochzeit eingestellt. Seine Schwester Delia war früher als Zofe bei Mrs. Rowland. Wenn sie genauso wenig getaugt hat wie er …«

»Wo ist das Butlerzimmer?«

»Es geht vom hinteren Flur aus ab, damit er die Tür öffnen konnte, wenn es schellte. Es ist jetzt verschlossen, es ist leer.«

Hilda verließ die Küche, ging aber nicht die Treppe hinauf, sondern fand das bewusste Zimmer, schlüpfte hinein und schloss sorgfältig die Tür hinter sich. Das Fenster war zu, die Jalousie heruntergelassen, doch ein kurzer Blick sagte ihr, dass vor gar nicht langer Zeit jemand kurzfristig hier gewesen war. Vielleicht die Polizei. Aber mit Sicherheit hatten die Beamten keine Decke über dem nicht bezogenen Bett ausgebreitet oder ein nagelneues Stück Seife und ein Handtuch am Waschbecken in der Ecke bereitgelegt. Beides war benutzt worden, und die Unterseite der Seife war sogar noch feucht.

Jemand hatte diesen Raum am Vorabend in aller Eile als Schlafzimmer hergerichtet. Um etwas zu essen und dann hier zu schlafen, und für Hilda bestand kein Zweifel, um wen es sich gehandelt hatte. Als sie in die Küche zurückkam, goss Stella ihrer Katze Milch in eine Untertasse und sah düster drein.

»Ich glaube, ich rede zu viel«, sagte sie. »Aber wenn dieser Herbert gestern Abend hier war, dann hat er das auch getan. Er und seine Machenschaften, mit denen er Miss Tony fast zu Tode erschreckt und ihr obendrein ihr weniges Geld abgeluchst hat.«

»Was meinen Sie damit, er hat sie erschreckt?«

»Ich weiß es nicht. Es hatte etwas mit seiner Schwester zu tun, als ob das irgend jemanden etwas anginge! Und Tony ließ ihn heimlich in das Zimmer ihrer Mutter, wenn sie dachte, niemand bekomme es mit! Ich konnte erst wieder frei atmen, als Miss Alice ihn rausgeworfen hatte.«

Hilda ging wieder nach oben. Sie hatte Fuller nichts von dem Briefumschlag erzählt, den sie in der Küche gefunden hatte, und sie wusste auch ganz genau, warum er genau dort gelegen hatte. Um sicher zu gehen, ging sie jedoch in Alices Zimmer und sah sich die Kommode an, in der sie am Vortag den Brief eingeschlossen hatte.

Jetzt war die Kommode nicht verschlossen. Die Schlüssel hingen im Schloss der obersten Schublade, und Hilda öffnete sie. Sie enthielt allerdings nichts außer säuberlichen Stapeln von Strümpfen und Handschuhen. Die übrigen Schubladen waren genauso unschuldig. Falls sie noch Zweifel gehabt hatte, dass Alice den Brief in der Hand hielt, als sie am Vorabend nach unten ging, dann waren sie jetzt jedenfalls zerstreut.

Nur um sicherzugehen, durchsuchte sie den übrigen Raum. Der Brief war und blieb jedoch verschwunden, und das Bild des Mörders trat vor ihrem geistigen Auge immer klarer hervor.

189

Alice, den Brief in der Hand, folgt Tony in die Küche, berichtet ihr, was darin steht oder liest den Brief sogar vor, während Herbert sich auf der Flucht vor der Polizei in seinem alten Zimmer verschanzt hat und alles mithört. Er kommt dazu, greift nach der Milchflasche und schlägt hinterrücks zu.

Angesichts dessen, was sie bereits wusste, blieb dennoch die Frage, warum er sie getötet hatte. Entweder wollte er sie nur niederschlagen und fliehen, oder sie hatte etwas gewusst, für das sie sterben musste.

Recht grimmig griff Hilda nach dem Telefon auf dem Nachttisch und wählte Fullers Nummer.

»Können Sie mit Honolulu telefonieren?«, fragte sie.

»Kann ich. Wird natürlich aufgezeichnet. Wieso Honolulu?«

»Herbert Johnson kam von dort.«

»Herbert Johnson?«

»Der Mann, der mich niedergeschlagen und ausgeraubt hat. Vielleicht erinnern Sie sich«, sagte sie trocken. »Er war vor zwei, drei Monaten als Butler oder so etwas Ähnliches hier im Haus. Tony hatte ihn hergeholt, aber Alice Rowland warf ihn wieder raus.«

Er stieß einen Pfiff aus.

»Ich denke, er war gestern Abend hier«, fuhr sie fort. »Tony oder sonst jemand hat ihn offenbar hier versteckt. Er kommt aus Hawaii. Möglicherweise liegt dort etwas gegen ihn vor. Versuchen Sie, alles über ihn herauszufinden, was Sie können. Auch über seine Schwester. Vielleicht können Sie zugleich etwas über die Rowlands in Erfahrung bringen.«

Fuller war angemessen beeindruckt.

»Sie halten diesen Herbert für den Mörder, nicht wahr?«, fragte er. »Jeder außer Tony Rowland, stimmt's?«

»Ich sage nur, dass er sich versteckt hat und dass Tony ihm wahrscheinlich gestern Abend etwas zu essen besorgen wollte. Wenn Alice hereinkam und ihn erkannt hat … Sie hat ihn vielleicht gekannt. Oder sie hat möglicherweise jemandem auf Hawaii seinetwegen geschrieben. Sie hat gestern einen Brief von dort erhalten, und ich finde ihn nicht wieder.«

»Wenn er dort war, warum hat Tony das nicht erzählt?«

»Dafür hat sie vermutlich einen Grund«, sagte Hilda knapp und legte den Hörer auf.

Er meldete sein Gespräch nach Honolulu an, lehnte sich zurück und dachte nach. Aufgrund der kriegsbedingten Wartezeiten hatte er dazu einige Stunden Zeit. Er ging zum Beginn des Falls zurück und überlegte, was Alice ihm erzählt hatte, als sie ihm die Pistole brachte. Er holte die grobe Skizze hervor, die sie von Ninas Zimmer gezeichnet hatte, und studierte sie erneut: die Tür, das Bett, das offene Fenster. Angenommen, dieser Herbert hatte die Schüsse auf Nina abgegeben und sie verfehlt? Hilda maß ihm große Bedeutung zu. War er zu der Zeit noch als Butler im Haus?

Er sah sich seine Notizen an. Nein. Nur die Familie und die beiden Dienstmädchen, stellte er fest. Natürlich könnte ihn jemand hereingelassen haben, vorzugsweise Tony. Doch falls ja, wieso hatte sie ihn gedeckt? Was sie im Übrigen noch immer tat, dachte er zornig. Sie hatte Hildas Uhr geholt, bevor die Polizei sie finden konnte, und hatte ihn am Vorabend versteckt. Es sei denn, es war Erpressung im Spiel, und zwar eine ziemlich üble. Vermutlich nicht einmal Tony selbst, sondern sehr wahrscheinlich die Mutter. Was er von ihr gesehen hatte, ließ auf eine schöne, nicht besonderes intelligente Frau schließen, die von Männern vermutlich Bewunderung erwartete und zweifellos auch bekam. Was hatte Herbert in der Hand? Das übliche Rüstzeug eines Erpressers waren Briefe und Fotos. Abgesehen davon …«

Um fünf Uhr rief er Hilda an.

»Wir haben rund ein Dutzend Kerle aufgegriffen, die in etwa Ihrer Beschreibung von Herbert entsprechen«, sagte er. »Können Sie zu uns herunterkommen?«

Sie antwortete nicht sofort, und als sie es tat, zögerte sie.

»Das kann ich«, sagte sie, »aber ich tue es nicht gern. Tony kommt allmählich wieder zu sich. Ich möchte sie nicht allein lassen.«

»Überlassen Sie das Aggie. Wie geht es Tonys Mutter?«

»Immer noch eingeschlossen. Sie sollten vielleicht wissen, dass sie mir eine Nachricht hat zukommen lassen. Ich bin gefeuert.«

»Aber Sie sind offenbar immer noch dort!«

»Was glauben *Sie* denn?«, fragte sie indigniert.

Sie willigte jedoch ein zu kommen, ließ Aggie bei Tony und stand noch vor sechs Uhr einer Reihe düster dreinblickender Männer gegenüber, von denen keiner Herbert war. Hilda besah sich die Männer wie eine Reihe Truthähne, verwarf einen nach dem anderen mit derselben geschäftsmäßigen Gleichgültigkeit wie beim Weihnachtsgeflügel und wandte sich zum Gehen. Fuller brachte sie zur Tür.

»Wenn Tony wieder voll bei Bewusstsein ist, möchte ich mit ihr sprechen«, sagte er. »Es wird Zeit, dass sie redet.«

Hilda hielt inne und sah mit ihren kühlen blauen Augen zu ihm auf.

»Sie vernehmen Sie erst, wenn ich den Arm ihrer Mutter ohne Verband gesehen habe«, sagte sie eisig und marschierte davon.

Hilda dachte also noch immer, dass Tony ihre Mutter angeschossen hatte, überlegte er. Nun, und wenn es so war? Erneut wanderten seine Gedanken zu einem potentiellen Liebhaber, Erpressung und der Tatsache, dass die Tochter vermutlich beides verabscheute. Doch Alice war diejenige, die ermordet worden war, eine nicht gerade attraktive, aber sicherlich harmlose Zuschauerin. Oder?

Er ging in sein Büro zurück und wartete auf das Gespräch und – wie er grimmig überlegte – darauf, dass Hilda endlich den Verband von Nina Rowlands hübschem weißem Arm abbekam. Wie hatten sie es nur gemacht, fragte er sich. Eine Schussverletzung war letzten Endes immer eine ernste Angelegenheit,

192

selbst eine einfach Fleischwunde. Sie hatten Blutspuren verbergen und Schmerzen verheimlichen müssen. Nicht zum ersten Mal fragte er sich, ob Hilda womöglich auf der falschen Fährte war. Aus langjähriger Erfahrung wusste er jedoch, dass er sich auf ihre Methoden verlassen konnte.

Er beschloss, ihr noch ein paar Stunden Zeit zu lassen, doch das erwies sich als Fehler. Zudem als ein beinahe katastrophaler.

Kapitel 13

Als Hilda zum Haus der Rowlands zurückkehrte, fand sie den jungen Polizisten im Flur vor. Er starrte die Treppe hinauf.

»Sagen Sie mal«, meinte er, »ich dachte, das Mädchen sei krank.«

»Das ist sie auch. Was gibt es denn?«

Er kratzte sich gedankenverloren am Ohr.

»Ich weiß nicht, ob das was zu bedeuten hat«, sagte er. »Ich habe aus dem Augenwinkel da oben gerade jemanden entdeckt. Sah ganz nach der jungen Dame aus. Vielleicht irre ich mich ja.«

Hilda eilte die Treppe hinauf, doch oben war alles still. Tony lag im Bett, sie war wach, rührte sich aber nicht. Aggie dagegen war verschwunden, was Hilda sofort misstrauisch machte. Es schien alles in Ordnung zu sein, doch sie war sicher, dass Tony aus Gründen, die nur sie kannte, im Flur gewesen war.

»Wie lange sind Sie schon allein?«, fragte sie streng.

»Ein paar Minuten«, sagte Tony mit ausdrucksloser Stimme. »Sie wollte mir etwas Suppe holen.«

Hilda sah sich im Zimmer um. Scheinbar hatte sich nichts verändert. Colonel Rowlands Foto stand nach wie vor auf Schminktisch. Die paar Tropfen Blut von Tonys Hand waren aufgewischt worden, ihre Pantoffeln und ihr Morgenmantel

193

hingen noch immer im Schrank. Doch Tony folgte ihr mit den Augen wie ein krankes Kind. Hilda ging um das Bett herum.

»Was haben Sie gemacht?«, fragte sie rundheraus. »Sie sind doch auf gewesen, nicht war? Der Polizist unten im Erdgeschoss hat sie gesehen.«

»Darf ich nicht einmal meine eigene Mutter besuchen?«

»Nicht oben auf dem Treppenabsatz. Wo waren Sie? Was haben Sie gemacht?«

Tony verweigerte jede Antwort, und Hilda fühlte sich irgendwie unbehaglich. Sie sah zu dem Mädchen hinunter.

»Nun sind Sie ja wach«, sagte sie ebenso direkt wie zuvor. »Ich möchte meine Uhr zurück. Sie gehörte meiner Mutter. Ich weiß, dass Sie sie haben.«

»Sie liegt in einem der Schuhe in meinem Kleiderschrank«, sagte Tony gleichgültig. »Wann werde ich verhaftet?«

»Warum, glauben Sie, sollte man Sie denn verhaften?«

»Weil ich es getan habe«, sagte sie mit der gleichen eigentümlichen Gleichgültigkeit. »Sie brauchen nicht weiter zu suchen. Sie können das dem Mann da unten sagen. Oder vielleicht sage ich es ihm lieber selbst.«

»Sie haben also Ihre Tante getötet? Mit einer Milchflasche?«, fragte Hilda offen. »Und das bei Ihrem steifen Arm?«

»Ich war es. Das reicht doch, oder?«

Hilda riss der Geduldsfaden.

»Jetzt hören Sie mir mal gut zu«, sagte sie zornig. »Was soll das kindische Benehmen? Sie sind zu alt für eine solche Schau. Wen decken Sie? Herbert Johnson? Hat er Ihre Tante Alice umgebracht?«

»Ich sagte Ihnen doch, ich war es.«

Hilda hätte sie am liebsten geschüttelt.

»Ist Ihnen schon einmal der Gedanke gekommen«, sagte sie, »dass Sie schon mehr als genug Schaden angerichtet haben? Wenn Sie sich wie ein normaler Mensch verhalten hätten, wäre Ihre Tante Alice vielleicht noch am Leben!« Als ein Schauder über Tony hinweglief und sie die Augen schloss, fuhr sie fort: »Und dass Sie nichts und niemandem geholfen haben? Angenommen, ich sage Ihnen, dass die Polizei in diesem Augenblick Herbert Johnsons Strafregister in Honolulu abfragt.«

Zu ihrem Schrecken stellte sie fest, dass das Mädchen wieder in Ohnmacht gefallen war. Sie war noch immer nicht bei Bewusstsein, als Aggie mit der Suppe zurückkehrte und Hilda Aggie ausschimpfte.

Als es Tony etwas besser ging, kehrte Hilda in ihr Zimmer zurück, doch sie fühlte sich unbehaglich. Was hatte das Mädchen oben im Flur gewollt? Und warum war sie in Ohnmacht gefallen, als die Rede auf Herberts Strafregister in Honolulu kam? Sie fühlte sich niedergeschlagen und erschöpft, als sie ihre Straßenkleidung wieder mit ihrer Tracht vertauschte. Ninas Tür war nach wie vor hartnäckig zu und vermutlich auch verschlossen. Aus ihrem Zimmer drang kein Laut. Und noch immer hatte sie nichts von Fuller gehört.

Missgelaunt ging Hilda nach unten zum Abendessen. Selbst die Theorie, die sie nach und nach entwickelt hatte, erschien weit hergeholt und unwahrscheinlich. Warum hatte jemand Alice getötet? Falls überhaupt jemand getötet werden musste, dann hätte es Herbert Johnson sein müssen. Es sei denn …

Sie aß sehr wenig, denn sie fühlte sich noch immer viel zu unbehaglich, als dass sie Hunger gehabt hätte. Draußen im Flur sah sie Aggie ein Tablett mit Abendessen für den Polizisten in die Bibliothek tragen und sah ihn essen, als sie die Treppe wieder hinaufging. Nichts Verdächtiges war geschehen. Tony schlief nicht, verweigerte aber jedes Gespräch, aus Ninas Zimmer drang kein Laut. Sie fand ihre Uhr, genau wie Tony gesagt hatte, stellte sie nach dem Wecker auf dem Nachttisch und zog sie automatisch auf.

Es war acht Uhr, daran erinnerte sie sich später genau.

Zwei Stunden lang saß sie im matten Licht des Schlafzimmers und fühlte, dass Tony sie beobachtete. Sie machte jedoch keinerlei Anstalten zu sprechen oder aufzustehen, und schließlich kam Hilda steif auf die Füße und wollte in ihr Schlafzimmer hinübergehen, um zu Bett zu gehen.

Da bat Tony sie um ein Glas Wasser. Es war das erste Mal, dass sie wieder etwas sagte. Hilda stellte das Glas neben das Bett und blieb abwartend stehen, doch sie trank nicht. Sie lag nur da und schaute mit ihren müden, eingefallenen jungen Augen zur Decke hinauf.

»Machen Sie sich keine Sorgen«, sagte sie. »Ich werde nicht aufstehen. Es tut mir leid, dass ich Ihnen solche Schwierigkeiten gemacht habe, Miss Adams.« Sie lächelte vage.

»Versprochen?« Hilda schaute zu ihr hinab.

»Versprochen. Ich werde etwas schlafen.« Sie gähnte und drehte sich auf die Seite.

Das war um zehn Uhr. Beim Hinausgehen hörte Hilda Aggie und Stella zu ihren Schlafzimmern im zweiten Stock hinaufsteigen und hielt im unteren Flur Ausschau nach dem Polizisten. Zu ihrer Überraschung war er nicht zu sehen, und sie vermutete, dass er in der Küche nach Essen suchte oder in der Bibliothek eine Zigarettenpause machte.

In der grundsätzlichen Überzeugung, dass Männer an ihrem Ort durchaus okay sind, jedoch im Zweifelsfall gerade dort nie sind, machte sie sich systematisch für die Nacht fertig. Sie nahm rasch ein Bad, putzte sich die Zähne, bürstete sich das Haar und wollte gerade ihre Uhr aufziehen, als ihr einfiel, dass sie das ja bereits getan hatte. Sie zog ihr Nachthemd und einen warmen Morgenmantel an, löschte das Licht und ging zur Tür. Zu ihrer Verblüffung ließ sie sich nicht öffnen. Sie zog kräftig daran, doch ohne Erfolg. Als sie schließlich den Schalter gefunden und Licht gemacht hatte, sah sie, dass der Schlüssel nicht steckte.

Zum ersten Mal fühlte sie Panik aufsteigen. Sie starrte die Tür ungläubig an. Das konnte nicht passieren, nicht ihr, Hilda Adams. So etwas passierte nur Leuten wie Nina, aber doch nicht ihr. Sie schüttelte sich heftig und begann zu rufen.

»Wachtmeister!«, rief sie. »Wachtmeister, man hat mich eingeschlossen.«

Es kam keine Antwort, und sie sah sich hilflos um. Sie konnte ein Fenster öffnen und hinausrufen, dachte sie, doch dann zögerte sie. Das Haus war freistehend, und der Mann, der draußen
Streife ging, war nicht auf der anderen Straßenseite zu sehen.
Was war mit dem Mann im Flur geschehen? War er tot? Hatte
ihn jemand niedergeschlagen?

Es lief alles schief, völlig schief. Irgendetwas ging in diesem
Haus vor, und sie war machtlos dagegen. Das nächste Telefon
stand in Alice Rowlands Zimmer auf der anderen Flurseite und
begann ausgerechnet in diesem Augenblick schrill zu klingeln.
Das Klingeln hielt eine ganze Weile an, während sie sich nach
einer Fluchtmöglichkeit umsah. Sie schaute zum geschlossenen
Oberlicht über der Tür hoch. Sie machte sich keinerlei Illusionen, sie könnte hindurchpassen, aber zumindest konnte sie
hinausschauen, womöglich konnte sie von dort jemand hören.
Es dauerte eine Weile, bis sie den Tisch bis zur Tür manövriert
hatte und mit Hilfe eines Stuhls hinaufgestiegen war. Das Oberlicht war wohl seit Jahren nicht mehr geöffnet worden, doch
letzten Endes gelang es ihr, nur um festzustellen, dass sowohl
im oberen als auch im unteren Flur alle Lichter gelöscht worden
waren. Falls der Beamte noch dort war, musste er entweder bewusstlos oder tot sein.

Sie rief, jedoch ohne Erfolg, und als sie von ihrem Hochsitz
wieder herunterkletterte, rutschte der Stuhl weg und fiel herunter. Ein paar Minuten lang saß sie auf dem Fußboden, eine kleine, gedemütigte, niedergeschlagene Gestalt. Zu Tode erschrocken obendrein. Fast zum ersten Mal in ihrem Leben fühlte sie
sich hilflos und verzweifelt.

Wie um ihre Verwirrung noch zu steigern, begann das Telefon auf der anderen Flurseite erneut zu klingeln, und sie beschloss, dass etwas geschehen musste, und zwar rasch.

Sie humpelte zum Fenster und sah hinaus. Der Polizist war

noch immer nicht zu entdecken, dafür kam ein Mann den Gehweg herunter. Er führte einen Hund an der Leine und blieb abrupt stehen, als sie ihn anrief.

»Würde es Ihnen etwas ausmachen, an der Tür zu klingeln?«, fragte sie.

»Was bitte soll ich?«

»An der Tür klingeln. Ich bin eingeschlossen und komme nicht raus.«

Er ließ den Hund frei und betrat den Weg zum Haus. Der Mann war mittleren Alters und trug einen Hut, darunter verbarg sich offenbar eine Glatze.

»Es ist doch hoffentlich alles in Ordnung?« fragte er. »Ich meine – das ist doch das Haus der Rowlands, nicht wahr?«

»Ja. Ich weiß nicht, wie es dazu kam. Bitte klingeln Sie. Ich glaube, man hört sie auch im zweiten Stock, wo die Dienstmädchen schlafen.«

Er stieg die Stufen hoch und drückte den Daumen auf den Klingelknopf. Der Hund war ihm gefolgt und sah interessiert zu. Durch das offene Oberlicht war die Türklingel weit entfernt auszumachen. Nach einer Weile konnte sie Aggies schwere Schritte die Treppe vom zweiten Stock herunterkommen hören. Als sie den dunklen Flur sah, rief sie etwas und schaltete offensichtlich das Licht wieder ein, denn es schien bis in Hildas Zimmer hinein. Hilda rief nach ihr.

»Sie brauchen nicht nach unten zu gehen«, sagte sie. »Ich bin hier eingeschlossen. Miss Adams hier. Schauen Sie, ob Sie den Schlüssel finden, und lassen Sie mich raus.«

»Wer um Himmels willen hat das getan?«, sagte Aggie. »Vielleicht klemmt die Tür. Hier draußen ist kein Schlüssel.«

Hilda ging zum Fenster zurück und lehnte sich hinaus.

»Alles in Ordnung«, sagte sie zu dem Mann unter ihr. »Herzlichen Dank. Eines der Hausmädchen weiß jetzt Bescheid.«

Er ging mit einem Ausdruck des Bedauerns fort, als hätte er eine dramatischere Entwicklung erwartet. Doch Hilda ver schwendete keine Zeit auf ihn. Sie war im Nu wieder an der Tür.

»Probieren Sie Miss Alices Schlüssel«, drängte sie. »Und schauen Sie nach, wo der Polizist abgeblieben ist. Ich weiß nicht, was mit ihm los ist.«

Es dauerte eine Weile, bis sich ein passender Schlüssel fand. Aggie bewegte sich langsam, ihre Hände waren ungeschickt, als sie einen nach dem anderen ausprobierten. Hilda stand am Rande eines Nervenzusammenbruchs, als sich die Tür endlich öffnete und sie in den Flur hinausstürmen konnte.

Irgendwo in der Nähe hatte ein Automotor aufgeheult und war dann zu einem leisen Dröhnen geworden. Das Telefon klingelte nicht mehr, und abgesehen von dem abhanden gekommenen Wachmann im Erdgeschoss schien alles ruhig zu sein. Dann sah Hilda jedoch, dass die Tür zu Tonys Zimmer, die sie kurz zuvor offen gelassen hatte, nun geschlossen war. Sie spürte, wie sich ihr die Kehle zuschnürte, während sie dorthin zurückeilte.

Zum Glück war der Raum nicht abgeschlossen. Sie riss die Tür auf und ging hinein, doch war das Bett leer und von Tony nichts zu entdecken.

Trotz aller Besorgnis hatte Hilda keine Vorstellung vom Ausmaß der Tragödie. Mit Aggie im Schlepptau ging sie zu Ninas Tür hinüber und klopfte. Es dauerte lange, bis sie wach war, doch schließlich kam sie an die Tür und Hilda fragte sie ziemlich schroff, ob Tony bei ihr sei.

»Tony?«, fragte Nina schwerfällig. »Wieso? Nein. Stimmt etwas nicht? Wo ist sie?«

Hilda verschwendete keine Zeit. Sie rannte zu Alices Zimmer und weiter die Vordertreppe hinunter. In der Bibliothek lag ein junger Polizist fest schlafend auf der Ledercouch. Er schnarchte, die Zigarette war ihm aus der Hand gefallen und hatte ein kleines Loch in den Teppich gebrannt.

Von Tony war nirgends ein Lebenszeichen zu entdecken. Im

hinteren Teil des Hauses waren die Lichter aus, doch stand die Küchentür weit offen, und Hilda eilte hektisch nach draußen. Die Garage am Ende der Gasse war verschlossen, und im Licht der nächsten Straßenlaterne sah sie, dass der Wagen noch da stand. Aber es war auch kein Motorengeräusch zu hören, und vor Erleichterung holte sie tief Luft. Wenn Tony nur weggelaufen war und nicht …

Trotz der nächtlichen Kühle war sie schweißgebadet. Ihre größte Angst war gewesen, das Mädchen habe vor einem unlösbaren Problem gestanden und habe sich umgebracht. Die Möglichkeit bestand natürlich noch immer. Sie konnte zum Fluss hinuntergelaufen sein, es gab Dutzende anderer grauenhafter Vorstellungen. In diesem Fall hätte sie sich jedoch anziehen müssen, und sie fragte sich, ob sie dafür wohl genügend Zeit gehabt hatte. Wie lange mochte sie in ihrem Zimmer eingeschlossen gewesen sein?

Sie hörte nicht einmal die Türklingel, als sie zurück ins Haus stürzte, und sah erst, dass Aggie Fuller hereingelassen hatte, als er sie am Arm festhielt.

»Warum in Dreiteufelsnamen gehen Sie nicht ans Telefon?«, fragte er aufgebracht.

Sie sah ihn ausdruckslos an.

»Tony ist verschwunden«, sagte sie.

»Verschwunden?« fragte er ungläubig. »Wohin?«

»Woher soll ich das wissen? Ich war in meinem Zimmer eingeschlossen, und der Polizist drüben auf der anderen Straßenseite war vermutlich gerade im Drugstore, Zigaretten kaufen. Sie brauchte doch nur hinauszuspazieren.«

Er folgte ihr die Treppe hinauf. die Dienstboten hatten Nina geweckt, sie stand auf der Schwelle zu ihrem Zimmer. Angesichts ihrer Benommenheit von dem Opiat, das sie erhalten hatte, war ihre Verwirrung nicht verwunderlich.

»Wo könnte sie denn hingegangen sein?«, sagte sie mit starrem Blick und totenbleichem Gesicht. »Sie war nicht einmal angezogen, oder?« Sie ergriff Fullers Arm. »Sie müssen sie um Gottes Willen finden, bevor es zu spät ist. Bevor sie etwas Schreckliches tut.«

Hilda wartete nicht ab. Sie nahm Blickkontakt mit Aggie auf und ging in Tonys Zimmer.

»Sie kennen Ihre Kleidung«, sagte sie. »Sehen Sie nach, ob irgendetwas fehlt.«

Es fehlte nichts. Aggie inspizierte Schrank und Bett.

»Ihre Kleider sind alle hier«, sagte sie mit ausdrucksloser Stimme. »Aber die Decke vom Bett ist weg. Und ihre Pantoffeln sind auch nicht mehr da.«

Hilda berichtete das Fuller, als er das Zimmer betrat, eine verängstigte Nina im Schlepptau. Über die Sache mit den Kleidern ging er jedoch hinweg. Mit vor Ärger hochrotem Gesicht schaute er von Aggie zu Nina.

»Der Beamte da unten ist betäubt worden«, sagte er fest. »Was wissen Sie beide darüber? Haben Sie ihm Drogen gegeben, damit Ihre Tochter entkommen konnte, Mrs. Rowland?«

Sie starrte ihn ausdruckslos an.

»Ich?«, sagte sie. »Warum sollte ich so etwas tun?«

»Jemand hat es getan«, sagte er schroff. »Jemand in diesem Haus. Und jemand hat Ihre Tochter entführt. Was wissen Sie darüber?«

»Ich weiß überhaupt nichts«, sagte sie. »Und selbst wenn, würde ich es Ihnen nicht sagen. Zumindest können Sie sie jetzt nicht mehr verhaften.«

»Wir hatten gar nicht vor, sie zu verhaften«, sagte er grimmig. »Wir haben Herbert Johnson, Mrs. Rowland, wenn Ihnen das etwas sagt.«

Soweit möglich, wurde sie noch blasser. Aber ihre Überraschung schien echt zu sein.

»Herbert?«, sagte sie ungläubig. »Aber was hat Herbert denn mit alledem zu tun?«

Er war versucht, ihr zu glauben. Ganz gleich, was geschehen

201

war, sie brachte es offenbar nicht mit Herbert Johnson in Verbindung. Er schickte sie wieder zu Bett, um Hilda trösten zu können, die ausnahmsweise die Fassung verloren hatte. Sie kam aus Alices Zimmer zurück. In der Hand hielt sie ein leeres Fläschchen und hielt es ihm hin. Ihr Gesicht wirkte erstarrt.

»Schlaftabletten«, sagte sie. »Ich fürchte, sie hat sie alle genommen.«

Fuller wurde stocksteif, nahm das Fläschchen und untersuchte es.

»Wie lange kann es Ihrer Meinung nach her sein, seit sie sie genommen hat?«

»Nicht mehr als eineinhalb Stunden. Sie war wach, als ich sie verließ. Aber ich war eine ganze Zeit lang eingeschlossen, und vorher habe ich mich für die Nacht fertig gemacht.«

»Wie viele Tabletten waren in dem Fläschchen?«

»Jede Menge. Wenn wir sie nicht bald finden, ist es zu spät.«

Keiner von beiden hatte bemerkt, dass Aggie neben ihnen stand. Das erste Warnsignal war das Poltern hinter ihnen, als sie ohnmächtig zu Boden fiel.

Kapitel 14

Niemand achtete auf sie. Irgendwann musste sie zu sich gekommen, aufgestanden und die Treppe hinaufgegangen sein und ihre Kleider gepackt haben. Die ganze Zeit über weinte sie bitterlich. Irgendwann später musste sie die Hintertreppe hinuntergeschlichen sein und das Haus durch die Küchentür verlassen haben. Doch zu diesem Zeitpunkt war Fuller bereits an der Garage und sah, dass der Wagen noch da war.

Zum ersten Mal in seinem Leben war er völlig ratlos. Tony war offenbar nicht freiwillig fortgegangen. Jemand hatte sie in eine Decke gehüllt und weggetragen, und sie konnte ohne wei-

202

teres sterben, bevor sie sie fanden. Er hatte eine Vorstellung davon, was geschehen sein mochte, aber mehr nicht, und die Wahrscheinlichkeit, dass sie sie noch rechtzeitig fanden, war in der Tat sehr gering.

Als er später beschloss, mit Aggie zu sprechen, war sie mitsamt Gepäck und Handtasche verschwunden.

Dass Tony mit einem Auto weggebracht worden war, schien klar, aber der Polizist, der vor dem Haus aufgestellt war, hatte keines gesehen. Er tauchte auf, als Fuller die Treppe herunterkam.

»Ich sah die Lichter brennen«, sagte er. »Ist etwas nicht in Ordnung, Sir?«

»Bloß eine Entführung«, sagte Fuller knapp. »Ein junges Mädchen ist aus dem Haus fortgeschafft worden, nachdem jemand die Krankenschwester in ihrem Zimmer eingeschlossen hatte, aber Sie waren nirgendwo in Sicht. Wo zum Teufel haben Sie gesteckt?«

Er sah ihn verblüfft an. Er hatte in der Nähe eine Fensterscheibe zersplittern gehört, sagte er, und einen Mann die Straße entlanglaufen gesehen. Er war ihm zwei oder drei Häuserblocks weit gefolgt, doch der Mann war schnell gewesen. In der Nähe der Bushaltestelle hatte er ihn aus den Augen verloren.

»Ist schon komisch, Sir«, sagte er. »Er hätte doch bei jedem dieser Häuser untertauchen und entwischen können. Aber das hat er nicht gemacht. Er ist … einfach weiter gelaufen.«

Eine Beschreibung konnte er nicht abgeben, außer dass er, nach seiner Art zu laufen zu urteilen, noch jung sein musste. Und dass er keinen Hut getragen hatte. Eine Art hellen Anzug, glaubte er. Und das eingeschlagene Fenster hatte er auf der anderen Straßenseite gefunden und die Bewohner informiert.

Fuller ging in die Bibliothek. Der junge Beamte saß noch immer ziemlich benommen auf der Couch.

»Ich weiß nicht, was mit mir passiert ist«, sagte er mit zittriger Stimme. »Ich wurde auf einmal ganz müde, ich konnte nicht einmal aufstehen. Ich ging hier herein, weil – tja, an mehr kann ich mich nicht erinnern, ich bin dann ohnmächtig geworden.«

Fullers Miene war grimmig, als er sich herumdrehte und eine ebenso ungehaltene Hilda sah, die Stella vor sich her die Treppe herunterschubste.

Stella wirkte verängstigt. Ihr magerer Körper zitterte.

»Es geht um Aggie«, sagte sie. »Sie hat kein Bad genommen.«

»Was zum Teufel hat das damit zu tun?«

»Sie sagte, das werde sie tun. Ich hörte das Wasser laufen. Aber sie hat nicht gebadet, sie war unten.«

»Stella meint«, mischte sich Hilda ein, »dass Aggie mich in meinem Zimmer eingeschlossen und überall das Licht ausgeschaltet hat. In diesem Fall hat sie vermutlich auch Price das Schlafmittel ins Abendessen getan. Sie können sich ja denken, was das bedeutet.«

»Wollen Sie behaupten, Aggie hätte das Mädchen entführt?«

Mit einer hoheitsvollen Geste beklagte Hilda die Dummheit der Männer im Allgemeinen und Besonderen, drängte sich in die Bibliothek und griff nach dem Telefonbuch. Anschließend wählte sie unter Fullers noch immer verblüfften Blicken eine Nummer.

»Hotel Majestic?« fragte sie höflich. »Geben Sie mir Mrs. Hayes. Mrs. Arthur Hayes. Es ist dringend.«

Sie wartete. Der Raum hinter ihr war voller Gesichter: Fullers, Ninas, Stellas, die der beiden Polizisten. Sie tat so, als sei außer ihr niemand anwesend.

»Mrs. Hayes?«, sagte sie. »Es tut mir leid, Sie zu stören, aber es ist wichtig. Haben Sie in der Stadt einen Wagen zur Verfügung?«

Mrs. Hayes überraschte und keineswegs erfreute Stimme war auch für alle anderen hörbar.

»In der Stadt? Nein, was um alles in der Welt … Geht es um Johnny? Hatte er einen Unfall?«

»Ich denke, es geht ihm recht gut«, sagte Hilda hastig, aber noch immer höflich. »Was ist das für ein Wagen, Mrs. Hayes?«

»Eine schwarze Limousine. Aber ich verstehe wirklich nicht …«

»Geben Sie mir bitte das Kennzeichen durch. Und Ihre Telefonnummer zu Hause auch. Ich möchte dort anrufen und prüfen, ob der Wagen dort ist. Und beeilen Sie sich bitte. Es geht hier um Leben und Tod.«

Doch Mrs. Hayes blieb stur. Sie wollte keinerlei Informationen herausrücken, bevor sie nicht wusste, worum es ging. Fuller hatte endlich kapiert, was los war, und griff selbst nach dem Hörer. Mit eindrucksvoll autoritärer Stimme sagte er:

»Hier ist Inspektor Fuller vom Polizeipräsidium. Bitte geben Sie mir unverzüglich das Kennzeichen. Ich denke, der Wagen wurde benutzt, um Tony Rowland zu entführen. Wenn er die Staatsgrenze überquert, stellt das ein Schwerverbrechen dar.«

»Johnny?« keuchte sie. »Wollen Sie behaupten, Johnny hat das getan?«

»Es sieht ganz danach aus.«

Ihre Reaktion verblüffte ihn. Sie war aufgebracht und entsetzt.

»Sie wollen doch nicht etwa sagen, er will sie heiraten? Das ist völlig unmöglich. Es ist grauenhaft. Sie müssen ihn finden, Inspektor.«

»Ich muss ihn finden, und zwar rasch. Sonst lautet die Anklage nämlich auf Mord.«

Sie schnappte nach Luft, gab ihm jedoch beide Nummern sowie auf Hildas Drängen auch die Adresse ihres Sommerhauses in Massachusetts. »Aber dort kann er nicht hin«, wandte sie ein. »Es ist verschlossen. Es ist niemand dort.«

»Das könnte genau der Grund sein«, sagte er trocken und legte auf. Anschließend verbrachte er eine Viertelstunde mit hektischen Telefonaten. Er ergänzte seine bereits erteilten Befehle um das Autokennzeichen, und nach einer ganzen Weile berichtete Mr. Hayes in Connecticut, die Limousine sei fort.

»Der Chauffeur sagt, ein Sergeant – ein junger Mann – sei am Spätnachmittag hier gewesen und habe eine Nachricht von meinem Sohn John überbracht. Er wolle den Wagen über Nacht ausleihen. Da ich selbst das Coupé benutze, hat er ihm den Wagen mitgegeben. Was ist denn los? Hat John deswegen Schwierigkeiten?«

»Und wie«, sagte Fuller und hängte ein.

Als sie Aggie gesucht hatten, war sie bereits fort gewesen und hatte mit rot geränderten Augen in einem schaukelnden Bus gesessen. Nach dreißig Jahren im Haus der Rowlands konnte sie nun nirgendwo hin. Als der Bus die Endstation erreichte, saß sie immer noch darin. Der Fahrer sah sich nach ihr um.

»Was haben Sie vor?«, fragte er. »Fahren Sie spazieren?«

Sie antwortete nicht. Am Ende der Fahrt war sie wieder dort, wo sie eingestiegen war, griff automatisch nach ihrer Tasche und stand auf. Niedergeschlagen ging sie zurück zum Haus und die Treppe hinauf, wo sie von einer wutentbrannten Hilda im Morgenrock empfangen wurde. Aggie ließ sie gar nicht erst zu Wort kommen.

»Es sollte nur für einen Augenblick sein, Miss Adams. Gerade lange genug, um sie hinauszuschaffen«, schluchzte sie. Ihre molligen Schultern zuckten. »Wie hätte ich das wissen können?«, klagte sie, während Tränen über ihre Wangen kullerten. »Er rief mich heute Nachmittag an. Ich wollte nicht, dass sie verhaftet wird. Er wusste, dass sie das auch nicht wollte. Er wollte doch nur, dass sie aus dem Weg ist, bis sich herausgestellt hat, wer die arme Miss Alice wirklich umgebracht hat.«

»Deshalb haben sie meine Tür abgeschlossen. Und Sie haben dem Beamten unten im Flur auch das Schlafmittel gegeben. Wo waren Sie, als er sie hinausgetragen hat?«

»Oben in meinem Zimmer. Ich sollte warten, und sobald ich hörte, wie der Wagen aus der Gasse wegfuhr, sollte ich Ihr Zimmer wieder aufschließen. Ich wollte niemandem schaden, ich wollte doch nur helfen.«

»Ihr beim Sterben helfen«, sagte Hilda bitter. »Wenn wir sie nicht rechtzeitig finden, wird nämlich genau das passieren, Aggie. Überlegen Sie es sich. Und dann gehen Sie in Ihr Zimmer und beten Sie. Sie hat es nötig.«

Erst eine ganze Weile später ging sie wieder nach unten. Fuller hatte erneut den Hörer in der Hand, erteilte Befehle, in diesem Bundesstaat und in den angrenzenden Staaten jeden Wagen anzuhalten, der seiner vagen Beschreibung entsprach, und ein tief schlafendes, in eine dunkle Decke gewickeltes Mädchen enthielt. Dass die Chancen gleich null standen, war ihm klar. Tony konnte auf dem Boden vor den Rücksitzen liegen, oder der Wagen stand längst in einer Garage oder sonstwo verborgen. Aber es war ein Wettlauf gegen die Zeit. Irgendetwas mussten sie unternehmen.

Er legte den Hörer wieder auf und betrachtete Hilda mit seiner üblichen Mischung aus Stolz und Unwillen, bemerkte jedoch nicht, dass sie am Rande des Zusammenbruchs war.

»Die Nachricht aus Honolulu ist endlich da«, sagte er. »Johnny wird dort wegen Mordes gesucht. Über die Schwester habe ich noch nichts erfahren. Ihre Ahnung hat Sie nicht betrogen, Hilda.«

Sie sagte nichts. Dazu hätte sie auch gar keine Gelegenheit gehabt, denn ein Wagen hielt am Bordstein, zwei junge Männer sprangen heraus. Der eine trug eine in eine dunkle Decke gehüllte Gestalt, der andere lief voraus und klingelte. Beide Männer trugen Uniformen, der eine war Sergeant, der andere Johnny Hayes. Er trug Tony ins Haus. Er war totenbleich und zitterte heftig.

»Tun Sie um Gottes willen irgendetwas«, sagte er heiser. »Wir bekommen sie nicht wach, irgendwas stimmt da nicht.«

Er wollte sie die Treppe hinauftragen, doch Fuller stellte sich ihm in den Weg.

»Legen Sie sie wieder in den Wagen, Sie Dummkopf«, rief er. »Sie hat eine Überdosis Schlaftabletten genommen. Das

Krankenhaus ist ganz in der Nähe. Sie beiden Idioten haben sie womöglich umgebracht!«

Sie erhoben keinerlei Einwände. Sie wirkten beide verängstigt und jämmerlich. Sie bemerkten nicht einmal, dass Hilda, noch immer in Morgenrock und Pantoffeln, zu ihnen ins Auto stieg, und aller Wahrscheinlichkeit nach bekamen sie auch gar nicht mit, dass Fuller ihnen grimmig mitteilte, sie seien verhaftet und Entführung stelle ein Schwerverbrechen dar. Der zweite Jüngling setzte sich ans Steuer, während Johnny im Fond saß und Tony verzweifelt in den Armen hielt. Nur zweimal sagte er etwas. Einmal: »Ich konnte doch nicht zulassen, dass sie verhaftet wird. Ich wollte sie nur eine Weile verstecken.« Und dann: »Wer hat ihr das Gift gegeben?«

»Das hat sie selbst genommen«, sagte Fuller grimmig.

Kapitel 15

Stunden später, als die kühle Oktobersonne durch die Krankenhausfenster hereinschien, schreckte Fuller aus dem harten Stuhl vor Tonys Zimmer hoch, auf dem er geschlafen hatte. Er war steif und hungrig, und der Anblick von Hilda in einer geborgten Schwesterntracht und unbeirrt mitten auf dem Kopf sitzendem Häubchen bereitete ihm obendrein Schuldgefühle.

»Hören Sie«, sagte er barsch, »wie wäre es, wenn Sie nach Hause gehen und sich ins Bett legen? Sie hat schließlich noch einmal Glück gehabt, nicht wahr?«

Sie sah ihn besorgt an.

»Sie wird es überleben. Aber ich glaube nicht, dass sie das überhaupt möchte.«

»Sie ist noch jung, Hilda. Sie kommt darüber hinweg. Und wir haben Herbert, vergessen Sie das nicht.«

Sie sah zu ihm auf. Er schien entspannt und selbstsicher. Sie

208

wollte in die Tasche ihres Morgenmantels greifen, besann sich aber eines Besseren. Um sie etwas aufzuheitern, lachte Fuller.

»So eine Nacht möchte ich nicht noch einmal erleben«, sagte er munter. »Das war vielleicht eine verrückte Idee von den beiden Jungs, was? Der Sergeant schlägt eine Scheibe ein und lockt den Beamten vom Haus weg, während sich Johnny das Mädchen schnappt. Und als dann alles vorüber ist, kippt unser Sergeant einfach aus den Socken. Ich hoffe weiß Gott, die Armee bekommt keinen Wind von der Sache.«

Hilda wollte sich nicht aufheitern lassen. Sie starrte ausdruckslos vor sich hin. Sein Blick dagegen wurde immer forschender.

»Was ist mit Ihnen los, Hilda?«

Endlich rührte sie sich, sah ihn jedoch nach wie vor nicht an.

»Nichts«, sagte sie und stand schwerfällig auf. »Ich wollte es Ihnen noch sagen. Ich habe gestern Abend den Verband von Nina Rowlands Arm abgenommen.«

»Und, hatte Tony sie angeschossen?«

»Nein. Niemand hat sie angeschossen.« Sie griff nach ihrem Häubchen und nahm es ab. »Ich gehe nach Hause, ich werde jetzt nicht mehr benötigt.«

Verwirrt brachte er sie zu einem wartenden Streifenwagen. Sie trug noch immer die lächerliche geborgte Tracht, den Morgenrock über den Arm geworfen. Sie hatte sich geweigert, mehr zu sagen, und als er neben ihr herging, hatte er das Gefühl, als sei sie etwas benommen. Als er zu seinem Wachposten vor Tonys Zimmer zurückkehrte, war er noch immer ganz konfus.

Zu seinem Unwillen lungerte dort erneut Johnny Hayes im Flur herum. Er sah aus, als brauche er dringend eine Rasur, auch ein wenig Wasser und Seife würden nicht schaden.

Fuller stöhnte, als er ihn sah.

»Warum gehen Sie nicht irgendwo anders hin?«, fragte er gereizt. »Nehmen Sie ein Bad und gehen Sie zu Bett, wie wäre das.«

Johnny sah ihn erstaunt an.

»Zu Bett?«, fragte er. »Ich dachte, ich bin verhaftet.«

»Himmelherrgott noch mal!«, sagte Fuller erbost. »Gehen Sie mir aus den Augen. Gehen Sie frühstücken. Schnappen Sie sich ihren Freund, den Sergeant, und hauen Sie endlich ab. Die Armee soll sich um Sie kümmern. Die ist Ihr Kindermädchen, nicht ich.«

Johnny warf das Thema Armee zumindest vorläufig mit einer Handbewegung über Bord. Er stellte sich vor Fuller auf, wiegte sich in seinen exquisiten Schuhen. Sein unrasiertes Gesicht war wütend.

»Ich habe Anspruch auf ein paar Informationen, Sir«, sagte er ein wenig von oben herab. »Warum hat sie das Zeug genommen? Wenn sie es genommen hat.«

»Ich vermute, sie fühlte sich für den Tod ihrer Tante verantwortlich.«

»Aber das ist doch lächerlich!«

»Nicht unbedingt«, sagte Fuller ernst. »Sie verbarg einen Verbrecher vor dem Gesetz, einen Mann namens Herbert Johnson. Alice Rowland muss ihn dort gefunden und mit der Polizei gedroht haben.«

»Das sieht Tony überhaupt nicht ähnlich, Inspektor.«

»Sie wird ihre Gründe gehabt haben«, sagte Fuller reserviert. »Das soll sie ihnen selbst erklären, wenn sie dazu wieder in der Lage ist. Nun gehen Sie frühstücken und rasieren Sie sich. Und nehmen Sie ihren Fenster einschlagenden Sergeant mit. Ich habe wichtigere Dinge zu tun.«

Was sich als viel wahrer erweisen sollte, als er dachte. Denn als er endlich Tonys Zimmer betreten durfte, wollte sie nicht mit ihm sprechen. Sie wirkte klein und jung, wie sie in dem großen Krankenbett lag, ihr glänzendes Haar wie ein Fächer auf dem flachen Kissen ausgebreitet. Doch als sie ihn sah, schauderte sie nur und wandte den Kopf ab.

Er setzte sich neben das Bett und ergriff ihre Hand.

210

»Ich freue mich, dass es Ihnen besser geht, meine Liebe«, sagte er. »Es ist alles vorbei. Und Sie brauchen auch vor Herbert keine Angst mehr zu haben. Er ist verhaftet worden. Es ist alles in Ordnung.«

Er fühlte ihre Hand krampfhaft zucken. Dann sagte sie den einzigen Satz, den sie in seiner Anwesenheit aussprechen würde:

»Warum haben Sie mich letzte Nacht nicht in Ruhe gelassen?«

»Und Sie sterben lassen?«, fragte er leichthin. »Mein liebes Kind, Sie haben ein langes, glückliches Leben vor sich und einen jungen Mann, der jederzeit bereit wäre, diese Tür einzutreten, nur um bei Ihnen zu sein. Seien sie keine Närrin!«

Doch obwohl er versuchte, sie nach den Vorgängen zu fragen, die zu Alice Rowlands Tod geführt hatten, sagte sie keine Silbe mehr. Als die Schwester kam, gab sie vor zu schlafen. Ihr sinnlicher Mund war verkniffen, ihre Augen waren geschlossen. Frustriert und etwas verwirrt ging Fuller schließlich in sein Büro zurück, legte die Füße auf den Schreibtisch und fiel für ein paar Stunden in friedlichen Schlaf.

Nachmittags weckte ihn das Telefon auf …

Hilda war an dem Abend allein in ihrer Wohnung, als er eintraf. Sie hatte im Dunkeln gesessen, die Hände im Schoß gefaltet, den Blick unverwandt auf das Dach und die Schornsteine dahinter gerichtet. Sie saß noch immer so da, als er die Tür öffnete, weil auf sein Klopfen niemand reagiert hatte, und einfach eintrat. Im ersten Moment sah er sie gar nicht. Dann entdeckte er die kleine, in sich zusammengesunkene Gestalt und legte seinen Hut auf den Tisch.

»Ich habe mir die Sache noch einmal durch den Kopf gehen lassen«, sagte er kühl. »Vielleicht sollten Sie wirklich lieber Hühner züchten. Sie hätten keine Probleme damit, ihnen den Kopf abzuschlagen, stimmt's?«

»Was für einen Unterschied macht es schon, ob man eine Axt nimmt oder ihnen den Hals umdreht?«

»Es ist keine Entschuldigung für das, was Sie getan haben. Und das wissen Sie sehr wohl.«

»Es gab nur zwei Möglichkeiten.«

Doch das war nicht die alte Hilda. In ihrer Stimme lag Rechtfertigung, nicht Zorn. Er zündete sich eine Zigarette an und zog sich einen Stuhl herbei. Er war noch immer sehr ärgerlich.

»Wie lange wussten Sie schon davon?«, fragte er scharf.

»Wovon?«

»Von dem Geheimnis, das Tony Rowland zu bewahren versuchte. Was Johnson gegen sie in der Hand hielt.«

»Ich wusste es nicht, ich habe es nur vermutet. Ich habe immer wieder versucht zu erreichen, dass sich jemand Ninas Arm ansieht. Niemand war dazu bereit.« Sie war noch immer indigniert. »Gestern Abend habe ich sie dazu gezwungen. Aber es war nicht das, was sie befürchtet hatte, und das habe ich ihr auch gesagt.«

»Ich verstehe. Und das ist der Grund, warum sie …«

»Damit hatte ich nichts zu tun«, sagte sie hastig.

»Aber Sie haben von Anfang an vermutet, dass etwas nicht in Ordnung war?«, bohrte er nach.

Sie rutschte auf ihrem Stuhl hin und her.

»Wenn es so gewesen wäre, hätte ich Alice retten können. Ich war mir lediglich sicher, dass Tony Rowland keine Psychopathin ist. Ich glaubte auch nicht, dass sie im Schlaf auf ihre Mutter geschossen hatte.«

»Aber dass sie auf sie geschossen hatte, schon?«

»Was sollte ich denn denken? Zunächst jedenfalls«, verteidigte sie sich. »Ich war kaum fünf Minuten im Haus, als sie mir klar machte, dass ich mich vom Zimmer ihrer Mutter fernhalten sollte. Und sie hat anfangs die Tür abgeschlossen, bis sie merkte, dass ich mich um meine eigenen Belange kümmerte.«

»Na schön«, sagte er. »Sie haben also strikt Ihre Arbeit gemacht. Und dann fiel Ihnen etwas auf. Was war das?«

Erst nach einer ganzen Weile antwortete sie. Der Raum war

dunkel. Über ihrem Kopf zwitscherte der Kanarienvogel schläfrig. Sein Zwitschern und das Geschrei der spielenden Kinder unten auf der Straße waren die einzigen Geräusche, die die Stille durchbrachen. Als sie endlich das Wort ergriff, klang ihre Stimme müde und sehr traurig.

»Ich weiß nicht viel über junge Mädchen«, sagte sie, »aber ist das normal, wenn sie ihre Mütter in ihren Zimmern einschließen? Und dann war da dieser Herbert. Er musste irgendetwas damit zu tun haben.«

»Erzählen Sie mir nur nicht, Sie hätten ihn etwa verdächtigt, weil er Sie niedergeschlagen und beraubt hat!«

Seine Stimme klang längst nicht mehr so ärgerlich.

»Zu der Zeit war ich meilenweit von der Wahrheit entfernt«, räumte sie ein. »Tony hatte irgendein Geheimnis, das wusste ich. Und dieser Johnson hatte etwas damit zu tun. Aber es war doch komisch, dass sie die *Britannica* als Türstopper benutzte.«

Er sah sie erstaunt an.

»Die Enzyklopädie! Was um alles in der Welt hat die denn damit zu schaffen?«

Sie seufzte. »Haben Sie schon mal einen ganzen Band davon durchgeblättert, Seite für Seite? Es ist höllisch ermüdend. Aber eine Seite war ein wenig beschmutzt, als hätte man das Buch aufgeschlagen irgendwo hingelegt.«

»Ich verstehe. Und das erklärte natürlich alles!«

Sie ignorierte seinen ironischen Unterton. Wahrscheinlich hörte sie ihn nicht einmal, so tief versunken war sie in ihre Überlegungen.«

»Es ließ Rückschlüsse zu. Warum Tony beispielsweise neulich nachts den Verband vom Arm ihrer Mutter verbrannte. Ich war mir nie richtig sicher, selbst da noch nicht. Es war nur eine von mehreren Möglichkeiten – bis zum Schluss.«

»Warum in Gottes Namen haben Sie mich denn nicht ins Vertrauen gezogen?«, fragte er eindringlich. »Sie hätten mir doch wenigstens sagen können, was Sie vermuten.«

213

»Warum sollte ich das? Da war ja noch niemand ums Leben gekommen. Falls Tony ein solches Geheimnis hatte, dann war das nicht meine Sache. Aber wenn es so war, dann wusste auch Herbert davon. Es musste einen Grund geben, warum sie meine Uhr zurückkaufte. Offenbar wollte sie verhindern, dass er verhaftet wurde. Dann verkaufte sie ein paar ihrer Kleider, also benötigte sie offenbar Geld, wahrscheinlich für ihn. Doch dann kam mir ein wirklich schlimmer Verdacht, nachdem ich mit der Köchin, Stella, gesprochen hatte. Sie sagte, er sei als Butler im Haus angestellt gewesen, kurz bevor Tony ihre Verlobung auflöste und versuchte, ihre Mutter und sich selbst umzubringen. Sie selbst haben mich darauf gebracht, als ich den Fall übernahm.«

Er starrte sie an.

»Ich hätte Sie darauf gebracht! Inwiefern?«

»Im Park neulich abends. Sie sagten, es gebe ein Verbrechensmotiv, das meist vergessen wird. Verzweiflung. Tony Rowland war verzweifelt. Jeder Idiot hätte das sehen müssen.«

Trotz seiner Wut musste Fuller im Dunkeln grinsen. Das war wieder die alte Hilda, nicht die jämmerliche Kreatur, die er bei seinem Eintreffen vorgefunden hatte. Und eine Hilda, die bereit war zu reden, das zu rechtfertigen, was sie getan hatte.

»Ich denke, es begann damit, dass ich mich fragte, warum Tony ihre Mutter einschloss. Später beruhigte sie sich wieder etwas, aber es war ein komisches Verhalten für ein junges Mädchen. Dann die aufgelöste Verlobung. Niemand kannte den Grund, nicht einmal Nina. Nachdem Herbert aufgetaucht war, dachte ich, es handle sich um Erpressung, doch das hätte nicht alles Übrige erklärt. Das Komische war, dass die Mutter gar nichts davon zu wissen schien. Sie war ohne weiteres bereit, über Herbert und seine Schwester Delia zu sprechen, die ihre Zofe gewesen war. Sie sprach sogar über die Veränderung, die mit Tony vorgegangen war.

Ich dachte an alles mögliche, von den Japsen bis zu einem

Liebhaber für Nina Rowland. Ich fragte mich sogar, ob Alice vielleicht versucht hatte, ihre Schwägerin zu erschießen, und Tony habe die Schuld auf sich genommen. Dann besuchte ich Mrs. Hayes. Sie machte mir Sorgen. Sie wollte nicht mit mir reden, außer, dass ihr Sohn unbedingt von dem Mädchen ferngehalten werden müsse. Sie wirkte schockiert und geradezu krank. Da ging es nicht nur um die Hochzeit, sie wollte offenbar jeglichen Kontakt zu ihr unterbinden. Ich dachte, Tony habe ihr die Wahrheit gesagt, oder was sie dafür hielt, und deshalb …«

»Deshalb haben Sie sich die Enzyklopädie angesehen?« Er schaute sie mit einer gewissen Ehrfurcht an. »Sagen Sie mir bloß nicht, Sie seien aufgrund eines vagen Verdachts alle vierundzwanzig Bände einzeln durchgegangen, plus den Atlas!«

»Nur einen. Sie benutzte ihn als Türstopper.«

»Natürlich. Warum auch nicht?«, sagte er, seine Mundwinkel zuckten. »Ich habe immer vermutet, dass es eine praktische Verwendung für die verfluchten Dinger geben muss.«

Sie lächelte nicht.

»Später hat sie stattdessen einen Porzellanelefanten verwendet, aber ich fand den Band in der Bibliothek wieder. Ich hatte erst Gelegenheit, ihn durchzusehen, kurz bevor Alice Rowland getötet wurde. Dabei hätte ich das sofort tun sollen, das muss ich einräumen. Schließlich hatte Alice den Brief erhalten und ihn versteckt, und er kam aus Hawaii. Bis dahin hatte Tony immer die Post abgefangen, aber an dem Tag war sie zufällig fort. Ich selbst gab Alice den Brief.«

Fuller sah sie verdattert an.

»Was für einen Brief? Wovon um Himmels willen reden Sie?«

»Den Brief über Herberts Schwester Delia, den Grund, warum sie nicht mit aus Honolulu nach Amerika gekommen ist. Als Alice den Brief erhielt, brach alles in sich zusammen.«

»Wo ist dieser Brief jetzt?«, fragte der Inspektor ungeduldig.

»Ich habe ihn«, sagte sie. »Ich habe ihn gestern Nacht gefun-

215

den. Aber vielleicht sage ich Ihnen lieber, was meiner Meinung nach in der Nacht passiert ist, als Alice Rowland getötet wurde.«

Und das ist also die Geschichte des Mordes, wie Hilda sie erzählte und wie sie tatsächlich geschehen ist.

Kapitel 16

Tony hatte in jener Nacht nicht geschlafen. Sie wartete darauf, dass es im Haus still wurde, bevor sie den Verband vom Arm ihrer Mutter verbrennen konnte. Doch auch das Zusammentreffen mit Johnny Hayes hatte sie zutiefst beunruhigt. Als sie schließlich in das Zimmer ihrer Mutter schlüpfte, war Nina wach und gereizt.

»Du hast schon wieder geweint«, sagte Nina und beobachtete sie. »Ich verstehe dich nicht, Tony. Reicht es dir nicht, dass du alle Pläne zunichte gemacht hast, auch deine eigenen? Du läufst herum wie ein Gespenst.«

»Es tut mir leid, Mutter. Es geht mir wirklich gut.«

»Und wozu all diese Geheimniskrämerei?«, wollte Nina wissen. »Warum sagen wir es Alice nicht einfach und basta? Sie kann doch gar nichts dagegen unternehmen, oder?«

»Du weißt doch, wie sie ist, Mutter. Sie würde ein großes Geschrei veranstalten. Und vor allem würde sie Dr. Wynant einschalten.«

Nina lenkte ein. Sie verabscheute Wynant. Außerdem war sie Tony gegenüber neuerdings oft etwas unsicher, beispielsweise in der Nacht, als die Schüsse fielen. War sie schlafgewandelt? Oder hatte Alice doch Recht, und Tonys Geisteszustand war tatsächlich nicht in Ordnung?

Tony verband gerade ihren Arm. Er sah besser aus, aber sie sagte nichts, und Nina fiel in mürrisches Schweigen. Sie lehnte sich gegen die Kissen und ließ alles missgelaunt über sich erge-hen. Selbst mit den Lockenwicklern und einer glänzenden Schicht Cold Cream im Gesicht sah sie noch immer attraktiv aus. Sie wartete, bis Tony sich im Bad die Hände gewaschen hatte und zurückkam.

»Was hast du mit deinem Brautkleid gemacht?«, sagte sie un-vermittelt. »Ich weiß zufällig, dass es weg ist.«

Tony antwortete nicht. Sie wickelte den Verband in ein Handtuch. Nina blieb hartnäckig.

»Glaubst du nicht, du hast dich lange genug zur Närrin ge-macht?«, fragte sie streng. »Was ist zwischen dir und Johnny Hayes vorgefallen? Ich habe nicht übel Lust, seine Mutter her-zubitten und zu fragen, was sie darüber weiß. Sie ist in der Stadt. Ich habe es in der Zeitung gelesen.«

Tony erstarrte, ihr junges Gesicht legte sich in harte Falten.

»Wenn du das tust, werde ich dir das nie vergeben, Mutter.«

»Soll ich in aller Seelenruhe zusehen, wie mein einziges Kind vom Kummer aufgefressen wird? Kein Wunder, dass Alice denkt, du seist verrückt geworden. Ich bin mir nicht ein-mal sicher, ob sie nicht doch Recht hat.«

»Ich tue das, was ich für richtig halte. Wenn das verrückt ist, dann kann ich auch nichts dafür.«

Sie verließ das Zimmer, schloss leise die Tür hinter ihr und ging die Treppe hinunter. Das Haus war völlig still, und wie üb-lich legte sie den Verband in den Herd und zündete ihn an. Die Küche war dunkel, bis sie das Streichholz anriss, und sie er-schrak, als sie die Platte wieder auf die Mulde gelegt hatte und jemanden von außen ans Fenster klopfen hörte.

Sie stand still, zu verängstigt, sich zu bewegen. Vom Herd her kam jetzt kein Licht, die Küche lag in völliger Dunkelheit. Außen vor dem Fenster sah sie jedoch im schwachen Laternen-licht eine Gestalt, die sie allzu genau wiedererkannte.

»Ich bin es, Herbert«, sagte die Stimme. »Lassen Sie mich rein, rasch. Die Polizei ist hinter mir her.«

217

Einen Moment lang blieb sie unentschlossen stehen, dann ging sie zur Hintertür und öffnete den Riegel. Herbert stürmte in die Küche. Er war außer Atem, als sei er gerannt, und war miserabel gelaunt.

»Wer hat sie mir auf den Hals gehetzt?«, stieß er hervor. »Wenn Sie es waren, dann wissen Sie ja, was Ihnen blüht!«

»Ich war es nicht. Woher wollen Sie überhaupt wissen, dass sie Ihnen auf der Spur sind?«

»Ich habe immer Möglichkeiten, das zu erfahren«, sagte er geheimnisvoll. »Diese verdammte Uhr macht mir Sorgen. Los, ziehen Sie die Jalousie herunter und schalten Sie das Licht ein. Ich brauche etwas zu essen und ein Bett. Wie wäre es mit meinem alten Zimmer?«

Sie zitterte, doch ihre Stimme blieb ruhig.

»Mussten Sie unbedingt hierher kommen? Es ist hier nicht sicher, für uns beide nicht. Selbst wenn Sie bleiben, müssen Sie fort sein, bevor Stella morgen früh herunterkommt. Wenn man Sie nun hier findet?«

»Und wenn schon?«, sagte er ungeduldig. »Hören Sie, ich habe Hunger. Machen Sie mir doch einfach etwas zu essen.«

Sie saß in der Falle. Sie hatte Angst vor ihm. Sie hatte immer schon Angst vor ihm gehabt. Schon in Honolulu. Selbst als er auf das Schiff kam, sie beiseite nahm und ihr erzählte, was mit Delia los war.

Sie hatte das niemals irgendjemandem erzählt.

Nun versuchte sie, sich wieder in den Griff zu bekommen. Sie besorgte Handtücher, Seife und eine Decke und legte alles in dem Schlafzimmer am hinteren Flur bereit. Als sie wieder in die Küche trat, saß Herbert gemütlich auf einem Stuhl und rauchte eine Zigarette. Stellas Katze saß auf seinem Schoß. Allein der Anblick machte sie wütend.

»Sie sind hier ja bestens zu Hause«, sagte sie kalt. »Warum machen Sie sich nicht selbst etwas zu essen?«

Seine Aufregung war offenbar abgeklungen. Er grinste sie an.

218

»Sie sind ja auch nicht so ohne«, sagte er frech. »Was haben Sie mit der Uhr angestellt?«

»Das geht Sie überhaupt nichts an.«

»Nun, am besten vergraben Sie sie. Es wäre gar nicht schön, wenn man sie bei Ihnen fände.«

Sie war zum Kühlschrank gegangen und nahm Lebensmittel heraus. Mit der Milchflasche in der Hand drehte sie sich um und sah ihn an.

»Ich frage mich, warum ich Sie nicht längst umgebracht habe«, sagte sie. »Ich wünsche mir das schon lange. Nachts liege ich wach und denke darüber nach, wie ich es machen soll.«

Er legte den Kopf in den Nacken und lachte.

»Zum Töten braucht man starke Nerven, Tony, das müssten Sie doch wissen. Sie haben es schon zweimal versucht, nicht wahr? Nur nicht bei mir.«

Dennoch sah er unbehaglich zu, als sie ein langes Brotmesser aus einer Schublade holte, doch sie kam ihm nicht nahe. Sie ging in die Speisekammer und stand dort am Brotkasten, als sie zu ihrem Schrecken die Tür zum hinteren Flur erneut aufgehen und Alices vor Wut hohe, schrille Stimme hörte.

»Was haben Sie in meinem Haus zu suchen?«

Herbert war erschrocken. Er sprang auf die Füße und stieß die Katze zu Boden. Alle Unverschämtheit war von ihm abgefallen, er versuchte zu lächeln.

»Nun schauen Sie mal, Miss Rowland«, sagte er, »ist doch nicht schlimm, wenn ich Sie um ein bisschen Essen anschnorre, oder? Miss Tony kennt mich seit Jahren, und als ich sie hier in der Küche sah …«

Tony stand in diesem Moment auf der Schwelle, das Brotmesser in der Hand. Herbert sah sie, Alice jedoch nicht. Sie hielt einen Brief in der Hand. Ihre Miene war unerbittlich.

»Verschwinden Sie«, sagte sie. »Jetzt sofort, bevor ich die Polizei rufe. Sie werden hier niemanden mehr erpressen. Ich weiß jetzt, was ich die ganze Zeit hätte wissen müssen. Verlas-

sen Sie das Haus und versuchen Sie gar nicht erst, zurückzukommen, sonst schicke ich Ihnen die Polizei auf den Hals.«

Er ging in Richtung Tür und nahm unterwegs seinen Hut
vom Tisch. Etwas von seiner unverschämten Art war wieder da.

»*Sie* schicken mir die Polizei auf den Hals!«, sagte er. »Fragen Sie Ihre Nichte einmal, was sie davon hält. Es wird ihr nicht
gefallen.«

Er ging und schloss die Tür hinter sich. Tony stand noch immer in der Nähe der Speisekammer, das Messer in der Hand.
Weder sie noch Alice hatten gesehen, wie sich der Griff an der
Tür zum hinteren Flur drehte und dort nun eine Gestalt regungslos jenseits der Tür stand.

Alice setzte sich an den Tisch. Sie wirkte völlig erschöpft,
doch das Gesicht, das sie Tony zuwandte, war eisig.

»Seit wann weißt du es schon?«, fragte sie.

»Weiß ich was?«

»Spiel mir nicht die Unschuld vom Lande vor. Ich habe den
Brief in der Hand. Soll ich ihn dir vorlesen? Er kam heute aus
Hawaii.« Sie zog ihn aus dem Umschlag. »Aber du weißt ja bereits, was darin steht. Deshalb hast du deine Verlobung gelöst,
nicht wahr? Hör zu, ich lese dir das jetzt vor.«

Und das tat sie auch. Alice saß am Tisch, während Tony noch
immer mit dem Messer in der Hand dastand, ohne es zu merken. Keine von beiden sah, wie Nina die Tür öffnete und ebenfalls zuhörte. Ihr Gesicht war aschfahl vor Staunen und Entsetzen. Keine von beiden wusste, dass Nina im Raum war, bis sie
versuchte, Tony das Messer zu entreißen. Und der Brief war
noch in Alices Hand, als Nina die Milchflasche hochhob und sie
Alice mit aller Gewalt auf den Kopf schlug.

220

Kapitel 17

Das war die Geschichte, die Fuller an diesem Abend von Hilda hörte und wie er sie später in allen Einzelheiten erfuhr. An diesem Abend hörte er lediglich aufmerksam zu und stellte nur hier und da Fragen. Als sie fertig war, schaltete sie die Lampe über dem Tisch an.

»Der Brief ist hier«, sagte sie und nahm ihn in die Hand. »Soll ich ihn vorlesen? Oder wollen Sie ihn selbst lesen?«

»Na los«, sagte er. »Es ist offensichtlich Ihr Fall, nicht meiner.«

Sie gab dazu keinen Kommentar ab. Sie holte eine perlmuttgeränderte Brille hervor, die sie wie ein Eulenbaby aussehen ließ. Im Lampenlicht sah er, dass ihre Hände zitterten. Ihre Stimme dagegen war weitgehend fest.

»Meine liebe Alice«, las sie vor. »Ich war furchtbar erschrocken über deinen Brief. Es sieht alles danach aus, nicht wahr? Warum sonst die geheimen nächtlichen Verbandswechsel, und warum würde Tony das Verbandszeug verbrennen? Und die Weigerung, Dr. Wynant oder einen anderen Arzt zu konsultieren.

Tony müsste eigentlich Bescheid wissen. Sie hat so etwas hier auf den Inseln gesehen. Ich erinnere mich, dass wir vor Jahren ihr Kindermädchen entlassen mussten, weil sie ihr jemanden im fortgeschrittenen Stadium gezeigt hatte. Vor allem musst du sofort einen Arzt aufsuchen. Ich sage das, weil ich weiß, dass Delia, nach der du gefragt hattest, erkrankt ist und sich derzeit in einer Leprastation befindet. Ich weiß auch zufällig, dass sie schon erkrankt war, bevor die Rowlands abgereist sind, und dass sie aus diesem Grund nicht mitfahren durfte. Die Familie wusste davon natürlich nichts.

Es klingt grausam, Alice, aber du musst Nina sofort aus dem Haus schaffen. Soweit ich weiß, gibt es auch in den Staaten Einrichtungen für Leprakranke, und genau dorthin wird sie gehen müssen. Ich glaube …«

Hilda hielt inne. Sie ließ den Brief sinken.

»Und so weiter und so fort«, sagte sie mit matter Stimme. »Aber der Rest ist irrelevant.«

Fuller fand seine Stimme wieder.

»Himmelherrgott!«, sagte er heiser. »Kein Wunder, dass Nina zur Milchflasche griff!«

»Nein. Sie war kaum bei Sinnen. Sie war eine schöne Frau und dachte, ihr Schicksal sei nun nichts als Exil und Grauen.«

»Und Tony dachte das auch?«

»Ja. Sie wusste, was es bedeutete. Ihr Vater hatte sie gebeten, nach ihrer Mutter zu sehen, und als Herbert sie aus selbstsüchtigen Motiven anlog und ihr bestätigte, wovor sie Angst hatte, war sie verzweifelt. Schließlich hatte sie es doch als Kind zu Gesicht bekommen. Der Schreck muss sie seit damals verfolgt haben.«

»Und Nina hatte keinen Verdacht?«

»Nein. Alice Rowland hatte eine krankhafte Angst vor Infektionen aller Art, deshalb fasste sie beispielsweise niemals Stellas Katze an. Als Ninas Symptome auftraten, brachte Tony sie damit zum Schweigen. Doch Tony wusste von Delias Schicksal, noch bevor sie abgefahren waren, und sie hatte vier Jahre lang auf Anzeichen gewartet.«

Als Fuller nichts sagte, fuhr sie verdrossen fort.

»Ich kann mir vorstellen, wie Tony das empfunden hat. Es muss für sie das Ende der Welt gewesen sein. Herbert hatte sie angelogen. Er muss irgendwie von dem Arm Wind bekommen haben. Und man darf auch nicht vergessen, dass sie vier Jahre lang auf Anzeichen gewartet hatte. Und als sie glaubte, ihre Mutter sei erkrankt, war sie über alle Maßen entsetzt.«

»Deshalb hat sie versucht, sie umzubringen. Der Tod war immer noch besser als das, nehme ich an.«

»Sie wollte sich selbst auch umbringen. Das dürfen Sie nicht vergessen«, sagte Hilda abwehrend.

»Na schön«, räumte er ein. »Kommen wir auf den gestrigen

Abend zurück. Was haben Sie mit Nina Rowland angestellt, dass sie getan hat, was sie tat?«

Sie schwiegen lange. Als Hilda das Wort ergriff, war ihre Stimme unsicher.

»Ich habe gar nichts getan«, sagte sie schließlich. »Ich habe mir ihren Arm zeigen lassen und ihr gesagt, dass es sich um eine harmlose Hautkrankheit handelt – Schuppenflechte, nehme ich an. Unangenehm, aber keineswegs das, was Tony glaubte.«

»Ich verstehe«, sagte Fuller nicht ohne Mitgefühl. »Aber was löste das bei ihr aus? Es war alles umsonst gewesen. Sie hatte einen Mord begangen, und Tony hatte einen Selbstmordversuch gemacht. Alles für nichts und wieder nichts.« Seine Stimme klang jetzt schärfer. »Was konnte sie schon tun? Was für einen Unterschied macht es schon, ob man eine Axt nimmt oder ihnen den Hals umdreht? Das ist es doch, nicht wahr? Behaupten Sie nicht, Sie hätten nicht gewusst, dass es so kommen würde, Hilda!«

Sie machte keinen Versuch, sich zu rechtfertigen.

»Sie hat ihre Entscheidung getroffen. Was konnte sie erwarten? Schande und ein Leben hinter Gittern, vielleicht der elektrische Stuhl. Als sie sich entschloss, mit dem Wagen in den Fluss zu fahren, konnte ich sie nicht aufhalten. Ich war im Krankenhaus.«

Fuller sagte eine Weile nichts. Dann zog er sein Zigarettenetui hervor und hielt es ihr im Dämmerlicht hin.

»Nehmen Sie sich um Himmels willen eine Zigarette, und beweisen Sie mir, dass Sie auch nur ein Mensch sind«, sagte er. »Und noch dazu eine verdammt großartige Frau. Manchmal jedenfalls.«

Er lehnte sich zu ihr hinüber und gab ihr Feuer. Im Lampenlicht sah er, dass sie kurz vor dem Zusammenbruch stand, und bemühte sich, sie wieder aufzurichten.

»Wissen Sie«, meinte er, »es gibt Zeiten, da habe ich wirklich Hochachtung vor Ihnen. In diesem Fall hatten sie am Anfang nichts als eine verschlossene Tür, den Verband an Nina Rowlands Arm, einen Band der *Encyclopedia Britannica,* der als Türstopper diente, einen Schlag auf den Schädel, eine gestohlene und wieder aufgetauchte Uhr, eine verschreckte Dame namens Hayes und einen Brief aus Honolulu. Geraume Zeit war das alles, nicht wahr? Bis Alice umgebracht wurde. Und Sie machen einen Fall daraus!«

Sie sah ihn ziemlich entspannt an, genau wie er gehofft hatte. Sie nahm sogar einen Zug von ihrer Zigarette, hustete und legte sie wieder weg.

»Ich hatte Tony«, sagte sie, fast entschuldigend. »Ich mochte sie. Was war an ihrer Mutter so schrecklich, dass sie nicht einmal wollte, dass ihr Vater heimkehrte? Oder dass sie nicht wollte, dass es der Arzt oder ich erfuhr? Eine Zeit lang glaubte ich an die Kugel in Ninas Arm.« Sie lächelte matt. »Ich habe mich wohl ziemlich dumm angestellt. In der Nacht, als sie den Verband verbrannte, hätte ich es wissen müssen. Da war ja der Eintrag in der *Britannica.* Allerdings machen wir uns hier zu Lande über solche Dinge nicht viele Gedanken.«

Er sah sie an. Seine Miene zeigte echte Zuneigung, wenn auch vermischt mit Frustration.

»Ich wünschte weiß Gott, Sie würden *mit* mir *zusammen*arbeiten, nicht gegen mich. Aber trotzdem möchte ich Ihnen sagen, dass Sie verdammt gute Arbeit geleistet haben. Und dass Sie sich eine Woche lang ins Bett legen sollten. Warum nicht?«, fragte er, als sie den Kopf schüttelte. »Tony kommt darüber hinweg. Sie hat bereits Schlimmeres hinter sich als den Tod ihrer Mutter. Und sie hat Johnny Hayes. Wir müssen sie bewachen lassen, damit er nicht dauernd bei ihr hockt. Der Knabe ist ein echter Draufgänger!«

»Sie haben ihn nicht verhaftet?«

Er lächelte verlegen.

»Auch ich habe ein Herz für Verliebte«, sagte er. »Ich bin selbst noch gar nicht so furchtbar alt. Auf jeden Fall werden

224

diese Jungs ohnehin bald in den Krieg ziehen. Wer bin ich, dass ich sie aufhalten würde? Das war doch nur ein sauberer kleiner Handstreich, den sie da mit Aggie ausgetüftelt hatten, oder?«, fuhr er fort. »Sie öffnet die Küchentür, der Sergeant zerbricht auf der anderen Straßenseite ein Fenster und rennt wie ein geölter Blitz vor dem Polizisten weg, der ihm natürlich folgt. Und Sie sind in Ihrem Zimmer eingeschlossen! Ich hätte zu gern Ihr Gesicht gesehen. Das war bestimmt ein denkenswerter Anblick.«

»Das war noch nie ein denkenswerter Anblick«, erwiderte sie trocken.

»Trotzdem mag ich es eigentlich recht gern.«

Er trat zu ihr und sah auf sie hinunter.

»Sie meinen das mit den Hühnern doch nicht ernst, oder?«, fragte er. »Vergessen Sie nicht, dass ich Sie brauche, Hilda. Vielleicht sogar in ganz anderer Hinsicht, als Sie meinen.«

Falls Hilda errötete, sah er es nicht.

»Ach, nun werden Sie doch um Himmels willen nicht sentimental«, fuhr sie ihn an. »Ich bin müde und brauche ein Bad. Sie wahrscheinlich auch. Gehen Sie nach Hause und schlafen Sie sich aus. Genau das werde ich auch tun.«

Erst als er draußen in der kühlen Oktobernacht war, spürte er einen Hauch von Erleichterung. Er hatte seine Arbeit und seine gemütliche Junggesellenwohnung. Im Leben eines Polizisten ist für eine Ehefrau kein Platz.

Er musste grinsen, als ihm klar wurde, dass Hilda ihn wieder einmal vor einem gewaltigen Fehler bewahrt hatte.

Aus dem Englischen von Birgit Lamerz-Beckschäfer

Michael Innes

John Innes Macintosh Stewart (1906–1994) alias Michael Innes hat mindestens zwei erfolgreiche Leben in einem gelebt: Unter seinem wahren Namen durchlief er eine akademische Karriere als Literaturwissenschaftler, die ihn von Adelaide in Australien bis zum Don in Oxford führte (wobei er auch noch etliche Romane unter diesem Namen schrieb), als Michael Innes war er ein halbes Jahrhundert lang als einer der angesehensten und kultiviertesten Krimiautoren erfolgreich, der in dieser Rolle etwa vierzig Genreromane verfasste. Natürlich ist er Mitbegründer und Hauptvertreter des »donnish mystery«, vor und neben ihm wären noch Dorothy L. Sayers und Edmund Crispin zu nennen (»Mord vor der Premiere«, DuMonts Kriminal-Bibliothek Band 1080).

Beide Karrieren beginnen im Jahr 1936: Eine lange Seereise führte Innes von Liverpool auf seine erste Professur in Adelaide und ließ ihm genug Zeit, seinen ersten Detektivroman zu schreiben, »Death at the President's Lodging« (»Zu viel Licht im Dunkel«, DuMonts Kriminal-Bibliothek Band 1049). Er spielt nicht nur unter Fellows eines fiktiven College in Oxford, sondern enthält auch ein Selbstporträt des Autors – einer der Dons schreibt unter einem Pseudonym Detektivromane. Inspector Appleby, dessen Karriere Innes bis zum Ritterschlag und zum Leiter von Scotland Yard verfolgen wird, fühlt sich in der skurrilen Atmosphäre unter den verschrobenen Gelehrten wie ein Fisch im Wasser, hat er doch soeben in ähnlichem Milieu ein Studium erfolgreich abgeschlossen.

So wird es vierzig Bände lang bleiben – Appleby, später Sir John, steigt von Stufe zu Stufe und wird dabei in einsamen schottischen Burgen, verschlafenen Dörfern, auf entlegenen Inseln, blühenden oder heruntergekommenen Landsitzen mit skurrilen Rätseln konfrontiert, zu deren Auflösung es fast nie routinemäßiger Polizeiarbeit bedarf, sondern empirischer Milieukenntnisse und einer fast professionellen Literaturkenntnis. Wie bei Queens »Verrücktem Fünf-Uhr-Tee« liegt die Lösung häufig in der Literatur verborgen, gibt es doch, wie es im Krimi aus der Feder eines anderen Professors, eines Semiotikers, heißt, Bücher, die sich nur mit Büchern unterhalten (Umberto Eco: »Der Name der Rose«).

In »Appleby's End« hat sich Appleby Hals über Kopf in eine Bildhauerin aus einer verarmten Familie des Landadels verliebt und sie geheiratet. Wie im vorliegenden Abenteuer begleitet sie ihn häufig und ist dabei etwas lässiger, nonchalanter und weniger gesetzestreu als ihr Gatte, der nicht immer vom Polizisten in sich absehen kann – das unerwünschte Betreten fremder Grundstücke beispielsweise wird ihm lebenslang Probleme bereiten. Als er es, angestiftet von Judith, in der vorliegenden Geschichte wieder einmal tut, geraten beide in eine Welt, verglichen mit der die einer Alice hinter dem Kaninchenloch oder hinter dem Spiegel kaum wunderlicher sein könnte. Der riesige Landsitz der Pooles – am Wasser gelegen und daher höchst unromantisch »Water Poole« genannt – ist nicht nur seit langem unbewohnt, er ist in großen Teilen Ruine oder so wenig vorhanden wie ein vom deutschen »Blitz« getroffenes Haus in London. Dennoch wurden Teile davon erst kürzlich gesäubert und genutzt, was ein wie zufällig anwesender Landgeistlicher auch erklären kann: Da einst 1645 die Kavaliere von einem großen Ball in Water Poole unmittelbar in die für den König und seine Partei verhängnisvolle Schlacht von Nasby ritten, wo sie zumeist fielen, feiern Kobolde das Fest zu jedem Jahrestag neu, weshalb der Pfarrer jetzt einen Exorzismus versuchen will. Die Lösung, die Appleby, in diesem »Fall« nicht mehr als ein intelligenter Tourist und Zufallszeuge, findet, bezeichnet er selbst als »Fiktion in der Fiktion« – ein zentrales Merkmal der späten Detektivgeschichte, die »Mord als schöne Kunst betrachtet«.

Von Michael Innes sind in DuMonts Kriminal-Bibliothek bisher erschienen: »Klagelied auf einen Dichter« (Band 1079), »Zuviel Licht im Dunkel« (Band 1049), »Appleby's End« (Band 1095) und die Kriminalerzählung »Die Mausefalle« in »Mord als schöne Kunst betrachtet« (Band 1060).

Michael Innes
Eine Koboldsgeschichte

»Du bist sicher, dass es unbewohnt ist?« Sir John Appleby blickte recht furchtsam durch die Windschutzscheibe, als der Wagen sich über den holprigen Feldweg vorantastete. »Es gibt nicht doch noch einen Nachfahren der Pooles, der dort haust? Man kann sich darauf verlassen, dass der englische Zweig der Familie vollständig erloschen ist?«

»Nun stell dich doch nicht so an, nur weil wir uns ein bisschen in einem alten Haus umsehen.« Lady Appleby trat aufs Gaspedal. »Man muss sich doch nicht immer an jedes dumme Gesetz halten, nur weil man ein hohes Tier bei der Polizei ist. Von den Pooles gibt es, glaube ich, noch ziemlich viele.«

»Aber nicht hier, oder? Vorsicht, die Kuh!«

»Nicht hier. Ob allerdings unbewohnt das richtige Wort für Water Poole ist, weiß ich nicht. Unbewohnt klingt für mich nach Ruine, nach etwas, das schon seit Generationen verlassen ist. Aber nach allem, was ich gehört habe, steht es jetzt leer und verfällt allmählich. Du wirst es ja sehen.«

»Soll das heißen, du willst hin*ein*?«

»Natürlich. Das ist doch immer das Beste daran. Irgendein Fenster wird schon aufgehen.«

Appleby stöhnte. »Judith, Liebes, ich sehe es genau vor mir. Es ist ja nicht das erste Mal. Wir brechen in das Haus ein. Wir sind von oben bis unten mit Staub und Spinnweben bedeckt. Wir verstauchen uns auf morschen Dielen die Knöchel. Und dann kommt jemand.«

»Unsinn.«

»Wir hören ihn heranschlurfen – sinister, wie er das Bein nachzieht. Nichts weiter als ein Pächter, der ein Auge auf das Haus haben soll. Aber wir sind vor Schrecken wie versteinert. Du noch mehr als ich. All dein Wagemut verlässt dich. Innerlich schlotterst du, und aus Mitleid verstecke ich mich mit dir im Schrank. Und da findet er uns.«

»Was redest du denn da für ein Zeug. Nie im Leben ist uns so etwas passiert. Oder höchstens einmal.«

»Ich lasse das Kleingeld in meiner Tasche klimpern und schlage einen leutselig herrschaftlichen Ton an. Der brave alte Mann ... «

»Der was?«

»Der brave alte Mann, denn das ist er, hört das Silberklimpern nicht. Er versteht mein Benehmen nicht, nur mir selbst kommt mit beschämender Klarheit zu Bewusstsein, dass es sich in nichts vom Benehmen der zahlreichen kleinen Gauner in meiner Bekanntschaft unterscheidet. Aber deine Art zu sprechen kennt er, deine Kleider, die fast genauso sind wie jene, die die selige alte Mutter des verstorbenen Gutsherrn immer zu tragen pflegte ... «

»Du bist ein Scheusal.«

»Und so löst sich – wenn auch auf wenig ruhmreiche Art – doch noch alles in Wohlgefallen auf; er führt uns durchs Haus und überschüttet uns mit antiquarischen Informationen, jede einzelne davon falsch. Zum Abschied gebe ich dem braven alten Mann fünf Shilling. Respektvoll lüpft er den Hut – vor dir.«

»Dann ist es in Ordnung.« Judith Appleby nahm den Fuß vom Gas und navigierte um eine weitere Kuh. »Ich finde, es sieht aus, als ob hier heute schon jemand gefahren wäre.«

»Mehrere, würde ich sogar sagen.« Appleby griff zur Karte. »Und das ist seltsam, denn außer zum Herrenhaus führt dieser Weg nirgendwohin. Ohnehin merkwürdig, dass ein Haus, das doch einmal eine gewisse Bedeutung hatte, keine größere Zufahrt hat.«

»Vielleicht war diese hier früher in besserem Zustand. Und natürlich hatten sie den Fluss.« Judith wies auf eine Pappelreihe nicht allzu weit vor ihnen. »Von hier bis zur Themse ist er gut schiffbar, und wahrscheinlich haben sie früher die schwereren

Sachen übers Wasser transportiert. Aber das ist ja gerade das
Faszinierende an Water Poole, dass es so einsam liegt. Nichts
im Umkreis von Meilen. ... Und da hätten wir es.«

Sie hatten eine Gruppe Buchen umrundet, noch im schönsten
Frühlingsgrün, und nun lag das altehrwürdige elisabethanische
Haus direkt vor ihnen. Unwillkürlich stöhnten sie beide auf.
Water Poole war weitaus größer, als sie erwartet hatten, und
weit stärker verfallen. Aus dem Winkel, aus dem sie sich nun
dem Haus näherten, hätte man denken können, die Abbruch-
arbeiten seien schon im Gange – hätte man nicht im selben
Augenblick die vollkommene Stille und Einsamkeit gespürt.
Der Grundriss des Gebäudes schien das von vielen Tudor-
häusern vertraute H. Und der Pavillon an einem der vier Enden
– er musste einmal eine Anzahl stattlicher Gemächer beherbergt
haben – war zu einem großen Trümmerhaufen zusammengestürzt, der sich bis weit in den verwahrlosten offenen Hof vor
ihnen erstreckte. An vielen Stellen machten sich in dem Gewirr
aus Stein und Stuck schon Disteln und Schierling breit. Und
hoch oben – ein Bild, das, wenn auch noch so unpassend, an einen zerbombten Londoner Platz erinnerte – war noch ein einsames Bruchstück eines prachtvoll getäfelten Wohnzimmers erhalten geblieben, unter dessen Deckenkante nun die Schwalben
nisteten. Ansonsten war die lange graue Fassade, die über Jahr-
hunderte hinweg mit freundlicher Gelassenheit in diese leere
Landschaft geblickt hatte, schartig und schrundig, rund um die
zerbrochenen Fenster zerging der Mörtel, die Balustrade brö-
ckelte. Es war ein vornehmes Haus gewesen – und jetzt wirkte
es so verloren, so entehrt, dass Appleby sich dafür schämte,
dass er hier eingedrungen war. Selbst das Geräusch des Wagens
schien eine Kränkung. Judith empfand es wohl ebenso, denn sie
nahm den Gang heraus und schaltete den Motor ab. Lautlos
rollten sie voran, bis die Stille des Ortes sie ganz umfing. Es
war, als tauchten sie in etwas körperlich Spürbares ein, wie

Schwimmer, die ohne die kleinste Welle in das stille, tiefe Wasser glitten.

»Ich habe gehört, im Krieg soll es noch bewohnt gewesen sein – zwei Familien, die es sich teilten.« Unbewusst senkte Judith die Stimme, wie man es in der Gegenwart eines in Gedanken versunkenen Gelehrten tut. »Aber dafür sieht es viel zu verfallen aus.«

»Es ist groß; vielleicht ist die andere Seite besser erhalten.«

»Aber das Haus ist verlassen, das sieht man. Keine Hoffnung, dass das noch einmal jemand zum Leben erweckt.« Judith zog die Handbremse und stieg aus. »Ein gewaltiger Kasten. Mehr, als die Pooles unserer Tage verkraften konnten.«

Appleby nickte. »Weitläufig ist es, das muss man sagen. Eher die Art von Palast, die sich elisabethanische Höflinge bauten, kein einfaches englisches Gutshaus. Wer sind diese Pooles?«

»Eine alte Familie, soviel ich weiß. Den Namen tragen sie nach dem hiesigen Teil der Grafschaft und haben ihn wiederum dem Haus gegeben. Im Bürgerkrieg ist es ihnen schlecht ergangen; ein Vater und zwei Söhne in Naseby gefallen. Inzwischen, würde ich vermuten, verarmt und bedeutungslos. Sehen wir es uns an?« Als sie die Frage stellte, schritt Judith schon munter voran.

»Großen Schaden können wir wohl nicht anrichten, wenn wir uns im Garten umsehen.« Appleby brachte diesen Vorschlag nicht eben hoffnungsvoll vor. »Obwohl es zu Missdeutungen geradezu herausfordert.«

»Jemand könnte uns für Diebe halten?« Das fand Judith lustig. »Ich sehe nicht viel, was wir mitnehmen könnten.«

»Das Blei auf den Dächern ist wahrscheinlich Tausende von Pfund wert.« Appleby blieb abrupt stehen. »Ob das womöglich schon jemand versucht hat? Das Gelände sieht ja tatsächlich aus, als ob hier noch vor kurzem einiger Betrieb geherrscht hat. Aber vielleicht haben sich die Leute auch nur von dem Schutt geholt. Der wäre für alles Mögliche zu brauchen. Lass uns auf die andere Seite des Hauses gehen, hinunter zum Fluss.«

Ein paar Sekunden lang stapften sie schweigend vor sich hin. Selbst in dem klaren Licht und der sanften Wärme dieses Junimorgens hatte Water Poole, wie es in seinem letzten Leiden dalag, etwas ausgesprochen Bedrückendes. Sie stiegen über lockere, tückische Stufen zu einer zerbröckelnden Terrasse hinauf, die beinahe schon unter dem üppigen Unkraut des Sommers verschwunden war, und gingen weiter an der Seite des Hauses entlang, vorbei an einem ganz und gar verwilderten französischen Garten. Gleich darauf langten sie an der Flussseite des Hauses an. »Tatsächlich!«, rief Judith. »Hier ist es besser erhalten – viel besser sogar. Gemütlich beinahe.«

»Na, ich weiß nicht, ob ich so weit gehen würde. Immerhin haben sie den Rasen gemäht. Merkwürdig genug – aber lobenswert.«

Auch auf dieser Seite stand das Haus ein wenig erhöht mit einer Terrasse davor, und zwischen Terrasse und Fluss lag ein breites Rasenstück. Gepflegt sah es nicht aus, aber es war doch offensichtlich vor kurzem mit Sorgfalt gemäht worden. Judith betrachtete es verwundert. »Ein wackerer Versuch, noch ein wenig den Schein zu wahren. Aber wer soll denn kommen und das sehen? Niemand käme auf die Idee, mit einer Jacht hier heraufzusegeln, und für ein Kanu oder einen Stocherkahn ist es arg abgelegen. ... Doch, hier ist es besser erhalten.«

Appleby wandte sich um. Zwar bot das Haus auch von der Flussseite einen jämmerlich heruntergekommenen Anblick, aber man hatte nicht das Gefühl, dass es jeden Moment zusammenstürzen würde. Die Terrasse war einigermaßen instand, die Fenster waren entweder verglast oder mit dezenten Läden abgedeckt, und die schwere Eichentür unter dem massigen Vordach wirkte fest verschlossen. Seine Frau staunte nicht schlecht, als Appleby nun geradewegs auf diese Tür zuhielt, die breiten Treppenstufen hinauf, die zwischen verwitterten Statuen zum Haus führten. »Das Unkraut ist gejätet«, sagte er. »Und die Stufen bleiben an Ort und Stelle, wenn man darauftritt.« Er bückte sich. »Kürzlich ausgebessert, würde ich sagen.« Er kam auf die Terrasse, ging zur Eichentür und drehte am Knauf. »Abgeschlossen.« Und zu Judiths noch größerem Erstaunen rüttelte er nun sogar ungeduldig daran. »Als steckte der Geist von Dr. Johnsons Vater darin.«

»Dr. Johnsons Vater, John?«

»Weißt du nicht mehr? Jeden Abend verschloss der alte Michael Johnson mit aller Sorgfalt die Haustür eines Gebäudes, das keine Rückwand mehr hatte. Der junge Sam machte sich Sorgen, dass sein Vater den Verstand verlor. Nun, und die Rückseite von Water Poole sieht ja nicht viel anders aus. Wenn wir also wirklich hineinwollen, ist das nicht schwer. Wir müssen nur wieder auf die andere Seite gehen.«

»Ja, dann los – und ich denke mir, du bist genauso neugierig wie ich.«

»Es ist schon ein kurioser Ort.« Appleby warf noch einmal einen Blick hinunter zum Wasser. Es war kaum mehr als ein Bach, aber er konnte sich vorstellen, dass die Forellen sich nur so darin tummelten. »Und dieser Rasen … « Er sagte nichts weiter, und sie kehrten schweigend zur Rückseite des Hauses zurück.

Dort lag, halb von der Terrasse verborgen, ein Untergeschoss mit Kellern und Wirtschaftsräumen, und in diese konnten sie ohne Schwierigkeiten gelangen. Eine Weile wanderten sie über die Steinböden von Gängen und Kammern, teils mit Gewölbe-, teils mit Stuckdecken, deren Verputz nun größtenteils auf den Fliesen lag. Hie und da stießen sie auf gewaltige Kamine, schwere Steintröge, finstere Vorratskeller und Speisekammern mit steinernen Tischen, die etwas von einem Leichenschauhaus hatten. Nichts Bewegliches war zu sehen – außer einmal einem Häufchen Zweige, wo sich offenbar vor kurzem in einer entlegenen Nische ein eher melancholisch gestimmter Landstreicher ein passend finsteres Bett bereitet hatte, mit den Spuren eines kleinen Feuers dabei. Es war zu vermuten, dass das Haus in späteren Jahrhunderten in der Etage darüber praktischere Wirt-

234

schaftsräume gefunden hatte. Und in diese Etage stiegen die Applebys nun hinauf. Bisher war alles, was sie gesehen hatten, ausgesprochen bedrückend gewesen, und es sah ganz danach aus, als werde Judiths Ausflug als große Enttäuschung enden. Appleby gab sich Mühe, die Stimmung aufzubessern, indem er tat, als höre er die drohenden Schritte des Haushüters. Seine Frau fand es nicht lustig.

Doch im Stockwerk darüber sah alles anders aus. Sie kamen in einen stattlichen Saal mit hohen gotischen Fenstern, die hinaus auf den Fluß blickten, einer prachtvollen Wandvertäfelung, die älter sein musste als das Haus selbst, und einer üppigen Stuckdecke. Die hängenden Schlußsteine waren größtenteils abgebrochen, was dem Raum eine seltsame Ähnlichkeit mit jenen Höhlen oder Grotten gab, in denen die vornehmen Herrschaften des 18. Jahrhunderts sich die Zeit damit zu vertreiben pflegten, dass sie die Stalaktiten herunterschossen. Aber wer den Blick nicht ganz so hoch hob, dem kam der Saal wohl nicht wirklich verfallen vor, eher wie etwas, das nur vorübergehend in einen tiefen Schlaf versunken war. Hier war das Herz des Hauses, und ein klein wenig pochte es noch. Es schien nur auf einen Anlass zu warten, dass es seinen Puls wieder beschleunigte, bis das ganze Haus den Strom in seinen verwunschenen Gliedern spüren und zu neuem Leben erwachen würde.

Judith schritt den Saal ab, von der Estrade bis zur hölzernen Trennwand, und vorn blieb sie reglos stehen, als lauschte sie. Als sie zurückkam, hatte der Ausdruck auf ihrem Gesicht sich gewandelt. »Seltsam«, sagte sie. »Etwas ist hier.«

»Etwas?«

»Spürst du nichts?« Sie lächelte ihn an, ein wenig verwirrt. »War ja auch nicht zu erwarten. Das würde gar nicht zu dir passen.«

»Wenn du Gespenster und Konsorten meinst, das passt zu dir genauso wenig.«

»Nicht ganz Gespenster. Es sei denn – ja – Scharen von Ge-

235

spenstern. Ich habe das Gefühl, dass die Zeit sich verdichtet, dass sie herangezogen wird wie in einem Teleskop. Dass unsere und ihre Zeit sich annähern. Sodass sie – auch wenn sie jetzt fort sind – alle gestern und heute noch hier waren.«

Appleby studierte auf der hölzernen Trennwand eine schöne Serie von Paneelen, die allesamt einen Bogen in perspektivischer Darstellung zeigten. »Und wer sind ›sie‹, meine Liebe?«

»Das weiß ich nicht.« Sie musste selbst über ihre absurden Gedanken lachen. »Genlemen-Abenteurer auf dem Weg in die Karibik. Royalisten, die dem König oder Prinz Ruprecht zu Hilfe eilen. Wenn wir nur ein klein wenig früher hier gewesen wären, hätten wir sie noch gesehen. Erst am Morgen nahmen sie die Furt am Fluss und stoben davon.«

»Wahrscheinlich wären doch eher historische Romane dein Metier gewesen und nicht die Bildhauerei. Apropos – du solltest dir den Kamin ansehen. Ein schönes Stück, auf seine überladene Art.«

Eine Zeit lang studierten sie ihn gemeinsam. Hermesfiguren, Delfine und Putten drängten sich, und über allem thronte ein reich geschmückter Wappenfries. »Seltsam, wie die Heraldik oft mit Namen spielt«, meinte Judith. »Bei *pool* hätte man ja einen Tümpel erwartet, aber stattdessen nehmen sie *pole*, eine Stange.« Sie wies auf die Stange, die einen prominenten Platz in dem großen Wappen einnahm. »Aber was ist das hier unten? Ich würde sagen, das ist nachträglich eingemeißelt worden.«

»Noch eine Stange – von einem Schwert in zwei Hälften geschlagen. Eigentlich kein Wappen, sondern eher das, was man ein Emblem nennt. Ein Motto ist auch dabei – oder nein, es ist nur ein Datum. Kannst du es entziffern?«

»Ja.« Die Sonne schien durch die Fenster, und Judith sah die Schrift deutlich genug:

den 14. Juni
1645.

Appleby überlegte. »Tatsächlich, die Schlacht von Naseby. Die Pooles hatten begriffen, dass damit ihr Glück zu Ende war.«

»Und heute ist der zehnte.«

»Der zehnte?« Appleby wusste nicht, was sie meinte.

»Juni. Vier Tage bis zum Jahrestag. Kein Wunder, dass … « Sie hielt inne. »John, da kommt jemand. Diesmal wirklich.«

Appleby lauschte. Eindeutig näherten sich Schritte. »Dann machen wir es wie immer. Es sei denn natürlich, es ist gar nicht der übliche Alte, sondern ein Gespenst. Einer von Prinz Ruprechts Freunden zum Beispiel, der sein Schwert vergessen hat – oder vielleicht ein Schmuckstück – und zurückkommt, um es zu holen.«

»Was reden wir bloß für einen Unsinn. Aber ein wenig gespenstisch ist es schon.«

»Allerdings.«

Einen Augenblick lang sahen sie sich in übermütigem Schrecken an, dann wandten sie ihre Blicke erwartungsvoll der Richtung zu, aus der die Schritte kamen. In einem dunklen Durchgang jenseits der Estrade blitzte etwas auf, was man auf den ersten Blick für eine Ritterrüstung hätte halten können. Doch dann sahen sie, dass es der Haarschopf eines Menschen war. Auf sie zu kam ein silberhaariger Geistlicher, in den Armen eine große Holzkiste; vorsichtig ging er zu einer Fensternische und setzte seine Last dort ab; dann wandte er sich um und inspizierte die Applebys über den Rand einer Nickelbrille hinweg, die ihm gefährlich weit vorn auf der Nase saß. »Guten Morgen«, sagte er höflich. »Da sind Sie mir also zuvorgekommen.«

Appleby nahm die Hand aus der Hosentasche – er würde keine Shillingmünze brauchen, das war deutlich genug – und verneigte sich höflich. »Guten Morgen, Sir. Aber ich fürchte … «

»Wie schnell sich so etwas heutzutage herumspricht. Ich kann mich immer wieder nur wundern. Aber Ihre Gesellschaft ist natürlich stets auf dem *qui-vive* – ganz entschieden auf dem *qui-vive*.«

»Ich fürchte, ich weiß nicht, von welcher Gesellschaft Sie sprechen.«

»Also wirklich, Sir – lassen Sie uns offen sein, bitte.« Der alte Landpfarrer schüttelte mißbilligend den Kopf, und seine Silberlocken schimmerten in dem klaren Sonnenlicht, von dem der ganze Saal durchdrungen war. »Ich darf doch davon ausgehen, dass die Dame und Sie von der Gesellschaft zur Erforschung übersinnlicher Phänomene kommen.«

»Ganz und gar nicht. Wenn es eine Institution gibt, für die ich stehe, dann ist es die Londoner Polizei. Aber mein Besuch hier ist ganz und gar privat – und ungesetzlich, wie ich leider sagen muss. Meine Frau« – der Blick, mit dem Appleby zu Judith hinübersah, hatte etwas Maliziöses – »hat eine Schwäche für alte Häuser.«

»Dann an die Arbeit.« Der Gottesmann schien Applebys Worten keine große Bedeutung beizumessen. »Doch zuerst sollte ich mich vorstellen. Mein Name ist Buttery – Horace Buttery –, und ich bin seit vielen Jahren Pfarrer dieser Gemeinde.«

»Sehr erfreut.« Appleby machte Mr. Buttery in aller Form mit Judith bekannt. »Ob Sie uns denn verraten würden, *was* sich Ihrer Vermutung nach bereits herumgesprochen hat?«

»Ich muss gestehen, ich war im Glauben, dass kaum noch jemand die Legende kennt. Ob es nun ein Jammer ist oder ein Segen – die alten Geschichten sterben aus.« Mr. Buttery ging zum Kamin und blickte hinauf zu dem Wappen. »Das Datum stimmt, das müssen Sie zugeben.«

»Das ist wahr. Genau die Zeit.« Die Antwort kam von Judith, und Appleby vermerkte mit einer gewissen Besorgnis, dass sie offenbar entschlossen war herauszubekommen, was im Kopf dieses alten Pfarrers vorging. »Heute haben wir den zehnten Juni.«

»Ganz recht.« Mr. Buttery, hoch befriedigt, nickte mit solcher Vehemenz, dass es schien, als müsse die Brille ihm jeden Moment von der Nase hüpfen. »Aber die letzten Jahre habe ich kaum noch davon reden hören. Nur dann und wann, und auch da nur bei den alten Leuten in den Bauernhäusern. Die Jüngeren – und bedenken Sie, die sind es schließlich, die spät abends draußen sind, so wie die menschliche Natur nun einmal ist –, die Jüngeren, von denen hören wir nichts mehr, nicht wahr?« Mr. Buttery sah Judith mit wissender Miene an. »Aber ich muss sagen, ich hatte ja selbst nichts erwartet. Ich war höchst überrascht. Mit meinen Gedanken war ich natürlich ganz beim Wildhüter.«

»Wie bitte?«, fragte Judith verblüfft.

»Oh, nicht so wichtig, nicht so wichtig.« Einen Moment lang wirkte Mr. Buttery verwirrt. »Worauf es ankommt: Ich habe sie mit meinen eigenen Augen gesehen. Und deshalb fühle ich mich zum Einschreiten verpflichtet.« Er wandte sich wieder seiner Kiste zu. »Genau wie Sie. Nun, unsere Absichten sind verschieden, doch deswegen muss zwischen uns keine Zwietracht herrschen. Wenn Sie mich fragen, ein Großteil der Krankheit unserer Zeit kommt von der rundum schädlichen Vorstellung, dass Religion und Wissenschaft von Natur aus Widersacher sind. Ich habe eine sehr engagierte Predigt zu diesem Thema, und die Gemeinde hört immer wieder mit dem größten Interesse zu, Jahr für Jahr. Manchmal trage ich mich sogar mit dem Gedanken, sie drucken zu lassen und dem Bischof ein Exemplar zu senden. Unter uns gesagt, es würde ihm gut tun. Aber hier haben wir, was wir brauchen.« Mr. Buttery wühlte in seiner Kiste. »Hier haben wir es. Kerze, Buch und Glocke – ich werde doch nicht die Kerze vergessen haben? Nein, hier ist sie.«

Judith trat vor und warf einen Blick in die Kiste. »Sie wollen eine Austreibung vornehmen?«

»Genau das. Nicht dass ich die Erscheinungen für bösartig hielte.« Wieder warf Mr. Buttery ihr einen wissenden Blick zu, das paradoxe Bild eines Unschuldsengels. »Ich persönlich finde, dass die Magie eines Vaterunsers in diesem Falle genügt hätte. Aber man will sich ja später nichts vorwerfen. Ich neige zu der Ansicht, dass wir es mit Kobolden zu tun haben. Wo so viele zusammenkommen wie hier, ist es meist eine Koboldsgeschichte. Ich denke mir, es wird keine große Mühe sein, sich ihrer zu entledigen.«

»Verstehe ich das recht« – Appleby war nun ebenfalls vorgetreten –, »dass Sie vor kurzem mit eigenen Augen auf Water Poole eine größere Zusammenkunft dessen gesehen haben, was Sie für körperlose Geister hielten?«

»Mein lieber Herr, der Tonfall, in dem Sie unsere Untersuchung beginnen, ist bei Ihrem rein wissenschaftlichen Standpunkt durchaus berechtigt. Aber ich für meinen Teil denke mir, Sie wissen sehr genau, was ich gestern Abend hier gesehen habe.«

»Können Sie es beim Namen nennen?«

»Natürlich kann ich das. Es war der Ball von Naseby.«

»So war es. Der Ball von Naseby. Und Sie können sich vorstellen, wie interessiert wir sind.« Appleby sah Judith mit einer Miene an, die sich als Aufforderung verstehen ließ, nun ohne weitere Umschweife in die Rolle des Parapsychologen zu schlüpfen. »Es wäre uns eine große Hilfe, wenn Sie so freundlich sein und uns Ihr Erlebnis in allen Einzelheiten schildern könnten.«

»Unbedingt.« Mr. Buttery griff zu seiner Glocke und schwenkte sie leicht, als wolle er sich vergewissern, dass sie bereit war, und widmete sich dann mit Freuden seinem Bericht. »Der historische Hintergrund der Legende wird Ihnen gewiss vertraut sein. Im Sommer des Jahres 1645 gab Lady Elizabeth Poole – sie war eine Tochter des Grafen von Warmington – ein rauschendes Fest hier auf Water Poole. Jeder vernünftige Mensch hätte natürlich gesagt, dass die Zeiten ganz und gar nicht danach waren, und der Ball war tatsächlich bewusst als ein Fanal gesetzt. Nichts war den Pooles so wichtig wie der Ruf, in dem die Familie stand, nämlich dass sie stets lustig waren und nie um einen guten Einfall verlegen – was, wie ich höre, bis heute so geblieben ist. Aber man brauchte wohl jene aristokratische *grande dame,* um eine Fackel zu entzünden – um die Finsternis zu erhellen, die damals die Partei des Königs umfangen hielt.« Mr. Buttery hielt inne. »Eine Haltung, die man nur bewundern kann, nicht wahr?«

»Und ein Ereignis, das man nicht vergisst.« Judith sah sich im Saal um, als wolle sie sich die Szene vorstellen. »Und genau darum geht es, nehme ich an? Lady Elizabeths Ball wurde zur Legende?«

»So könnte man sagen. Schlag Mitternacht, heißt es, erschien ein Bote des Prinzen Ruprecht. Er brachte die Nachricht, dass Sir Thomas Fairfax mit der Revolutionsarmee auf Northampton marschiere und dass es binnen weniger Tage zur Entscheidungsschlacht kommen müsse. Damit war der Ball zu Ende; alle tranken auf den König, allenthalben traf man seine kriegerischen Vorbereitungen, und im Morgengrauen ritten die Herren davon.« Wieder hielt Mr. Buttery inne. »Wie deutlich man es vor sich sieht: die Kerzen bleich im ersten Morgenlicht, die Frauen fahl unter Schminke und Schmuck, die Männer ganz Siegesgewissheit und hoher Mut, selbst da noch makellos in den Manieren, doch in Gedanken bei Pferden und Waffen und Rüstung. Unter ihnen Richard Poole und seine zwei Söhne. Und wie Sie zweifellos wissen, kehrte keiner von ihnen zurück.«

»Und die Familie hat sich nie davon erholt?«

Mr. Buttery nickte, dass die ehrwürdigen Locken flogen. »Man kann wohl sagen, dass die Familie sich nie ganz davon erholt hat – obwohl die Pooles bis in unser Jahrhundert hinein hier gelebt haben, die unangefochtenen Herren dieses Hauses. Im Großen Krieg wiederholte sich gewissermaßen, was in Naseby geschehen war, denn wieder fielen ein Vater und seine zwei Söhne, und der Besitz verschuldete sich so sehr, dass er nicht mehr zu halten war. Seitdem hat kein Poole mehr wirklich hier gelebt. Im letzten Krieg, als abgelegene Orte hoch im Kurs standen, war ein Teil des Hauses eine Zeit lang vermietet. Aber jetzt sieht es nicht so aus, als ob jemals wieder jemand darin wohnen könnte, und die Jagd- und Fischrechte sind zu meinem Bedauern an sehr unangenehme Leute aus London verpachtet – Geschäftsleute zweifellos. Den heutigen Eigentümer kenne ich kaum. Ein junger Mann von Anfang dreißig – ein Richard, wie die meisten Herren dieses Hauses mit Vornamen geheißen haben –, und er ist, glaube ich, beim Theater.«

»Was Lady Elizabeth Poole wohl davon halten würde? Bei dem Gedanken, dass ein Nachfahr als Schauspieler für das gemeine Volk auf den Brettern steht, würde sie sich gewiss im Grabe umdrehen.« Judith betrachtete Mr. Buttery nun mit unverhohlenem Übermut. »Aber darauf wollen Sie ja auch hinaus, nicht wahr? Dass Lady Elizabeth sich im Grabe umdreht – dass sie vielleicht sogar bei Gelegenheit daraus emporsteigt und eine Pavane oder Sarabande tanzt?«

Mr. Buttery schüttelte den Kopf. »Oh nein, liebe Dame, nein. Da sind Sie im Irrtum – ich muss sogar sagen, in schwerem Irrtum.« Er griff wieder zu seinem Glöckchen und ließ es klimpern, als verlange schon der bloße Gedanke nach dem Ritus, dessentwegen er gekommen war. »Wir dürfen uns nicht vorstellen, dass die Seele eines tugendhaften Menschen oder auch nur der Körper sich auf solche Scherze einließe. Es handelt sich hier auf keinen Fall um echte Geistererscheinungen. Es sind Kobolde, die dahinterstecken. Daran habe ich nicht den geringsten Zweifel.«

»Eine hochinteressante Theorie.« Appleby sagte es mit ernstem Ton. »Aber *wo*hinter stecken sie denn nun? Das haben Sie uns noch nicht gesagt. Wir wissen bisher nur, dass Sie gestern Abend hier etwas Außergewöhnliches gesehen haben. Wie kam es dazu? Hat man Sie hergerufen?«

»Das nicht.« Zum dritten Mal hantierte Mr. Buttery mit seiner Glocke, doch diesmal schien eine gewisse Verlegenheit da-

242

für verantwortlich. »Tatsache ist, dass ich gegen Mitternacht mit meinem Boot auf dem Fluss war. Nichts ist besinnlicher als eine Bootsfahrt in einer lauen Sommernacht.«

»Gerade bei Neumond?«

»Oh, ganz besonders. Ein schöner Mond ist eine große Ablenkung.«

»Verstehe.« Appleby konnte daraus nur schließen, dass – so verblüffend er den Gedanken auch fand – die nächtlichen Ausflüge dieses ehrwürdigen Gottesmannes nicht unverbunden mit einem Bestreben waren, sich anderer Leute Forellen anzueignen. Vielleicht war Mr. Buttery ein Beispiel für jene schockierende Armut, in der Landpfarrer oft lebten und die sie geradezu zwang, auf ungesetzliche Weise für ihren Unterhalt zu sorgen. Vielleicht machte es ihm aber auch einfach nur Freude, mit Tricks, die er als Junge gelernt hatte, die unangenehmen Geschäftsleute aus London zu überlisten. »Und vom Fluss aus, Sir, sahen Sie den Gespensterball?«

»So war es.«

»Wenn ich Sie recht verstanden habe, gibt es unter den älteren Bewohnern dieses Landstrichs einen Glauben, dass die Erscheinung jenes Balles zu bestimmten Zeiten wiederkehrt. Vielleicht dachten Sie ebenfalls daran?«

»Mit Sicherheit nicht. Von dem Pfad, der vom Pfarrhaus zum Fluss führt, ist die Rückseite des Herrenhauses zu sehen, und ich konnte vor dem nächtlichen Himmel eben noch die düsteren Umrisse ausmachen. Ich weiß noch, dass mir durch den Kopf ging, wie einsam und verlassen es schien.«

»Kein Licht brannte?«

»Keines. Das hätte meine Aufmerksamkeit und mein Interesse sofort erregt. Auf das Spektakel, das ich bald darauf erblickte, war ich nicht im Mindesten vorbereitet. Es enthüllte sich mir, könnte man sagen, mit der Plötzlichkeit eines *coup de théâtre*.« Mr. Buttery pausierte nach diesem Satz, offenbar selbst angetan von der Formulierung. »Leise – man könnte wohl fast sagen *laut-*

243

los – ließ ich mich mit meinem Kahn den Fluß hinuntertreiben. In Gedanken war ich ganz bei – ähm – bei anderen Dingen. Ich hatte mich ganz meinen Meditationen« – Mr. Buttery, der spürte, dass an dieser Stelle eine genauere Auskunft erforderlich war, wenn er nicht seine Glaubwürdigkeit verlieren wollte, hielt inne, sichtlich nach Inspiration ringend – »ganz meinen Meditationen über die Unbeständigkeit des menschlichen Glückes hingegeben.«

»Ein Thema, über das man gar nicht genug nachdenken kann, Sir. Und dann?«

»Ich kam um die kleine Biegung, hinter der Water Poole auftaucht. Alle Fenster waren erleuchtet.«

»Alle?«

»Nun, jedenfalls der Saal und die umliegenden Gemächer. Und es waren Lichter auf der Terrasse und – glaube ich – auch auf dem Rasen. Ich war in höchstem Maße verblüfft.«

»Verständlich. Und was war Ihr erster Gedanke?«

Mr. Buttery überlegte. »Im Nachhinein mag es Ihnen lächerlich vorkommen – aber das Erste, woran ich dachte, war meine eigene Lage. Ich malte mir aus, wie ungehörig und – nun – unerklärlich es wirken musste, wenn ich zu nächtlicher Stunde zu einer privaten Feier auftauchte. Aber dann ging mir auf, dass es keine private Feier *sein* konnte. Denn Water Poole, das sehen Sie selbst, ist verlassen. Ja, es konnte überhaupt keine natürliche Erklärung geben. Und als ich das erst begriffen hatte, fiel mir auch sogleich die eigentümliche Art des Lichtes auf. Es wirkte nicht wie ein normales erleuchtetes Haus.«

»Haben Sie das hiesige Haus schon einmal mit Festbeleuchtung gesehen?«

»Oh ja – auch wenn es nun schon lange zurückliegt. Wenn Sie hersehen – es gibt aus alten Zeiten eine Art elektrische Installation. Aber das Licht letzte Nacht war gänzlich anders.«

Appleby war an eines der Fenster getreten und betrachtete nachdenklich den Rasen und den Bach dahinter. »Können Sie es beschreiben?«, fragte er.

»Ein sanftes, weiches, goldenes Licht. Es war bezaubernd schön.«

»Verstehe. Und Sie haben Grund zu der Annahme, dass Kobolde über solche Beleuchtung verfügen?« Appleby fragte es sehr ernsthaft. »Ich persönlich bin der Ansicht, dass die einzige Lichtquelle der Kobolde die Glühwürmchen sind. Aber ein solcher Lichterglanz wäre von Glühwürmchen ja nun wirklich zu viel verlangt.«

»Mit Sicherheit. Niemals könnten Glühwürmchen eine große vornehme Abendgesellschaft erleuchten.«

»Und eine solche Gesellschaft haben Sie gesehen?«

»Jedenfalls erschien es mir so. Und ich muss wohl nicht hinzufügen, dass sie im Stil der Stuartzeit gekleidet waren. Wenn ich sagen würde, es habe ausgesehen wie auf einem Gemälde von Van Dyck, würde das nicht ganz den Eindruck treffen – denn aus meiner Perspektive war es ja alles in Miniatur, eine Szene im Freien. Aber wenn Sie sich vorstellen, Van Dyck habe etwas in der Manier von Watteaus *fêtes champêtres* gemalt, dann haben Sie genau das Richtige vor Augen.« Mr. Buttery lächelte glücklich bei diesem Triumph des präzisen Ausdrucks. »Ich darf vielleicht dazu sagen, dass die bildenden Künste eine meiner großen Leidenschaften sind.«

»Gewiss.« Appleby sah den alten Gottesmann perplexer denn je an. »Und haben Sie das Bild, das sich Ihnen bot, aus der Nähe betrachtet?«

»Nicht wirklich, muss ich leider gestehen. Aber Damen und Herren in Kostümen aus der Zeit Karls I. lustwandelten auf Terrasse und Rasen. Jenseits – hier in diesem Saal – wurde, wenn ich es recht sah, getanzt, und es drangen auch einige Fetzen Musik zu mir herüber. Ich war in einer merkwürdigen Verfassung. Alle Einzelheiten von Lady Elizabeths Ball fielen mir wieder ein, aber seltsamerweise nicht die Legende von seiner Wiederkehr. Wie so oft, wenn man dem Übernatürlichen begegnet, formte sich in meinem Kopf keine klare Erkenntnis, dass

245

ich es tatsächlich mit Übernatürlichem zu tun hatte. Ich machte mir Vorhaltungen, ich hätte zu tief ins Glas geschaut.«

»Ein Vorwurf, den man sich schon einmal macht. Aber ich bin sicher, in Ihrem Falle bestand kein Anlass dazu.«

»Als ich es später überlegte, kam ich zu derselben Ansicht. Es ist wahr, ich hatte mir ein Gläschen Burgunder zum Abendessen gegönnt, und später einen kleinen Madeira. Aber ich kann mir nicht vorstellen … «

»Nichts, weswegen Sie sich Sorgen machen müssten.« Judith zeigte Anzeichen von Erheiterung über den professionellen Ton, in den ihr Mann verfallen war, und Appleby warf ihr einen tadelnden Blick zu. »Kam Ihnen sonst noch etwas in den Sinn?«

»Oh ja. Ich musste an jene beiden Ladies aus Oxford denken – vernünftige, gebildete Frauen nach allem, was man hört –, die beschreiben, wie sie in Versailles buchstäblich in eine andere Zeit versetzt wurden. Sie werden sich gewiss erinnern. Die beiden begegneten Marie Antoinette. Es schien mir denkbar, dass ich ebenfalls an einen solchen Bruch der Zeitebenen geraten war und vor mir die echte Lady Elizabeth Poole sah.«

»Ich glaube, da sind Sie auf dem richtigen Weg.« Judith sagte es mit Überzeugung. »Genau so etwas habe ich selbst gespürt, als ich diesen Saal betrat. Und spüre es *immer noch*.« Sie blickte ihren Mann mit trotziger Miene an. »Die Zeit war zusammengedrückt wie die Falten eines Akkordeons, und erst jetzt dehnt sie sich wieder, zurück zu den Dimensionen, die uns vertraut sind. Es kommt mir sogar vor, als ob ich – ganz leise – das Echo der Musik noch hören könnte. Ich habe das Gefühl, dass ich diese Leute hören kann: die Stimmen, das Rascheln der Seide. Und ich *weiß*, dass ich sie rieche.«

»Dass du sie riechst?« Appleby war fassungslos, so animalisch schien der Gedanke.

»Wirklich, John. Den Puder auf ihren Haaren. Das Parfüm – *ihr* Parfüm. Der Geruch von Menschen aus dem siebzehnten

246

Jahrhundert. Mr. Buttery hat sie noch zu fassen bekommen, und wir haben sie ganz knapp verpasst. Ich bin mir sicher.«

»Ich hatte den Eindruck, dass Mr. Buttery eher fürchtete, dass sie *ihn* zu fassen bekämen.« Appleby sagte es recht trocken »Nicht wahr, Sir?«

Einen Augenblick lang schien Mr. Buttery verlegen. Dann setzte er sein schönstes Lächeln auf. »Ich muss sagen, ein gewisses Unbehagen verspürte ich. Es wäre mir sehr unangenehm gewesen, wenn sie mich ergriffen hätten. Die Kobolde, meine ich. Männern meiner Profession spielen sie gern besonders übel mit, was man ja auch verstehen kann.« Er holte eine Streichholzschachtel hervor und zündete seine Kerze an. »Aber ich denke, jetzt werden wir ihnen schon zeigen, wer der Stärkere ist.«

Offenbar war Mr. Buttery im Begriff, mit seinem Ritual zu beginnen. Ob die Art, wie er es ankündigte, eine Einladung zur Teilnahme war, blieb offen, und Appleby fand, dass die Umstände eher forderten, dass sie sich taktvoll zurückzogen. Ohne jede Sachkenntnis war es nicht leicht, exakt das richtige Benehmen eines Zuschauers bei einem Exorzismus zu treffen, und vielleicht war das der Grund für seine Entscheidung. Judith, die eher dazu neigte, alles wenigstens einmal im Leben zu probieren, folgte ihm nur widerstrebend. Draußen angekommen, fragte sie: »Was meinst du, sagt er die Wahrheit?«

»Zumindest einen Teil davon – oder einen Teil von dem, was er sich ausmalt. Wahrscheinlich hat er einfach nur seinen Kahn gewendet und gemacht, dass er davonkam. Und jetzt, bei Tageslicht und bewaffnet mit den Gerätschaften in seiner Kiste, hat er neuen Mut gefasst und kehrt zurück. So würde ich es sehen. Ich kann mir nicht vorstellen, dass er sich seine seltsame Vision nur ausgedacht hat. Und du glaubst ihm ja offenbar.«

Judith runzelte die Stirn. »Ich bin – ich weiß nicht warum – überzeugt davon, dass all diese Leute wirklich hier waren.«

»Habe ich vorhin gesagt, du solltest historische Romane

schreiben? Vielleicht wärst du auch eine gute Detektivin geworden. Wie wäre es mit einem Versuch?«

»Assistentin bei Scotland Yard?« Sie studierte ihn aufmerksam, denn es war nicht immer leicht zu sagen, was John ernst meinte und was nicht. »Ich hätte nichts dagegen.«

»Dann halte als Erstes unseren Freund, den Reverend, im Auge, und ich sehe mich derweil noch ein wenig hier um.«

»Meinst du denn, man muss den alten Burschen im Auge behalten?«, fragte Judith erstaunt.

»Ich weiß nicht. Vielleicht ist er nichts weiter als ein wunderbar exzentrischer Landpfarrer, den seine ganze Gemeinde von Herzen liebt. Aber ich habe meine Zweifel.«

»Nun denn. Wahrscheinlich wird er Publikum zu schätzen wissen.« Und Judith eilte zurück in den Saal.

Water Poole systematisch zu erkunden würde einige Zeit in Anspruch nehmen, und Appleby begnügte sich einstweilen mit einer Tour durch die umliegenden Räume. Er hatte in diesem Haus nichts zu suchen. Davon war er überzeugt gewesen, als Judith ihn mit auf ihre Fahrt genommen hatte, und nichts, sagte er sich, war seither geschehen, was an dieser Tatsache etwas änderte. Auch ein Polizist sollte zugeben können, dass nicht alles Geheimnisvolle deswegen gleich ein Kriminalfall war. Selbst wenn Mr. Buttery ein Fischdieb war, zwang nichts einen Assistant Commissioner von Scotland Yard, deswegen großes Aufhebens zu machen. Und auch ein Scherz, den sich jemand erlaubt haben mochte, musste nicht unbedingt erkundet werden; wenn er es tat, würde er sich nur Ärger oder Spott einhandeln. Andererseits. …

Er hatte in einem großen und finsteren Raum innegehalten, der einmal als Bibliothek gedient hatte. Die Wände säumten stattliche Regale für Tausende von Büchern, doch nun beherbergten sie nichts mehr außer Staub. Der Staub lag dick auf den Brettern und dick auf dem Boden. Es war ein melancholischer Anblick – aber für Appleby vor allem endlich ein Indiz. Er fuhr mit der Fußspitze hinein. Es war die erste Stelle, an der er Staub sah. Eine große leere Bibliothek ließ sich nicht binnen kurzem herrichten. Deshalb hatten sie sie ausgelassen. Sie gehörte zu diesem Scherz nicht dazu. Aber der Saal und ein paar umliegende Räume waren frisch geputzt. Die hatten sie für ihre Party gebraucht.

Ihren Scherz ... ihre Party. Unzufrieden zog Appleby weiter. Es gab eine einfache und nahe liegende Erklärung für Mr. Butterys Vision. Jemand hatte auf Water Poole einen Kostümball veranstaltet. Oder besser noch eine Party mit einem Motto, eine Fete unter Schauspielern. Der Hausherr, der junge Richard Poole, war beim Theater. Der Gedanke lag nahe, dass die alte Legende, die man sich von diesem Haus erzählte, ihm die Idee zu einem Fest eingegeben hatte, einer schönen Unterhaltung für seine Freunde. Zumindest war das eine glaubwürdigere Theorie als Mr. Butterys Idee von einer Verwerfung in der Zeit.

Und Kobolde, dachte Appleby, ließen keine Zigarettenasche zurück. Oder Kerzenwachs auf dem Kaminsims. Wahrscheinlich – er war wieder hinaus ins Freie getreten – zertrampelten sie auch den Rasen nicht so. Als Judith das unbestimmte Gefühl gehabt hatte, dass sie die Gegenwart von anderen in diesem Haus spürte, da waren es solche winzigen Spuren des vorabendlichen Festes, die sie unbewusst wahrgenommen hatte und die nun ihre Fantasie beflügelten. Ein ganz gewöhnlicher, wenn auch recht aufwändiger Scherz ...

Aber Kobolde verschwinden im Morgengrauen, und niemand sieht, wohin. Der Hahn kräht, sie verblassen und verschwinden. Und so ähnlich war es hier auch gewesen. Jede große Gesellschaft ließ ihren Kehricht zurück. Aber die Überbleibsel dieser Party waren so winzig, dass nur ein geschultes Auge sie entdeckte. Jemand hatte sich Mühe gegeben, sämtliche Spuren dessen zu verwischen, was am Abend hier vorgegangen war. Wären die merkwürdigen nächtlichen Angewohnheiten des hiesigen Pfarrers nicht gewesen, so wäre gut denkbar gewesen, dass niemand außer den Beteiligten von diesem Ereignis je erfahren hätte.

Das war seltsam. Es legte nahe, dass doch jemand anderes als Richard Poole dahintersteckte. Es war ein Scherz im Verborgenen gewesen, gefolgt von gründlichem – und überraschend schnellem – Aufräumen. Warum? Appleby schüttelte den Kopf, als er sich wieder einmal der lästigen kleinen, doch immer wieder von neuem faszinierenden Schlüsselfrage seines Berufes gegenübersah. *Warum?* Es musste doch einen Grund dafür geben. Wahrscheinlich einen ganz harmlosen Grund. Vielleicht war es ein ganz dummer, uninteressanter Grund, und alles Faszinierende, das die Suche nach einer Erklärung zu versprechen schien, war nichts weiter als die Wirkung einer romantischen Verfassung, in die ihn dies einsam vor sich hinmodernde Haus versetzte. Aber eine Erklärung war möglich. Es gab einen Grund für all das; man musste ihn nur finden.

Er war noch einmal hinunter zum Fluß geschlendert. Wenn man ihn einen Bach nannte, tat man ihm wohl doch unrecht – denn er war zwar schmal, aber doch tief und eindeutig schiffbar. Man konnte mit dem Motorboot herauffahren – einem jener kräftigen Hausboote zum Beispiel, die neuerdings unten auf der Themse so beliebt waren … Ihm fiel ein, dass er nirgends ein Bootshaus gesehen hatte. Aber mit Sicherheit musste es so etwas in Water Poole geben. dass es nirgends zu sehen war, beschäftigte ihn. Er blickte sich aufmerksamer um.

Am Flussufer gab es eindeutig keines – aber der Grund dafür, als er ihn nach einigen Minuten entdeckt hatte, war interessant genug. Ein Seitenarm des Flusses – bei näherem Hinsehen künstlich angelegt, doch unzweifelhaft alt, vielleicht zur gleichen Zeit entstanden wie das Haus selbst – führte direkt unter einem Flügel des Hauses hindurch. Auf beiden Seiten war die Öffnung durch ein Eisengitter gesichert, das sich noch ein gutes Stück unter die Wasseroberfläche erstreckte. Dasjenige, aus dem das Wasser wieder herauskam, war offensichtlich seit Ge-

250

nerationen unberührt. Doch an der Eingangsseite sah es anders
aus. Das Gitter war verrostet und wirkte, als sei es schon seit
Ewigkeiten nicht mehr geöffnet worden – doch Appleby be-
trachtete es und hatte seine Zweifel. Es war mit einem riesigen
Vorhängeschloss gesichert, offenbar aus frühviktorianischer
Zeit – und auch darauf stand dick der Rost. Trotzdem reizte es
Appleby genug, dass er einige hochkomplizierte gymnastische
Manöver anstellte, um daran zu rütteln. Als er sich erhob und
wieder zum Haus ging, pfiff er leise vor sich hin, eine melan-
cholische kleine Melodie, die er sich selbst zurechtgelegt hatte.
Judith hätte es als Zeichen vermerkt. Seine Laune besserte sich.

Und dann entdeckte er die Automobile. Man konnte nicht sagen, dass sie versteckt waren; sie waren nur einfach auf der anderen Seite eines Nebengebäudes geparkt, das nur ein wirklich
außerordentlich interessierter Besucher von Water Poole aufgesucht hätte. Beides waren schwere Wagen, doch der eine davon
ein gutes Stück luxuriöser als der andere. Vielleicht würde es
noch notwendig werden, sie sorgfältiger zu untersuchen, doch
zunächst beschränkte Appleby sich darauf, die Hand auf die
Kühler zu legen. Derjenige des größeren Wagens war kalt. Der
andere war warm.

Er machte kehrt und ging nachdenklich wieder in Richtung
Haus. Er war fast dort angelangt, als er hinter sich das Geräusch
eines Motors hörte. Er warf einen Blick über die Schulter. Ein
offener Wagen mit einem einzelnen Insassen näherte sich. Er
konnte gerade noch sehen, dass es sich um einen jungen Mann
handelte, dann bog der Wagen vom Fahrweg ab und verschwand hinter dem Gebäudeteil, den Appleby eben verlassen
hatte. Der Motor verstummte, und die plötzliche Stille weckte
bei Appleby ein merkwürdiges Gefühl bevorstehender dramatischer Ereignisse. Die Geschichte, in die er und Judith da geraten
waren, hatte ja bisher nur mit wenigen Protagonisten aufwarten
können. Es war möglich, dachte er, dass die Hauptakteure erst
noch kamen.

251

Vielleicht sollte er zurückgehen und den Neuankömmling begrüßen. Er zögerte, und dann fiel sein Blick auf jenen Teil von Water Poole, den er noch nicht erkundet hatte. Es war der am meisten verfallene Teil, wo fast ein ganzer Flügel in sich zusammengestürzt war. Wenn, was ja wahrscheinlich war, einer der Neuankömmlinge der Hausherr oder ein Bevollmächtigter war, blieben ihm vielleicht nur noch wenige Minuten, um sich umzusehen, bevor er mit eindeutigen Worten aufgefordert würde, das Grundstück zu verlassen. Also forschte er lieber weiter, selbst wenn er dafür eine recht staubige Kletterpartie in Kauf nehmen musste. Schon im nächsten Moment suchte er sich einen Weg über den Berg von Schutt, der diesen Teil des Hofes füllte.

Als er weiter vordrang, sah er, dass beim Einsturz des Pavillons ein noch größerer Teil des Hauses eingerissen war, als er gedacht hatte. Eine Treppe, intakt bis zum zweiten Stock, endete in der Höhe wie eine halsbrecherische Feuerleiter; darunter lagen nur noch Stein, Ziegelstein und zersplitterte Balken. Appleby musterte diesen Anblick, er stutzte, und dann kletterte er umso schneller weiter. Ein Zuschauer hätte gesehen, wie er zwischen den Trümmern verschwand – und hätte sich vielleicht seine Gedanken gemacht, dass er recht lange dazwischen verschwunden blieb.

Die Hauptakteure kamen nach und nach. Dieser Satz schoss Appleby immer wieder durch den Kopf, als er zurück zum großen Saal ging. Vielleicht lag es daran, dass er so sehr damit beschäftigt war, doch als er um eine Ecke des Hauses bog, stieß er heftig mit jemandem zusammen, der sich derselben Ecke aus der anderen Richtung näherte. Es war eine Dame. Zum Glück war sie recht füllig gebaut – um nicht zu sagen üppig – und konnte den Aufprall gut auffangen. Appleby sah sie an und entschuldigte sich. »Ich muss sehr um Verzeihung bitten. Höchst unaufmerksam von mir. Aber man erwartet nicht viel Betrieb an einem solchen Ort.«

»*Ich* habe mich zu entschuldigen.« Sie sagte es mit einem Akzent, der unverkennbar transatlantisch war. Selbst jetzt, wo sie erschrocken war, war sie noch eine Ehrfurcht gebietende Erscheinung – beinahe professionell Ehrfurcht gebietend, hätte man sagen können, so als ob sie tagtäglich auf öffentlichen Versammlungen große Zuhörerscharen bändigte. Und nun betrachtete sie Appleby und Applebys Kleider, als wolle sie sich in aller Eile ein Bild von ihm machen. »Sind Sie«, fragte sie, »womöglich der Eigentümer dieses prachtvollen Hauses?«

»Nein, Madam, der bin ich nicht.« Appleby musterte sie mit einem Blick, der gewiss nicht weniger forschend war als jener der Amerikanerin. »Darf ich fragen, ob Sie eben erst angekommen sind?«

»Eben erst angekommen?« Es war zu spüren, dass die Dame diese Frage nicht leichtfertig abtat. Sie betrachtete Appleby einen Moment lang wie eine erfahrene Diskussionsleiterin, die überlegt, wie sie am besten mit einem lästigen Fragensteller aus dem Publikum fertig wird. »Das könnte man sagen. Aber haben Sie je in Ihrem Leben ein romantischeres Haus gesehen?«

»Es hat seinen pittoresken Reiz, kein Zweifel.«

Das war offensichtlich keine Antwort nach dem Herzen der Dame. Es war, als sei aus dem Saal ein wirklich grässlicher Kommentar gekommen. »Also *ich* finde, es ist überhaupt nicht von dieser *Welt*.«

»Ich fürchte doch.«

Das erwies sich als noch irritierender als die erste Antwort – zumal man Applebys Tonfall mit Fug und Recht als finster hätte beschreiben können. Die Dame sah ihn nun fast schon erschrocken an. »Und Sie sagen, Sie sind nicht der Eigentümer? So ein Jammer.«

»Darüber könnte man streiten. Mein Name ist Appleby – Sir John Appleby.« Er blickte der Dame ins Gesicht. »Ich bin Assistant Commissioner bei der Metropolitan Police.«

Die Art, wie sie darauf reagierte, hätte man bei einer weniger kräftig gebauten Person als Zusammenzucken bezeichnet. »Soll das heißen … «

»Es heißt Scotland Yard.« Appleby vermerkte mit Interesse, dass die Dame bei dieser Auskunft recht bleich wurde. »Darf ich Sie nach Ihrem Namen fragen?«

»Jones.« Sie gab diese Auskunft sehr überzeugend. »Miss Jones.«

»Und der Name des Hauses?«

»Wie bitte?« Die Ehrfurcht gebietende Miss Jones war verwirrt.

»Wissen Sie, wie dieses Haus heißt, oder wissen Sie es nicht?«

»Ja, das ist … « Miss Jones machte keine gute Figur. »Nein, natürlich weiß ich das nicht.«

»Dann, Madam, wüsste ich gern, warum und wie Sie hierher gekommen sind.« Appleby wartete. »Vielleicht haben Sie das Haus einfach von der Hauptstraße aus gesehen und dachten, Sie sehen es sich einmal näher an?«

»Genau das.« Als habe dieser Satz sie daran erinnert, dass sie ja des Pittoresken wegen gekommen war, legte Miss Jones den Kopf schief und betrachtete Water Poole mit einem Blick grenzenloser, wenn auch ein wenig zu pauschaler Anerkennung. »Ein wunderbares Plätzchen. Der Eigentümer, wäre das ein Lord?« Ihr Blick streifte kurz ihre Armbanduhr, und sie stieß einen Laut des Entsetzens aus. Nun war sie wieder ganz die geschäftige Vorstandsvorsitzende, deren nächster Termin drängt. »Jetzt wird es aber höchste Zeit, dass ich weiterkomme.«

»Ich fürchte nein. Zu meinem Bedauern muss ich darauf bestehen, dass Sie bleiben. Ich muss Sie bitten, mich ins Haus zu begleiten, wo ich Ihnen noch einige Fragen stellen werde.«

»Einen fremden Mann in ein einsames und verlassenes Haus begleiten!« Miss Jones' Tonfall kündete von grenzenloser moralischer Entrüstung. »Nichts dergleichen werde ich … «

»Hier mein Dienstausweis.« Appleby fischte in seiner Tasche und ließ beherzt das, was in Wirklichkeit ein Führerschein war, vor Miss Jones' weit aufgerissenen Augen aufblitzen. »Hier entlang, Madam, wenn ich bitten darf.«

»Eine Unverschämtheit.« Miss Jones protestierte mit aller Heftigkeit. Aber sie setzte sich doch in die Richtung in Bewegung, die Appleby ihr mit höflicher Geste wies.

Mr. Buttery hatte seinen Kampf mit den Kobolden entweder zu Ende gebracht, oder er hatte ihn fürs Erste eingestellt. Er und Judith standen auf der einen Seite des Kamins, als hätten sie für den Augenblick ein Verteidigungsbündnis geschlossen. Auf der anderen Seite stand der junge Mann, den Appleby vorhin zum Haus hatte fahren sehen. Er war offenbar erst seit wenigen Minuten im Saal, und dass Appleby und Miss Jones nun dazukamen, komplizierte die Situation, in der er sich eben erst zurechtzufinden mühte, noch weiter. Nun wandte er sich Appleby zu. »Wirklich, Sir, ich verstehe das alles nicht. Dass ich Mr. Buttery hier begegne, darauf bin ich ja einigermaßen gefasst – auch wenn ich beim besten Willen nicht begreife, was er mir heute erzählen will. Ich weiß, dass sein Herz an diesem Haus hängt. Aber warum Sie und die Damen … «

»Wir können nur tausendfach um Entschuldigung bitten.« Appleby war die Freundlichkeit in Person. »Ich darf annehmen, dass Sie Mr. Poole sind und dass meine Frau sich bereits mit Ihnen bekannt gemacht hat? Dann brauche ich Ihnen nur noch Miss Jones vorstellen, eine Dame, der das erstaunliche Kunststück gelungen ist, Water Poole von der Hauptstraße aus zu entdecken. Wir sind allesamt ohne Ihre Erlaubnis hier, und natürlich sollten wir uns nun schleunigst zurückziehen. Ich zweifle nicht, dass Sie unser Eindringen ausgesprochen ungehörig finden.«

»Nun, so weit würde ich auch wieder nicht gehen.« Richard Poole war versöhnlich gestimmt. »Natürlich ist man nicht gerade erfreut, wenn Touristen kommen. Aber es wäre nicht freundlich, jemandem den Zugang zu verwehren, der ein echtes Inte-

255

resse am Haus hat.« Er warf einen aufmerksamen Blick auf Miss Jones. »Amerikanern zumal.«

»Miss Jones kommt in der Tat aus den Vereinigten Staaten zu uns. Sie ist Ihnen nicht vielleicht doch schon bekannt?«

»Bekannt?« Der Hausherr von Water Poole war verblüfft. »Wie kommen Sie denn darauf?«

»Und Sie, Madam?« Appleby wandte sich wieder Miss Jones zu und sah sie prüfend an. »Haben Sie Mr. Poole hier schon einmal gesehen – oder vielleicht seinen Namen gehört?«

Einen Moment lang, während die Frage bei Miss Jones die übliche kritische Analyse durchlief, herrschte Schweigen. »Mr. Poole bin ich mit Sicherheit noch nicht begegnet. Ich kenne nicht viele Leute hier in diesem Land.«

»Da hätten wir doch immerhin eines geklärt.« Appleby wies auf Mr. Buttery. »Und den Herrn dort kennen Sie auch nicht?«

»Einen Moment.« Richard Poole war vorgetreten – ein wenig ungeduldig, ein wenig perplex. »Was soll das heißen, immerhin eines geklärt? Ich bin der Eigentümer dieses Hauses, und ich wüsste nicht, was es hier zu klären gibt.«

»Ich versichere Ihnen, ich will Ihnen wirklich nicht mit meiner Neugier zur Last fallen.« Nach wie vor sagte Appleby es im sanftmütigsten Ton. »Aber fest steht, dass Mr. Buttery in diesem Hause etwas sehr Seltsames erlebt hat.«

»Das kann man wohl sagen.« Poole blieb höflich, doch amüsiert. »Kobolde und Feen zur Mitternacht – und jetzt versucht er sich gar als Teufelsaustreiber. Das ist nichts für mich, fürchte ich. Aber ich habe nichts dagegen, dass er weitermacht.«

»Ich glaube, Mr. Poole, wenn Sie die Sache so leichtfertig abtun, haben Sie vorhin nicht gut genug zugehört«, meldete Judith sich zu Wort. »Mr. Buttery hat ein ganzes Fest hier gesehen – den Ball von Naseby, könnte man sagen.«

»Das ist ja wirklich ein außerordentliches Glück.« Poole betrachtete den ehrwürdigen Gottesmann mit amüsiertem Blick, offenbar fest entschlossen, von seiner hochmütigen Art nicht

256

abzugehen. »In der Regel bleibt es den Ältesten vorbehalten. Und auch das nur, muss ich hinzufügen, in den weniger gebildeten Schichten unserer Gesellschaft. Der alte Odgers aus Poole Parva war, soviel ich weiß, bisher der letzte Methusalem, dem die Ehre zuteil wurde.«

»Sie selbst haben die legendäre Erscheinung nie erlebt?« Appleby war an ein Fenster geschlendert, wandte sich um und studierte den jungen Mann nun im vollen Licht.

»Natürlich nicht.«

»Und sind auch nicht daran beteiligt gewesen, sie – nun, sagen wir: hervorzubringen?«

»Nein. Ich bin kein Medium, nichts dergleichen.«

»Sie sind nicht einmal, wenn die Zeit reif war, gekommen und haben Wache gehalten?«

»Um Himmels willen, nein.« Wieder gab Poole sich ausgesprochen amüsiert. »Glauben Sie mir, ich mache mir nichts aus Gespenstern.«

»Und Sie machen sich auch nicht viel aus Water Poole, nicht wahr?« Appleby wartete. »Darf ich mich erkundigen, wann Sie zuletzt hier waren?«

Der junge Mann zögerte. »Ich frage mich, was Sie das angeht. Aber wenn Sie es wissen wollen: Vor ungefähr anderthalb Jahren.«

»Was führt Sie dann heute hierher?«

Diesmal stieg Poole die Zornesröte ins Gesicht. »Hören Sie, Sir, jetzt wird es aber wirklich zu viel.«

»Im Gegenteil, es ist noch lange nicht genug.« Mit einem Male war Appleby nicht minder grimm, als er zuvor bei Miss Jones gewesen war. »Mr. Buttery ist ein gebildeter Mann in einer verantwortungsvollen Position. Er gibt einen ausführlichen Bericht über sehr merkwürdige Dinge, die letzte Nacht hier vorgingen. Und heute Morgen tauchen Sie, Sir, zum ersten Mal seit anderthalb Jahren hier auf. Wollen Sie mir weismachen, dass das ein Zufall ist?«

257

»Ich will Ihnen überhaupt nichts weismachen. Ich sage Ihnen nur, dass Sie sich jetzt auf der Stelle zum Teufel … « Richard Pooles Blick fiel auf Judith, und er nahm sich zusammen. »Bitte seien Sie so freundlich, und verlassen Sie jetzt mein Haus und mein Land.«

»Vielleicht habe ich mich vorhin doch nicht deutlich genug vorgestellt.« Appleby holte seine Brieftasche hervor. »Darf ich Ihnen meine Karte reichen?«

Poole nahm das Pappkärtchen und sah es an, und einen Augenblick lang herrschte Schweigen. Die Röte verschwand aus seinem Gesicht, und er wurde unsicher. »Ich weiß nicht, was ich dazu sagen soll. Ich muss nachdenken.«

»Das sollten Sie. Und ich möchte noch einmal betonen, Mr. Poole, dass *meine* Anwesenheit hier – wie immer es um die *Ihre* bestellt sein mag – der reine Zufall ist.«

»Ich glaube, am besten sage ich gar nichts.«

»Das steht Ihnen frei. Aber ich denke mir, dass Sie eine Geschichte zu erzählen haben und dass Sie es besser auch tun sollten.« Appleby hielt inne und blickte den jungen Mann mit ernster Miene an. »Es gibt einen Umstand, den Sie kennen oder vielleicht auch nicht und der aus der kuriosen Begebenheit, auf die meine Frau und ich hier gestoßen sind, etwas sehr Schwerwiegendes macht.«

Poole runzelte die Stirn. »Sie sprechen in Rätseln – zumindest was mich angeht. Ich habe keine Ahnung, was Sie meinen.«

»Das kann durchaus sein. Vorerst möchte ich für mich behalten, worauf ich anspiele. Aber glauben Sie mir, es wird nicht zu Ihrem Vorteil sein, wenn Sie mir etwas verschweigen, und wahrscheinlich wird es auch nicht lange verborgen bleiben.«

Diese Worte zeigten Wirkung bei dem jungen Mann. »Ich weiß weniger denn je, ob ich etwas sagen soll – ohne meinen Anwalt und so weiter. Ich sehe allmählich, dass es vielleicht ungesetzlich war – der Gedanke war mir nicht gekommen, und er ist ja auch hanebüchen genug. Aber man könnte mir vorwerfen, dass ich mir Geld unter Vorspiegelung falscher Tatsachen erschwindeln wollte.« Er blickte Appleby mit einer kuriosen, ratlosen Miene an. »Da habe ich mich ja in eine dumme Lage gebracht.«

»Ich könnte mir vorstellen, dass es ein klein wenig knifflig wird«, entgegnete Appleby, milde spöttisch. »Aber ich würde Ihnen trotzdem raten zu sagen, was hier vorgegangen ist, Mr. Poole.«

»Gut. Dann will ich das tun. Sie werden kein Wort von meiner Geschichte glauben. Aber hören sollen Sie sie.« Richard Poole sah sich um. »Es macht mir nichts aus, wenn Ihre Frau sie mit anhört – oder Mr. Buttery. Aber ich weiß nicht, ob Miss – ähm – Jones tatsächlich … «

»Sicher.« Miss Jones verstand den Wink sogleich. »Mr. Pooles Geschäfte gehen mich nichts an. Wenn Sie mich also entschuldigen wollen – ich fahre dann.«

Appleby schüttelte den Kopf. »Das kann ich leider nicht zulassen.« Er wandte sich an Poole. »Sind Sie sicher, dass Miss Jones wirklich nur zufällig hier aufgetaucht ist? Es könnte nicht sein, dass sie doch einen Platz in Ihrer Geschichte hat?«

Poole machte große Augen. »Ich kann mir nicht vorstellen … « Er überlegte. »Es sei denn … «

»Vielleicht sollten wir die Dinge lieber der Reihe nach angehen.« Appleby sah sich in dem leeren Saal um. »Ein Jammer, dass es nichts gibt, worauf man sich setzen könnte – außer Mr. Butterys Kiste.«

»Liebe Güte! Wie unaufmerksam von mir.« Mr. Buttery schob die Kiste vor und hielt dann verlegen inne, weil er nicht wusste, welcher der beiden Damen er sie anbieten sollte.

»Am besten setzen Sie sich selber drauf.« Miss Jones musterte den Gottesmann mit strenger Miene. »Wie alt sind Sie?«

»Wie alt, Madam?« Mr. Buttery war so überrascht von dieser ungehörigen Frage, dass er sich tatsächlich ohne weitere Proteste niedersetzte. »Achtundsechzig.«

»Sie sehen zehn Jahre älter aus. Ich wette, Sie trinken. Ein Quartalssäufer sogar. Wissen Sie eigentlich, wie viel von Ihrer Lebenserwartung Sie damit verspielen? Erinnern Sie mich später daran, dann nenne ich Ihnen ein paar Zahlen.« Miss Jones hielt in ihrer unerwarteten Moralpredigt kurz inne. »Es ist viel zu wenig bekannt … «

»Jetzt begreife ich.« Richard Poole sah die Dame an, und auf seiner Miene spiegelten sich Erkenntnis und Entsetzen. »Sie hat doch ihren Platz in meiner Geschichte.«

Appleby nickte. »Es hätte mich gewundert, wenn es anders gewesen wäre. Aber bitte erzählen Sie nun.«

»Es ist wirklich eine unglaubliche Geschichte.« Richard Poole steckte die Hände in die Taschen und ging nervös im Raum auf und ab. »Sie wissen vielleicht, dass ich von Beruf Schauspieler bin? Anders ausgedrückt, ich bin jemand, der es gewohnt ist, Illusionen zu schaffen – einen schönen Schein zu ersinnen und ihn glaubwürdig zu vermitteln. Und genau das habe ich zusammen mit einer Reihe von Freunden gestern Abend hier getan. Meine Motive waren rundum freundlich, und es steckte keinerlei Eigennutz dahinter.«

Miss Jones lachte höhnisch. »So eine Art Wohltätigkeitsmatinee mit Starbesetzung?«

»Keiner von uns ist ein Star, und es war auch keine Matinee. Der Vorhang musste sich am Abend heben, und es konnte auch keine x-beliebige Nacht sein; es musste eine *dunkle* Nacht sein. Wenn zu viel zu sehen gewesen wäre – wenn die Illusion durchschaut worden wäre, verstehen Sie – tja, dann wäre aus allem nichts geworden. Selbst jetzt machte ja nur das unglaublichste Zusammentreffen von Umständen es überhaupt möglich.«

Appleby nickte. »Sie waren also überzeugt, Mr. Poole, dass es Ihnen tatsächlich gelungen war, jenen schönen Schein zu schaffen?«

»Jedenfalls bis eben. Bis Sie mich darauf gebracht haben,

dass man mir ein Motiv andichten könnte, an das ich nie gedacht habe. Urplötzlich und völlig unerwartet musste ich mich einer moralischen Frage stellen. Und damit bin ich bis jetzt beschäftigt.«

»Kann ich mir denken.« Miss Jones, die bisher ja eher den Anschein einer Frau erweckt hatte, die ihre Meinung gern für sich behält, gestattete sich diesen rätselhaften Zwischenruf. »Aber erzählen Sie.«

»Genau was ich tun wollte, Madam. Wenn Sie mich also bitte gewähren lassen … Wahrscheinlich hat jeder von uns einen amerikanischen Vetter. Ich nehme an, sogar *Sie* werden jemandes Cousine sein. Der meine ist ein Mann namens Hiram Poole. Eine seltsame Vorstellung, dass ein Poole auf den Vornamen Hiram hört – aber eines Tages stand er vor mir, mitsamt Familienstammbaum. Die Ahnenreihe war eindeutig genug, und er hatte sich die Stammtafel tatsächlich in seiner Suite bei Murray's an die Wand gehängt. Hiram ist ein sehr zaghafter Mann. Geradezu krankhaft schüchtern und zurückhaltend, könnte man sagen – das ist entscheidend für meine Geschichte. Aber er ist immens reich, und er käme gar nicht auf die Idee, anderswo als im besten Hotel der Stadt abzusteigen. Er hatte mir geschrieben, und daraufhin suchte ich ihn dort auf. Dass er mich gebeten hätte zu kommen, wäre zu viel gesagt; eigentlich ließ er mich nur bescheiden wissen, dass es ihn gab.

Es ist wichtig, dass Sie verstehen, wie sehr ich Hiram vom ersten Augenblick an mochte – wie deutlich ich aber auch sogleich spürte, was für ein unglücklicher Mensch er ist. Sein Reichtum ist selbst verdient, soviel ich weiß; er stammt aus der Fabrikation eines namenlosen und zweifellos unauffälligen Haushaltsgegenstands. Waschbottiche vielleicht? Aber die sind wohl aus der Mode. Ich weiß es nicht.

Ich erfuhr, dass er nie zuvor in Europa gewesen war, obwohl er sein Leben lang von einer solchen Reise geträumt hatte. Und auch jetzt hatte er den Mut nur aufgebracht, weil es seine letzte

Chance war. Hiram ist ein todkranker Mann. Er hat mir mit nüchternen Worten erklärt, dass die Ärzte ihm nur noch ein paar Monate zu leben geben. Was natürlich bei mir das Gefühl des Tragischen noch verstärkte, das brauche ich ja wohl nicht zu sagen. Aber das ist es nicht, weswegen ich den armen alten Hiram so ins Herz geschlossen habe. Nein, das habe ich, weil er eine so romantische Seele ist. Die ganze Reise ist für ihn wie eine Pilgerfahrt. Allein schon den Gedanken finde ich wunderbar. Und er nimmt es alles mit einem Humor, der einen sofort ansteckt. Im Inneren seines Herzens ist er ein fröhlicher Mensch. Ich denke, das ist das Geheimnis.«

»Ist das nicht eine Eigenschaft, auf die Ihre Familie stolz ist?« Appleby war Mr. Butterys Beschreibung der Pooles wieder eingefallen. »Stets lustig und nie um einen guten Einfall verlegen?«

»Schade, dass Hiram nicht hier ist; das hätte ihn gefreut. Familienstolz ist für ihn das A und O. Nicht dass er hochnäsig wäre. Er würde sich nie anderen überlegen fühlen, nur weil er seine Ahnenreihe bis ins dreizehnte Jahrhundert verfolgen kann. Für ihn ist das eher etwas, was er mit großem Staunen betrachtet. Und ich begriff bald, dass er hoffte, von alldem noch einmal einen tiefen Zug zu nehmen, bevor für ihn der Vorhang fiel.

In den vergangenen Wochen haben Hiram und ich gemeinsam eine ganze Reihe von Ausflügen unternommen. Sind Sie je im Londoner Tower gewesen? Ein gräßlicher Ort – Verlies und Folterkammer Englands –, aber Hiram war begeistert. Er erzählte mir von Vorfahren, die dort umgekommen waren – Namen, die ich noch nie gehört hatte. Er war selig, als wir nach Hampton Court fuhren. Und immer so weiter. Und inzwischen werden Sie wahrscheinlich schon deutlich genug sehen, wohin das alles führt.«

»Nach Water Poole.« Judith gab die Antwort. »Sie haben eine Art historisches Schauspiel für ihn inszeniert.«

»Es war mehr als das. Er fühlt sich Water Poole, das können

Sie sich denken, sehr verbunden. Aber er war noch nicht hier gewesen. Er war nicht auf eigene Faust hergekommen, will ich sagen, um es in Augenschein zu nehmen. Es sozusagen unerlaubt zu tun, wäre gegen seine Prinzipien gewesen. Er wartete auf etwas. Und es dauerte eine ganze Weile, bis ich begriff, was das war.

Ich wusste nicht, dass er von zu Hause einen dicken Band über unsere Grafschaft mitgebracht hatte, ein historisches Werk vom Anfang des Jahrhunderts, und dessen Beschreibung von Water Poole noch mit alten Stichen und Zeitungsausschnitten ausgeschmückt hatte. Aber was er daraus an Informationen bezog, war – das merkte ich nun – nicht auf dem neuesten Stand.

Ich hatte ihn zum Essen zu mir eingeladen – ich habe eine Wohnung nicht weit vom Piccadilly –, zusammen mit ein oder zwei Leuten, mit denen ich ihn bekannt machen wollte. Es war ein recht gelungener Abend, und er blieb noch eine Weile, als die anderen schon gegangen waren. Er bewunderte die wenigen Antiquitäten, die ich besitze und dort umherliegen habe; aber irgendwie machte er einen etwas enttäuschten Eindruck, und ich konnte mir zunächst gar nicht erklären, warum. Am Ende kam aber dann doch eine Bemerkung, die verriet, wo er mit seinen Gedanken war. ›Das ist ein schönes Appartement, Richard‹, sagte er. ›Aber es muss wunderbar sein, wenn du endlich aus London fortkannst, hinaus nach Water Poole.‹

Es hätte nur eine einzige ehrliche Antwort auf diese Bemerkung gegeben. Aber für einen Augenblick zögerte ich – es wäre eine solche Schande gewesen, dem alten Burschen all seine Illusionen zu nehmen –, und danach war es zu spät.«

Einen Moment lang herrschte Stille, die wiederum Judith brach. »Und dann haben Sie sich darangemacht, einen – wie Sie eben gesagt haben – schönen Schein zu schaffen und glaubwürdig zu vermitteln? Sie haben ihm vorgegaukelt, dass Water Poole nach wie vor ein bewohntes Haus ist?«

»Genau das. Ich will Ihnen nicht erzählen, wie ich mich binnen einer halben Stunde hoffnungslos in die Sache verstrickte. Ich habe eine so jämmerliche Figur gemacht, dass ich lieber nicht daran zurückdenke. Alles drehte sich darum, dass es Hiram so furchtbar wichtig war, dass ich hier lebte. Er schwärmte davon, dass ich die Fahne hochhalte, dass die Flamme nicht erlischt und so weiter. Sehen Sie, Hiram mag sein Leben damit verbracht haben, der großen Demokratie bessere und schönere Waschbottiche zu geben, aber im Grunde seines Herzens ist er ein Aristokrat. Hiram hat keine dummen Illustriertenideale im Kopf – aber das machte es für mich ja nur noch schlimmer. Es hätte ihn zum Beispiel nicht einfach nur die Vorstellung beeindruckt, dass seine Verwandten in der feinen Gesellschaft verkehrten. Aber das Bild vom Familienoberhaupt, das im Haus seiner Väter ausharrt und sich mutig gegen die Verkommenheit moderner Zeiten stellt, das war sein Traum.

Ich hatte mich also in arge Verlegenheit gebracht, und es gab nur eines, was mich vielleicht noch vor der beschämenden Enthüllung retten konnte. Hirams Besuch in England war fast zu Ende. Und er war so zurückhaltend – er wäre in fremder Gesellschaft nie wirklich aus sich herausgegangen –, dass er kaum erfahren würde, wie es um Water Poole in Wirklichkeit stand, wenn ich es ihm nicht selbst erzählte. Aber einen Haken hatte die Sache trotzdem.« Richard Poole hielt inne und sah Appleby an. »Sie können es sich schon denken, nicht wahr?«

»Es wäre nicht gerade anständig gewesen, ihn nicht hierher einzuladen.«

»Genau das. Als Hiram sich nach jener Abendgesellschaft von mir verabschiedete, musste ich etwas in dieser Art sagen, es war einfach nicht anders möglich. Ihm das zu verwehren wäre unverzeihlich gewesen. Heute sehe ich natürlich, wie ich mich aus der Klemme hätte ziehen können. Ich hätte sagen können, leider bräche ich schon am nächsten Morgen zu einer großen Theatertournee nach Brasilien auf. Aber so geistesgegenwärtig war ich nicht. Ich tat das einzig Anständige und versprach ihm, ihn in den nächsten Tagen auf den alten Sitz der Familie einzuladen. Ich sah ihm an, wie überglücklich er war. Und im Gehen sagte er auf seine bescheidene Art noch etwas, was mir gelegen kam. Ich wisse, wie es um seine Gesundheit stehe, sagte er; wenn es sich einrichten ließe, wolle er lieber auf einer Gesellschaft die Rolle des Zuschauers spielen, als dass er im Mittelpunkt stünde. Und das brachte mich auf eine Idee.«

»War es eine neue Idee für Sie?«, fragte Appleby gespannt. »Oder organisieren Sie häufiger Scherze im großen Stil?«

»Es war das erste Mal in meinem Leben – und ich habe auch eine ganze Weile gebraucht, bis ich darauf kam. Anfangs habe ich nur überlegt, wie ich ihm den wahren Stand der Dinge doch noch beichten konnte und was ich tun konnte, damit der Schlag nicht gar so schwer für ihn war. Ich wollte Hiram herkommen lassen, ihm das Haus zeigen, wie es ist, und ihm versichern, wie sehr ich hoffte, eines Tages wieder hier zu leben. Aber ich hatte Hemmungen, das zu tun.«

»Ich hätte ja gesagt, es wäre das einzig Aufrichtige gewesen.«

»Es wäre Bettelei gewesen.« Plötzlich flammte der Ärger in Richard Poole auf. »Verstehen Sie das denn nicht? Hiram ist ein ungeheuer reicher Mann. Ihm Water Poole in diesem verfallenen Zustand zu zeigen, wäre eine Aufforderung gewesen, mir Geld zu geben. Das habe ich einfach nicht über mich gebracht.«

»Ich glaube ihm kein Wort!« Wiederum musste Miss Jones dem Übermaß ihrer Gefühle Luft machen. »Und ich werde ihm auch nichts mehr glauben, was er jetzt noch sagt. Für mich steht fest, dass Mr. Poole sich einen Plan zurechtgelegt hatte, wie er aus seinem Verwandten – seinem entfernten Verwandten – Geld herauslocken konnte, und jetzt will er es mit seiner Märchengeschichte vertuschen.«

»Habe ich nicht gesagt, man wird mir nicht glauben?« Diesmal wandte der Hausherr von Water Poole sich an Judith. »Aber es ist die reine Wahrheit. Ich hatte mich in eine Lage gebracht, in der es eine Frage der Ehre war, dieses Haus als ein bewohntes Haus zu präsentieren, das keine Waschkesselmillionen brauchte. Ich hatte auch eine recht gute Vorstellung, wem Hiram diese Millionen zugedacht hat, denn er hat mir von seinen philanthropischen Neigungen und den – wie er sich ausdrückte – testamentarischen Vorkehrungen erzählt. Aber das nur nebenbei. Da stand ich also, zerbrach mir den Kopf, wie ich Hiram froh machen und zugleich mich aus dieser lächerlichen Situation befreien konnte.

Anfangs ist mir nichts eingefallen, und ich habe die Sache länger schleifen lassen, als ich eigentlich wollte. Dann bekam ich eine Notiz von Hiram, in der er mir mitteilte, dass seine Abfahrt nach New York bevorstehe. Er sagte natürlich kein Wort von Water Poole, aber unter diesen Umständen konnte der Hinweis auf seine Abreise nur ein diskreter Vorwurf sein. Ich war verzweifelt. Aber dann fiel mir das Datum auf, an dem er sich einschiffen wollte.

Es war das Datum des heutigen Tages – und als ich das sah, kam mir der rettende Einfall. Ich entwickelte die Kraft eines Dämons – eines Kobolds, würde Mr. Buttery vielleicht sagen –, und noch am selben Abend hatte ich eine Art Komitee meiner besten Freunde zusammengetrommelt. Mir war aufgegangen, dass wir in diesen Junitagen Water Poole gleichsam über Nacht zum Leben erwecken konnten, ohne dass wir dabei neugierige Blicke aus der Nachbarschaft riskierten. Alles, was jemand sah und worüber dann geredet wurde, würden die Leute mit der alten Legende erklären, die zu diesem Haus gehört.

Hiram, das brauche ich nicht zu sagen, kannte die Geschichte vom ersten Ball von Naseby, und eine Feier aus Anlass des Jahrestages würde ihm mit Sicherheit gefallen. Aber es gab noch einen zweiten Grund, warum es ein Kostümfest sein musste. Dabei ging es um das, was man die Psychologie der erfolgreichen Illusion nennen könnte.

Meine Freunde und ich wollten den Eindruck einer Hausparty hier auf Water Poole erwecken, zu der wir Hiram einladen wollten, und dann wäre er mit der Überzeugung nach Hause gefahren, dass Water Poole lebendig war wie eh und je. In Wirklichkeit waren wir Schauspieler, die in einem verfallenen Theater vor morschen Kulissen und mit zerbröckelnden Requisiten spielten. Die ganze Frage der Beleuchtung zum Beispiel war außerordentlich schwierig – es kamen ja nur Kerzen in Betracht –, und das ganze Projekt war auch nur halbwegs praktikabel, weil Hirams Temperament seinen Beitrag dazu leisten würde: seine Zurückhaltung, der Entschluss, dass ein kurzer verzauberter Blick auf das Heim seiner Vorväter genügen sollte. Trotzdem war es nicht leicht, unsere Pläne umzusetzen, und ich begriff bald, dass wir nur eine einzige Chance hatten: Wir mussten *die Illusion einer Illusion schaffen.* Wenn wir ein historisches Ereignis nachspielten, dann konnte das Spiel, das dahintersteckte – die Fiktion der Fiktion, wenn Sie so wollen –, unbemerkt bleiben.«

»Ein raffinierter Plan, das steht fest.« Appleby betrachtete Richard Poole mit einem Blick, der etwas von widerstrebender Bewunderung hatte. »Sind Sie denn nicht auf den Gedanken gekommen, dass es für Ihren Vetter, wenn er den Betrug entdeckte, weitaus schmerzlicher gewesen wäre als wenn Sie ihm von vornherein die Wahrheit gesagt hätten?«

»Doch, natürlich – deshalb musste es ja um jeden Preis gelingen. Und ich glaube auch nach wie vor, dass es gelungen *ist*.« Poole sah nachdenklich Miss Jones an. »Jedenfalls bisher.«

»Alles ging wie am Schnürchen?«

»Ja. Als es dunkel war, zogen wir mit mehreren Lieferwagen ein. Die Dekoration war bis ins kleinste Detail vorausgeplant, und alles passte wunderbar. Als Vetter Hiram eintraf, am Steuer seines eigenen Wagens, stand ich schon bereit und führte ihn sogleich auf die präsentable Seite des Hauses. Fast vom ersten

Augenblick an war klar – ein Schauspieler hat ein Gespür für solche Dinge –, dass unser Auftritt gelang. Mr. Poole auf Water Poole gab eines seiner bekannten Hausfeste, und die Gäste vergnügten sich, dem Datum angemessen, auf einem Ball in historischen Kostümen. Meine einzige Sorge war, dass Hiram mich auf seine bescheidene Art bitten könnte, ob er sich ein wenig auf eigene Faust umsehen dürfe. Er kennt die Geschichte des Hauses genau, und einige Räume – manche davon vielleicht inzwischen ganz und gar verfallen – hätten ihn wahrscheinlich sehr interessiert. Aber natürlich wäre es Hiram nicht im Traum eingefallen, mir auch nur eine so kleine Mühe zu machen. Er blieb eine gute Stunde, bewegte sich mit mir in aller Ruhe zwischen den Gästen, ließ sich einige davon vorstellen, trank ein Glas Champagner und so weiter. Und dann verabschiedete er sich. Die ganze Sache, die mich vorher in solche Angst und solchen Schrecken versetzt hatte, war in Wirklichkeit geradezu verblüffend einfach. Schon lange vor dem Morgengrauen – dem frühen Junimorgen – hatten wir unsere Zelte abgebaut wie die Beduinen und uns in aller Stille davongemacht.«

»Aber das war noch nicht alles, nicht wahr?« Appleby blickte nun wieder grimmig drein. »Und Sie wären froh, wenn es alles gewesen wäre.«

»Da haben Sie recht.« Poole zögerte. »Hiram verabschiedete sich, und es war ihm anzusehen, wie tief gerührt er war. Unsere Täuschung war nur zu perfekt gewesen. Für ihn war es eines der größten Erlebnisse seines Lebens.«

»Da müssen Sie sich ja recht unwohl gefühlt haben.«

»Allerdings. Er entschuldigte sich, dass er nicht länger blieb. Es habe ihn sehr angestrengt, erklärte er, und er wolle seinem Körper nicht noch mehr zumuten. Und dann kam das wirklich Schlimme. ›Richard‹, sagte er, ›es gibt da etwas, was ich dir sagen muss – und zwar ganz unter uns.‹

Wir standen an seinem Wagen. Mir war nicht wohl bei diesen Worten – teils weil ich das seltsame Gefühl hatte, dass wir belauscht wurden, teils aber auch, weil ich schon meine Ahnungen hatte, was nun kommen würde. Ich murmelte nur, dass ich sein Vertrauen gewiss nicht missbrauchen würde.

›Ich habe es falsch gemacht‹, sagte er. ›Es ist ein schwerer Fehler, sein Geld fremden Leuten zu vermachen und nicht der Familie – gerade wenn man eine Familie hat wie die unsere. Das ist mir am heutigen Abend klar geworden. Du stehst zur Tradition, Richard, du stehst zu uns – und ich weiß genug über die wirtschaftlichen Schwierigkeiten dieses Landes, genug, dass ich mir vorstellen kann, wie schwer das für dich ist.‹ Ich konnte sehen, wie sein Blick wieder hinüber zum Haus wanderte, das sich finster am Horizont abzeichnete. ›Ich kann dir gar nicht sagen, wie sehr ich das bewundere, Richard. Mir fehlen die Worte dazu. Aber ich werde dich als meinen alleinigen Erben einsetzen. Gott sei mit dir. Und lebe wohl.‹ Und damit stieg Hiram in seinen Wagen und fuhr davon. So – und damit wäre die ganze Geschichte heraus. Natürlich muss er die Wahrheit erfahren. Das weiß ich jetzt. Ich habe einen Narren aus mir gemacht, und jetzt stehe ich wieder genau da, wo ich angefangen habe.«

Es folgte ein langes Schweigen. Richard Poole holte ein Seidentaschentuch hervor und wischte sich die Stirn. Mr. Buttery, wie ein ältlicher Anthropoide mit einem Hang zur Nachahmung, tat es ihm sogleich nach. Appleby ging eine Runde durch den Saal, und als er wieder vor dem Hausherrn ankam, fragte er diesen mit ruhiger Stimme: »Und was meinen Sie, wo ist Hiram Poole jetzt?«

»An Bord der *Queen Mary*, unterwegs nach New York. Er wollte zurück nach London fahren, sich umkleiden und am Morgen den Zug nach Southampton nehmen.«

»Sich umkleiden? Heißt das, er war ebenfalls kostümiert?«

»Ja. Er wollte sich so unauffällig wie möglich unter die Gäste mischen.«

»Ein schwarzes Kostüm, Zeit Karls I., mit goldbesticktem Umhang?«

»Ja.« Richard Poole sah ihn erschrocken an. »Aber ich verstehe nicht … «

»Ihr Vetter hat graues Haar und eine kleine Narbe am Kinn?«

»Ja.«

»Dann muss ich Ihnen leider sagen, dass er nicht an Bord der *Queen Mary* ist. Sein Leichnam liegt am Fuße der verfallenen Treppe hier im Haus.«

Miss Jones war in Ohnmacht gefallen, wiederbelebt worden und doch noch auf Mr. Butterys Kiste zu sitzen gekommen. Judith war in aller Eile mit ihrem Wagen davongefahren. Richard Poole hatte seinen toten Vetter identifiziert und stand nun wieder im Saal, bleich und erregt. »Ich kann es nicht glauben«, sagte er.

»Sie haben uns ja gleich zu Anfang gesagt« – Appleby sprach mit ernster Stimme –, »dass es eine unglaubliche Geschichte ist. Hiram Poole hat, könnte man sagen, sein Leben am Ende eines großen Lügenmärchens verloren, das Sie inszeniert haben. Das zu deuten gibt es mehrere Möglichkeiten. Manche werden wir erst beurteilen können, wenn der Bericht des Arztes vorliegt. Andere bieten sich auf Anhieb an.«

»Und die wären?« Der junge Mann sah ihn mit matten Augen an.

»Sie sind ja bereits selbst darauf gekommen, wie einfach es wäre, Ihre Unternehmung in höchst ungünstigem Licht zu sehen. Sie sind in finanziellen Nöten. Sie haben schon gestanden, was Sie ohnehin nicht lange hätten verbergen können: dass Sie Ihren reichen amerikanischen Vetter her nach Water Poole gebracht und ihm etwas vorgegaukelt haben. Sie sagen uns, Ihre Täuschung habe ihn zu der Ankündigung bewogen, er wolle Sie als Erben einsetzen. Gut denkbar. Aber es ließe sich auch vorstellen, dass die Sache sich ganz anders zugetragen hat. Man könnte überlegen, ob Sie nicht vielleicht schon wussten oder zumindest ahnten, dass er sich mit einem solchen Gedanken trug.

Man könnte sagen, dass er gestern Abend hinter das Geheimnis des Spiels kam, das Sie mit ihm spielten.«

»Jetzt ist es aber genug!« Richard war kreidebleich geworden. »Sie haben kein Recht zu solchen Unterstellungen. Das ist gegen alle polizeilichen Regeln.«

»Mein lieber Herr, ich habe dienstlich mit dieser Angelegenheit nicht das Mindeste zu tun. Ich spreche als Privatmann zu Ihnen, und zugleich schildere ich Ihnen zu Ihrem eigenen Guten aus meiner langen Erfahrung heraus einige Gedankengänge, auf die jene, die bald hier die Untersuchung führen werden, vielleicht kommen werden.«

»Verstehe. Gut. Dann weiter.«

»Wir könnten uns auch vorstellen, dass Hiram Poole mehr oder weniger so, wie Sie es geschildert haben, davongefahren ist – aber er hatte gewisse Zweifel. Das Misstrauen nagte an ihm; nach einer Weile wendete er den Wagen und kam zurück nach Water Poole, und in der Morgendämmerung fand er ein verfallenes Haus und seinen hoffnungsvollen Erben, der ein paar Abfälle zusammenklaubte. Er war nicht gerade erfreut; vielleicht kam es sogar zu einem kleinen Streit. Das wäre ein Gedankengang, der sich anbietet. Wir müssen ihn im Augenblick nicht weiterverfolgen.«

»Hört sich verdammt überzeugend an.« Richard Poole stieß ein recht harsches Lachen aus.

»Aber er hat eine Schwäche. Er lässt einen Aspekt außer Acht. Sie sagen, Sie haben gewisse Vorstellungen, wie Hirams Testament aussieht? Er hatte sein Vermögen philanthropischen Einrichtungen vermachen wollen?«

»Ja – wobei vor allem eine bestimmte bedacht werden sollte. Der größte Teil seiner Hinterlassenschaft sollte einer Liga zur Bekämpfung des Alkoholismus zukommen. Ich weiß noch, dass ich das merkwürdig fand. Es passte eigentlich nicht zu dem Hiram, den ich kennen gelernt hatte, zu seinem Wesen, seinen Grundsätzen. Aber er hatte sich entschieden. Ein neues Prohibitionszeitalter – das sollte, wenn ich es recht verstanden habe, sein Geld durchsetzen helfen.«

»Großartig!«

Appleby wandte sich verblüfft um und sah, wie Mr. Buttery mit Begeisterung nickte, dass die ehrwürdigen Locken nur so flogen. »Solche Maßnahmen wären in Ihrem Sinne?«

»Aber ja.« Mr. Buttery war höchst erregt. »Ich kann nur sagen, Mr. Pooles Vetter war ein erleuchteter Mann. Ich verfolge die Bestrebungen, den Konsum alkoholischer Getränke jeglicher Art von Gesetzes wegen zu verbieten, mit größtem Interesse. Ich glaube, ich kann sogar sagen, dass ich sie unterstütze. Ich bedaure, dass diese Bewegung sich auf unserer Seite des Atlantiks nicht besser durchgesetzt hat.«

»Sir, lassen Sie es mich sagen – Sie sind eine Ehre für Ihren Stand.« Miss Jones hatte sich von der Kiste erhoben und kam auf den Geistlichen zu, und nun schüttelte sie ihm energisch die Hand. Sie wandte sich an Appleby und Richard Poole. »Tausende werden neuen Mut schöpfen, wenn sie von dem noblen Bekenntnis dieses wahrhaft gottesfürchtigen alten Mannes vernehmen!«

»Danke, Madam, ich danke Ihnen.« Der unerwartete Überschwang hatte Mr. Buttery – dem vielleicht wieder eingefallen war, wie sie ihn einen Quartalssäufer genannt hatte – ein wenig in Verlegenheit gebracht.

Und Appleby sah ihn mit erstaunter Miene an. »Und Ihr Burgunder und der Madeira? Erwarten Sie von unseren Gesetzesgebern, Sir, dass sie, wenn sie die Prohibition ausrufen, für den Klerus eine Ausnahme machen?« Er wandte sich an Miss Jones. »Ganz sicher bin ich mir nicht, ob Sie und Mr. Buttery in dieser Frage wirklich eines Sinnes sind. Aber im Augenblick interessiert uns eher etwas anderes daran. Ich darf davon ausgehen, Madam, dass es nicht falsch wäre zu sagen, dass die Bekämpfung des Alkoholismus Ihr Metier ist? Mr. Poole hatte, glaube ich, bereits eine Ahnung in dieser Art.«

»Es war jedenfalls ein Gedanke, der schon eine ganze Weile in den Kulissen meines Bewusstseins wartet.« Poole drehte sich zu der Amerikanerin um und musterte sie genauer, und ein gequältes Lächeln kam auf seine Lippen. »Die wohltätige Stiftung, die Konkurrenz – das sind Sie!«

Appleby nickte. »So ist es. Water Poole oder die Wasser des Lebens – nur eines von beiden konnte es sein. Welchem würden die Reichtümer von Vetter Hiram zufließen? … Und nun hat uns vielleicht Miss Jones etwas zu erzählen.«

»Ich bin *nicht* Miss Jones.« Die Amerikanerin war in die Mitte des Raumes getreten und brachte diese Enthüllung mit großer dramatischer Geste vor. »Wir wollen uns nicht mehr länger etwas vormachen. Ich bin nicht Miss Jones. Ich bin Miss Brown.«

»Doch nicht etwa« – Richard Poole konnte trotz der Notlage, in der er sich befand, einen gewissen Humor nicht unterdrücken –, »doch nicht etwa *die* Miss Brown?«

»Doch, die bin ich.« Miss Brown sagte es in aller Bescheidenheit. »Ich bin Louisa Brown, Vizepräsidentin der Töchter der Mäßigung.«

»Hört sich an wie etwas von William Blake.« Poole klang ein wenig benommen. »Kennt man Sie in Amerika?«

»Das will ich meinen. Die Töchter sind eine der führenden Anti-Alkohol-Ligen unseres Landes, und wir sind es, denen der verstorbene Hiram Poole fast sein gesamtes Vermögen vermacht hat. Ich war sein Schutzengel.«

»Wozu hätte Hiram einen Schutzengel gebraucht? So einen Unsinn habe ich in meinem ganzen Leben noch nicht gehört.«

»Es ist eine Vorsichtsmaßnahme, die wir bei zukünftigen Wohltätern gern ergreifen. Gerade wenn sie nach Übersee reisen.« Miss Brown war nun wieder in ihrem Element. »Der Versuchungen sind viele. Haben wir nicht eben erst gehört, dass Mr. Hiram Poole zu einem Glas Champagner verführt wurde? Abscheulich! Unverantwortlich!«

Diese Sicht der Gastfreundschaft von Water Poole empfand der Hausherr nun doch als Kränkung. »Als selbst ernannter Schutzengel haben Sie Ihre Mission gründlich verfehlt, Madam. Hiram ist tot, und ich könnte mir vorstellen, dass Sie einiges zu hören bekommen, wenn Sie nach Hause zu den anderen Töchtern zurückkommen.«

»Sie haben das nicht ganz verstanden«, wandte Appleby trocken ein. »Es war nicht Miss Browns Aufgabe, das Leben Ihres Vetters zu schützen. Der Schutzengel sollte dafür sorgen, dass er, wenn er starb, das richtige Testament in der Tasche hatte. Es spricht eine Einstellung daraus, über die man einmal nachdenken könnte. Aber wir haben immer noch nicht Miss Browns Geschichte gehört. Erzählen Sie bitte.«

»Das habe ich vor.« Miss Brown verschränkte die Hände hinter dem Rücken und betrachtete die drei Männer, als hätte sie eine große Versammlung obstinater Bierbrauer und Weinbauern vor sich. »Mir war gut bekannt, dass Mr. Hiram Poole ein morbides Interesse an seiner Familienhistorie und der feudalen Vergangenheit hatte. Als er nach England kam und die Bekanntschaft Mr. Pooles machte – *dieses* Mr. Poole hier –, begriff ich sogleich, dass größte Wachsamkeit vonnöten war. Aus reiner Routine beschaffte ich mir alles, was an Informationen über Water Poole zu bekommen war. Ich erfuhr, was das Haus Mr. Richard Poole bedeutet – oder besser gesagt, wie wenig es ihm bedeutet.«

»Diese Frau ist wahnsinnig!«, rief Richard Poole.

»Ich habe zum Beispiel in meiner Akte – ich fand, das war das Geld wert – einen Brief, in dem Mr. Richard das Haus zum Verkauf anbietet und vorschlägt, daraus eine, wie man das nennt, Besserungsanstalt zu machen. In einem anderen breitet er seine Pläne aus, ein Institut für experimentelle Schweinezucht hier einzurichten.«

»Wahnsinnig?« Appleby betrachtete den Herrn von Water Poole recht finster. »Mir scheint, ihr Wahnsinn hat Methode.«

»Ihre Methode hat Wahnsinn, würde ich eher sagen.« Richard

Poole funkelte sie an. »Aber reden Sie weiter, Madam, reden Sie weiter.«

»Murray's ist ein gutes Hotel, da bekommt man aus den Angestellten nichts heraus. Aber bei der Firma, bei der Mr. Hiram seinen Wagen lieh, sah das schon anders aus, und bald wusste ich immer einen oder zwei Tage im Voraus, was er als Nächstes vorhatte. So kam es, dass ich ihm mit meinem eigenen Wagen folgte, als er sich gestern Abend in seinem Kostüm auf den Weg nach Water Poole machte.«

Appleby warf Miss Brown einen bewundernden Blick zu. »Ausgesprochen tüchtig, das muss ich sagen. Hatten Sie denn auch etwas über das herausgefunden, was ihn hier erwartete?«

»Ich wusste, dass Mr. Richard bei den Firmen ein und aus gegangen war, die Theaterrequisiten vermieten, und dass er lange Verhandlungen mit einer großen Zahl von Freunden aus dem Theatermilieu geführt hatte. Ich glaube, ich darf sagen, dass ich mir schon recht gut vorstellen konnte, was hier geschehen sollte. Als wir ankamen, ließ ich Mr. Hiram natürlich einen guten Vorsprung, und dann stellte ich meinen Wagen ab und sah mich auf dem Grundstück um. Was ich nicht verstanden hatte, war, warum es ein Kostümfest war; darüber habe ich mir den Kopf zerbrochen. Aber der Rest war eindeutig genug. Ich wusste, dass der Punkt gekommen war, Mr. Richard Poole zu entlarven.«

»Da hatten Sie wohl recht.« Appleby sagte es nüchtern. »Und wie wollten Sie es tun?«

»Anfangs wollte ich einfach mitten unter die Leute gehen und Anklage erheben – Anklage gegen den Hochstapler und Anklage gegen den Champagner. Doch dann ging mir auf, dass ich mich damit in Lebensgefahr brachte. Man hätte mich womöglich in den Fluß geworfen und ertränkt, und die Töchter der Mäßigung hätten nie erfahren, was aus mir geworden war.«

»Liebe Güte!« Richard Poole starrte sie an. »Man könnte glauben, die Frau hätte am Ufer des Nigers gestanden statt hier am … «

»Mr. Richard und seine Freunde waren schwer vom Wein«, schnitt Miss Brown ihm das Wort ab. »Ein Ausdruck des englischen Dichters Milton, zu Recht in aller Welt bekannt dafür, dass er seine Mahlzeiten auf einige Oliven und ein Glas Wasser beschränkte. Zu jeder Untat, jeder Grobheit wären sie fähig gewesen. Deshalb verbarg ich mich.«

»Das kann ich mir vorstellen«, schnaubte Richard Poole.

»Ich stand nur einen Schritt weit von Mr. Richard, als Mr. Hiram die beschämenden Worte sprach.«

»Die beschämenden Worte?« Einen Moment lang verlor Appleby die Orientierung.

»Mit denen er diesen unaufrichtigen und lasterhaften jungen Mann zu seinem Erben erklärte. Dann fuhr Mr. Hiram davon, und ich eilte zu meinem eigenen Wagen und folgte ihm. Aber er hatte ein gutes Stück Vorsprung und fuhr sehr schnell. Es dauerte Meilen, bis ich ihn einholen und Zeichen zum Anhalten geben konnte. Er nahm keine Notiz von mir. Also überholte ich ihn und drängte ihn beinahe in den Graben. Man sieht solche Szenen auf der Leinwand. Er hielt an, aber es gelang mir nur unter großen Mühen, mir Gehör zu verschaffen. Ich glaube, er hielt mich für eine Frau von liederlichem Lebenswandel.«

»Sie müssen bedenken, dass es dunkel war.« Richard Poole brachte es mit nicht ganz eindeutiger, dafür umso schwerfälligerer Ironie vor. »Und dann?«

»Es kam mir vor, als bräuchte ich Stunden – aber schließlich gelang es mir doch, ihm zu erklären, dass er das Opfer eines Betrugs geworden war. Er wollte es nicht glauben. Am Ende konnte ich ihn überreden, nach Water Poole zurückzufahren. Als wir eintrafen, brannte kein Licht mehr. Ich holte eine Taschenlampe und führte ihn über das Gelände. Und nun benahm er sich wirklich merkwürdig.«

»Wie meinen Sie das?« Aus Pooles Stimme klang echte Beklommenheit. »War er wütend – oder traurig?«

»Er sagte kein Wort. Wir haben fast das gesamte Haus besichtigt, mit Hilfe einer Lampe, die er im Wagen hatte. Während all der Zeit sprach er kein Wort zu mir. Ich fand es ausgesprochen unhöflich. Und am Ende wurde er gar noch schroffer. Wir hatten in eine kleine Speisekammer gesehen – eine Treppe führte von dort hinunter in einige Keller –, und sie stank regelrecht nach Alkohol. Zweifellos Ihr abscheulicher Champagner und was es sonst noch alles war. Ich wies Mr. Hiram ausdrücklich darauf hin, damit er begriff, in welch verkommene Gesellschaft ihn der Umgang mit Ihnen gebracht hatte. Er starrte mich nur an und gab keinen Laut von sich. Und als wir wieder draußen im Freien waren, trennten wir uns.«

»Sie trennten sich?«, fragte Appleby überrascht. »Unter welchen Umständen?«

Miss Brown zögerte. »Er forderte mich auf zu gehen.«

Wiederum lachte Richard Poole – weniger laut diesmal. »Hiram war ein Mann mit Stil, wissen Sie. Wenn er etwas sagte, dann sagte er das Passende. Er gab Ihnen zu verstehen, dass Sie verschwinden sollten. Und das haben Sie getan?«

»Das habe ich getan.« Miss Brown errötete. »Für meine gut gemeinte Hilfe hatte ich den besten Dank bekommen; man hatte mich persönlich geschmäht. Ich stieg in meinen Wagen und fuhr davon.«

»Und ließen Hiram allein in Water Poole?«

»Ich nehme es an. Es sei denn, Sie waren noch da, Mr. Poole.«

Appleby blickte streng auf. »Gibt es, Miss Brown, einen Grund anzunehmen, dass er noch dort war?«

Miss Brown zögerte. »Ich kann nicht beschwören, dass es Mr. Poole war. Aber ich hatte das Gefühl, dass noch jemand in der Nähe war.«

»Verstehe. Als Sie nun von Water Poole aufbrachen – auch wenn Sie sich persönlich noch so gekränkt fühlten –, konnten Sie ja davon ausgehen, dass Ihre Mission erfüllt war. Mr. Richard Poole war gründlich entlarvt worden. Darf ich fragen, warum

Sie unter diesen Umständen heute Morgen noch einmal herge-kommen sind?«

»Weil ich unruhig war. Mr. Hiram Poole war ein alter Mann, bei schlechter Gesundheit. Und ich hatte ihn mitten in der Nacht hier zurückgelassen, nach einer schmerzlichen Enthül-lung. Ich kam noch einmal her, weil ich mich vergewissern wollte, dass ihm nichts zugestoßen war.«

»Nun – es *war* ihm etwas zugestoßen«, sagte Appleby knapp; dann machte er einen seiner kleinen Spaziergänge ans Fenster. »Im eingestürzten Teil des Hauses gibt es eine Treppe, die zwei Stockwerke hoch hinaufführt und dann abbricht. Von dieser schwindelnden Höhe ist Mr. Hiram Poole in den frühen Mor-genstunden hinabgestürzt. Auch hier böte sich wieder eine gan-ze Reihe von Ansätzen. Wir haben zum Beispiel keine Vorstel-lung – oder *ich* habe keine Vorstellung – davon, wie ihm zu diesem Zeitpunkt zumute war. Wie hatte er die Enthüllung – denn dass es eine solche war, davon gehen wir aus –, wie hatte er die Enthüllung aufgenommen? Miss Brown, die Einzige, die noch in seiner Nähe war, nachdem er die Wahrheit erfahren hat-te, wurde nicht schlau aus ihm. Zumindest erzählt sie uns das. Nehmen wir einmal an, es war so … Ist das ein Wagen draußen? Das wird meine Frau mit dem Arzt sein.«

»Es ist nicht meine Art, die Unwahrheit zu sagen.«

»Nun gut. Nehmen wir Ihre Geschichte, so weit sie reicht, als reine Wahrheit. Aber es könnte – ja, wenn sie die reine Wahrheit ist, *muss* es – noch einen weiteren Akt in diesem Dra-ma gegeben haben. Mr. Richard Poole *könnte* noch hier ge-wesen sein – oder er könnte, nachdem Sie fortgefahren waren, zurückgekehrt sein, wäre hier wieder mit seinem Vetter zusam-mengestoßen, und es wäre zu einem Streit mit tödlichem Aus-gang gekommen. Unter den Umständen ein nahe liegender Ge-danke.« Appleby hielt inne. »Vorhin habe ich überlegt, dass Hiram Poole sein Testament womöglich schon geändert *hatte* – und Mr. Richard es wusste. In diesem Punkt wird sich der Sachverhalt gewiss ermitteln lassen. Ich persönlich denke nicht, dass es so war. Aber eines ist sicher. So wie die Dinge gestern abend standen und wie sie immer noch stehen, sind die Töchter der Mäßigung in Hiram Pooles Testament sehr großzügig bedacht. Und damit wären wir wieder bei Miss Brown. Ihre Geschichte könnte auch *nicht* die reine Wahrheit sein. Sie könnte frei erfunden sein.«

»Es ist nicht meine Art … «

»Zweifellos, Madam. Aber es gibt Situationen, in denen selbst ein Mensch von lauterster Wahrheitsliebe einmal nicht so genau hinsieht. Stellen wir uns vor, Ihr Rundgang, auf dem Sie Mr. Hiram Poole den wahren Zustand von Water Poole enthüllten, hätte Sie beide ans obere Ende jener Treppe gebracht. Er hatte bisher geschwiegen. Sie wurden in Ihren Vorwürfen gegen Mr. Richard immer heftiger. Und dann tat Hiram Poole etwas, womit Sie nicht im Mindesten gerechnet hatten, auch wenn es für meine Begriffe im schönsten Einklang mit der menschlichen Natur steht. Er rief ›Zum Teufel beide Häuser!‹«

»Er rief was?«, fragte Miss Brown verdattert.

»Er verkündete, dass Richard keinen Penny von ihm erben sollte. Und dasselbe verkündete er dann den Töchtern der Mäßigung.«

»So etwas hätte er nie getan.«

»Ich sage noch einmal, für mich klingt es sehr wahrscheinlich. Ihre Liga hatte ihm einen Spion auf den Hals geschickt und ihn in einem Maße gedemütigt, von dem Sie, Madam, nicht einmal den Schimmer einer Ahnung haben. Da hätten wir also noch eine Möglichkeit, die wir in Ruhe bedenken sollten. Hoch oben, am Ende jener irrwitzigen Treppe eröffnete der alte Mann Ihnen, dass Ihre Organisation schon morgen aus seinem Testament gestrichen würde.«

Miss Brown war still – und wirkte mit einem Schlage alt, wie ein Gespenst. Richard Poole betrachtete sie nicht ohne Mitgefühl und wandte sich dann an Appleby. »Ich muss schon sagen,

Sie haben ein Talent, es für jeden von uns so ungemütlich wie
nur möglich zu machen. Haben Sie noch mehr auf Lager? Was
ist mit Mr. Buttery?«

Und Appleby nickte. »Zu Mr. Buttery komme ich jetzt.«

»Zu mir?« Über den Rand seiner Nickelbrille hinweg sah der
Geistliche ihn mit kindlichem Schrecken an. »Ich fürchte, mir
ist das alles ein Buch mit sieben Siegeln, und ich werde Ihnen
keine große Hilfe sein. Hie und da – wo es die Kobolde betrifft
– verstehe ich es einigermaßen. Aber wo es um Erbschaften und
dergleichen Dinge geht, das geht über meinen Begriff. Mr. Poole,
scheint mir, hat eine Erklärung gegeben; die Dame hier, die
gern ihren Namen wechselt, eine andere; und ich denke mir,
Sie, Sir, müssen sich zwischen beiden entscheiden.«

Appleby schüttelte den Kopf. »Das ist nicht gesagt. Ich habe
mir selbst einige mögliche Auflösungen zurechtgelegt, die sich
zweifellos gegenseitig ausschließen. Aber was Mr. Poole und
Miss Brown erzählen, widerspricht einander nicht unbedingt.
Beide könnten das berichtet haben, was sie von der Wahrheit wissen. Und jetzt sind Sie an der Reihe und erzählen uns den Rest.«

Mr. Buttery überdachte diese Aufforderung einen Moment
lang schweigend. Dann nahmen, ein kurioses Bild, seine ehrwürdigen Züge den Ausdruck tiefster Verschlagenheit an. »Ich
könnte mir vorstellen«, erkundigte er sich, »das, was man Motiv
nennt, ist bei so etwas von großer Bedeutung?«

»Zweifellos.«

»Sie fragen zum Beispiel, *warum* diese Dame nach Water
Poole zurückkehrte. Auf solche Dinge wird Gewicht gelegt?«

»Mit Sicherheit.«

»Peinlich. Hinderlich. Ärgerlich.« Mr. Buttery schüttelte den
Kopf. »Hätte ich das, was man ein *respektables* Motiv nennen
könnte … «

»Folklore.« Appleby schritt sofort ein. »Die Studien, die Sie
gestern noch am späteren Abend nach Water Poole führten, Sir,

waren folkloristischer Natur. Ihr Interesse galt den Kobolden und nichts anderem. Und nun erzählen Sie.«

»Das verstehe ich nicht.« Richard Poole war neugierig geworden. »Soll ich daraus schließen, dass … «

»Mr. Buttery ist in seiner Seele ein zutiefst ungesetzlicher Mensch.« So wie Appleby es sagte, schwang keinerlei Vorwurf darin mit. »Ein wenig Wildfrevel in aller Stille, da wird ihm erst wirklich warm ums Herz. Aber neuerdings strebt er nach Höherem. Er entdeckte, könnte ich mir vorstellen, einen äußerst verlockenden Keller, in den er unauffällig über einen Kanal vom Fluss aus gelangen konnte. Vielleicht fand er sogar die notwendigen Utensilien dort. Jedenfalls war von da an die Schwarzbrennerei sein größtes Glück. Von dort stammten die Gerüche, die Miss Brown in die Nase stachen. Und das erklärt auch Mr. Butterys begeisterten Beifall für die Prohibition. Wenn es zu einem Alkoholverbot käme, könnte er seine Geschäfte im großen Stil betreiben. Doch diese Dinge tun nichts zur Sache … «

»Wirklich nicht?«, fragte Mr. Buttery hoffnungsvoll.

»Zumindest stehen die Chancen gut. Letzte Nacht, Sir, haben Sie mit Besorgnis verfolgt, wie die Kobolde ihr Unwesen trieben. Als sie verschwunden waren, kamen Sie her und forschten nach. Schließlich hört man immer wieder, welche Verwüstung sie in Milchkammern anrichten. Vielleicht hatten sie ebenso übel in Ihrer Destille gehaust.«

»Es ist wahr; ich wartete in meinem Kahn, bis alles dunkel und still war.« Mr. Buttery war nun wieder die Ruhe selbst. »Es war, das muss ich sagen, eine lange Wache. Allerdings überraschte es mich nicht. Kobolde sind, das wissen Sie, bekannt dafür, dass sie bis zum Morgengrauen unterwegs sind. Nach und nach erloschen ihre Lichter, und einige Male vernahm ich ein Grollen. Sie kehrten, stets zu mehreren, in die Unterwelt zurück.«

»Unsere Lieferwagen, die davonfuhren.« Richard Poole sah den Gottesmann ratlos an, als könne er sich nicht entscheiden, was an seinem Benehmen Exzentrik war und was nicht.

281

»Als ich es schließlich wagte, an Land zu gehen, waren sie alle fort – schlüpften Träumen gleich ins Dunkel, wie unser großer Dichter sagt. Alle außer ihrem König.«

»Dem König der Kobolde?«, fragte Miss Brown, aus ihrer Benommenheit erwacht. »Die Kobolde haben einen König?«

»Oh ja – und eine prachtvolle Erscheinung. Es ist ein weit verbreiteter Irrtum, dass man sich Kobolde als Zwerge vorstellt oder sie überhaupt zum kleinen Volk rechnet. Mich hat es nicht im Geringsten überrascht, dass der König der Kobolde ein stattlicher Herr war, prachtvoll gekleidet in Schwarz und Gold.«

»Vetter Hiram!«

»Bei sich hatte er eine dubiose Vertraute. Ich habe ja nur ein paar Blicke erheischen können. Wie gesagt, für einen Geistlichen ist es nicht ungefährlich, wenn er sich mit den Kobolden einläßt. Ich näherte mich also mit größter Wachsamkeit. Der König der Kobolde hatte eine Art Laterne. Ich musste mich sehr vorsehen, dass ich nicht in ihren Lichtkegel geriet, und nur in dem schwachen Schein, den sie zu ihm hin warf, konnte ich ihn erkennen. Ich machte mir meine Gedanken, wer die Vertraute sein mochte. Konnte es Hekate sein? Ich neige eher zu einer niederen teutonischen Gottheit. Vielleicht die Schweinegöttin.« Mr. Buttery blickte Miss Brown mit Unschuldsmiene an. »Hielten Sie eine solche Erklärung für denkbar?«

»Ich finde, Sie sind ein sehr sündhafter alter Mann.« Miss Browns Antwort, wenn sie auch nicht ganz auf die Frage einging, kam von Herzen.

»Kurz darauf wurde dieser niedere Geist jedoch fortgeschickt. Das war das einzige Mal, dass ich den König sprechen hörte. ›Gehen Sie‹, sagte er. Ich war beeindruckt, welche Autorität in diesen knappen Worten lag. Und die Schweinegöttin – denn jetzt bin ich mir sicher, dass sie es war – entschwand.«

Richard Poole weidete sich an Miss Browns Anblick. »Wiederum unter Grollen?«

»Eher einem Schnurren, würde ich sagen. Ich würde vermu-

282

ten, dass sie mit einem Streitwagen davonfuhr. Der König zog sich dann ins Haus zurück, genauer gesagt in diesen Saal hier, wo er lange Zeit am Fenster saß, reglos und still. Er schien ganz in finstere Gedanken versunken. Erst bei Tagesanbruch erhob er sich wieder. Noch einmal sah er sich im Hause um. Ich für meinen Teil fand, dass ich genug gesehen hatte. Ich schlüpfte nach draußen und ging hinüber zu meinem Boot. Und da, als ich die Hälfte des Weges über den Rasen zurückgelegt hatte, vernahm ich das Lachen.«

»Das Lachen?«, fragte Richard Poole ungläubig.

»Es kam von hoch oben in den Lüften, und ich wusste sofort, dass es ein übernatürliches Lachen war. Mit aller Vorsicht drückte ich mich um die Hausecke – und da sah ich von neuem den König der Kobolde, seine Umrisse im ersten Morgenlicht. Er hatte die verfallene Treppe erklommen – war hinaufgestiegen bis zur obersten Stufe – und blickte hinab auf jenen Teil von Water Poole, der schon zur Gänze verfallen ist, und er lachte. In meinem ganzen Leben habe ich kein solches Lachen gehört. Es war, wie gesagt, ein übernatürliches – und doch war alle Fröhlichkeit, alle Freude dieser Welt darin. Es war ergreifend. Ich war seltsam gerührt. Noch einmal erscholl es über den Ruinen – und dann, mit einem Schlage, war es verstummt. Und der König der Kobolde war fort.«

Es folgte ein langes Schweigen. Schließlich fragte Richard Poole mit sanfter Stimme: »Er war fort?«

»Ja – er entschwand. Schlüpfte Träumen gleich ins Dunkel. Das war alles.«

Wieder war es still, bis Appleby das Schweigen brach. »Ja«, sagte er. »Das – und ich bin sehr froh, dass ich das sagen kann – war alles.«

Und so fuhren Appleby und Judith wieder davon. Er wartete, bis sie auf der Hauptstraße waren, dann stellte er seine Frage. »Der Doktor ist sich ganz sicher?«

»Vollkommen. Die Obduktion wird es bestätigen. Hiram Poole war tot, bevor er am Boden aufschlug. Er ist an dem Herzanfall gestorben, der ihm schon so lange drohte.«

»So könnte man es sehen. Man könnte aber auch sagen, dass er sich zu Tode gelacht hat. Was ja nur angemessen war, denn im Grunde war die ganze Geschichte eine Komödie. Ein- oder zweimal sah es nach Verbrechen aus – aber am Ende triumphierte die komische Muse. Man kann nicht sagen, Richard Poole hätte sich viel zu Schulden kommen lassen, und was er erzählt hat, war die Wahrheit, wie er sie verstand. Was auch für unsere unerquickliche und doch aufrechte Kämpferin gegen die Trunksucht gilt … Aber das war natürlich nicht alles.«

»Das war nicht alles an Hiram Pooles Tod.« Judith nickte energisch über ihrem Steuerrad. »Längst nicht alles.«

»Gewiss, es muss sehr schmerzlich für ihn gewesen sein, als er begriff, dass der junge Richard ihn getäuscht hatte. Stell ihn dir doch vor, krank und müde, in der Kälte der Nacht durch die verfallenen Räume seines Tempels – denn das war dieses Haus für ihn – gezerrt.«

»Noch dazu von einer Tochter der Mäßigung.«

»Du sagst es. Ein Alptraum muss es gewesen sein. Und jeder normale Mensch hätte sich entsetzlich betrogen und verlassen gefühlt.«

»Jeder normale Mensch wäre überzeugt gewesen, dass es dem anderen nur um den Profit gegangen war.«

»Hiram hat seine finstere Stunde gehabt, zusammengekauert in der Fensternische im Saal, das steht fest. Aber er hat sich nicht unterkriegen lassen.«

»Er hat sich nicht unterkriegen lassen.«

»Noch heute sind die Pooles stets lustig und nie um einen guten Einfall verlegen. Das war Hirams letzter Gedanke, und sein Lachen ist der Beweis. Ich ziehe meinen Hut vor ihm.«

Aus dem Englischen von Manfred Allié

John Dickson Carr

John Dickson Carr (1906–1977) schloss mit seinem Debütroman »It Walks By Night« 1930 die erste Welle der samt und sonders in den zwanziger Jahren erstmals auftretenden Großen des Golden Age des Detektivromans ab, zugleich ist er das Bindeglied zur nächsten und letzten Generation, unter deren Federn die Detektion zum literarischen Spiel wird: In »Der verschlossene Raum« (DuMonts Kriminal-Bibliothek Band 1042) gibt Carr bereits 1935 die Fiktion als Fiktion preis, wenn er seinen Detektiv Gideon Fell auf die Frage »Warum sprechen Sie dann über Kriminalromane?« antworten lässt: »Weil wir uns in einer Kriminalgeschichte befinden; und wir können keinen Leser damit täuschen, indem wir so tun, als wäre das nicht so. Wir wollen uns keine weitschweifigen Entschuldigungen dafür ausdenken, dass wir uns einer Erörterung von Kriminalgeschichten unterziehen. Wir wollen uns lieber aufrichtig der edelsten Tätigkeit rühmen, die den Figuren eines Romans möglich ist.« Er nimmt damit das Verfahren vorweg, das beim letzten Ritter des Golden Age, Edmund Crispin, geradezu stilbildend wird.

Die frühen Vertreter des Golden Age von Christie und Sayers bis zu Carr und Taylor hatten als Hauptgegner, von denen es sich abzuheben galt, die Verfasser des »Thriller«, wie Sayers diese Form abschätzig nannte, des durchaus vordergründig spannenden, ja reißerischen, aber letztlich hingeschluderten Sensationsromans von Autoren wie E. Phillips Oppenheim oder Edgar Wallace, der gerade wegen des Riesenerfolgs dieser Autoren das Bild des Krimis in der Öffentlichkeit prägte.

Die größte Angst hatten Autoren und Verleger, die den Roman um den Mord zur schönen Kunst erheben wollten, davor, dass ihre Produkte als »wallacey« gelten könnten, als am Fließband produzierte Massenware.

Der äußerst produktive Amerikaner Carr, der als großer Bewunderer Englands und Europas die meiste Zeit seines Lebens in England verbrachte, ließ deshalb seine Romane unter seinem eigenen Namen und einem – eher durchsichtigen – Pseudonym erscheinen: Carter Dickson. Beide Autoren waren zwar zufällig in Uniontown, Pennsylvania geboren, aber der eine hatte den universal gebildeten Dr. Gideon Fell zum (Privat-)Detektivhelden, der andere Sir Henry Merrivale in diversen kuriosen öffentlichen Verwendungen. Beide publizierten ihre kürzeren Werke in »Ellery Queen's Mystery Magazine«, wo auch die hier vorgelegte Geschichte erstmals erschien.

Sie hat alle Merkmale einer Geschichte von Dickson Carr/ Carter Dickson: die unmöglichen Verbrechen und die historischen Schauplätze. Carr/Dickson ist der unübertroffene Spezialist für das Locked Room Mystery, das Verbrechen im – scheinbar? – hermetisch verschlossenen Raum. Carr hat dessen Möglichkeiten auch wissenschaftlich systematisiert und erfasst und von Dr. Fell im »Vortrag über den verschlossenen Raum«, dessen Einleitung oben zitiert wurde, erläutern lassen. Als Beispiele für die Vorliebe für historische Orte mögen »Der Tote im Tower« (DuMonts Kriminal-Bibliothek Band 1014) und die Marksburg am Mittelrhein (»Die Schädelburg«, Band 1027) dienen.

Beides tritt in unserer Geschichte von 1956 gleich doppelt auf – ein Mordanschlag im hermetisch verschlossenen Raum und eine geflüsterte Botschaft ohne erkennbaren Sender, und das in der Galerie von St. Paul's Cathedral, während der Showdown im berühmten Heckenlabyrinth von Hampton Court stattfindet. Wenn der amerikanische Titel »The Man Who Explained Miracles« auf das »Unmögliche Verbrechen« abhebt, spielt der englische auf den Schauplatz an: »All in a Maze« – wobei anzumerken ist, dass auch in »Die Tür im Schott« (DuMonts Kriminal-Bibliothek Band 1093) ein dem Hampton Maze nachempfundenes Labyrinth die zentrale Rolle spielt.

Ursprünglich von Carter Dickson verfasst, ist der Held Sir

286

Henry Merrivale, abgekürzt H.M., was in Großbritannien zur Zeit seiner literarischen Geburt für jedermann erkennbar »His Majesty« hieß, wie einst »S.M.« in Deutschland »Seine Majestät« bedeutete – eine Merrivales monströser Eitelkeit durchaus angemessene Abkürzung.

Von John Dickson Carr sind in DuMonts Kriminal-Bibliothek bisher erschienen: »Der Tod im Hexenwinkel« (Band 1002), »Der Tote im Tower« (Band 1014), »Die schottische Selbstmordserie« (Band 1018), »Die Schädelburg« (Band 1027), »Fünf tödliche Schachteln« (Band 1034), »Der verschlossene Raum« (Band 1042), »Mord aus Tausendundeiner Nacht« (Band 1070), »Die Tür im Schott« (Band 1093) und die Kriminalerzählung »Der Gentleman aus Paris« in »Mord als schöne Kunst betrachtet« (Band 1060).

John Dickson Carr
Der Mann, der das Unerklärliche erklärte

Das erste Mal, dass Tom Lockwood sie sah, kam sie eben in heller Panik die Treppe hinuntergestürmt. Hinter ihr erhoben sich die mächtigen Stufen zum Säulenportal der St.-Pauls-Kathedrale, darüber die Kuppel so groß, dass sie den grauen Frühjahrshimmel fast verdeckte. Eine Taube flatterte mit den Flügeln. Aber nur wenige Besucher waren auf dem Platz, die gesehen hätten, was geschah.

Das Mädchen warf einen Blick über die Schulter. Sie war noch immer in solcher Aufregung, dass Tom instinktiv kommen sah, wie sie kopfüber die Treppe hinunterstürzen würde. Er lief, um sie aufzufangen.

Journalist, der er war, malte er sich aus, wie absurd die ganze Szene wirken musste, zumal im selben Augenblick die Turmuhr viere schlug: ein höchst attraktives Mädchen mit dunklen Haaren und großen grauen Augen, das wie von Furien gehetzt aus dem Hause Gottes floh.

Dann stolperte sie tatsächlich.

Tom fing sie, bevor sie stürzen konnte, und zog sie sanft an den Ellenbogen empor.

»Immer mit der Ruhe«, sagte er und lächelte zu ihr hinab. »Hier gibt es nichts, wovor Sie Angst haben müssen.«

Sofort wich sie zurück; dann sah sie seinen Gesichtsausdruck und zögerte. Nicht einmal seine eigene Mutter hätte Tom Lockwood einen gut aussehenden Mann genannt. Aber er hatte eine so freundliche, entspannte Art, gerade wenn er lächelte, dass fast jede Frau ihm auf den ersten Blick vertraut hätte – und das zu Recht.

»*Über*haupt nicht«, sagte er noch einmal.

»Das sagen *Sie*«, protestierte das Mädchen heftig. »Wo sie mich letzte Nacht beinahe umgebracht hätten, und keiner kann es erklären? Und jetzt die Stimme, wo niemand war? Und wieder sagt die Stimme, ich muss sterben?«

Taxis quälten sich hupend Ludgate Hill hinauf. Ein recht sinister dreinblickender Polizist stand links auf dem Vorplatz zur Kathedrale. Tom war ein wenig benommen und hatte das Gefühl, dass er nicht wirklich verstand, was sie sagte.

Sie sprach mit angespannter, doch wohltönender Stimme und dem – hörte er das richtig? – Anflugs eines Akzents. Ihr schwarzes Haar, das sie im Pagenschnitt trug, schimmerte; die grauen Augen, die Pupillen weit vor Furcht, hatten lange schwarze Wimpern. Tom spürte ihre körperliche Gegenwart so stark, dass er die Ellenbogen hastig losließ.

»Sie glauben mir nicht!«, rief sie. »Gut! Dann muss ich gehen.«

»Nein! Warten Sie!«

Das Mädchen zögerte, blickte zu Boden.

Und Tom Lockwood schwang sich zu beinahe etwas wie Beredsamkeit auf.

»Sie sind allein«, sagte er. »Oh, gewiss, es mögen Leute bei Ihnen in der Kathedrale gewesen sein! Aber innerlich sind Sie allein; Sie fühlen sich verlassen; Sie trauen keiner Menschenseele. Wollen Sie nicht einem Wildfremden vertrauen, wenn ich Ihnen sage, dass ich Ihnen doch nur helfen will?«

Zu seiner größten Verlegenheit traten ihr Tränen in die Augen.

»Was Sie jetzt brauchen …« hob er an. »Das ist ein doppelter Whisky«, hatte er sagen wollen, doch in der beflügelten Stimmung, in die er geraten war, kam ihm das zu unromantisch vor. »Auf der anderen Straßenseite«, sagte er, »gibt es eine Art Teestube. Was Sie brauchen, ist eine schöne Tasse Tee, und dann erzählen Sie mir, was Ihnen Kummer macht. Zum Donnerwetter, ich bin doch ein halbwegs anständiger Kerl! Sehen Sie den Polizisten da drüben?«

»Ja?«

289

»Der kennt mich«, erklärte Tom. »Nein, nicht was Sie denken. Nicht weil ich ein langes Sündenregister habe und nur mal eben aus dem Kittchen bin! Nein, ich bin Polizeireporter beim *Daily Record*. Hier, mein Presseausweis.«

»Sie sind Journalist?«

Ihre Augen blitzen. Sie sprach das Wort mit einem e am Ende aus, *journaliste*.

»Aber keiner, der bei Ihnen eine Geschichte wittert. Das müssen Sie mir glauben! Und Sie – sind Sie womöglich Französin?«

»Ich bin Engländerin«, verkündete sie stolz und richtete sich zu ihrer vollen Höhe von eins fünfundfünfzig auf. »Von wegen. Ich heiße Jenny. Jenny Holden. Das klingt doch englisch genug, oder?«

»Wir lassen es durchgehen. Ich bin Tom Lockwood.«

»Allerdings«, fuhr Jenny fort, »habe ich fast mein ganzes Leben in Frankreich verbracht. Jetzt haben sie mich zu Besuch hergeschickt. Alles ist so anders hier, aber es hat mir Spaß gemacht, bis dann … «

Jenny warf einen Blick über die Schulter. Nun packte sie wieder die Furcht, als lauere in der Kathedrale das Grauen.

»Mr. Lockwood«, sagte sie, »ich komme gerne mit. Und wir brauchen auch keinen Polizisten, der uns bekannt macht.« Sie hob ihre leidenschaftliche Stimme. »Nur schnell muss es gehen – schnell, schnell, schnell!«

Sie sprinteten über die belebte Straße zum Teeladen an der Ecke Paternoster Row. Sie kamen an dem Polizisten vorüber, und er faszinierte Jenny offenbar. Er war einer von der alten Schule: baumlang, kräftig gebaut, genau wie ein Fremder sich einen Londoner Bobby vorstellte.

Tom winkte ihm zur Begrüßung zu. Der Ordnungshüter salutierte zackig, doch als Jenny nicht hinsah, bedachte er ihren Begleiter mit einem so genießerisch vielsagenden Zwinkern, dass Tom rote Ohren bekam.

290

An der Schwelle zur Teestube zögerte Tom und blickte sich noch einmal um.

»Warten Sie! War da noch jemand bei Ihnen, in St. Paul's?«

»Aber ja! Meine Tante Hester und meine Cousine Margot.«

»Und vor *denen* hatten Sie keine Angst?«

»Nein, natürlich nicht!« Jenny zog einen Schmollmund. »Meine Tante Hester mag ich nicht. Sie benimmt sich wie eine Herzogin, mit ihrer Lorgnette, und wenn wir im Restaurant sind, kann man sie im ganzen Lokal hören. Wissen Sie, was ich meine?«

»Nur zu gut.«

»Meine Cousine Margot, die ist jung, die gefällt mir. Aber jetzt will ich sie nicht sehen. Bitte!«

»Gut«, sagte Tom und öffnete die Tür. »Dann hinein mit Ihnen.«

Er ließ die Tür hinter ihr kurz zufallen, damit sie nicht hören konnte, was er dem Polizisten zurief.

»*Dawson! Sie haben uns nicht gesehen. Verstanden?*«

Der Arm des Gesetzes hatte verstanden. Sein Zwinkern war vielsagender denn je.

In der Teestube, eigentlich eher eine Art Bar, unterhielten sich zwei Mädchen hinter der Theke und ließen die Töpfe klappern. Aber Gäste waren keine da, auch nicht an den Tischen ganz hinten im Raum. An einen davon setzten die beiden Neuankömmlinge sich einander gegenüber, jeder vor sich einen dicken Becher mit einem Getränk, das immerhin heiß war, und nun blickte Jenny nicht mehr ganz so furchtsam drein. Sie nahm eine Zigarette an, ließ sich Feuer geben und zögerte noch kurz. Dann kam es umso heftiger aus ihr heraus: »Es ist so *schwer*, wie soll ich Ihnen das erklären! Ich will ja nicht, dass Sie mich für dumm halten – dass Sie denken, ich bin nicht ganz richtig im Kopf und bilde mir das alles nur ein. Das denken die anderen nämlich.«

»Die anderen?«

»Tante Hester. Und überhaupt alle.«

»Tante Hester«, sagte Tom, »hängen wir bei der ersten Gelegenheit an die Wäscheleine, am besten mit den Füßen nach oben. Einstweilen …«

Er sprach nicht weiter, denn aus Jenny sprudelte das Lachen hervor, das er noch so gut kennen lernen sollte.

»Sie sind lieb!«, rief sie wie ein Amtsrichter, der ein Urteil verkündet. »Oh wie schön das ist, wenn man einmal jemanden trifft, der einen zum Lachen bringt! Statt immer nur … «

Jenny verstummte, nun wieder angespannt.

»Es klingt albern«, sagte sie, »aber ich muss Sie das fragen. Können Sie das Unerklärliche erklären?«

»Nein. Aber ich kenne jemanden, der das kann. Haben Sie schon einmal von Sir Henry Merrivale gehört?«

»Sir Henry *Merrivale*?«

»Genau dem.«

»Aber der ist grässlich!«, rief Jenny. »Der ist fett und glatzköpfig, und er flucht und streitet sich und wirft Leute zum Fenster hinaus.«

»Er ist«, gab Tom zu, »vielleicht nicht ganz der Frauenliebling, für den er sich hält. Aber er ist ein Mann, der das Unerklärliche erklären kann, Jenny. Damit verdient er dieser Tage sein Brot.«

»Wirklich?«

»Wirklich.«

»Dann sollte ich lieber alles von Anfang an erklären. Ich heiße … «

»Ich weiß, wie Sie heißen«, sagte Tom und starrte die Tischplatte an. »Und ich glaube nicht, dass ich es so schnell wieder vergessen werde.«

Es folgte eine Pause, und beide nahmen eilig einen Schluck Tee.

»Also!«, sagte Jenny. »Meine Eltern zogen nach Frankreich und ließen sich in Cannes nieder. Ich bin dort geboren. Dann kam der Krieg und so weiter, und deshalb war ich bisher noch nie in England. Meine Mutter ist im Krieg umgekommen, mein Vater ist vor zwei Jahren gestorben. Ich bekam einen Vormund, einen alten Freund meines Vaters, Général de Senneville. Inzwischen bin ich fünfundzwanzig. In Frankreich wäre ich das, was man hier zu Lande eine alte Jungfer nennt.«

»Was Sie nicht sagen«, hauchte Tom, geradezu ehrfürchtig. »Donnerwetter! Gibt es in Frankreich denn überhaupt keine Spiegel?«

Jenny sah ihn an, dann fuhr sie umso schneller fort.

»Mein Vater hatte sich immer gewünscht, dass ich England kennen lerne. Ich sollte mir all die Sehenswürdigkeiten ansehen wie ein ganz normaler Tourist: die Westminster-Abtei, den Londoner Tower, die St.-Pauls-Kathedrale … «

»Ganz ruhig!«

»Ich bin doch ruhig. Général de Senneville, mein Vormund, war ganz dafür; es ist eine Ehre für uns alle, sagt er. Deshalb hat er mich hergeschickt, in die Obhut meiner Tante Hester, bevor ich dann heirate.«

»Bevor Sie … « platzte Tom heraus, dann hatte er sich wieder in der Gewalt.

Jenny wurde tiefrot. Tom, der sich gerade eine neue Zigarette anzünden wollte, hielt das Streichholz zwischen den Fingern, bis er sich verbrannte. Er stieß einen Fluch aus, Streichholz und Zigarette fielen ihm in den Teebecher, und damit sie nicht sehen konnte, was für ein Gesicht er machte, praktizierte er den Becher unter seine Bank.

»Aber was konnte ich denn anderes tun?«, verteidigte Jenny sich. »Es ist schon vor vielen Jahren vereinbart worden, zwischen meinem Vater und dem Général. Wo ich schon fünfundzwanzig bin und eine alte Jungfer, war es doch das Beste, oder?«

Aber der Schaden war angerichtet: Sie konnten einander nicht mehr in die Augen sehen.

»Und wer ist der Bursche, den Sie heiraten?«, fragte er lässig.

»Armand de Senneville. Der Sohn des Général.«

»Lieben Sie ihn?«

Jennys englische Empfindsamkeit rang mit der strengen französischen Erziehung.

»Seien Sie doch nicht unvernünftig!«, rief sie energisch, denn die Gefühle behielten stets die Oberhand. »Eine arrangierte Ehe ist immer das Beste, ganz wie der Général sagt. Ich liebe Armand nicht und er liebt mich nicht, das wissen wir. Ich heirate ihn, weil – na, es wird eben Zeit, mit fünfundzwanzig. Er heiratet mich des Geldes wegen. Ich erbe nämlich ein großes Vermögen.«

»Ist das denn die Möglichkeit!«

»Sagen Sie ja nichts!«

»Diese alten französischen Sitten.« Tom verschränkte mürrisch die Arme. »Man hört von ihnen, man weiß, dass es sie gibt, aber man kann es trotzdem nicht glauben. Und was ist dieser Armand de Senneville für einer? Er hat Pomade im schwarzen Haar, nehme ich an, und Koteletten bis zum Kinn?«

»So dürfen Sie von meinem Verlobten nicht reden, das wissen Sie!«

»Schon gut, schon gut.«

»Sein Haar ist schwarz, das ist wahr. Der Rest stimmt nicht. Er ist charmant. Und es gibt kaum einen tüchtigeren Geschäftsmann in ganz Frankreich. Armand ist ja erst fünfunddreißig, und trotzdem gehören ihm schon drei Zeitungen, zwei in Paris und eine in Bordeaux.«

»Ich hingegen …«

»Wie bitte?«

»Nichts. Er begleitet Sie, nehme ich an?«

»Oh nein. Er war ganz und gar gegen diese Reise. Er konnte nicht von seinen Geschäften fort; er spricht kein Englisch und mag die Engländer nicht. Er muss sich auf die Ehe einlassen, weil sein Vater es so wünscht. Aber Tante Hester hat er eingeschärft, dass sie gut auf mich aufpassen soll, damit ich nicht auf die Idee komme, mich in einen dummen, langweiligen Engländer zu verlieben … «

Abrupt hielt Jenny inne. Ihre eigene Zigarette, ganz vergessen, war bis an die Finger herangebrannt. Sie warf sie zu Boden.

Tom blickte ihr fest ins Gesicht.

»Und das würden Sie fertig bringen, nicht wahr?«

»Nein. Niemals. Und Tante Hester und die de Sennevilles würden es auch nicht zulassen.«

Stella und Dolly klapperten mit den Teetöpfen und spülten klirrend ihr Geschirr, und Tom Lockwood fasste feierlich und insgeheim einen großen Vorsatz. Doch in seinem flotten Ton ließ er sich nichts davon anmerken.

»Jetzt aber los. Raus mit der Sprache. Was hat Ihnen einen solchen Schrecken eingejagt?«

»Letzte Nacht«, antwortete Jenny, »wollte mich jemand umbringen. Jemand hat an dem Gasofen in meinem Schlafzimmer den Hahn aufgedreht. Es war unmöglich, dass jemand so etwas tat – alle Fenster und Türen waren von innen verschlossen. Und trotzdem *hat* jemand es getan. Da hatte ich auch schon den Brief bekommen, in dem stand, dass ich sterben muss.«

Jennys Blick schien ganz nach innen gewandt.

»Ich hatte Glück, man hat mich gerettet. Aber ich will nichts mehr sagen von letzter Nacht! Heute morgen war ich – wie sagt man? Krank ist nicht das richtige Wort. Mir war übel. Aber Tante Hester sagt, es ist alles Einbildung, und es würde mir schon besser gehen, wenn ich wieder einen Ausflug mache. Deshalb sind wir zur St.-Pauls-Kathedrale gegangen. Kennen Sie St. Paul's?«

»Ich muss gestehen, ich bin schon seit ewigen Zeiten nicht mehr drin gewesen.«

»Es geschah«, sagte Jenny, »auf der Flüstergalerie.«

Die Flüstergalerie.

Schon das Wort war wie ein geheimnisvolles Wispern, es spannte die Nerven an, selbst in dieser alltäglichen Teestube, an der draußen der Verkehr vorüberdonnerte.

»Man steigt eine Treppe hinauf«, erklärte Jenny. »Eine Wendeltreppe, höher und höher hinauf, bis einem die Puste wegbleibt und man denkt, da kommt man nie oben an. Dann kommt eine winzig kleine Tür, und von da geht es auf die Galerie.«

Nun erinnerte Tom sich wieder – wie sehr die Flüstergalerie ihn einmal beeindruckt hatte. Sie lag in Schwindel erregender Höhe, direkt unter der Rundung der Kuppel: ein Zirkel von etwa siebzig Meter Durchmesser und nur ein Eisengitter, das verhinderte, dass man unrettbar in die Tiefe stürzte, hinunter zu den Regimentern von Klappstühlen unten im Kirchenraum.

Geräusche waren mit schmerzender Schärfe zu hören. Graues Licht fiel durch Fensterscharten auf die gewaltigen Heiligenstatuen ringsum im großen Kreis. Es war ein Ehrfurcht gebietender Ort, und sehr einsam. Nur ein einziger schwarz gewandeter Kirchendiener stand Wache dort oben.

Mehr denn je spürte Tom Jennys Gegenwart, die geöffneten Lippen, das heftige Atmen.

»Ich bin kein Feigling«, versicherte sie ihm. »Aber da oben bekam ich es mit der Angst zu tun. An der Wand gibt es eine Bank aus Stein, und wenn jemand an der Mauer etwas flüstert – sogar wenn er ganz am anderen Ende ist –, kommt es bei einem an, eine leise kleine gurgelnde Stimme aus dem Nichts.«

»Glauben Sie mir!« Jenny sagte es mit Nachdruck. »Mir war nicht gut – das gebe ich zu. Aber ich war nicht durcheinander. Seit ich den Brief bekommen habe, dass ich sterben soll, passe ich genau auf. Ich traue keinem – da haben Sie recht. Aber Ihnen vertraue ich. Und ich schwöre Ihnen, alles war so, wie ich es beschreibe.

Es waren alles in allem nur fünf Leute da oben im Dämmerlicht. So viel konnte man sehen. Meine Tante Hester und meine Cousine Margot. Ein dicker Bauer mit rotem Gesicht, der sich ein Paket Butterbrote und eine Thermosflasche mit Tee mitgebracht hat. Der Kirchendiener mit seinem dunklen Umhang, der uns etwas über die Galerie erzählt.

Das ist alles!

Zuerst hat der Wärter uns gezeigt, wie die Flüstergalerie funktioniert. Er lehnt sich zur Wand links von ihm – man muss nicht einmal direkt an der Mauer sein. Er sagt etwas, das wir, rechts von der Tür, fast überhaupt nicht hören. Aber irgendwie läuft es und purzelt es rund um die ganze grässliche Kuppel. Er sagt etwas, ›Diese Kathedrale, entworfen von Sir Christopher Wren … ‹, und dann springt es einem von der anderen Seite ins Ohr.

Danach stellten wir uns weiter auseinander, aber nicht viel. Ich war aufgeregt – auch das können Sie ruhig wissen! Ich setzte mich brav auf die Steinbank. Tante Hester und Margot gingen ans Geländer und sahen hinaus in den offenen Raum. Margot kichert und sagt: ›Mama, wäre es nicht schrecklich, wenn ich jetzt hinunterspringen würde?‹

Inzwischen hat der fette Bauer sich hingesetzt, zehn oder zwölf Meter von mir. In aller Ruhe packt er seine Butterbrote aus und fängt an zu essen. Er gießt sich Tee aus seiner Thermosflasche ein und nimmt einen großen Schluck. Der Kirchendiener, der vielleicht drei Meter weg von ihm steht, ist empört, dass jemand Picknick in St. Paul's macht, und geht hin.

Mr. Lockwood, ich weiß, was ich gesehen habe! Der Bauer kann nicht gesprochen haben, der trank ja gerade seinen Tee. Der Diener kann es nicht gewesen sein, sonst hätte ich gesehen, wie er den Mund bewegte, und außerdem war er zu weit ab von der Wand. Und Tante Hester oder Margot, das ist doch Unsinn! Und die beiden sind ja auch nicht nahe genug an der Wand; sie stehen ja übers Geländer gebeugt.

Aber in dem Augenblick hat mir jemand etwas ins Ohr geflüstert.

Es war auf Englisch, und es war grässlich. Die Stimme sagte: ›Das erste Mal ist es mir misslungen, Jennifer. Aber ein zweites

Mal wird es nicht misslingen.‹ Dann lachte die Stimme abscheulich. *Und es war niemand da!*«

Jenny schwieg.

Nach all den Aufregungen der letzten Tage hatte sie Ringe unter den Augen, und sie war totenbleich. Tom auf der anderen Seite des Tisches spürte, wie inständig sie um Hilfe flehte.

»Nein, ich habe nichts gesagt«, erklärte sie. »Tante Hester hätte doch nur wieder geantwortet, dass ich mir alles einbilde. Genau wie gestern Abend, da hat sie auch gesagt, ich hätte den Gashahn selbst aufgedreht, weil alle Türen und Fenster ja von innen verschlossen waren.

Nein, nein, nein! Ich bin aufgesprungen und nach draußen gelaufen. So schnell, wie ich die Treppe hinuntergelaufen bin, hätte mich keiner eingeholt. Ich hatte keine Ahnung, was ich tun sollte oder wohin ich lief. Wenn ich gebetet habe, dann, dass ich unten jemanden finde, jemanden …«

»Jemanden wie?«, forschte Tom.

»Nun! Jemanden wie Sie!«

Jenny sagte das trotzig, und dann nahm sie einen Schluck eiskalten Tee.

»Was soll ich denn nur tun?«, fragte sie, Tränen in den Augen. »Ich weiß, dass Tante Hester mir nichts Böses will – das steht doch fest, oder? Ich kann damit nicht zu ihr gehen – und will es auch nicht! Aber wohin soll ich dann gehen?«

»Das kann ich Ihnen sagen«, antwortete Tom, fasste über die Tischplatte und nahm ihre Hände. »Wir beide werden den alten H. M. besuchen, alias Sir Henry Merrivale. Wir fahren zu seinem Büro, dem Ministerium für Unerklärlichkeiten, wie die Leute es nennen. Danach … «

Peng!

Die Tür der Teestube flog mit einem Schlag auf, und die untere Glasscheibe ging klirrend zu Boden. Tom, der mit dem Rücken zur Tür saß, blickte sich um, dann sprang er auf.

Vor der Tür, im Moment noch den Blick nach draußen gewandt, stand eine stattliche, gebieterische Dame, die an jemanden vor ihr das Wort richtete.

»Ich bin gut mit Sir Richard Tringham bekannt, Konstabler«, sagte sie. »Dem Polizeichef. Sie werden Ihre Lügen noch bereuen, wenn ich mich persönlich über Sie beschwere. Sie haben behauptet, Sie hätten nicht gesehen, wie eine junge Dame die Kathedraltreppe hinunterlief. Sie haben geleugnet, dass sie mit einem jungen Mann in Sportjackett und grauen Flanellhosen gesprochen hat. Und Sie haben abgestritten, dass die beiden in einen der Läden hier gegangen sind oder in eines dieser abscheulichen Lokale. Wollen Sie das immer noch behaupten?«

»Das will ich«, antwortete Konstabler Dawson beharrlich.

Woraufhin Tante Hester die Bühne betrat wie Lady Macbeth.

»Ich bin Mrs. Hester Harpenden«, verkündete sie den vier Wänden. »Und ich habe ent*schie*den anderes von einem Zeitungsverkäufer gehört. Ich habe … «

Da sah sie Tom, der in der Mitte des Raumes stand.

»Das ist er«, sagte sie.

Bis dahin hatten Stella (die mit den Hasenzähnen) und Dolly (durchaus ansehnlich) wortlos und verdutzt hinter ihrem Tresen gestanden. Jetzt gaben sie beide Laut.

»Abscheuliches Lokal, was?« fauchte Dolly. »So was hört man gerne!«

»Die hat uns die Tür eingeschlagen, Officer!«, zeterte Stella. »Sehen Sie sich das mal an!«

»So, so, Tür eingeschlagen«, wiederholte Konstabler Dawson. »Ah ja, ich sehe.« Und zückte sein Notizbuch.

Tante Hester schritt unbeirrt voran, und Tom sah sich nach Jenny um.

Aber Jenny war nicht mehr da. Sie war fort, nirgendwo zu sehen.

Der Stich, den ihm das versetzte, war nicht das Einzige, was er spürte. Einen Moment lang hatte er das Gefühl, dass es ihn von der Treppe von St. Paul's in eine Welt des Zwielichts und der Ungeheuer verschlagen hatte, in der alles Mögliche geschehen konnte – und ganz Unrecht hatte er damit ja nicht.

»Junger Mann«, fragte Tante Hester leise, »wo ist meine Nichte?«

»Sehen Sie sie irgendwo hier, Madam?«

»Nein, aber das heißt gar nichts … Ein Hintereingang, das ist es! Wo ist der Hintereingang?«

»Einen Moment«, sagte Tom und verstellte ihr den Weg. »Haben Sie einen Durchsuchungsbefehl für dieses Lokal?«

»Brauche ich einen Durchsuchungsbefehl, wenn ich meine eigene Nichte suche?«

»Das können Sie aber glauben!«, rief Stella. »Entweder bestellen Sie Tee und Kuchen, dafür sind wir ja schließlich da, oder Sie verschwinden hier. Stimmt's, Officer?«

»Stimmt«, bestätigte der Arm des Gesetzes.

Tante Hester ließ sich nicht einen Moment lang aus der Fassung bringen.

Von nahem betrachtet war – oder wirkte – sie weniger gebieterisch, eher bitter und verhärmt, mit einer Hakennase und wasserblauen Augen, die dreinblickten, als hätte sie in jungen Jahren einmal eine schwere Enttäuschung erlebt und sei nie darüber hinweggekommen. Tom wusste, dass ihre Kleider nach der neuesten Mode waren, genau wie er das bei Jenny sofort gesehen hatte, ohne dass er hätte sagen können woran.

»Da stehen also alle gegen mich, scheint es.« Sie lächelte. »Nun gut. Das werden interessante Neuigkeiten für meinen Freund, den Polizeichef!«

»Übrigens«, erkundigte Tom sich leichthin, »*wie*, sagen Sie, heißt der Polizeichef?«

»Na, Sir Richard Tringham!«

»Da irren Sie sich gewaltig«, trumpfte Tom auf. »Sir Richard Tringham ist seit sieben Jahren tot. Der amtierende Polizeichef heißt Sir Thomas Lockwood. Ich sollte es wissen – schließlich ist er mein Vater.«

»Puh!«, hauchte Dolly.

»Da hat er recht, Ma'm«, bestätigte Konstabler Dawson.

Doch Tante Hester ließ sich nicht beeindrucken und hob nur die Schultern.

»Nun gut«, erwiderte sie lächelnd. »Wenn sich gestandene Polizisten schon bestechen lassen, die Unwahrheit zu sagen, dann sollte ich wohl lieber gehen.«

Majestätisch schritt sie zur Eingangstür. Mit verächtlicher Geste öffnete sie die Handtasche, nahm zwei Pfundnoten heraus und warf sie Stella auf die Theke. Das werde wohl für die Glastür reichen, zischte sie.

Dann, als sie nur noch einen Schritt von der Tür entfernt war, fuhr sie herum und brüllte Tom an wie eine Harpyie.

»*Wo ist meine Nichte?*«

Und auch Tom kannte kein Halten mehr, genau wie der gläserne Kuchenständer, an dem Dolly aufgeregt hantiert hatte.

»An einem Ort, wo Sie sie niemals finden werden!«, brüllte er zurück und hoffte nur, dass es die Wahrheit war.

»Wenn ich Anklage wegen Entführung erhebe … «

»Dummes Geschwätz! Sie ist aus freiem Willen mitgegangen! Und soll ich Ihnen noch etwas sagen, Mrs. Harpenden?«

»Nur keine Hemmungen. Wenn Sie etwas zu sagen *ha*ben.«

»Das Mädchen ist volljährig«, schnaubte Tom und ging auf sie zu. »Auch nach französischem Gesetz hat ihr Vormund keine Gewalt mehr über sie. Allem Anschein nach weiß sie das nicht. Sie soll zu einer Ehe gedrängt und überredet und gezwungen werden, die sie nicht will, und das von einem Haufen Blutsaugern, die nur hinter ihrem Geld her sind. Und ich sage Ihnen klar ins Gesicht: Das werde ich verhindern.«

»Verstehe. *Sie* wollen das Geld.«

In dem stickigen Raum war es totenstill, zersplittertes Glas und bunte Kuchen überall auf Theke und Boden. Stella und Dolly waren beide ängstlich zurückgewichen.

»Das hat gesessen«, sagte Tom. »Sie wissen, wie Sie mich

treffen können. Gut: Wenn Sie Krieg wollen, sollen Sie ihn haben. Abgemacht?«

»Oh, abgemacht«, erwiderte Tante Hester verächtlich. »Und ich habe ein Gefühl, Mr. Lockwood, dass Sie nicht der Sieger sein werden. *Gu*ten Tag.«

Erhobenen Hauptes stapfte sie hinaus und wandte sich nach rechts in die Paternoster Row. Sie sahen noch, wie ein braunhaariges Mädchen von siebzehn oder achtzehn Jahren mit listigen Augen und schelmischer Miene ihr nachlief. Das konnte nur Jennys Cousine Margot sein.

Tom, ärgerlich über die zwei Pfundnoten auf der Theke, warf zwei weitere hinzu.

»Das ist für die Tortenplatte und den Kuchen«, sagte er.

»Aber das ist doch nicht *nö*tig«, protestierte Dolly in ihrem vornehmsten Tonfall. »So viel ist der nicht wert. Und der Polizeichef ist *wirk*lich Ihr Vater?«

»Können Sie ihm schon glauben, Miss«, sagte Konstabler Dawson und marschierte schneidig hinaus.

»Alles halb so schlimm«, wandte Stella sich an Tom. Als die weniger Hübsche hatte sie eher Mitleid mit ihm in seinen Nöten. »Um die junge Dame, da müssen Sie sich keine Sorgen machen. 'türlich haben wir noch einen anderen Ausgang.«

»Tatsächlich?«

»Aber ja. Hinten raus, und dann gehen Sie am Haus lang. Ich hab gesehen, wie die junge Dame da raus ist, gleich wie sie die Stimme von der alten Hexe draußen gehört hat. Entweder ist die junge Dame immer noch hinten im Gang hinter der 'lette, oder sie ist wieder draußen auf der 'noster Row.«

»Besten Dank!«, rief Tom.

Er machte einen langen Satz in Richtung Hintertür – doch dann ließ ihn ein weiterer Besucher innehalten, der nun die denkwürdige Teestube betrat.

Es war ein eher kleiner, drahtiger Mann, das hellbraune Haar nach amerikanischer Mode kurz geschnitten. Er mochte Mitte dreißig sein, trug weite Kleider, und seine Krawatte hätte man in einer Menschenmenge auch aus sechzig Schritt Entfernung noch gesehen.

»Warten Sie, Mann«, drängte er ihn. »Gehen Sie jetzt nicht raus, sonst verderben Sie alles.«

Tom sah ihn mit großen Augen an.

»Die alte Dame«, fuhr der Fremde fort und meinte damit offenbar Tante Hester, »hatte ihren Wagen – natürlich mit Chauffeur – in der Paternoster Row geparkt. Aber er ist nicht mehr da. Inzwischen dürfte sie schon nach den Bullen rufen, und da laufen Sie ihr genau vor die Flinte, wenn Sie jetzt rausgehen. Außerdem ist die Kleine in Sicherheit.«

»Die Kleine? Jenny, meinen Sie? Wo ist sie?«

Etwas wie ein selbstzufriedenes Lächeln machte sich auf dem Gesicht des Neuankömmlings breit.

»Ich habe dem Fahrer gesagt«, erklärte er, »er soll sie geradewegs zu einem gewissen Sir Henry Merrivale bringen, dessen Adresse sie offenbar kannte. Bleiben Sie noch einen Moment, bis die Alte mit dem Gezeter über den gestohlenen Wagen fertig ist.«

Tom Lockwood streckte ihm die Hand hin.

»Vielleicht wollen Sie mir nicht mehr die Hand geben«, sagte der Fremde fast schon grimmig und verschränkte die seinen hinter dem Rücken, »wenn Sie hören, wer ich bin.«

Es war etwas ausgesprochen Ausländisches an ihm; kein Amerikaner fiel in England so sehr auf. Tom konnte sich keinen Reim darauf machen, aber sein Gegenüber klärte ihn auf.

»Sie wundern sich, nicht wahr?«, fragte er. »Ich bin Kanadier. Lamoureux – Steve Lamoureux. Ich stamme aus Montreal und spreche Französisch so gut wie Englisch. In Paris stöhnen sie über meinen Akzent, aber sie verstehen mich. Ich bin Reporter für *L'Œil*. Seit sechs Monaten bin ich in Frankreich. Können Sie sich allmählich denken, wer ich bin?«

»Nun! Ich …«

Mit klugen braunen Augen in seinem harten und doch

303

freundlichen Gesicht sah Steve Lamoureux ihn beinahe herausfordernd an. Und die nächsten Worte klangen bitter.

»Ich bin der Schnüffler. Ich spioniere ihr nach. Anders gesagt, Armand de Senneville hat mich dafür abgestellt, dass ich ein Auge auf sie halte. Sie soll nicht merken, dass ich da bin, aber ich passe auf, dass sie sich nicht mit anderen Männern einlässt. Und wenn doch …«

Tom wusste, dass Stella und Dolly die Ohren weit aufgesperrt hatten.

»Können wir noch zwei Tassen Tee haben, bitte?« rief er. Und zu Lamoureux: »Setzen Sie sich. Und sprechen Sie leiser.«

Sie nahmen an einem der Tische Platz und sahen sich an.

»Aber zum Teufel«, raunte Lamoureux, »ich bin auch nur ein Mensch. Das Mädel ist so naiv; ich will nicht, dass das jemand ausnutzt. Und diese unerklärlichen Vorfälle, das wird mir einfach zuviel, sogar für hundert Dollar die Woche. Ist Ihnen eigentlich klar, dass die Chancen, dass sie in diesem Augenblick *nicht* im Leichenschauhaus liegt, tausend zu eins waren?«

Es war ein kalter, hässlicher Gedanke, gerade in dem Augenblick, in dem die große Glocke von St. Paul's die fünfte Stunde schlug.

»Sie hat Ihnen nicht gesagt, wie schlimm es gestern Abend war, nicht wahr?«, fragte Lamoureux.

»Nein, nicht im Einzelnen.«

»Hätte auch nicht zu ihr gepasst. Glauben Sie mir – das Mädel hat Mumm.«

»Aber woher wissen Sie, dass sie es mir nicht erzählt hat?«

»Weil ich jedes Wort mit angehört habe, das Sie zwei hier drin gesprochen haben! Passen Sie auf!« Lamoureux tippte mit dem Finger in seine Handfläche. »Als sie heute Morgen in ihrer großen Limousine aufbrachen, folgte ich ihnen im Taxi. Tante Hester kennt mich und weiß auch, dass ich hier bin. Ihr Mann, Onkel Fred, und die junge Margot – nun, die haben mich einmal gesehen, hier in England. Ich konnte es nicht verhindern, aber sie kannten mich nicht, und es spielt weiter keine Rolle. Jenny ahnt nichts, und sie darf es auch nie erfahren.

Das waren meine Instruktionen vom jungen de Senneville. Er wollte sie nicht von einem Franzosen beschatten lassen – das wäre zu auffällig gewesen. Aber Jenny hat meine Visage oft genug in der Zeitungsredaktion gesehen; wenn ich hier plötzlich vor ihr stünde, würde das ihr Vertrauen in den guten alten Armand wohl doch erschüttern.«

»Still!«, warnte Tom.

Es war Dolly, die zaghaft zwei Becher mit schon gezuckertem Tee vor ihnen abstellte. Offenbar hatte sie es nicht eilig, doch auf den Blick hin, den Lamoureux ihr zuwarf, stapfte sie beleidigt davon.

»Armand de Senneville«, zischte Tom zwischen den Zähnen hervor. »Dem Kerl würde ich am liebsten …!«

»Piano, Mann! Das ist schließlich mein Boss.«

»Vielleicht nicht mehr lange. Womöglich bekommen Sie einen besseren.«

»Soll das ein Angebot sein?«

»Lassen wir das; erzählen Sie weiter.«

»Nun! Tante Hester und Margot und Jenny ließen den Wagen in der Paternoster Row stehen. Sie trugen dem Fahrer auf, dort zu warten. Ich sprang aus dem Taxi und setzte mich zu ihm. Wir konnten die ganze Vorderseite von St. Paul's überblicken. Wir würden sehen, wenn sie wieder herauskamen.«

»Und dann?«

»Was dann geschah, wissen Sie. Eine halbe Stunde später kommt sie die Treppe hinabgestürzt. Sie fangen Sie auf. Ich sage mir: ›Steve, deswegen bist du hier. An die Arbeit.‹ Sie gehen mit ihr in den Laden hier. Ich schleiche mich durch die Hintertür rein und stelle mich hinter die hölzerne Trennwand, praktisch direkt hinter Ihnen. Als ich sie von der Flüstergalerie erzählen höre, von der Stimme, die sprach, wo keine Stimme sein konnte, wird mir ganz mulmig. Und noch etwas.«

305

»Ja?«

Unschlüssig zog Lamoureux ein Päckchen gelber französischer Zigaretten aus der Tasche. Er riss ein altmodisches Schwefelzündholz an und blickte finster vor sich hin, als er wartete, dass der Schwefel abbrannte. Dann, noch immer in Gedanken versunken, zündete er die Zigarette an und warf das Streichholz zu Boden.

»Anfangs, als ich Sie ins Visier genommen habe …« Lamoureux schwieg.

»Nun? Was war da?«

»Ich dachte, Sie wollen einfach nur mit ihr anbändeln. Aber als ich dann gehört habe, wie Sie miteinander reden, da hatte ich doch das Gefühl, Sie sind in Ordnung. Und das denke ich immer noch.«

Sie blickten einander verstohlen an, denn ein Mann macht einem anderen nicht einfach ein Kompliment. Dann, nach einer verlegenen Pause:

»Deshalb habe ich ja dann auch beschlossen, dass ich mitspiele. Ich sah, wie Tante Hester auf den Laden hier zustürmte – ich habe sie lange vor Ihnen beiden kommen sehen. Ich konnte mir ausmalen, dass Jenny die Flucht ergreifen würde. Und *sie* wusste ja, dass der Wagen gleich hier geparkt steht. Also sprintete ich hinaus und sagte Pearson – das ist der Chauffeur –, er solle sie direkt zu diesem H. M. fahren. Ich hatte von dem alten Gau… dem alten Herrn schon gehört und wusste, dass man sich auf ihn verlassen kann.«

Mit der Zigarette zeigte Lamoureux auf Tom und verlieh so seinem nächsten Satz noch Nachdruck.

»Eins sollte klar sein!«, sagte er. »Ich bin kein Schutzengel, kein *preux chevalier*. Zum Teufel mit dem ganzen Kram. Jemand, dem es todernst damit war, hat versucht, die Kleine um die Ecke zu bringen. Dieser Jemand wird es wieder versuchen, und damit will ich nichts zu tun haben. Aber beim Barte des Propheten, ich will wissen, wer das ist und warum er das macht.«

Lamoureux hatte die Stimme erhoben, bis ihm wieder einfiel, wo er war.

Dann senkte er sie zum Flüstern, mitten im Satz. Die beiden saßen da, dachten nach, machten sich Sorgen.

»Armand de Senneville … «, hob Tom an.

»Hören Sie«, erwiderte der andere grimmig. »Sie haben sich auf den Burschen eingeschossen. De Senneville will sie wegen ihres Geldes heiraten. Was hat er denn davon, wenn sie hier in England umgebracht wird?«

»Ja. Da haben Sie wohl Recht.«

»Aber jetzt betrachten Sie es mal von der anderen Seite«, überlegte Lamoureux weiter. »Stellen Sie sich doch nur vor, wie diese Bande in ihrem Herrenhaus bei Hampton Court hockt. Ich möchte wetten, dass für Tante Hester ein hübsches Sümmchen abfällt, wenn die Heirat unter Dach und Fach ist. Sie ist Dutzende von Malen in Frankreich gewesen – wenn es ihre eigene Tochter wäre, könnte ihr diese Heirat nicht mehr am Herzen liegen. Nun gut! Welches Motiv hätte sie oder sonst jemand aus der Familie, Jenny umzubringen und das Geld zu verlieren?«

Nun endlich nahm Steve Lamoureux seinen ersten Schluck Tee und war so entsetzt, dass er dreißig Sekunden lang kein Wort mehr sprach.

»Der reine Unsinn!«, rief er dann. »Da gibt nichts einen Sinn, ganz egal, wie man es ansieht.«

»Im Gegenteil«, erwiderte Tom, »es *muss* einen Sinn geben. Deshalb werden wir beide uns jetzt mit H. M. unterhalten, so schnell uns ein Taxi dorthin bringen kann.«

»Aber ich kann doch nicht zu H. M. fahren!«

»Warum nicht?«

»Weil Jenny da ist und sie mich womöglich dort sieht. Ich gebe Ihnen eine Nummer, unter der Sie mich bis sieben Uhr erreichen können. Wenn Sie mich danach sprechen wollen – das ist die Nummer meines Hotels, nicht weit von ihrem Haus.«

Mit einem kleinen Goldbleistift kritzelte er zwei Telefonnummern auf ein Blatt aus einem Notizbuch und reichte es Tom.

»Verschlossene Zimmer!«, rief Lamoureux. »Stimmen, die einem etwas einflüstern! Kein Motiv! Mann, da würde ich wirklich meinen letzten Cent für geben, wenn ich mitkommen könnte! Ich wüsste ja zu gern, was der alte Gau… was Sir Henry dazu sagen wird.«

Gut zwanzig Minuten später konnte Tom Lockwood herausfinden, was er dazu sagte.

»Sie müssen wissen«, erklärte Sir Henry Merrivale ihm überraschend kleinlaut, »ich stehe derzeit mit der Regierung nicht ganz auf freundschaftlichem Fuß.«

»Wie meinen Sie das?«, fragte Tom.

»Nun, eben nicht ganz«, sagte H. M.

Der alte Sünder wuchtete seine zwei Zentner hinter den Schreibtisch des vertrauten Büros und faltete die Hände über dem Bauch. Die Hornbrille saß ihm weit vorn auf der dicken Nasenspitze, und das Licht, das zum Fenster hinter ihm hereindrang, glitzerte auf seiner Glatze. Er saß da mit der perfekten Miene des Märtyrers, die Jennys Herz bereits im Sturm erobert hatte, Tom jedoch nur in Wut brachte.

»Wissen Sie«, fuhr H. M. fort, »ich bin im Ausland gewesen, die letzten ein oder zwei Jahre …«

»Ah ja!«, sagte Tom. »Das war in New York, nicht wahr, wo Sie die Untergrundbahn an der Grand Central Station zum Entgleisen gebracht und wo Sie den echten Mörder mit falschen Beweisen überführt haben?«

»Junger Mann! Ich weiß nicht, wovon Sie reden!« H. M. sah ihn streng an.

»Und in Tanger war es, glaube ich, wo Sie ein Schiff in die Luft gejagt haben – und den Täter haben Sie davonkommen lassen, weil er Ihnen sympathisch war?«

»Sehen Sie, wie ich behandelt werde?«, wandte H. M. sich an

Jenny, die mächtige Stimme erhoben. »Sie haben keinerlei Respekt vor mir, nicht das Kleinste bisschen.«

»Sie Armer!«, rief Jenny mitfühlend.

»Herr im Himmel«, stöhnte Tom. Wie die meisten konnte auch er der Versuchung, sich über den großen Mann lustig zu machen, nicht widerstehen, und musste zu seiner Überraschung feststellen, dass Frauen sich bei seinen größten Schandtaten auf H. M.s Seite stellten.

»Aber warum«, fragte er, »sind Sie nun in Schwierigkeiten mit der Regierung?«

»Anscheinend habe ich mehr Geld ausgegeben, als mir zugedacht war und auch, so sehr ich mich auch mühe, mehr als ich belegen kann. Und jetzt heißt es sogar – können Sie sich das vorstellen? –, ich hätte gar keine Spesenkonten in New York, Paris, Tanger und Mailand eröffnen dürfen.«

»Was Sie natürlich vorher nicht wussten.«

»*Ich?*«

»Schon gut«, sagte Tom und schlug sich mit der Hand vor die Stirn. »Wie ist es Ihnen ergangen?«

»Sie würden es nicht glauben!«, rief H. M. »Als ich wieder in England war, hätte man denken können, ich sei Guy Fawkes und die Cato-Street-Verschwörer noch dazu. Sie haben mich vor einen alten Freund von mir gezerrt. Ich will den Namen dieser Laus nicht nennen, aber ich kann Ihnen sagen, dass er Lordoberrichter ist.«

»Um Himmels willen«, meinte Tom, »dann sollten Sie den Namen auf keinen Fall nennen.«

»›Henry‹, sagt er zu mir, ›du zappelst wie ein Fisch am Haken.‹«

»Das waren die Worte des Lordoberrichters?«

»Ich gebe Ihnen«, erklärte der große Mann mit einer ausladenden Geste und warf Tom einen vernichtenden Blick zu, »nur einen allgemeinen Begriff. ›Henry‹, sagt er, ›bei der Beweislast könnte ich dich zu hunderttausend Pfund Strafe verdonnern

oder dich für die nächsten hundert Jahre hinter Gitter stecken.‹«
Hier brach H. M. ab und wandte sich an Jenny.

»War das gerecht?«, fragte er.

»Natürlich nicht!«, rief Jenny.

»›Aber wenn du die Rechnung zahlst‹, sagt er, ›und eine
Strafe dazu, dann vergessen wir die Sache. *Vorausgesetzt*‹, sagt
er … «

»Vorausgesetzt was?«

»Dass ich wieder in mein Büro hier zurückkehre, verstehen
Sie? Früher hat es zum Kriegsministerium gehört, aber im
Krieg haben sie alles durcheinander gebracht. Und ich soll Ab-
teilung acht bei der Metropolitan Police übernehmen.«

»Bitte«, fragte Jenny mit ihrer sanften Stimme, »was ist Ab-
teilung acht?«

»Das bin ich«, erwiderte H. M. nur. »Jeder, der es das Ministerium für Unerklärlichkeiten nennt, bekommt eins hinter
die Ohren. Die haben während der letzten Jahre schon genug Spaß mit dem Informationsministerium gehabt, die Schla-
winer. Wenn in Scotland Yard irgendwas auftaucht, was den
Burschen da nicht geheuer ist – irgendein verrückter Fall, aus
dem keiner schlau wird –, dann landet er hier auf meinem
Schreibtisch.«

Und an dieser Stelle änderte sich H. M.s Gesichtsausdruck.

»Wissen Sie«, sagte er, »… aber das bleibt unter uns –, eigentlich ist mir das gar nicht so unrecht. Ich werde ja auch nicht jünger …«

»Zeit fürs Altenteil«, lästerte Tom.

»… und irgendwie ist es hier doch gemütlich. Kurz gesagt« –
H. M. richtete sich auf und rieb sich die Hände –, »der Alte ist
wieder im Geschäft. Irgendwelche Unerklärlichkeiten, die Sie
erklärt haben möchten?«

»Ob wir Unerklärlichkeiten haben!«, rief Tom. »Jenny! Haben Sie ihm denn noch gar nichts erzählt?«

Er selbst war ja eben erst eingetroffen, und H. M. war ganz in den Klagen über sein Schicksal aufgegangen. In dem alten staubigen Büro hoch oben über Whitehall sahen Tom und Jenny einander an.

Es war, wie H. M. schon gesagt hatte, kein schlechtes Büro. Über dem Kamin hing nach wie vor das satanische Porträt von Fouché, dem Polizeiminister Napoleons. Es gab einen sehr eindrucksvollen Safe mit der Aufschrift WICHTIGE AMTLICHE PAPIERE: ZUGRIFF VERBOTEN! – der jedoch in Wirklichkeit nichts weiter als eine Flasche Whisky enthielt. Das Büro hatte schon manch seltsame Geschehnisse gesehen – und sollte noch manch weitere erleben.

»Ich habe ihm gesagt, was in der Flüstergalerie geschehen ist, das schon!«, antwortete Jenny. »Aber ich weiß ja nicht einmal, wie ich überhaupt hierher gekommen bin! Ich habe Sie nicht gern in der Teestube im Stich gelassen, aber Tante Hester war so in Rage, da musste ich machen, dass ich fortkam. Ich lief zum Wagen, und der Fahrer sagte, ein Mann sei da gewesen, ein Kanadier …«

»Das ist schon in Ordnung. Das erkläre ich später.«

»Ein Kanadier hatte sich zu ihm in den Wagen gesetzt, als wir in St. Paul's waren, und dann hatte er ihm gesagt, er solle mich geradewegs zu Ihrem H. M. fahren. Das hatten Sie ja auch gesagt, und da habe ich's eben gemacht.« Jenny runzelte die Stirn. »Und ich habe Ihrem H. M. so, so unrecht getan!«

»Tatsächlich?«, fragte Tom.

»Aber ja! Er flucht nicht und streitet sich auch nicht und wirft niemanden aus dem Fenster. In Wirklichkeit ist er ein Goldstück, oder wie man sagt.«

»Ha!«, rief der große Mann bescheiden.

»Ehrlich gesagt«, meinte Tom und betrachtete den Unschuldsengel hinter dem Schreibtisch, »kommt mir das nicht gerade als passende Bezeichnung vor. Sie werden schon noch sehen. Aber wie dem auch sei! Als ich schließlich Tante Hester mit Unterstützung zweier Kellnerinnen und eines freundlichen

Polizisten hinausbugsiert hatte, hatte ich schon alle Hoffnung aufgegeben, dass ich es je bis hierher schaffe. Ich malte mir aus, dass Ihnen etwas Entsetzliches zugestoßen war und dass ich Sie nie wiedersehen würde.«

»Sie können mich wiedersehen«, rief Jenny und streckte ihm die Hände entgegen, »so oft Sie wollen.«

»Aha!«, rief eine Donnerstimme.

Das vermeintliche Goldstück funkelte sie nun mit einer Bösartigkeit an, dass Jenny die Haare zu Berge standen.

»Hier in diesem Büro poussiert niemand, ist das klar?«, brummte er. »Mein ganzes Leben lang haben mir junge Leute im Wege gestanden, die nichts als Poussieren im Kopf hatten. Und jetzt hören Sie mir mal zu, mein Kind.«

Seine volltönende Stimme war schärfer geworden. Die ganze Atmosphäre im Büro hatte sich angespannt, als die Pupillen seiner kleinen Augen hinter den Brillengläsern sich zu winzigen Punkten verengt hatten. Er mochte launisch sein, jähzornig, kindisch, aber er war doch nach wie vor der große Meister, und keiner verscherzte es sich leichtsinnig mit ihm.

Aber nun wurde die Stimme von H. M. wieder sanft.

»Sie haben verstanden, mein Kind, was ich Ihnen gesagt habe? Dass weder Général de Senneville noch Armand de Senneville Ihnen das Geringste zu sagen hat? Genauso wenig wie Tante Hester und ihre Sippschaft? Dass Sie frei sind und tun und lassen können, was Sie wollen?«

Jenny presste die Hände an die Wangen.

»Ja«, sagte sie. »Also ich glaube, irgendwie habe ich das schon immer gewusst. Aber ...«

»Aber was?«

»Leute sind so *hartnäckig*. Die geben nicht einmal ein winziges Stückchen nach. Und so ist es von Anfang an gewesen. Da sagt man sich dann: ›Ach, was soll's?‹«

»Ich weiß.« H. M. nickte. »Aber gerade das ist ja der Grund für so viel Unglück in der Welt. Gerade für die Frauen. Und wie fühlen Sie sich nun? Wollen Sie nach wie vor den Kampf aufnehmen und den anderen zeigen, wer die Stärkere ist?«

»Ja!«

»Wollen Sie denn im Haus Ihrer Tante wohnen bleiben? Wie hieß es gleich? Bei Hampton Court?«

»Es heißt Broadacres und steht direkt am Fluss. Morgen soll der beste von den Ausflügen kommen – den haben sie sich bis zum Schluss aufgehoben, sagen sie. Morgen wollen sie mir den Palast von Hampton Court zeigen.«

»Tatsächlich!«, murmelte H. M. Etwas blitzte hinter seinen Brillengläsern auf, dann war es wieder fort. »Trotzdem: Wollen Sie nach wie vor bei Ihrer Tante Hester wohnen bleiben?«

»Nein. Aber was kann ich schon anderes tun, außer nach Paris zurückfahren?«

»Nun«, brummte H. M. und kratzte sich am Hinterkopf, »ich habe ein Haus und eine Frau und zwei Töchter und zwei nichtsnutzige Schwiegersöhne, die ich schon seit achtzehn Jahren durchfüttere. Da könnten Sie doch einfach dazukommen.«

»Meinen Sie das ernst?« Jenny sprang auf. »Sie würden mich wirklich bei sich aufnehmen?«, fragte sie ungläubig.

»Pah«, sagte H. M.

»Sir H. M.! Ich weiß nicht, wie ich Ihnen danken soll …!«

»Ach, halten Sie den Mund«, knurrte der große Mann.

Jenny setzte sich wieder.

»Da wären noch Ihre Kleider«, überlegt er. »Steht Ihnen wunderbar, was Sie da anhaben, aber ich nehme an, Sie haben einen ganzen Schrankkoffer voll mitgebracht?«

»Stimmt, meine Kleider! Daran habe ich überhaupt nicht mehr gedacht!«

»Keine Sorge«, erwiderte H. M. mit diebischer Freude. »Ich schicke einen Polizisten hin, der kann sie holen. Und wenn das Tante Hester kein Feuer unter dem Hintern macht, dann ist sie ein noch zäheres Luder, als ich dachte. Aber eins muss Ihnen klar sein, mein Kind!«

Wieder wurde sein Ton scharf und unerbittlich.

»Tante Hester wird zurückschlagen. Glauben Sie ja nicht, dass sie einfach aufgibt. Außerdem haben Sie wahrscheinlich bald den gesamten De-Senneville-Clan am Hals.« H. M. zwinkerte Tom zu. »Was meinen Sie, mein Junge? Steigen wir zwei in den Ring?«

»Mit Vergnügen!«, rief Tom. »Und zwar ohne Bandagen.«

»Um aber auf die Gegenwart zurückzukommen«, fuhr H. M. mit einem strengen Blick auf Jenny fort – »jawohl, von dieser albernen Geschichte auf der Flüstergalerie haben Sie mir erzählt. Aber Sie müssen mir mehr sagen – und zwar ohne falsche Hemmungen –, wenn ich Ihnen wirklich helfen soll.«

»Einen Augenblick!«, protestierte Tom.

»Bei den Gebeinen meiner Großmutter«, stöhnte H. M., »was ist denn *jetzt* schon wieder?«

»Eine Stimme war zu hören«, sagte Tom, »wo keine Stimme sein konnte. Glauben Sie das?«

»Natürlich.«

»Wo kam die Stimme dann her?«

»Heilige Einfalt«, stöhnte H. M. und betrachtete ihn mit mitleidsvoller Miene. »Soll das heißen, auf diesen Trick sind Sie tatsächlich hereingefallen?«

»Wissen Sie, wie so etwas gemacht wird?«

»Selbstverständlich.«

»Dann erklären Sie es uns.«

»Ich denke nicht daran.«

Tom sprang auf und vollführte einen kleinen Tanz um seinen Stuhl. H. M. kommandierte ihn mit strengen Worten zurück auf seinen Platz.

»Ich denke nicht daran, es Ihnen zu erklären«, fuhr er würdig fort, »weil ich es Ihnen schon in Kürze *zeigen* werde. Dann können Sie es mit eigenen Augen sehen. Das ist doch nur fair, oder?«

Er wandte sich mit strenger Miene wieder an Jenny.

»Aber Vorsicht! Wir wollen ja nicht, dass Tante Hester zu früh Ihre Fährte aufnimmt. Sie sagen, Sie sind in einem Wagen mit Fahrer hergekommen. Wartet der Wagen noch draußen? Oder haben Sie ihn zurückgeschickt?«

»Den habe ich zurückgeschickt«, antwortete Jenny. »Aber auf Pearson – das ist der Chauffeur – ist Verlass, das weiß ich. Ich habe ihm gesagt, er soll den anderen ausrichten, dass ich allein zu Lyons' gegangen bin, damit ich in Ruhe Tee trinken kann.«

»Welchem Lyons'?«

Jenny riss die grauen Augen auf.

»Ich bin Engländerin, glauben Sie mir!« Darauf beharrte sie. »Aber wie kann ich mich denn in England auskennen, wenn ich nie herkomme? Gibt es mehr als einen Lyons'? Die einzigen Londoner Restaurants, von denen ich gehört habe, sind Lyons' und das Caprice und das Ivy.«

»Die drei großen Klassiker!«, rief Tom und hätte sie am liebsten in den Arm genommen. »H. M., Tante Hester wird denken, Jenny dreht ihr eine lange Nase, und Sie selbst würden das an ihrer Stelle nicht anders sehen.«

»Hm, hm. Das sollte reichen. Also denn: Wie war das mit der ersten Unerklärlichkeit – dem Gashahn, den jemand im verschlossenen Zimmer aufgedreht hat?«

Als H. M. seine alte schwarze Pfeife hervorholte und etwas hineinstopfte, das aussah (und roch) wie die Stahlwolle, mit der man Spülen ausscheuert, wusste Tom, dass er sich auf einen anstrengenden Nachmittag gefasst machen musste.

»Mein Kind«, sagte H. M., »eine ganze Menge Bruchstücke und Kleinigkeiten aus Ihrer Geschichte habe ich zu hören bekommen. Ich *sehe* Ihre Tante, ich sehe sie leibhaftig vor mir. Ich sehe ihre Tochter Margot, achtzehn Jahre alt und immer zu einem Schabernack aufgelegt. Ich sehen Ihren Onkel Fred vor mir, groß und rotgesichtig wie ein Major im Ruhestand. Ich sehe das weiße Haus aus dem 18. Jahrhundert, die hohen Fenster, das

315

Grundstück am Fluss. Aber verdammt noch mal, ich sehe kein einziges Detail!«

»Wie meinen Sie das?«

»Zum Beispiel. Machen Sie immer alle Fenster zu, wenn Sie schlafen gehen, und verschließen sie auch noch? Ist das in Frankreich Sitte?«

»Nein, natürlich nicht!«

»Ja, was dann?«

»Es sind ja gerade die Einzelheiten«, sagte Jenny und nagte an ihrer Lippe, »über die ich nicht gern sprechen wollte. Sie sind … schlimm. Ich kann wieder spüren, wie das Gas mich würgt. Aber wenn es sein muss! Als Erstes müssen Sie wissen, dass Tante Hester mir ein Schlafzimmer im Erdgeschoss gegeben hat.«

»Warum?«

»Warum nicht?«, gab Jenny zurück, was nur vernünftig war. »Es ist ein sehr hübsches Zimmer. Aber es hat zwei Fenster zum Garten hinaus. Tante Hester hat eine Heidenangst vor Einbrechern und hat mir eingeschärft, dass ich die Fenster immer gut verschließen soll. Als ich gestern schlafen ging, hatte ich längst solche Angst, dass ich von mir aus auch noch beide Riegel an der Tür vorgeschoben habe – von innen. Denn zum Abendessen hatte ich ja den Brief bekommen.«

»Welchen Brief?«

»Eigentlich war es nur ein Zettel; er war in der Serviette versteckt. Ich dachte … «

»Ja, mein Kind?«

»Zuerst«, erklärte Jenny mit einem verstohlenen Blick auf Tom, »zuerst dachte ich, er ist von einem jungen Mann, den ich auf einer Teeparty im Haus kennen gelernt hatte. Er hatte, wie man so sagt, ein Auge auf mich geworfen. Deshalb … «

»Ein alter französischer Brauch, könnte man sagen«, meinte Tom höflich. »Sie dachten, es ist ein Briefchen von ihm, und das sollten die anderen nicht wissen.«

»Der junge Mann auf der Party hat mir kein bisschen gefallen!«, protestierte Jenny. »Ich will ihn nicht wiedersehen. Aber wenn er mir einen Brief geschrieben hat, kann ich den armen Mann da verraten?«

»Nein. Tut mir leid, Jenny. Hätte ich nicht sagen sollen.«

»Aber er ist nicht von ihm. Überhaupt nicht die Art Brief, an die ich gedacht hatte. Ich las ihn unter dem Tisch. Es war nur eine einzige Zeile, in einer Handschrift, die ich noch nie gesehen hatte. Da stand: ›*Heute Nacht wirst du sterben, Jennifer.*‹«

Jenny befeuchtete ihre Lippen. H. M. hatte seine Pfeife angesteckt, und eine Teerwolke kam über den Schreibtisch auf sie zugekrochen.

»Anfangs dachte ich, es ist ein Witz. Was hätte ich auch anderes denken können? Dann sah ich die anderen an. Alle sahen aus wie immer, der Tisch war gedeckt zum Abendessen, die Kerzen brannten. Da wusste ich, dass ich allein bin – eine Fremde, selbst in meinem eigenen Land –, und ich fürchtete mich!

Ich habe mich nicht einmal getraut zu fragen, ob es ein Witz sein sollte. Also habe ich den Zettel versteckt, und später habe ich ihn verloren. Um elf Uhr, als es Zeit war, zu Bett zu gehen ...«

»Ja, mein Kind? Nur weiter!«

»Ich schlafe nicht gut«, sagte Jenny. »Schon immer. Ganz egal, wie spät ich ins Bett gehe – morgens um fünf oder halb sechs bin ich wieder wach. Früher in Frankreich, als ich noch bei meinen Eltern und später bei Général de Senneville war, brachte mir jeden Tag um sechs Uhr morgens ein Hausmädchen eine Tasse Schokolade.

Als Tante Hester fragte, ob sie noch etwas für mich tun könne, bat ich um meine Schokolade zu dieser Zeit, oder wenigstens Tee. Ich war schon ein paar Tage lang da, aber es war das erste Mal, dass ich mich traute zu fragen. Tante Hester hebt die Augenbrauen und sagt: ›Jennifer, meine Liebe, findest du das denn anständig gegenüber den Dienstboten?‹

Nein, sage ich, nein, schon gut. Aber Margot, die grüne Augen hat und nett zu mir ist, sagt, sie ist immer schon vor sechs

317

Uhr auf und wird mir gerne eine Tasse Tee bringen. Nun gut! Ich gehe auf mein Zimmer. Ich schalte das Licht ein. Ich schiebe die Riegel oben und unten an der Tür vor. Ich drehe mich um. Und eines der beiden Fenster, die verschlossen waren, als ich hinausging, steht weit offen.«

Jenny hielt inne.

H. M., in eine dicke Knasterwolke gehüllt, saß ausdruckslos wie ein Götzenbild da.

»Ich laufe hin«, fuhr Jenny fort, ihre Stimme nun lauter. »Ich schließe das Fenster wieder und verriegele es. Dann denke ich mir: ›Womöglich versteckt sich da einer im Zimmer?‹ Aber ich darf nicht die Nerven verlieren und das ganze Haus in Aufruhr bringen. Und … nun! Ich habe das Zimmer selber abgesucht. Keiner da, der sich versteckt. Ich denke mir, vielleicht hat ein Diener das Fenster aufgemacht, damit Luft hereinkommt, und da fühle ich mich gleich besser.

Es war eine warme Nacht – sehr warm, habe ich mir sagen lassen, für einen englischen Frühling. Da muss ich den Gasofen im Kamin nicht anstellen, wenn ich mich auskleide. Ich schließe die Vorhänge fast ganz. Aber ich rauche noch eine Zigarette oder zwei, das können Sie sich vorstellen, bis ich mich traue und das Licht ausschalte. Aber dann mache ich es schließlich doch. Und bald bin ich eingeschlafen. Dann … «

»Moment!«, wandte H. M. leise ein und nahm die Pfeife aus dem Mund.

»J… ja?«

»Wann haben Sie sich schlafen gelegt? Können Sie die Uhrzeit sagen?«

»Ja. Ich habe auf meine Armbanduhr gesehen. Es war zehn Minuten nach zwölf.«

»Wusste jemand in der Familie schon vorher, dass Sie immer um sechs Uhr morgens Schokolade bekommen?«

»N… nein, ich glaube nicht. Woher sollten sie das wissen? Ich … «

Wieder bebte Jenny am ganzen Leibe und wieder – das schlimmste Zeichen – warf sie gehetzte Blicke hinter sich. Tom ging zu ihr hin und legte ihr die Hände auf die Schultern.

»Sollten wir damit nicht besser aufhören, H. M.?«, fragte er.

»Wir können nicht aufhören, mein Junge, und das wissen Sie auch. Dieses Mädel war tatsächlich in einem verschlossenen Raum. Eine Tür zu öffnen, bei der oben und unten Riegel vorgeschoben sind, ist praktisch unmöglich. Und die alten Fensterverschlüsse bekommt auch keiner auf. Wenn ich da nicht dahinterkomme, geht es nicht weiter.«

»Danke, es geht schon«, sagte Jenny. »Machen Sie nur weiter, wenn Sie wollen.«

»Was kam dann?«, fragte H. M. und steckte die Pfeife wieder in den Mund.

»Als Erstes kam ein Traum. Er war grässlich, aber ich kann mich nicht mehr erinnern. Dann war mir plötzlich klar, dass ich wach war und keine Luft mehr bekam. Das ist nicht leicht zu beschreiben. Aber es heißt doch, wenn man stirbt oder wenn man auch nur das Bewusstsein verliert, dann kann man immer noch deutlich jeden Laut hören, auch wenn einem schon alles vor Augen verschwimmt.«

»Stimmt, mein Kind. Das ist so.«

»Ich spürte, dass die Morgendämmerung kam, aber sonst sah ich nichts. Aber jemand klopfte draußen an die Tür. Und ich höre Margots Stimme. Sie ruft meinen Namen. Ich wollte antworten, aber ich konnte nicht atmen, und – verzeihen Sie, wenn ich das sage – ich hatte mich übergeben.

Jetzt wird es noch konfuser. Ich hörte eine Männerstimme draußen bei Margot. Eine amerikanische Stimme, die ich noch nie gehört hatte. ›Was ist los, Kleines?‹, fragte sie. ›Fehlt ihr was?‹ Margot schreit, dass das ganze Zimmer voll Gas ist, ob er denn nicht riecht, wie es unter der Tür durchkommt. ›Die Tür da bricht keiner auf‹, sagt er. ›Wo ist das Fenster?‹

Ich bin immer noch halb bei Bewusstsein. Ich kann nach wie

vor alles hören, obwohl ich ein Gefühl hatte, wie es jemand am Galgen haben muss, wenn er die Schlinge schon um den Hals spürt. Ich höre sie davonlaufen, und es kommen noch Schritte dazu. Dann sehe ich – ganz verschwommen, denn ich erkenne fast gar nichts mehr –, wie jemand mit der Faust, um die er einen Mantel gewickelt hat, das hintere Fenster einschlägt.

Das ist mein Onkel Fred, den sie ebenfalls geweckt haben. Er öffnet das Schloss und schiebt dann das Fenster ganz nach oben. Jemand kommt herein, läuft zum Ofen und dreht den Gashahn ab. Ich glaube, es ist der Amerikaner. Ich kann nichts sehen, aber ich höre ihn ein unanständiges Wort sagen. ›So und so‹, sagt er, ›bis zum Anschlag aufgedreht!‹ Margot kommt auf mich zugelaufen, und die Sachen, die sie auf dem Tablett hatte, gehen zu Boden. Sonst erinnere ich mich an nichts mehr, bis der Doktor kommt.«

Jenny hob die Hände und ließ sie dann auf die Handtasche fallen, die sie im Schoß hatte. Inzwischen hatte H. M.s Teerwolke sie erreicht, und sie musste husten.

H. M. nahm die Pfeife aus dem Mund und klopfte sie aus.

»So, so, der Doktor«, wiederholte er. »Und was hat der Doktor gesagt?«

»Er hat nicht selbst mit mir gesprochen. Das war Tante Hester. Sie sagte: ›Das war nicht gerade rücksichtsvoll von dir, Jennifer. Du wolltest dich umbringen, nur weil dein zukünftiger Gatte dir nicht gefällt.«

Tom Lockwood, dessen Hände noch immer auf ihren Schultern lagen, fasste kräftiger zu. »Das hat Tante Hester gesagt?«

»Ja! Und es ist überhaupt nicht wahr! Aber sie haben mich gefragt, wie es denn jemand anderes gewesen sein kann, wenn das Zimmer von innen verschlossen war?«

»Sonst noch etwas, Jenny?«

»Ich frage: ›Wo ist der Amerikaner?‹ Sie antworten: ›Was für ein Amerikaner?‹ und behaupten, ich hätte ihn mir eingebildet. Sie stehen um mein Bett, alle mit großen Augen – Tante Hester und Cousine Margot und sogar der arme alte Onkel Fred –, und blicken zu mir herunter. Sie sagen, es ist ein Glück, dass der Doktor der Arzt der Familie ist und der Polizei keine Meldung machen wird. Meine Güte, wundert es Sie denn da, dass ich Angst vor denen habe?«

»H. M.!« Tom, nach kurzem Schweigen, sagte es energisch.

»Ja?«

»Sie haben sich vielleicht Gedanken um diesen geheimnisvollen Amerikaner gemacht …«

»Ehrlich gesagt, mein Junge, das habe ich. Ich weiß nicht, wie der da hineinpasst.«

»Er ist kein Amerikaner«, sagte Tom, »aber eingebildet ist er auch nicht. Das war ein schwerer Fehler, dass sie das behauptet haben. Ich werde Ihnen alles über ihn erzählen, wenn die Zeit reif ist. Aber sehen Sie denn bisher überhaupt irgendwo einen Anhaltspunkt?«

H. M., der mit geschlossenen Augen und mürrischer Miene dagesessen hatte, öffnete die Augen nun langsam wieder und musterte Jenny.

»Mein Kind«, sagte er, »im Augenblick hätte ich nur noch eine einzige Frage an Sie. Aber ich möchte, dass Sie sehr genau überlegen, bevor Sie antworten. Sie konnten all diese Stimmen deutlich hören, als Sie schon beinahe bewusstlos waren. Sie konnten hören, wie an die Tür gehämmert wurde, wie die Schritte sich entfernten und so weiter. *Haben Sie noch einen anderen Laut gehört?«*

»Was denn für einen Laut?«

»Irgendeinen!«

»Nein, ich glaube nicht.«

»Sind Sie da sicher?«

»Ja, da bin ich mir sicher.«

»Heiliger Strohsack!«, rief Sir Henry Merrivale, und der Mund blieb ihm offen stehen. »*So* haben sie das mit dem verschlossenen Zimmer gemacht!«

321

»Wie?«, fragte Tom.

»*Ich* bin der Alte hier«, sagte H. M. und pochte sich mit wichtiger Miene an die Brust. »Lassen Sie mich das auf meine Weise machen. Ich schreite jetzt unverzüglich zur Tat.«

H. M. griff zu dem Telefon, das er neben sich stehen hatte. Er wählte zuerst ein Amt außerhalb, dann die Nummer. Es folgte eine lange Pause, während der sie nur dem unablässigen Klingeln am anderen Ende lauschten. Tom Lockwood studierte H. M., der jetzt dreinblickte wie der Fürst der Finsternis persönlich.

Der Wählton brach ab, und es folgte ein – wenn man nur H. M.s Seite hören konnte – wunderbar absurdes Telefongespräch.

»Also, Schätzchen. Ich möchte Sam sprechen … Doch, das kann ich! Hier spricht der Alte. Sagen Sie ihm, dass ich das war, der alles wieder eingerenkt hat, als er eine wunderhübsche Party mit sechzehn wunderhübschen Mädels gab – eines wie das andere splitternackt, als die dummen Bullen dazukamen. Ja, genau, *der* Alte! …«

In H. M.s mächtiger Stimme machte sich ein zufriedener Ton breit.

»Bist du das, Sam? Wie geht's …? Nie besser, Sam! Ich bräuchte eine Auskunft von dir … Danke, Sam. Weißt du, ob Joey Smith noch im Geschäft ist? Nein? Was haben wir denn jetzt für Akrobaten in der Stadt? …«

Tom Lockwood räusperte sich. Er warf Jenny einen Blick zu, doch sie schien genauso ratlos wie er.

»Nur drei? Bist du sicher? Gut, Sam. Kannst du mir die Namen geben und sie beschreiben? Ja, beschreiben, wie sie aussehen. Hm, hm … Nein, der kommt nicht in Frage. Versuch's mit dem Nächsten … Heiliger Strohsack, ich glaube, das ist er! Aber beschreib noch den Dritten, nur zur Sicherheit … Nein, der kann es nicht sein. Charlie Johnson, das ist unser Mann. Hast du die Adresse? Fast sechs – da müsste er doch zu Hause sein … Tausend Dank, Sam. Und von jetzt an immer nur eine auf einmal, hörst du? – Ja, schon gut, schon gut!«

Sir Henry Merrivale legte den Hörer mit der stolzen Miene eines Mannes auf, der alles in Ordnung gebracht hat, und dann wählte er noch einmal.

»Sergeant? Ich brauche einen Wagen mit Fahrer. Drei Passagiere. Und zwar auf der Stelle. Zwei Minuten? Draußen vor dem Eingang Horse Guards Avenue. Gut!«

H. M. hievte sich hoch, nahm vom Hutständer einen uralten Panamahut und stülpte ihn sich über. Das Band schillerte in den unglaublichsten Farben, und die Krempe war rundum nach unten gebogen wie eine Schüssel; es war ein Hut, der dem ohnehin Angst einflößenden Antlitz des großen Mannes einen noch satanischeren Anstrich gab.

»Sir!«, protestierte Tom. »Wollen Sie uns nicht in Gottes Namen sagen, wer dieser Charlie ist und was er mit unserer Sache zu tun hat?«

»Sie wollten doch, dass ich Ihnen Ihre Rätsel löse, nicht wahr?«, fragte der große Mann. »Nun gut. Kommen Sie mit oder bleiben Sie hier?«

Noch bevor die versprochenen zwei Minuten um waren, fuhr der Dienstwagen vor, und sie schossen davon – Jenny und Tom auf dem Rücksitz, H. M. auf den Vordersitz neben den Fahrer gezwängt. H. M., der sich noch nie ans Steuer gesetzt hatte, ohne dass er in einem Schaufenster oder an einem Laternenpfahl gelandet war, machte seine abfälligen Bemerkungen über die Fahrkünste des Polizisten, der sie mit roten Ohren von der Horse Guards Avenue links die Whitehall hinunterchauffierte.

Weit jenseits der Türme von Westminster, jenseits der stattlichen Häuser und Wohnungen liegt ein Viertel schmutziger, fast unbekannter Straßen. Verzweifelt versuchen die Backsteinhäuser dieser Gegend mit Türknäufen und Briefschlitzen aus Messing den Eindruck zu erwecken, dass Privatleute dort wohnen und nicht jedes Einzelne von ihnen nur eine billige Pension ist.

Doch dort weht ein scharfer Wind, und achtlos fortgeworfene Zeitungen tanzen über die Rinnsteine; Kinder schreien, Mülltonnen klappern. Vor einem solchen heruntergekommenen Haus, das nicht nur wie ein Privathaus aussah, sondern auch tatsächlich eines war, hielt der Wagen nun.

»Kommen Sie«, brummte H. M.

Er scheuchte Jenny und Tom aus dem Wagen und eine Treppe hinauf zur Haustür. Er drückte den Klingelknopf, als wollte er ihn ausstechen.

»Zum letzten Mal«, forderte der verzweifelte Tom, »würden Sie uns jetzt bitte sagen, warum wir hier herausfahren und warum wir bei zwielichtigen Gestalten an der Haustür klingeln … « H. M. zog die Krempe seines Hutes noch tiefer hinunter.

»Ich würde einen Bauchredner nicht unbedingt unter die zwielichtigen Gestalten rechnen«, entgegnete er. »Sie wissen doch, was ein Bauchredner ist?«

Jenny hielt sich die Hände vor den offenen Mund.

»Sie haben erzählt«, erklärte H. M., »dass nur vier Leute mit Ihnen auf der Flüstergalerie waren. In diesem Falle können wir Ihre Tante Hester und Ihre Cousine Margot von jedem Verdacht ausschließen – sie standen über das Geländer gebeugt, viel zu weit ab von der Wand.

Der empörte Kirchendiener wird es wohl kaum gewesen sein. Aber wer war denn sonst noch dort oben? Nach Ihrer Beschreibung ein dicker, rotgesichtiger Bauer – fast ein wenig zu bäurisch, finden Sie nicht auch? –, der ein Päckchen Butterbrote und eine Thermosflasche bei sich hatte.

Als Sie die Worte vernahmen, saß er an der Wand und trank seinen Tee. Und jetzt strengen Sie mal Ihre Köpfchen an! Wer ist der Einzige auf der Welt, der seine Puppe reden lassen kann, obwohl er im selben Moment ein ganzes Glas Wasser in sich hineingießt? Sie wissen schon wer.

Ich habe den größten aller Theaterimpresarios angerufen und von ihm erfahren, dass derzeit nur drei Bauchredner in ganz

London im Geschäft sind, und ich habe sie mir beschreiben lassen. Dieser Charlie Johnson wird nicht viel über den Fall wissen. Jemand hat ihm einen Fünfer gegeben, und er hat dafür seine Rolle in etwas gespielt, was er wahrscheinlich auch jetzt noch für einen Scherz hält. Aber er wird uns den Auftraggeber beschreiben können …«

Die Haustür flog auf.

Kein anderes Wort wäre passend gewesen – die Tür schlug mit einem Knall gegen die Wand und sprang beinahe zurück.

In der Tür stand, leicht schwankend, der dicke Mann, den Jenny aus der Flüstergalerie kannte. Das Gesicht war jetzt nicht mehr so rot geschminkt, und ohne Perücke war er kahlköpfig. Statt der einfachen Kleider des Landmanns trug er nun einen etwas schmuddeligen schwarz-orange gestreiften Hausmantel. In der einen Hand hielt er einen Whisky mit Soda, in der anderen ein angebissenes Sandwich.

Aber was die anderen erstarren ließ, war sein Gesichtsausdruck. Seine Augen waren so entsetzlich weit aufgerissen, dass die Iris rundum von Weiß umgeben war.

»*Aufgepasst, Ihr zwei!*«, zischte H. M.

Tom zerrte Jenny gerade noch rechtzeitig beiseite.

Mit einem Geräusch wie ein Schlürfen trat Charles Johnson einen Schritt vor, dann stürzte er kopfüber die Steintreppe hinunter, drehte sich zweimal und blieb mit dem Gesicht nach unten auf dem Pflaster liegen.

Das Glas war zerschellt, das halb gegessene Brot lag weit fort. Es dauerte einen Augenblick, bis sie zwischen den Streifen des Bademantels den schwarzen Griff des Messers sahen, das ihm knapp unterhalb des linken Schulterblatts im Rücken steckte.

Zuerst regte sich keiner, dann sprang der Polizeifahrer aus dem Wagen. Aber auch ohne das Nicken, mit dem er aufblickte, wussten sie, dass Johnson tot war.

Auf der anderen Straßenseite klapperten die Rollschuhe der

325

Kinder über den Bürgersteig, Schreie drangen herüber. Ein paar Fenster wurden aufgeschoben, ein paar Frauenköpfe reckten sich. Das war alles.

H. M. war bleich im Gesicht.

»Ruhig, mein Kind«, sagte er, legte Jenny die Hand auf den Arm und sprach mit überraschend sanfter Stimme. »Ist das der Mann, den Sie in der Flüstergalerie gesehen haben?«

Der Schock war zu groß. Jenny konnte nur noch nicken.

»Dann geht es hier um mehr«, sagte H. M., »als darum, einem Mädel einen Schrecken einzujagen. Dann steckt jemand dahinter, der zu allem entschlossen ist, jemand, der vor nichts zurückschreckt, um das zu bekommen, was er oder sie will. Jemand ist uns zuvorgekommen und hat Johnson zum Schweigen gebracht. Jemand, der nichts dabei findet, einen Menschen zu erstechen. Und das heißt …«

Er schwieg so lange und rieb sich nachdenklich die Schläfen, dass Tom es schließlich nicht mehr aushielt.

»H. M.«, fragte er, »was geht Ihnen durch den Kopf?«

»Das heißt, dass wir unsere Pläne ein wenig ändern werden«, antwortete er.

»Und wie?«

»Sie, mein Kind«, sagte H. M., »werden doch nicht mit zu mir kommen. Wenn Sie es aushalten können, fahren Sie jetzt gleich zurück zu Ihrer Tante Hester und bleiben die Nacht über dort.«

Der goldene Himmel über den Tudorschornsteinen von Hampton Court färbte sich allmählich purpurn.

Sir Henry Merrivale saß missmutig auf einem umgekippten Schubkarren in einem der wenigen Tudor-Innenhöfe, die dem Palast noch blieben: dunkelroter Backstein, weiße Steinlöwen, die sich an Mauern mit schmalen kleinen Fenstern emporreckten. H. M. hatte wieder seine schwarze Pfeife angesteckt und sah Tom ärgerlich an.

»Wo *bleiben* die denn nur?«, fragte er vorwurfsvoll.

»Ich würde vermuten, sie schleppen sich nach wie vor durch Bildergalerien, Meilen und Meilen davon.«

»Aber, mein Junge«, protestierte der große Mann, »nach meiner Uhr und den Zeiten, die hier angeschlagen sind, sollte das Haus längst für Besucher geschlossen sein. Sie hätten doch schon vor Stunden vor die Tür gesetzt werden müssen!«

»Sicher. Aber offenbar hat Onkel Fred Einfluss beim Direktor oder Kurator oder wie sie ihn hier nennen. Sie können sich so viel Zeit lassen, wie sie wollen, und dann will Jenny ja auch noch den Irrgarten sehen – der ist ein ganzes Stück von hier.«

»So, so, den Irrgarten?«, sinnierte H. M.

»Jetzt hören Sie mir einmal zu!«, rief Tom und baute sich vor ihm auf wie ein Redner. »Seit gestern kurz nach sechs, als Sie uns ohne ein Wort fortgeschickt haben, bis vor einer halben Stunde, als ich Ihre Trauermiene wieder zu Gesicht bekam, haben Sie Gott und die Welt ausgefragt. Aber Sie selbst wollen keine einzige Frage beantworten. Warum?«

»Weil ich der Alte bin.«

»Und Sie finden, das ist Grund genug?«

»Sicher ist das Grund genug. Aber sagen Sie, mein Junge. Wie geht es … ich meine, wie hat sie …?«

Tom sah ihn bitter an.

»Wie Jenny zumute ist?«, fragte er. »Was erwarten Sie, nach Ihrem grandiosen Beschluss, dass sie die Nacht doch besser wieder bei Tante Hester verbringen soll? Es geht ihr schlecht, das können Sie sich ja wohl denken. Aber keiner wird ihr anmerken, dass sie sich fürchtet.«

Hier setzte der alte Sünder immerhin eine besorgte Miene auf.

»Nun …«, brummte er. »Ich hatte meine Gründe, nicht wahr? Teufel noch mal« – H. M. hob zornig die Stimme –, »immer sagen die Leute ›Was ist das denn für ein alter Wirrkopf! Steckt ihn einfach, die Füße zuoberst, in die Mülltonne.‹ Dann begreifen sie, was ich sagen wollte. Und brüllen ›Ach Henry;

327

zieht ihn wieder raus und staubt ihn ab; das hätten wir ja nie gedacht.‹ Und natürlich hätten sie es nie gedacht, die Einfaltspinsel! Aber dann … «

H. M.s Redeschwall wurde erstickt, als ihm der Qualm seiner eigenen Pfeife in den Hals kam. Nun saß er nur noch da und blickte grimmig drein.

»Schon gut, schon gut!«, rief er. »Was haben Sie gestern Abend gemacht?«

»Steve Lamoureux und ich haben die ganze Nacht vor Jennys Fenster Wache gestanden … «

»Moment, mein Junge. Weiß das Mädel, wer dieser Lamoureux ist?«

»Dass er Armand de Sennevilles Spion ist, weiß sie natürlich nicht! Und sie darf ihm nicht begegnen. Aber vernünftig betrachtet *ist* er ja auch gar kein Spion. Dazu ist er viel zu friedfertig … «

»Hm, hm. Habe heute im Büro mit ihm gesprochen. Was wollten Sie sagen?«

»Nun, als die anderen beim Abendessen saßen, haben Steve und ich uns in ihr Zimmer geschlichen und den Gasofen auseinander genommen …«

Tom hielt inne, ärgerlicher denn je. H. M. hingegen wiegte sich voll diebischer Freude auf seinem Schubkarren.

»Ach, Junge! Haben Sie wirklich geglaubt, der Mörder würde einen so simplen kleinen Trick ein *zweites* Mal versuchen?«

»Ein *simpler* kleiner Trick?«

»Ein Kinderspiel.«

»Gestehen Sie mir zu«, fragte Tom, nachdem er kräftig durchgeatmet hatte, »dass die Tür zu dem Zimmer fest von innen verschlossen war und niemand hineingekommen wäre?«

»Aber ja.«

»Gestehen Sie mir zu, dass beide Fenster auf der Innenseite fest verriegelt waren und nichts daran manipuliert war?«

»Gern.«

328

»Gestehen Sie mir schließlich zum Dritten zu, dass – nachdem wir krumme Geschichten wie Gasuhren draußen und dergleichen ausgeschlossen haben – *tatsächlich jemand in dem Raum gewesen sein muss*, der den Gashahn aufgedreht hat?«

»Genauso war es, mein Junge.«

»Wie zum Teufel ist der Mörder dann in das Zimmer hinein- und wieder herausgekommen?«

»Das werde ich Ihnen nicht verraten. Halt, nicht so eilig!«, sagte H. M. und zeigte mit dem Stiel seiner Pfeife auf ihn. »Gestern haben Sie getobt, weil ich Ihnen das ›Rätsel‹ des Bauchredners nicht enthüllen wollte, nicht wahr? Dabei war die Lösung so einfach. Und heute ist die Erklärung genauso leicht, vielleicht sogar noch leichter, wenn Sie nur einmal darüber nachdenken. Und ich möchte, dass Sie darüber nachdenken. Aber jetzt will ich Ihre Aufmerksamkeit auf jemanden lenken, den Sie ein wenig vernachlässigt haben.«

»Aha? Und wer ist das?«

»Armand de Senneville selbst. Sie haben ihn instinktiv gehasst, Sie waren eifersüchtig. Aber vielleicht hatten Sie Recht. Ich habe nämlich heute ein paar Erkundigungen eingezogen.«

»Und?«

»Ein harter Bursche, mein Junge«, erklärte H. M. finster. »Härter, als Sie denken. Ein äußerst erfolgreicher Geschäftsmann, ein ausgezeichneter Journalist, ein sehr geschickter Mechaniker, und im Krieg war er vier Jahre lang Verbindungsoffizier bei den Yankees. Und hochmütig wie der Teufel. Bei seinen Freunden prahlt er damit, dass er *immer* bekommt, was er will.«

»Aber Armand de Senneville ist in Paris!«

»Er muss ja nicht unbedingt hier sein, verstehen Sie?«, erklärte H. M. geduldig. »Und jetzt passen Sie auf. Sie und die junge Jenny und sogar dieser Steve Lamoureux sind davon ausgegangen, dass es eine Verschwörung der gesamten Harpenden-Familie gibt – Onkel Fred, Cousine Margot, Tante Hester, die es allesamt auf Jenny Holden abgesehen haben.«

»Und das stimmt nicht?«

»Nein! Der Zufall hat Sie verwirrt. Es ist nur *einer*, einer von den dreien, der wirklich dahinter steckt. Einer von ihnen, von Armand de Senneville bestochen, würde alles dafür tun, dass Jenny Holden vor Angst den Verstand verliert. Ich gebe Ihnen die drei zur Auswahl: Welcher ist es?«

Es wurde allmählich dunkel zwischen den uralten Mauern. Tom ging auf den schweren Steinplatten auf und ab, und die Schritte hallten als gespenstisches Echo von den Wänden zurück.

H. M. klopfte seine Pfeife aus und steckte sie ein.

»Zum Donnerwetter«, klagte er, »wo stecken die alle? Sie sollten doch ein Auge auf sie haben, oder?«

»Das geht nicht! Tante Hester kennt mich zu gut seit unserem Zusammenstoß in der Teestube! Aber Steve bleibt ihnen auf den Fersen und gibt mir von den Fenstern aus Zeichen, wann immer er kann.«

»Sie können doch nicht für immer dort drinbleiben! Bald ist es stockdunkel! Ich würde meine Ohren dafür geben, wenn ich wüsste, wohin sie gegangen sind!«

Doch H. M. brauchte seine Ohren nicht zu opfern.

Vom Durchgang zum nächsten Innenhof vernahmen sie ein »*Psst!*«, und es klang so verlockend, dass H. M. sogleich vom Karren heruntersprang.

Steve Lamoureux näherte sich, leise wie ein Indianer. Unter einigen Mühen hatte Tom ihn überreden können, einen dunklen Anzug und eine unauffällige Krawatte anzulegen. Aber das kurze braune Haar stand keck wie immer in die Höhe, und H. M. brachte er auf Anhieb gegen sich auf, indem er den großen Mann mit »Paps« ansprach.

»Sie sind wieder draußen«, sagte er. »Auf der Rückseite von dem Kasten. Auf dem breiten Weg, der hinter dem Palast zwischen Haus und Garten ins Freie führt. Sie haben den ältesten Führer bei sich, den es hier überhaupt gibt, stocktaub und so gut wie blind. – Aber liebe Güte, Paps, jetzt bewegen Sie sich doch mal, sonst werden wir hier noch eingesperrt!«

H. M. nahm es nicht freundlich auf, wie sie ihn durch den Durchgang zerrten, über einen weiteren Innenhof und durch einen weiteren langen Gang, an dessen Ende sie das letzte Tageslicht schimmern sahen.

Vorn angekommen, hielten sie inne. Vor ihnen lag der weitläufige Park, dessen lange Reihen von Blumenrabatten im Zwielicht schon ihre Farben verloren.

Tom lugte um die Ecke des Torbogens und sah den breiten, sandigen Pfad zwischen uralten Mauern.

Fünf Personen, den Rücken zu den Verschwörern im Torbogen, spazierten etwa hundert Meter vor ihnen diesen Weg hinunter. Obwohl es schon zu dunkel war, um auf diese Entfernung Einzelheiten zu erkennen, wusste Tom genau, wer jeder von den fünfen war.

Zuerst, ganz links, schlurfte der alte uniformierte Führer. Als nächstes schritt energisch Tante Hester einher. Jenny ging angespannt zwischen der übermütigen Margot mit ihren kurzen, tanzenden Schritten und Onkel Fred, rechts außen mit festem militärischem Schritt.

»Gut«, flüsterte Tom. »Was machen wir jetzt?«

»Ich hätte eine Idee«, sagte Lamoureux.

»Was Sie nicht sagen!«, schnaubte H. M.

»Doch! In diesem Licht können sie uns nicht erkennen. Wir können einfach hinterherspazieren, in gebührendem Abstand, und sie werden uns für eine weitere Touristengruppe halten, die die gleichen Sonderrechte genießt wie sie. Es müsste nur einer von uns den Führer spielen.«

Das war ganz nach Sir Henry Merrivales Geschmack.

»Ha!«, sagte er und tippte sich an die Brust. »Das mache ich.

Lamoureux sah ihn zweifelnd an.

»Wenn Sie das sagen, Paps. Sie sind der Boss. Aber wissen Sie denn genug über die Geschichte von dem Laden hier?«

331

»*Ich?*«, rief H. M. entrüstet. »Der Palast von Hampton Court«, schnauzte er ihn an, »begonnen im Jahr 1515 von Kardinal Wolsey, 1526 gestohlen von Heinrich VIII., dem alten Lüstling, dessen sechs Frauen ich Ihnen jetzt … «

»Paps! Nicht so laut!«

»Bin ich der Führer?«, fragte H. M. bissig, »oder bin ich es nicht?«

»Doch, der sind Sie«, zischte Tom. »Und wenn sie uns entdecken, haben wir eben Pech. Jedenfalls kann ich Jenny jetzt *sehen*. Solange wir sie im Blick haben, ist sie sicher. Weiter jetzt.«

Mit leisen Schritten gingen sie voran, Lamoureux auf der Seite zum Haus hin, Tom in der Mitte, H. M. außen.

Es war so still, dass sie nicht nur ihre eigenen Schritte, sondern auch die der anderen weit vorn hörten. Ein friedlicher lauer Frühlingsabend, alles duftete nach Gras und Bäumen. Keiner hätte gedacht, dass der Tod unter ihnen auf diesem weiten, hellen Pfad wandelte – und mit jedem Schritt seiner Enthüllung näher kam.

Tom Lockwood wusste davon natürlich nichts. Aber er spürte die Reißzähne überall. Er hatte den Blick fest auf Jenny geheftet, als könne sie vor seinen Augen verschwinden, und seine Nerven zuckten wie ein an Land geworfener Fisch.

So fuhr er denn auch sichtlich zusammen, als eine mächtige Stimme an seiner Seite erscholl.

»Zu unserer Rechten«, donnerte sie, »haben wir den berühmten Park von Hampton Court, vierundvierzig Morgen eleganten Spinats, angelegt von König Wilhelm III., vollendet 1734.«

»Um Himmels willen, seien Sie leise«, flüsterte Tom. »Wilhelm III. ist 1702 gestorben.«

H. M. wandte sich zu ihm um, die Hände in die Seiten gestemmt.

»Denken Sie, das weiß ich nicht?«, brüllte er. »Ich habe ja nicht gesagt, dass der alte Sauertopf es auch zu Ende gebracht hat, oder? Ich habe nur gesagt, er hat sie *an*gelegt – und Sie, junger Mann, werden bald dazwischenliegen, wenn Sie jetzt nicht den Mund halten und mich in Ruhe meine Führung machen lassen.«

»Piano, Paps! Treten Sie mal auf den Dämpfer! Man hört Sie ja bis nach Thames Ditton!«

Doch was immer H. M. mit seinem Störmanöver bezwecken wollte – denn Tom hatte keinen Zweifel, dass es Absicht war –, es war geschehen. Fünf Leute, bloße Schatten im Dunkel, drehten sich um und sahen sie an.

Aus dieser Gruppe löste sich erhobenen Hauptes Tante Hester. Sie durchmaß mit energischen Schritten den Raum, der sie voneinander trennte, und als sie ankam, blickte Sie H. M. ins Gesicht.

»Sie, nehme ich an«, sagte sie kühl, »sind dieser Merrivale?«

»Zur Linken«, donnerte H. M., »sehen wir den legendären Tennisplatz. Ursprünglich wurde Tennis mit einem hölzernen Ball gespielt, in der durchaus verständlichen Absicht, dem Gegner ein Auge auszuschlagen – was häufig genug auch gelang. Speziell eine Partie erlangte Berühmtheit … «

»Antworten Sie bitte«, sagte Tante Hester. »Wer hat Ihnen gestattet, nach Ende der offiziellen Besuchszeit auf diesem Grundstück zu bleiben?«

H. M. warf ihr einen verächtlichen Blick zu.

»Derselbe, der es Ihnen erlaubt hat«, sagte er. »Sir Hugh Rossiter. Wollen Sie ihn anrufen und sich vergewissern?«

Da H. M. alle Welt kannte, war es denkbar, dass er die Wahrheit sprach. Tante Hester wollte es nicht darauf ankommen lassen. Außerdem interessierte sie sich mehr für einen anderen in diesem Trio.

»Einen von Ihnen habe ich, glaube ich, schon kennen gelernt«, sagte sie schneidend. »Mr. Lockwood, ich muss ein Wort mit Ihnen reden.«

»Dann reden Sie«, sagte Tom.

»Seit Sie gestern meine Nichte entführten und sie später – *hoffentlich* – unbeschadet zurückbrachten, hat die arme Jennifer nichts als Unsinn im Kopf, und diesen Unsinn gedenke ich ihr hier und jetzt auszutreiben.«

»Oh?«

»Jawohl. Das Mädchen hat sich auf den absurden Gedanken versteift, sie sei in Sie verliebt …«

»Das hat sie tatsächlich gesagt?«, rief Tom.

Und verlor nun vollends den Kopf. Er erhob die Stimme, dass sie laut und vernehmlich durch das Dämmerlicht drang.

»*Jenny!*«, rief er. »*Jenny! Liebst du mich?*«

Wie der Blitz wandte sich Jenny auf dem breiten weißen Weg zu ihm um.

»*Ja!*«, rief sie zurück.

»*Willst du mich heiraten?*«

»*Ja!*«

Totenstille.

»Tja …«, meinte Sir Henry Merrivale mit sehr zufriedener Miene. »Nun, wo das geklärt ist … «

»Heiliges Kanonenrohr!«, hauchte Steve Lamoureux mit einer Stimme, die Tom noch nie bei ihm gehört hatte. »Wenn das die Art ist, wie in England Heiratsanträge gemacht werden, ist vielleicht doch etwas dran, wenn Leute sagen, hier ist alles lockerer. Und die Ehe wird dann am Telefon geschlossen?«

Aber Tante Hester war nicht amüsiert. Ihr Gesicht war so bleich, dass die Schminke deutlich hervortrat, ihr Lächeln war zum Äußersten angespannt – und gefährlich.

»Das ist ja interessant!« Sie lachte. »Ihr Vormund wird sich seinen Teil denken, und« – Tante Hesters Blick wanderte seitwärts – »der *fiancé*, dem sie versprochen ist, ebenfalls. Verraten Sie mir, Mr. Lockwood, wie hoch ist Ihr jährliches Einkommen?«

Tom starrte zu Boden.

»Nun! Ich wollte nicht …«

»Zieren Sie sich doch nicht, Mr. Lockwood«, sagte Tante Hester zuckersüß. »Sie sind Reporter beim *Record*, das wissen wir. Wie hoch mag da Ihr jährliches Einkommen sein?«

»Sagen Sie es ihr, Junge«, brummte H. M.

»Nun gut«, erwiderte Tom und hob den Kopf. »Nach Abzug der Erbschaftssteuern werden es etwa zwölftausend Pfund im Jahr sein.«

»*Zwölftau …*«

»Es ist nicht mein eigenes Geld!«, fuhr Tom sie an. »Es ist das Erbe meiner Mutter. Ich habe bisher nur einen einzigen erfolglosen Roman veröffentlicht. Als ich gestern Ludgate Hill hinaufspazierte, da habe ich überlegt, ob ich meine Arbeit nicht drangeben und mich ganz der Schriftstellerei widmen soll. Und das werde ich auch tun, wenn Jenny mich heiratet. Deshalb habe ich gesagt, Sie bekommen vielleicht bald einen besseren Boss, Steve; Sie können meinen Posten haben – die werden froh sein, wenn sie jemanden finden. Aber ich habe keine Sekunde lang nach Jennys Geld geschielt, und mir wäre es lieber, sie hätte keinen Penny.«

»Das ist doch der unglaublichste …«, hob Tante Hester an, aber dann hielt sie inne.

Kaum merklich hatte H. M. den Hals gereckt und sah sie mit einem Blick an, der bei Beelzebub nicht satanischer gewirkt hätte.

»Madam«, sagte er, »Sie haben mit uns nichts zu schaffen. Verschwinden Sie.«

»Ich lasse mir nicht … «

H. M. streckte den Finger aus, bis er fast Tante Hesters Nase berührte.

»Madam«, sagte er, »verdünnisieren Sie sich. Oder wollen Sie lieber mit König Wilhelms Spinat Bekanntschaft machen?«

Tante Hester verdünnisierte sich. Vor diesem Blick, der selbst die himmlischen Heerscharen zum Rückzug auf befestigte Stellungen bewogen hätte, blieb ihr keine andere Wahl.

Sie lief in aller Eile, heftig gestikulierend, zu der Gruppe zurück, die vorn wartete. Die ganze Gruppe wandte sich wieder um und schritt nun in höherem Tempo in die ursprüngliche Richtung voran. Jenny wehrte sich offenbar heftig, aber Margot hatte sie am Arm gefasst und zog sie vorwärts.

Wenn es nach Tom Lockwood gegangen wäre, einem kräftig gebauten jungen Mann, hätten sie die Verfolgung aufgenommen und sie ohne weitere Umschweife gestellt. Seine Gefährten hielten ihn zurück.

»Langsam, mein Junge«, sagte H. M. »Warten Sie noch! Wir haben sie im Blick, sie können uns nicht entkommen.«

»Paps«, sagte Lamoureux, der blass und gehetzt dreinblickte, »Sie sind ein So und so. Ein So und so und ein Das und das. Diesen ganzen Unsinn von Spinat und Tennisbällen haben Sie mit Absicht so laut gebrüllt, damit die alte Fregatte her zu uns kommt. Warum haben Sie das gemacht?«

»Nun, es war so …«, sagte H. M. mit lammfrommer Miene. »Ich wollte gern wissen, wie jemand, den wir kennen, sich gegenüber jemand anderem, den wir auch kennen, benimmt. War das deutlich genug?«

»Nein. Überhaupt nicht.«

»Na, das macht nichts, mein Junge«, tröstete H. M. ihn. »Ich sorge mich auch weniger um das Mädel, eher um jemand anderen. Außerdem – ich sage es noch einmal – können sie uns nicht entwischen. Wir haben sie im Blick.«

Mit einem Ruck blieb Lamoureux stehen.

»Das haben wir nicht!«, rief er mit erregter Stimme. »Wo sind sie? Sie sind nicht mehr da!«

Und das stimmte.

Als sie erst einmal den Palast hinter sich gelassen hatten, war der Weg beiderseits von hohen Bäumen gesäumt, finster und gespenstisch im windstillen Dunkel; von Zeit zu Zeit standen rechts und links Bänke. Fünf Personen waren von diesem Weg verschwunden.

»H. M.«, sagte Tom und fasste seinen Gefährten am Arm, »Sie kennen sich ja anscheinend in Hampton Court aus. Wohin führt dieser Weg?«

»Ruhig, mein Junge! Es ist ein Fahrweg zu einem der Haupteingänge – dem Löwentor. Aber wenn man vor dem Tor rechts abbiegt, kommt man bald in freieres Gelände mit dem Irrgarten … «

»Der Irrgarten!«, stöhnte Tom, und alle namenlosen Ängste stiegen in ihm auf. »Lauft, ihr Armleuchter! *Lauft!*«

Dass H. M. tatsächlich lief, bei aller Leibesfülle und trotz seiner Abneigung gegen sportliche Übungen aller Arten, kann nur als Tatsache vermerkt werden. Er reckte das Kinn vor, als wolle er damit die Luft zerschneiden, und hielt bei ihrem Sprint ohne weiteres mit den Jüngeren mit.

Nach gut hundert Metern sahen sie den schwachen Schein einer Laterne jenseits einer Allee zur Linken. Sie hasteten hinein, fanden sich auf einer großen offenen Fläche und blieben stehen. Zum ersten Mal hörten sie die schnaufende, ächzende Stimme des alten Führers.

»Ich bitte Sie, Miss«, flehte er, »Sie wollen doch nicht wirklich in den Irrgarten? Er ist nicht besonders schwierig – da übertreiben wir gern. Aber das ist bei Tage. Im Dunkeln sollte niemand hineingehen, Miss.«

»Aber ich will es!«, beharrte Jenny. »Ich habe schon so viel vom Irrgarten von Hampton Court gehört, mein ganzes Leben lang, und es würde mich umbringen, wenn ich da jetzt nicht hineinkönnte. Wollen Sie mir nicht Ihre elektrische Taschenlampe leihen?«

Am Ende der Lichtung stand eine Hütte oder ein Pavillon, offensichtlich bewohnt, und an dessen Seite strahlte, an einer Stange aufgehängt, eine Glühbirne ihr funzliges Licht.

Der berühmte Irrgarten lag ein ganzes Stück von dieser Hütte entfernt. In seiner Grundform war er oval, etwas über mannshoch, eine immergrüne Hecke, grob beschnitten.

337

Teils hellgrün im schwächlichen Glühbirnenlicht, teils in tiefste Schatten getaucht, schien er weniger ein Ort des Vergnügens als eine unergründliche, gefährliche Falle.

Der Eingang war wohl am anderen Ende, denn die Gesellschaft hatte sich dort versammelt. Margot mit den listigen Augen hüpfte vor Begeisterung.

»Darf ich mit hinein, Mama?«, rief sie aufgeregt. »*Bitte*, Mama.«

»Nein, das darfst du nicht«, erwiderte Tante Hester streng. »Später vielleicht, wenn die liebe Jennifer … «

»Alles Unsinn, nichts als Unsinn«, brummte Onkel Fred unter seinem grauen Soldatenschnurrbart.

»*Bitte*«, flehte Jenny in einem Tonfall, dem kein Mann widerstehen konnte, »kann ich die Taschenlampe haben?«

»Also gut«, murmelte der Führer. »Hier, nehmen Sie. Wenn Sie sich verirren, kann ich immer noch auf die Stehleiter am Eingang steigen und Ihnen Anweisungen geben. Aber seien Sie vorsichtig.«

»Das bin ich! Versprochen!«

»Jenny!«, rief Tom. »Jenny, warte, ich komme mit!«

Aber die Worte drangen nicht bis zu ihr vor. Er hörte leise ein Türchen in den Angeln knarren, dann ein Rascheln, wo Jenny sich durch die schmalen Gänge zwischen den Hecken vorarbeitete.

Tom sprang vor. Sofort packte Sir Henry Merrivale von hinten seine Arme und hielt ihn fest.

»Nein, mein Junge«, sagte H. M. mit leiser, doch dermaßen grimmiger Stimme, dass Tom verblüfft innehielt. »Sie gehen nicht in diesen Irrgarten.«

»Und warum nicht?«

»Was denken Sie denn«, fragte H. M. und sah sich um, »um wessen Leben ich noch mehr fürchte als um das der jungen Dame? Um *Ihres*.«

»Haben Sie den Verstand verloren?«

»Nein. Und Sie gehen nicht in diesen Irrgarten.«

Mit einem kräftigen Ruck löste Tom sich sogar aus H. M.s Klammergriff.

»Tut mir leid, Sir, aber genau das werde ich jetzt tun, und weder Sie noch sonst jemand wird mich aufhalten.«

Er lief den Pfad hinunter und dann an der Hecke entlang zum Eingang. Er sah die verblüffte Miene von Onkel Fred, der seinen schweren gelben Spazierstock schwang. Er sah die zusammengekniffenen Lippen von Tante Hester. Er sah das hübsche Schabernackgesicht von Margot, die ein wenig abseits stand.

Der Führer hatte bereits ächzend die Stehleiter neben dem Eingang erklommen. Tom öffnete das Türchen, drückte sich seitwärts zwischen die Buschreihen und versuchte zu laufen.

Es war unmöglich.

Die Hecken standen so eng, dass ihm die Zweige ins Gesicht schlugen. Stockfinster war es noch nicht, aber das Licht, das von der funzligen Glühbirne herüberdrang, täuschte das Auge und schuf trügerische dunkle Formen. Er konnte geradewegs in eine Hecke hineinlaufen, und schon im nächsten Moment hätte er es beinahe getan.

Langsam!

An der nächsten Biegung blieb er stehen, tastete zu seiner Linken und fand den schmalen Wall aus Drahtgeflecht. In diesem Irrgarten, hatte er einmal sagen hören, musste man sich nur immer links halten. Also bog er nach links und an der nächsten Gabelung wieder nach links.

Und dort sah er tiefer drinnen hinter den dünnen Heckenwänden das Glühwürmchenglimmen von Jennys Lampe. Gleich darauf war es verschwunden – dann war es wieder da.

»Jenny!«, rief er. »Warte auf mich! Ich bin's, Tom!«

»Tom! Liebster!« Die Worte kamen eher aus der Wand als aus dem Raum darüber. »Wo bist du?«

»Das weiß ich nicht. Wo bist du?«

»Ziemlich nahe am Mittelpunkt, glaube ich.«

»Dann bleib, wo du bist! Warte, bis ich dich einhole!«

»Oh nein!«, erwiderte Jenny züchtig. »Ich gehe bis zur Mitte und schalte die Lampe ab. Dann suchst du mich, und wenn du mich gefunden hast, sagst du mir, wie sehr du mich liebst.«

»Jenny, warte!«

Aber das Glühwürmchenglimmen huschte davon. Am Rascheln der Zweige konnte er hören, wie eilig sie voranstürmte. Schon im nächsten Moment hörte er einen Freudenschrei – offenbar war sie im Zentrum des Irrgartens angekommen. Das Licht der Taschenlampe erlosch.

Tom arbeitete sich voran, langsam und vorsichtig. Inzwischen war er so weit von dem Licht bei der Hütte entfernt, dass der Schein kaum noch etwas erhellte. Tom wusste nicht mehr, wo er war. Überall ragten Wände auf und schlossen ihn ein. Es war kein angenehmes Gefühl, verirrt in einem endlosen Labyrinth, wo hinter jeder Biegung …

Dann blieb er stehen und horchte.

Jemand folgte ihm mit vorsichtigen Schritten.

Jemand, nicht viel leichter als er, stellte ihm nach – aber was hatte er vor? Tom lief ein paar Schritte, dann blieb er stehen. Die Schritte hinter ihm liefen, blieben stehen. Tom lief noch einmal. Aber die Sache war eindeutig genug.

Eine Bewegung ganz in der Nähe, ein Umriss, gerade noch im Dunkel erkennbar, ließ ihn einen Blick über die Schulter werfen. Er sah, wie jemand sich aufrichtete. Der ferne Lichtschein ließ eine Klinge aufblitzen, als sie emporgehoben wurde – und zustach.

Nur dieser schwache Lichtstrahl bewahrte Tom davor, dass er hinterrücks erstochen wurde wie Johnson der Bauchredner – das und der schlecht geführte Stich. Das Messer riss nur den Jackenärmel über Toms Schulter auf. Der Angreifer, der mit solcher Wucht zugestochen hatte, dass er mit Tom zusammenprallte, warf sein Opfer der Länge nach zu Boden und tauchte, ein

340

grotesker Anblick, mit Kopf und Schultern in die Hecke auf der anderen Seite ein.

Ein einziges Wort fiel, nicht mehr.

Unter Knacken der Zweige befreite der Angreifer seinen linken Arm, dann den Kopf. Bevor er die Hand, die das Messer hielt, heraus hatte, hatte Tom ihm schon einen heftigen rechten Haken versetzt, und am Kinn des Angreifers troff das erste Blut hervor.

Dann standen sie einander gegenüber, zwei finstere Gestalten zwischen schmalen Wänden.

Keiner von beiden war Boxer. Keiner fühlte sich an Regeln gebunden. Beide tobten vor mörderischer Wut.

Der Angreifer warf sich mit ausgestreckter Klinge vor. Als er sprang, versetzte Tom ihm einen Tritt in die Leiste. Der Angreifer krümmte sich vor Schmerz, sein Messer ging klirrend zu Boden. Tom schlug noch einmal zu.

Der Angreifer richtete sich auf und stürzte sich mit beiden Fäusten auf ihn. Tom traf ihn zweimal in den Bauch, ein Hieb mit der Rechten, einer mit der Linken. Dann holte er mit ganzer Kraft zu einem Kinnhaken aus – der ihm, wenn er getroffen hätte, die Hand gebrochen hätte.

Aber der Schlag landete nicht am Kinn des anderen. Er traf, mit genauso verheerender Wirkung, den Hals unterhalb des linken Ohres. Dem Angreifer knickten die Beine ein, er kippte nach hinten und blieb reglos liegen.

»Wieso zum Teufel«, überlegte Tom, »haben wir plötzlich so viel Platz?«

Dann sah er, dass sie direkt am Eingang zum Inneren des Labyrinths gekämpft hatten. Nun hörte er auch zum ersten Mal Stimmen und die Geräusche von Körpern, die sich zwischen den Büschen hindurchzwängten.

Hinter ihm erschien der Lichtkegel einer Taschenlampe. Darüber war das grimmige Gesicht von Sir Henry Merrivale zu erkennen. Dann schaltete auch Jenny, die sich ängstlich an eine der Hecken gedrückt hatte, ihre Lampe ein.

341

Beide Strahlen trafen sich bei der Gestalt des Mannes, der im Mittelpunkt des Irrgartens am Boden lag. Er hatte die Augen geschlossen; er atmete schwer; Blut sickerte aus einer Wunde an der Wange.

Jenny wurde so bleich und wandte sich so abrupt ab, dass Tom dachte, ihr schwänden die Sinne.

Er selbst stand fassungslos da.

»Das ist doch nicht möglich!«, rief er und wies auf den Mann, der am Boden lag. »Das ist Steve Lamoureux, der Reporter!«

»Oh nein, das ist er nicht«, sagte Sir Henry Merrivale. *»Das ist niemand anderer als Armand de Senneville.«*

»Erklärungen?«, fragte H.M., als könne er es nicht glauben. »Sie werden mir doch nicht erzählen wollen, dass Sie *immer noch* Erklärungen brauchen?«

Jenny und Tom, die am Abend des folgenden Tages wieder vor dem Schreibtisch in H.M.s Büro saßen, bestätigten einmütig, dass sie Erklärungen sogar dringend bräuchten.

H.M. seufzte.

»Wissen Sie, mein Kind«, sagte er, »eigentlich hätten Sie früher dahinterkommen sollen, welches Spiel Ihr *fiancé* Armand de Senneville mit Ihnen trieb. Er versuchte Ihre Fahrt nach England zu verhindern. Das konnte er nicht – das Wort seines Vaters war Gesetz. Aber er wusste, wie sehr man Ihre Gefühle in Frankreich unterdrückt hatte. Er konnte sich ausmalen – und hatte es Tante Hester ja auch prophezeit –, dass Sie sich über beide Ohren in den ersten halbwegs präsentablen und gutmütigen Engländer verlieben würden, der Sie zum Lachen brachte und Ihnen das Gefühl gab, dass es mehr im Leben gab als korrektes Benehmen. Und genau so kam es ja auch.«

»Das ist nicht wahr!«, rief Jenny empört. »Bei Tom war es Liebe auf den ersten Blick. Das ist doch etwas ganz anderes!«

Tom schaltete sich eilig ein, bevor die Frage »Und was ist daran anders?« aufkommen konnte.

»De Senneville«, sagte er, »musste sich nur noch einen Bürstenschnitt zulegen und das Haar braun färben, er zog schreiende Kleider an und gab sich als frankokanadischer Reporter für eine seiner eigenen Zeitungen aus?«

»Aber Armand«, wandte Jenny ein, »spricht kein Englisch!«

»Nein?«, fragte H. M. »Das hat er Ihnen weisgemacht, mein Kind. Aber wie ich Tom schon erklärt habe, hat der Mann vier Jahre lang als Verbindungsoffizier für die amerikanische Armee gearbeitet. Das wäre wohl kaum ohne Englischkenntnisse gegangen. Er hatte sogar ein ausgezeichnetes Ohr; sein Amerikanisch war perfekt. Aber er musste den Frankokanadier mimen, damit er erklären konnte, wieso er beide Sprachen sprach.«

»Aber«, rief Jenny, und Tränen traten ihr in die Augen, »ich verstehe diesen Armand immer noch nicht! Wenn er verhindern wollte, dass ich Männer kennen lerne, wieso hat er dann nicht gesagt, dass er Englisch spricht, und ist einfach mit auf die Reise gekommen?«

»Das verstehen Sie nicht, mein Kind? Obwohl es der Schlüssel zu seiner ganzen Persönlichkeit ist?«

»Nein! Wieso soll das der Schlüssel sein?«

»Weil er zu stolz war«, erklärte H. M., »und viel zu eingebildet. Er hätte sich geschämt, wenn er zugegeben hätte, dass er sich Sorgen macht. Er wollte nicht eingestehen, dass es irgendwo auf der Welt einen Mann gab, der Sie dem großen Armand fortnehmen konnte.

Sie wollte er nie umbringen, mein Kind, das muss Ihnen klar sein! Und auch Tante Hester hatte es nicht auf Ihr Leben abgesehen. Die beiden wollten Sie nur so sehr in Angst und Schrecken versetzen, dass Sie sogleich nach Frankreich zurückkehrten. Wissen Sie nicht mehr, was Sie selbst gesagt haben, hier in diesem Büro? Ich habe Sie gefragt, ob Sie nach wie vor bei Ihrer Tante Hester wohnen wollten, und Sie antworteten: ›Nein. Aber was kann ich schon anderes tun, außer nach Paris zurückfahren?‹ – Verstehen Sie?«

»Dann hat dieser Armand«, sprudelte es aus Jenny heraus, »nur weil er mein Geld wollte, einen Menschen …«

»Oh, es war nicht nur Ihr Geld«, erwiderte H. M. finster. »Sicher, das wollte er auch. Aber ich glaube nicht, dass das alles war. Ich glaube, auf seine eigene eigenwillige Art war er auch ein klein wenig verliebt in Sie.«

Wieder übernahm Tom, denn Jenny blickte unglücklicher denn je drein.

»Aber was ist mit dem verschlossenen Zimmer?«, fragte er. »In dem jemand den Gashahn aufgedreht hat, obwohl Fenster und Türen fest von innen verschlossen waren?«

»Ich muss schon sagen!«, seufzte H. M. »Dann sollte ich Ihnen das wohl besser erklären, denn dieses verschlossene Zimmer hat mir die ganze simple Wahrheit verraten, bevor ich auch nur ahnen konnte, wer dahintersteckte.

In der legendären Nacht des Schreckens«, hob er an und wies mit dem Finger auf Jenny, »fanden Sie beim Abendessen in Ihrer Serviette einen Zettel mit der Aufschrift ›Heute Nacht wirst du sterben, Jennifer‹. Nicht wahr?«

»Aber von wem stammte dieser Zettel?«, fragte Tom.

»Von Tante Hester«, brummte H. M. »Das liegt doch auf der Hand. Ihr Benehmen, ihre Worte waren offensichtlich. Sie beherrschte die ganze Familie, sie war die Einzige – das habe ich ja wohl mehr als nur angedeutet –, die de Senneville eingeweiht und bestochen hatte.

Nach dem Abendessen, fuhr H. M. fort, noch immer den Finger auf Jenny gerichtet, »sind Sie auf Ihr Zimmer gegangen, kurz nach elf Uhr. Eines der Schiebefenster, die Sie verschlossen zurückgelassen hatten, stand weit offen. Nicht wahr?«

»Ja«, bestätigte Jenny und erschauderte.

»Sie zogen es wieder herunter und verriegelten es. Es gab keinen Grund, nach dem Gasofen zu sehen. Kurz nach zwölf gingen Sie zu Bett und schliefen bald darauf ein. Sie erwachten erst wieder, als Margot um sechs Uhr morgens an die Tür pochte. Eine geheimnisvolle ›amerikanische‹ Stimme fragte, ob etwas nicht in Ordnung sei. Die beiden liefen zum Fenster, unterwegs gabelten sie noch Onkel Fred auf. Onkel Fred schlägt das Fenster ein. Der geheimnisvolle ›Amerikaner‹, den Sie nicht sehen können, weil Sie schon fast bewusstlos sind, läuft zum Gasofen. ›So und so‹, sagt er, ›bis zum Anschlag aufgedreht!‹ Und dreht ihn, nach allem, was Sie wissen, ab. War es so?«

»Ja, genau so.«

»Es war *nicht* so«, sagte H. M. und schüttelte den Kopf. »Wer immer der geheimnisvolle Amerikaner sein mochte – er hatte bei diesem Schauspiel die Fäden in der Hand. Er hat Sie belogen. *Unmöglich*, dass der Gashahn bis zum Anschlag aufgedreht war.«

»Wieso?«

»Weil Sie dann längst tot gewesen wären«, erwiderte H. M. nüchtern. »Stellen wir uns einmal vor, jemand hätte sich mitten in der Nacht Zugang verschafft und tatsächlich den Hahn aufgedreht. Wir müssen uns nicht überlegen, wer es gewesen sein könnte. Sagen wir sogar, es geschah erst spät, unmöglich spät, fünf Uhr morgens zum Beispiel. Aber es gibt keinen einzigen Menschen auf der Welt, der in einem unbelüfteten Raum liegen und eine Stunde lang Gas einatmen könnte und immer noch am Leben wäre. Deshalb habe ich Sie auch danach gefragt und mir Gewissheit verschafft.«

»Wonach haben Sie mich gefragt?«

»Liebes Kind! Sie haben das kleinste Geräusch beschrieben, das Sie vernahmen, als Sie schon halb das Bewusstsein verloren hatten. Aber Sie haben *nicht* das Gas im Ofen gehört, das getost hätte wie ein Orkan, wenn der Hahn ganz aufgedreht gewesen wäre. So einfach ist das.«

»Oh!«, rief Jenny und richtete sich mit einem Ruck auf. »Dann hat …?«

»Genau. Kurz bevor Sie schlafen gingen, schlich sich Armand de Senneville – alias Steve Lamoureux – in Ihr Zimmer

345

und drehte den Gashahn um eine Winzigkeit auf – so wenig, dass kein Laut zu hören war. Dann ging er wieder und ließ das Fenster offen, damit noch einmal gut frische Luft hineinkam.

Sie gingen auf Ihr Zimmer und schlossen das Fenster. Nun! Was geschieht, wenn in einem so großen Raum ein klein wenig der Gashahn offen steht? Sie hören nichts, und eine gute Stunde lang riechen Sie auch nichts. Das Bett steht zu weit ab vom Ofen. Solche Unglücke sind keine Seltenheit. Fast sechs Stunden lang füllt der Raum sich nach und nach mit Gas. Als man Sie fand, waren Sie genau in der Verfassung, die man erwarten konnte.

Und das wäre die Erklärung, mein Kind. Armand de Senneville passte natürlich draußen auf wie ein Schießhund. Darauf können Sie sich verlassen! Er hatte sich seinen Zeitplan zurechtgelegt, wie er es immer tat, aber beinahe wäre er als Retter zu spät gekommen.

Er *musste* sich Margot zeigen – es ging nicht anders. Aber das Mädchen ist eine flatterhafte Natur; sie war so aufgeregt, dass sie nie überlegt hat, was er denn dort zu suchen hatte. Onkel Fred nahm ihn kaum zur Kenntnis. Tante Hester hatte später keine Mühe, Ihnen allen scharf in die Augen zu sehen und zu behaupten, sie hätten geträumt. Sie war ja die Einzige, die den wackeren Armand von Angesicht kannte. Aber was das ›Rätsel‹ des verschlossenen Raumes angeht …«

»Und das ist alles?«, rief Jenny

»Das ist alles. Was haben Sie denn sonst noch erwartet?«

»Was für eine Enttäuschung!«, rief Jenny unvermittelt und schlug sich mit den Fäusten auf die Knie. »Ich habe gedacht, es ist unerklärlich. Ich habe gedacht, kein Mensch kann so ein Rätsel lösen. Und dann kommen Sie und sagen, es ist die einfachste Sache von der Welt. Ich hasse Sie, Sir H. M.!«

Sir Henry Merrivales Reaktion, die Märtyrermiene, der leidende Blick zur Decke, bleiben am besten unbeschrieben.

»Das wäre also der Dank, nicht wahr? Leute kommen zu mir

und rufen ›Oh, es ist unerklärlich!‹ Ich sage ›Ach wo‹ und zeige ihnen, wie es funktioniert. Und sie sagen ›Ach, das ist alles? So ein blöder alter Kerl. Steckt ihn zurück in die Mülltonne.‹«

Eine halbe Stunde mühten sie sich, bis sie ihn beschwichtigt hatten.

»Nun gut!«, sagte er und blickte Jenny finster an. »Dann will ich für mich behalten, wie ich über eine bestimmte Art von Leuten denke. Ich erzähle Ihnen einfach nur, was als Nächstes geschah, und das werden Sie mir noch übel nehmen als das vorige. Tante Hester musste ein sehr krankes und ängstliches Mädchen den weiten Weg nach St. Paul's zerren, nur damit Armands Bauchredner zum verabredeten Zeitpunkt seinen Auftritt hatte.

Aber es kam nicht ganz so, wie sie es sich gedacht hatten. ›Steve Lamoureux‹ saß in dem Wagen, ganz wie er es Ihnen beschrieben hat, sah Sie die Treppen von St. Paul's hinunterlaufen und im wahrsten Sinne des Wortes diesem jungen Burschen hier in die Arme fallen. Als Sie in die Teestube gingen – nun, da konnte er zwei und zwei zusammenzählen. Sie können Gift darauf nehmen, dass er sich hineinschlich und hinter der Trennwand horchte, was Sie beiden sich zu erzählen hatten. Was er zu hören bekam, war genau, was er befürchtet hatte. Sie beide saßen beim Tee und entdeckten, dass Sie füreinander bestimmt waren.«

»Das Gefühl hatte ich«, gestand Jenny ein.

»Ich habe es immer noch«, meinte Tom.

»Ruhe hier«, sagte der große Mann. »Für ›Steve Lamoureux‹ boten sich nun mehrere Möglichkeiten. Er entschied sich für die beste, nämlich das Vertrauen von Tom Lockwood zu gewinnen und sich ganz in seiner Nähe zu halten. Er schickte das Mädel also mit Absicht zu mir, weil er in seiner Überheblichkeit glaubte, *seinen* großartigen Plan würde der alte Tattergreis nie durchschauen.

Nach Tante Hesters großem Auftritt in der Teestube – hier sah H. M. Tom an – »trat er hinzu und erzählte Ihnen seine Geschichte. Er hat sich mehr als nur Ihr Vertrauen erschlichen, mein Junge. Er erschlich sich Ihre Freundschaft.«

»Das ist wahr«, gestand Tom und betrachtete seine geballte Faust. »Das hat er tatsächlich.«

»Natürlich konnte er nicht mitkommen, als Sie zu mir ins Büro fuhren. Als er sagte, das Mädel dürfe ihn nicht sehen, war es die Wahrheit. Was er dann tat, lässt sich leicht ausmalen. Er folgte Ihnen und wartete in der Horse Guards Avenue. Ich habe sogar das Gefühl, ich kann mich an sein Gesicht erinnern, als wir drei unten in den Polizeiwagen stiegen und ich dem Fahrer die Adresse des Bauchredners gab, den er selbst angestellt hatte.

Er langte etwa fünfzig Sekunden vor uns bei dem Haus an; wahrscheinlich hat er einem Taxifahrer einen Fünfer unter die Nase gehalten. Er schlich sich durch die Hintertür ins Haus und schlug schneller als eine Schlange zu, und während Johnsons Leichnam noch die Vordertreppe hinunterkullerte, verschwand er durch dieselbe Tür schon wieder.

Und damit war es entschieden. Das habe ich Ihnen ja gesagt – von da an sah der ganze Fall plötzlich ganz anders aus.

Aus dem Vorfall mit dem Gasofen und den Ereignissen in der Flüstergalerie hatte ich geschlossen, dass niemand vorhatte, das Mädel tatsächlich umzubringen. Sie sollte nur einen so gehörigen Schrecken bekommen, dass sie das erste Flugzeug zurück nach Paris nehmen würde.

Nun, wer konnte ein Interesse an so etwas haben und Tante Hester als Komplizin gewinnen? Sie haben es schon erraten. Und was war mit diesem ›Amerikaner‹ oder ›Kanadier‹, der so unerklärlich immer wieder in dieser Geschichte auftauchte? Es wurde ja immer wieder versprochen, mir das zu erklären, aber niemand hat es getan.«

H. M. zog seine Brille ganz nach vorn auf die Nasenspitze und funkelte Jenny grimmig über den Gläserrand an.

»Verstehen Sie jetzt, mein Kind, warum ich wollte, dass Sie für die Nacht zurück ins Haus Ihrer Tante gingen? Es bestand keine echte Gefahr für Sie. Und es war auch unwahrscheinlich, dass an jenem Abend noch einmal jemand sein Spiel mit Ihnen treiben würde. Wenn noch etwas geplant war, dann würde es bei jenem Ausflug nach Hampton Court geschehen, auf dem Tante Hester so auffällig beharrte.

Und da konnte ich an Ort und Stelle sein und dafür sorgen, dass Ihnen nichts geschah. Und trotzdem, zum Donnerwetter, wäre ich beinahe zu spät gekommen!«

Nun wandten die funkelnden Brillengläser sich Tom zu.

»Haben Sie, mein Junge, gesehen, was ›Steve Lamoureux‹ für ein Gesicht machte, als Sie dort auf dem Gartenweg Ihre Liebeserklärung herausbrüllten und als das Mädel Ihren Heiratsantrag annahm?«

»Nein, aber ich habe seine Stimme gehört. Es war ein Ton, den ich nie zuvor bei ihm gehört hatte.«

»Als sich nun auch noch herausstellte, dass Sie Geld wie Heu hatten und niemand Ihnen vorwerfen konnte, Sie seien nur ein Mitgiftjäger, haben Sie da noch einmal zu ihm hingesehen?«

»Ja! Sein Gesicht war kreidebleich, die Zähne zusammengebissen. Aber ich dachte … «

»Kann ich mir vorstellen. Für alle Fälle hatte er ein Messer eingesteckt. Und das war der Augenblick, in dem er beschloss, dass Sie sterben mussten.«

Jenny schlug die Hände vors Gesicht und wandte sich ab.

»Oh, der Bösewicht war ich«, sagte H. M. »Die Rolle des Führers übernahm ich, weil ich sehen wollte, wie Tante Hester reagierte, wenn sie Steve Lamoureux von Angesicht sah. Sie hielt sich recht tapfer, aber sie konnte doch nicht vermeiden, dass sie ihn ansah, als sie vom *fiancé* das Mädels sprach.

Es war leichtsinnig von mir, das gebe ich zu. Weil ich mir meiner Sache ja schon sicher war. Als ich erfuhr, dass Armand de Senneville für die Yankees gearbeitet hatte, ließ ich mir seine Akte kommen und sah dort auch sein Foto. Und um dem Gan-

349

zen die Krone aufzusetzen, kam ›Steve Lamoureux‹ dann auch noch in mein Büro spaziert und tischte mir seine Märchen auf.

Und selbst wenn ich es nicht schon gewusst hätte, hätte der Dummkopf sich verraten. Er *musste* ja unbedingt gelbe französische Zigaretten rauchen und sie mit Schwefelhölzern anzünden. Selbst als er sich lebhaft mit mir unterhielt, hielt er instinktiv das Holz einen Moment lang beiseite, bis der Schwefel abgebrannt war … «

»Ja«, unterbrach Tom, »das hat er bei mir auch getan. Aber was schließen Sie daraus?«

»Ach, mein Junge! Er behauptete, er sei erst seit einem halben Jahr in Frankreich … «

»Genau wie bei mir!«

»Und kein Ausländer weit und breit wird sich binnen sechs Monaten an die französischen Schwefelhölzer gewöhnen. Man vergisst es immer wieder, und schon hat man beim ersten Zug die Lunge voller Schwefel. Nur jemand, der sein ganzes Leben in Frankreich verbracht hat, lässt instinktiv zuerst den Schwefel abbrennen. Vor mir, vor meinem eigenen Schreibtisch, saß ein Franzose, der sich aufs Schönste als Yankee verkleidet hatte.

Aber der Mann, der wirklich in Gefahr war, das waren *Sie*, mein Junge. Ich hätte einen Anfall bekommen, wenn ich gewusst hätte, dass Sie die Nacht zuvor mit Armand de Senneville unter dem Fenster des Mädels Wache standen. Ich kann es nur noch einmal sagen: Wie eine Schlange hat er den armen alten Johnson aus dem Wege geräumt. Und warum? Nur weil er nicht wollte, dass das Mädel herausfand, dass *er* es war, der sie in Angst und Schrecken versetzte. Wenn sie das erfuhr, würde er sie verlieren.

Was de Senneville oder Tante Hester oder die beiden gemeinsam gestern Abend in Hampton Court mit Ihnen vorhatten, weiß ich nicht. Sie kamen nicht mehr zum Zuge – das Feuerwerk ging vor der Zeit los. Ich wollte verhindern, dass Sie in den Irrgarten gingen. Haben Sie denn nicht gemerkt, dass ich mich umgesehen habe? Haben Sie nicht gemerkt, dass Lamoureux verschwunden war? Ich konnte Sie nicht aufhalten, Sie mussten in das Labyrinth. Er ist anscheinend über die Hecke geklettert – jedenfalls hat keiner gesehen, wie er hineinging – und folgte Ihnen dann. Aber manchmal kommen leichtsinnige junge Ritter wie Sie mit einem blauen Auge davon. In seiner Verzweiflung stürzte er sich mit dem Messer auf Sie, und Sie schlugen ihn k. o. Und das war das Ende der Geschichte.«

Es folgte ein langes Schweigen, dann räusperte Tom sich.

»H. M. Was wird jetzt mit ihm geschehen?«

»Oh, bisher können sie ihm nicht nachweisen, dass er Johnson umgebracht hat. Bisher nicht. Aber fürs Erste wandert er hinter schwedische Gardinen wegen versuchten Mordes in zwei Fällen: einmal mit Gas, einmal mit dem Messer. Aber die Bullen werden ihn noch weich klopfen, er wird den Mord an Johnson schon noch gestehen. Und dann wird er bekommen, was er verdient, mein Junge – er wird am Galgen baumeln.«

Jenny erhob sich plötzlich, am ganzen Leibe zitternd. Tom legte die Arme um sie und hielt sie fest.

»Es ist alles vorbei«, tröstete er sie. »Jenny, Liebes! Es ist alles in Ordnung!«

»Ja«, sagte sie und klammerte sich umso fester an ihn. »Deshalb darfst du mich auch nie verlassen, nie im Leben. *Jetzt* ist alles in Ordnung.«

Dies eine Mal brach Sir Henry Merrivale nicht in Schimpfkanonaden darüber aus, dass alle in seinem Büro nur poussieren wollten. Langsam, feierlich erhob er sich von seinem Stuhl und ging hinüber zum Fenster. Dort stand er, die Hände hinter dem Rücken verschränkt, und blickte hinaus auf den Fluss und auf das prachtvolle Panorama von London.

Aus dem Englischen von Manfred Allié

Poul Anderson

Poul William Anderson (1926–2001) war kein eigentlicher Autor des Genres Detektivroman, sondern herausragender Vertreter zweier anderer blühender Genres, der Science-Fiction und der Fantasy, bei dem Letzteren wird er zu den Pionieren gezählt. Berühmte Fantasy-Romane aus seiner Feder sind etwa »Three Hearts and Three Lions« (1953), »The Broken Sword« (1954) oder die mit seiner Frau Karen gemeinsam verfasste Serie »The King of Ys« (1986–1988).

Die Science-Fiction-Werke Andersons zeichnen sich nach dem Urteil der Experten dadurch aus, dass sie sich an das naturgesetzlich Mögliche halten – kein Wunder, hat ihr Autor doch einst an der University of Minnesota Physik studiert und sein Studium 1948 ordnungsgemäß mit einem akademischen Grad abgeschlossen.

Dass Anderson nunmehr mit einem Kronjuwel in einer Krimi-Anthologie auftaucht, liegt an der überwältigenden Bedeutung des größten Detektivs aller Zeiten, Sherlock Holmes. Als Arthur Conan Doyle diese Gestalt im intertextuellen Spiel schuf – siehe dazu die Einleitung zu Ellery Queens »Der verrückte Fünf-Uhr-Tee« in diesem Band –, eröffnete er zugleich das wohl gigantischste intertextuelle Spiel aller Zeiten – es gibt weltweit nahezu keinen Detektiv, der sich nicht gelegentlich mit einer Marotte oder einer Redewendung oder einer Regiebemerkung auf Holmes bezöge.

Nach dem alten britischen Recht war die Gestalt bis 1980, fünfzig Jahre nach dem Tod ihres Schöpfers, urheberrechtlich geschützt, inzwischen sind es die international üblichen siebzig Jahre. So entstand das Subgenre des Privatdrucks, in dem Doyles Kollegen oder auch nur seine Bewunderer einmal eine selbstverfasste Holmes-Geschichte für seine Fans und ihre Freunde veröffentlichten. Ganze Anthologien ließen sich mit solchen Pastiches, wie man dergleichen Kabinettstückchen in fremder Manier zu nennen pflegt, füllen – eins der schönsten und geistreichsten sind Andersons »Kronjuwelen des Mars«.

Sie konnten 1956 offiziell in einer Anthologie des Krimi- und SF-Kenners Anthony Boucher erscheinen, da der Name Holmes in ihnen nicht fällt. Der Detektiv ist Martianer und großer Bewunderer seines terrestrischen Vorgängers, den er zu zitieren liebt, wie auch sein Autor martianische Äquivalente zum Helden aus der Baker Street herbeizuzitieren weiß. Sie zu finden ist entscheidender Teil des Lesevergnügens und soll deshalb auch den Lesern überlassen bleiben.

Da – wie auch in Andersons anderen SF-Werken – unsere Naturgesetze gelten, bleibt die Geschichte dennoch eine klassische Detektivgeschichte, dem Leser gegenüber fairer, als es das Original zu sein pflegt. Detektivromane verfremden unsere Wirklichkeit – und die ist in ihren naturwissenschaftlichen Aspekten auch auf dem Mars und seinem Trabanten Phobos zu finden.

Poul Anderson
Die Kronjuwelen des Mars

Das Signal wurde empfangen, als das Schiff noch vierhunderttausend Kilometer entfernt war, und Stimmen vom Band benachrichtigten die Techniker. Es gab keinen Grund zur Eile, denn die ZX28749, auch *Jane Brackney* genannt, kam fahrplanmäßig; aber die Landung eines unbemannten Raumschiffes ist immer ein delikates Unterfangen. Menschen und Maschinen bereiteten sich auf ihren Empfang vor, als sie näher kam; aber erst einmal war die Kontrollmannschaft gefordert.

Yamagata, Steinmann und Ramanowitz befanden sich im GCA-Tower, und Hollyday hielt sich für den Notfall bereit. *Sollten* die Schaltkreise versagen – sie hatten das noch nie getan, aber tausend Tonnen atomgetriebenes Raumschiff samt Fracht, die ungebremst auf den Hafen knallten, konnten dem menschlichen Leben auf Phobos ein Ende setzen. Deshalb bewachte Hollyday ein Arrangement aus zusätzlichen Leitungen, gegebenenfalls bereit, erforderliche Schaltungen vorzunehmen.

Yamagatas schlanke Finger tanzten über die Radaranzeigen. Seine Augen hafteten am Schirm. »Ich habe sie«, sagte er. Steinmann ermittelte die Entfernung, und Ramanowitz las am Dopplerskop die Geschwindigkeit ab. Ein kurzer Dialog mit dem Computer zeigte, dass alle Werte fast exakt den Erwartungen entsprachen.

»Wir können erst mal entspannen«, meinte Yamagata und griff zur Zigarette. »Es dauert noch eine ganze Weile, bis sie in Kontrollnähe ist.«

Seine Augen wanderten durch den gedrängt vollen Raum bis zum Fenster. Vom Tower aus konnte er den Raumhafen sehen: wenig eindrucksvoll, denn die meisten Läden, Lagerräume und Wohnquartiere lagen unter dem Boden. Das glatte Betonfeld endete an der Krümmung des kleinen Satelliten. Stets war er dem Mars zugewandt, und die Station lag auf der gegenüberliegenden Seite, aber er konnte sich erinnern, wie riesig der Mars über der anderen Hemisphäre hing, eine sanfte rötliche Scheibe, leicht verschwommen durch die dünne Luftschicht, dunstige Flecken Heide und Ackerboden. Obwohl Phobos von einem Vakuum umgeben war, konnte man die Sterne des Alls nicht sehen: Die Sonne und die Scheinwerfer strahlten zu grell.

Man hörte ein Klopfen an der Tür. Hollyday ging hin, die geringe Schwerkraft ließ ihn fast geisterhaft schweben, und öffnete sie. »Niemand darf hier rein bei einer Landung«, sagte er. Hollyday war ein stämmiger blonder Mann mit gefälligem, offenem Gesichtsausdruck, und sein Ton klang weniger scharf als der Wortlaut.

»Polizei.« Der Neuankömmling, ein muskulöser Mann mit rundem, ernsthaftem Gesicht, trug Zivilkleidung, Tunika und Pyjamahosen, wie zu erwarten war; jeder in der kleinen Siedlung kannte Inspector Gregg. Nur hatte er jetzt eine Pistole in der Hand, was außergewöhnlich war, und er wirkte gehetzt.

Yamagata sah wieder hinaus und erblickte unten auf dem Feld die vier Polizisten des Hafens in offiziellen Raumanzügen. Sie beobachteten das Bodenpersonal. Auch sie trugen Waffen. »Was ist los?«, fragte er.

»Nichts … hoffe ich.« Gregg trat ein und versuchte zu lächeln. »Aber die *Jane* hat bei dieser Fahrt eine ganz ungewöhnliche Ladung.«

»Hm?« In Ramanowitz' breitem, vollem Gesicht leuchteten die Augen auf. »Warum hat man uns nicht davon unterrichtet?«

»Das war Absicht. Geheimhaltung. Die Kronjuwelen des Mars befinden sich an Bord.«

Holliday und Steinmann nickten einander zu. Yamagata pfiff durch die Zähne. »Auf einem Roboterschiff?«

»Allerdings. Ein Roboterschiff ist die einzige Transportart, bei der sie nicht gestohlen werden können. Dreimal hat man es beim Hintransport zur Erde auf einem Linienraumschiff ver-

355

sucht, und ich mag gar nicht daran denken, wie viele Versuche man während der Ausstellung im Britischen Museum unternommen hat. Ein Wächter ist dabei ums Leben gekommen. Jetzt werden meine Männer sie holen, bevor irgendwer sonst das Schiff auch nur anfasst, und sie dann auf dem direktesten Weg nach Sabaeus schaffen.«

»Was sind die denn so wert?«, fragte Ramanowitz verwundert.

»Oh …, auf der Erde könnte man sie unter der Hand für schätzungsweise eine halbe Milliarde UN-Dollar verkaufen«, sagte Gregg. »Aber der Dieb wäre besser beraten, wenn er die Martianer für ihre Rückgabe bezahlen ließe …, nein, das müsste wohl die Erde machen, nehme ich an. Wir haben die Verantwortung.« Er stieß nervöse Wolken aus. »Die Juwelen wurden heimlich an Bord der *Jane* gebracht, als Allerletztes, bevor sie zu ihrer planmäßigen Fahrt gestartet ist. Nicht einmal mir hat man es erzählt, bis mich ein Spezialkurier, der mit dem wöchentlichen Linienschiff gekommen ist, ins Bild gesetzt hat. Null Chance für irgendeinen Dieb, auch nur zu wissen, dass sie hier landen, bis sie wieder sicher auf dem Mars sind. Und dann sind sie *sicher*!«

Ramanowitz überlief ein Schaudern. Alle Planeten wussten, was die Tresorräume auf dem Mars bewachte.

»Einige Menschen müssen es trotzdem gewusst haben«, sagte Yamagata nachdenklich. »Ich denke da an die Ladecrew auf der Erde.«

»Allerdings, da ist was dran.« Gregg lächelte. »Einige von der Crew haben seitdem gekündigt, sagte mir der Kurier, aber natürlich gibt es da immer eine hohe Fluktuation – Raumleute sind ein ruheloses Völkchen.« Sein Blick wanderte zu Steinmann und Hollyday, die beide zuletzt auf der Erdstation gearbeitet hatten und erst ein paar Schiffstermine zuvor auf den Mars gekommen waren. Die Linienraumschiffe beschrieben eine hyperbolische Bahn und kamen nach zwei Wochen an; die

Roboterschiffe folgten dem gemütlicheren und kostengünstigeren Hohmann-A-Orbit und benötigten 258 Tage. Ein Mann, der wusste, welches Schiff die Juwelen an Bord hatte, konnte die Erde verlassen, lange vor der Fracht zum Mars gelangen und dort einen Job annehmen – auf Phobos herrschte immer Mangel an Arbeitskräften.

»Sehen Sie uns nicht so an«, sagte Steinmann und lachte. »Chuck und ich haben natürlich davon gewusst, aber es galten strenge Sicherheitsmaßnahmen. Wir haben keiner Seele etwas davon erzählt.«

»Ja. Mir wäre es zu Ohren gekommen, wenn Sie das getan hätten«, stimmte Gregg zu. »Gerüchte verbreiten sich hier schnell. Seien Sie nicht eingeschnappt, bitte, aber ich bin hier, um dafür zu sorgen, dass keiner von euch Jungs diesen Tower verlässt, bis die Juwelen an Bord unseres eigenen Schiffes sind.«

»Na gut. Immerhin heißt das bezahlte Überstunden.«

»Wenn es darum geht, schnell reich zu werden, suche ich lieber nach Bodenschätzen«, meinte Holliday.

»Wann hörst du endlich damit auf, in deiner Freizeit mit dem Geigerzähler rumzulaufen?«, wollte Yamagata wissen. »Phobos besteht ausschließlich aus Eisen und Granit.«

»Da habe ich meine eigenen Vorstellungen«, sagte Hollyday bestimmt.

»Teufel noch mal, auf diesem gottverdammten Klumpen braucht doch jeder ein Hobby«, verkündete Ramanowitz. »Ich könnte glatt selbst versuchen, an diese Klunker ranzukommen, und wenn es nur wegen der Aufregung wäre.« Abrupt verstummte er, als ihn Greggs Blick traf. »Alles klar«, sagte Yamagata knapp. »Los geht's. Inspector, bleiben Sie uns aus den Füßen, und unterbrechen Sie uns nicht, wenn Ihnen Ihr Leben lieb ist.«

Die *Jane* trieb jetzt schnell auf sie zu, wobei ihre Geschwindigkeit auf der sorgfältig berechneten Bahn fast identisch mit der von Phobos war. Fast, aber nicht ganz, es hatte die unvermeidlichen kleinen Störfaktoren gegeben, die die ferngesteuerten Düsen auszugleichen hatten, und dann ging es an das Geschäft, sie zu landen. Ein Ruck ging durch das Team, und jeder war hektisch tätig.

Durch das All kam die *Jane* bis auf tausendfünfhundert Kilometer an Phobos heran – ein kugelförmiges Objekt von hundertfünfzig Meter Durchmesser, wuchtig und massig, aber verschwindend klein, verglichen mit der unglaublichen Masse des Trabanten. Und doch ist Phobos ein unbedeutendes Kügelchen ohne Lufthülle im Verhältnis zu seinem Planeten siebter Ordnung. Astronomische Größen sind schlicht und im Wortsinne unbegreiflich.

Als das Schiff nahe genug herangekommen war, wurden seine Kreisler über Funk eingeschaltet; sie richteten durch behutsame Rotation das Schiff so aus, dass seine Empfangsantennen direkt auf das Landefeld zeigten. Dann wurden seine Düsen eingeschaltet, nur für einen minimalen Impuls. Die *Jane* war jetzt fast exakt über dem Raumhafen, ihre Flugbahn tangential zur Krümmung des Mondes. Nach kurzem Zögern drückte Yamagata die Hebel tief durch, und die Raketen röhrten los, ihr roter Streifen war am Himmel sichtbar. Er drosselte sie wieder, kontrollierte seine Daten und gab ihnen noch einen milden Stoß.

»Okay«, brummte er. »Jetzt runter mit ihr.«

Ihre Geschwindigkeit, bezogen auf Phobos' Orbit, und Rotation waren jetzt gleich null, und sie fiel. Yamagata drehte sie, bis die Düsen senkrecht nach unten zeigten. Dann lehnte er sich zurück und wischte sich den Schweiß vom Gesicht, während Ramanowitz an seine Stelle trat; der Job war zu nervenaufreibend, als dass ihn einer in seiner Gänze hätte allein durchführen können. Ramanowitz dirigierte die plumpe Masse schwitzend einige Meter über den Sockel. Steinmann beendete die Aufgabe und setzte sie so behutsam auf das Bodenaggregat wie ein Ei in den Eierbecher. Er schaltete die Düsen aus, und es herrschte Schweigen.

358

»Boah! Chuck, wie wär's mit einem Drink?« Yamataga
streckte seine zitternden Hände aus und betrachtete sie wie etwas Fremdes.

Holliday lächelte und holte eine Flasche. Sie machte fröhlich
die Runde. Gregg lehnte ab. Seine Augen hafteten auf dem
Feld, wo jetzt ein Techniker die Radioaktivität überprüfte. Das
Ergebnis war in Ordnung, und er sah, wie seine Polizisten über
den Beton gerannt kamen, um das große Schiff mit ihren Waffen zu umstellen. Einer von ihnen kletterte hoch, öffnete die
Luke und glitt nach innen.

Es dauerte äußerst lange, bis er wieder auftauchte. Dann kam
er angelaufen. Gregg fluchte und drückte auf das Funkgerät des
Towers. »He da! Ybarra! Was ist los?«

Das Gerät im Raumhelm quakte eine Antwort: »Señor … Señor Inspector … die Kronjuwelen sind verschwunden.«

Sabaeus ist natürlich ein rein menschlicher Name für die alte
Stadt, die sich in die Tropen des Mars schmiegt, an der Kreu-
zung der »Kanäle« Phison und Euphrates. Irdische Münder
können schlicht die Silben des Hoch-Chlannach nicht bilden,
wiewohl grobe Annäherungen möglich sind. Auch haben Menschenwesen niemals eine Stadt gebaut, die ausschließlich aus
Türmen besteht, die an der Spitze breiter sind als an der Basis;
und erst recht haben sie niemals eine solche Stadt zwanzigtau-
send Jahre lang bewohnt. Und hätten sie das jemals getan, hätten sie auf jeden Fall für einen regen Touristenstrom gesorgt;
aber Martianer ziehen würdigere Wege vor, um Dollars zu machen, auch wenn ihr Ruf hinsichtlich ihrer Sparsamkeit den der
Schotten längst verdrängt hat. Das Ergebnis ist, dass trotz des
regen interplanetarischen Handels und trotz des Vertragshafens
Phobos ein Menschenwesen in Sabaeus immer noch ein seltener Anblick ist.

Während er die Avenuen zwischen den Steinpilzen entlang-
eilte, spürte Gregg, wie er auffiel. Er war froh, dass der Raum-

anzug ihn verhüllte. Nicht dass die würdigen Martianer geglotzt hätten; sie farkelten, was schlimmer ist.

Die Straße-derer-die-Nahrung-in-Öfen-zubereiten ist ruhig, geprägt von Künstlern und Kunstgewerbe, Philosophen und gepflegten Mietwohnungen. Niemals würde man hier einen Werbungstanz sehen oder einen Umzug der Niederen Hellebardiere; hier gab es nichts Aufregenderes als eine viertägige ununterbrochene Diskussion über die relativistische Natur der Nullklasse oder gelegentliche Schießereien. Letztere erklären sich durch den berühmtesten Privatdetektiv des Planeten, der hier nistet.

Gregg fand es immer ein wenig unheimlich, auf dem Mars zu sein, unter dem kalten tiefblauen Himmel und der geschrumpften Sonne, umgeben von Geräuschen, die von der dünnen sauerstofflosen Luft gedämpft wurden. Aber für Syaloch empfand er viel Zuneigung, und als er die Leiter hochgestiegen war, die Rassel vor der Wohnung im ersten Stock betätigt hatte und eingelassen worden war, fühlte er sich, als sei er einem Albtraum entronnen.

»Ah, Krech!« Der Ermittler legte das Saiteninstrument beiseite, auf dem er gespielt hatte, und ragte hager über seinem Besucher auf. »Ein unerwartetes Pfergnügen, Zie zu zehen. Kommen Zie herein, mein Chunge, kommen Zie.« Er war auf sein Englisch stolz – aber schlichte Rechtschreibtricks geben keinen Eindruck vom zischenden und klickenden Mars-Akzent. Gregg hatte es sich seit langem zur Gewohnheit gemacht, ihn innerlich in menschliche Aussprache umzusetzen, während er lauschte.

Vorsichtig ertastete der Inspector seinen Weg in das hohe, schmale Zimmer. Die Glühschlangen, die es nach Einbruch der Dunkelheit erleuchteten, lagen jetzt zusammengerollt auf dem Steinboden, in einem Durcheinander aus Papieren, Gegenständen und Waffen, rötlicher Sand lag auf den Simsen unter den gotischen Fenstern. Syaloch war nicht sehr reinlich, außer was seine Person betraf. In einer Ecke befand sich ein kleines chemisches Labor. Die übrigen Wände waren mit Regalen bedeckt, die die kriminologische Literatur dreier Planeten beherbergten – martianische Bücher, irdische Mikros und venusische Redesteine. An einer Stelle waren die Glyphen, die für die Regierende Nestmutter standen, mit patriotischer Sorgfalt in die Wand geschossen worden. Ein Erdling konnte auf den trapezoiden Möbeln der Eingeboren nicht sitzen, aber Syaloch hatte zuvorkommend auch für Stühle und Bütten gesorgt; schließlich war auch seine Klientel triplanetarisch. Gregg fand einen abgestoßenen Empirestuhl und ließ sich nieder, während er schwer in seine Sauerstofföhren atmete.

»Ich nehme an, Sie sind in einer offiziellen, aber vertraulichen Angelegenheit hier.« Syaloch holte eine Pfeife mit großem Kopf hervor. Die Martianer haben den Tabak begeistert übernommen; aber in ihrer Atmosphäre musste man Kaliumpermanganat beimischen. Gregg war dankbar, dass er den blauen Dunst nicht einzuatmen brauchte.

Er erschrak. »Woher zum Teufel wissen Sie das?«

»Elementar, mein Lieber. Sie wirken höchst erregt, und ich weiß, dass das bei einem eingefleischten Junggesellen wie Ihnen nur berufliche Gründe haben kann. Dennoch kommen Sie zu mir, statt zum Homeostatischen Corps zu gehen … mithin muss es sich um etwas Delikates handeln.«

Gregg lächelte ironisch. Er selbst konnte bei keinem Martianer den Gesichtsausdruck deuten – was konnte einem Lächeln oder einem Ausdruck der Verachtung in einem völlig nichtmenschlichen Gesicht entsprechen? Aber dieser Storch in Übergröße …

Nein. Jeder Vergleich zwischen den Spezies verschiedener Planeten leistet nicht anderes, als die Unzulänglichkeit der Sprache offen zu legen. Syaloch war ein über zwei Meter großer Zweifüßer von einem vage an einen Storch erinnernden Äußeren. Aber der straffe, von einem Busch gekrönte, rotschnäblige Kopf am Ende des gebogenen Halses war zu groß, die gelben

Augen lagen zu tief; die weißen Federn ließen eher an einen Pinguin als an einen flugfähigen Vogel denken, sah man vom blau gefiederten Schwanz ab; anstelle von Flügeln hatte er sehnige rote Arme, die in vierfingrigen Händen endeten. Und die gesamte Haltung war zu aufrecht für einen Vogel.

Mit einem Ruck zwang sich Gregg zur Konzentration. Gott im Himmel! Die Stadt lag grau und ruhig da; die Sonne glitt nach Westen über das Farmland des Sinus Sabaeus und die Wüste der Aeria; er vernahm soeben noch das Rumpeln eines Tretmühlwagens, der unter den Fenstern vorbeifuhr – und er saß hier mit einer Geschichte, die das Sonnensystem in die Luft sprengen konnte.

Seine Hände, wegen der Kälte in Handschuhen, verschränkten sich. »Ja, es ist vertraulich, das stimmt. Wenn Sie es schaffen, diesen Fall zu lösen, können Sie Ihr Honorar selber festsetzen.« Das Leuchten in Syalochs Augen ließ ihn diese Formulierung sogleich bereuen, aber er stotterte weiter: »Zunächst noch etwas anderes: Wie stehen Sie zu uns Erdlingen?«

»Ich habe da keine Vorurteile. Mir kommt es auf den Verstand an, gleichgültig, ob er von Federn, Haaren oder einer Knochenplatte bedeckt wird.«

»Nein, das weiß ich. Aber einige Martianer lehnen uns ab. Wir stören eine alte Lebensart – wir können gar nicht anders, wenn wir mit euch Handel treiben ...«

»K'teh. Handel ist doch im Großen und Ganzen etwas Nützliches. Ihr Brennstoff und Ihre Maschinen – und Ihr Tabak, jaaaah – gegen Kantz und Snull von uns. Außerdem waren wir dabei, zu ... statisch zu werden. Und natürlich hat der Raumverkehr der Kriminologie völlig neue Dimensionen erschlossen. Doch, ich bin für die Erde.«

»Dann werden Sie uns helfen? Und Stillschweigen über etwas bewahren, was Ihre Planetarische Föderation dazu bringen könnte, uns mit einem Fußtritt vom Phobos zu verjagen?«

Die dritten Augenlider schlossen sich und verwandelten das

langschnäblige Gesicht in eine Maske. »Noch kann ich nichts versprechen, Gregg.«

»Nun gut … verdammt noch mal, ich muss das Risiko eingehen.« Der Polizeibeamte schluckte schwer. »Sie wissen natürlich über Ihre Kronjuwelen Bescheid?«

»Sie wurden zu Ausstellungs- und Forschungszwecken der Erde übergeben.«

»Nach jahrelangen Verhandlungen. Auf dem ganzen Mars gibt es keine größeren Kostbarkeiten. Und Sie waren schon eine alte Kultur, als wir noch Mammuts jagten. Nun gut, sie sind gestohlen worden.«

Syaloch öffnete seine Augen, aber seine einzige weitere Bewegung bestand darin zu nicken.

»Sie wurden auf der Erdstation in ein Roboterschiff geladen. Als das Schiff Phobos erreichte, waren sie verschwunden. Wir haben das Boot nahezu vollständig auseinander genommen, um sie zu finden – wir haben die übrige Fracht zerlegt, Stück für Stück – und sie waren nicht da!«

Syaloch entzündete seine Pfeife aufs Neue – ein komplizierter Vorgang mit Feuerstein und Stahl in einer Welt, in der Streichhölzer nicht brennen. Erst als sie wieder gut zog, stellte er eine Frage: »Ist es möglich, dass jemand auf der Reise das Schiff betreten hat?«

»Nein. Das ist nicht möglich. Jedes Raumschiff im System ist registriert, und die Position eines jeden ist jederzeit bekannt. Außerdem, stellen Sie sich die Aufgabe vor, einen solch winzigen Fleck in Hunderten von Millionen Kubikkilometern auszumachen, die Geschwindigkeit ihm anzugleichen … so viel Brennstoff könnte kein Raumschiff mit sich führen. Und bedenken Sie, es ist nicht bekannt geworden, dass die Juwelen auf diesem Weg zurückgeschafft wurden. Nur die UN-Polizei und die Besatzung der Erdstation *konnten* etwas wissen, bis das Schiff wirklich unterwegs war – und dann war es zu spät, es abzufangen.«

363

»Äußerst interessant.« Syaloch zog heftig an seiner Pfeife.

»Wenn nur ein Wort davon verlautet«, sagte Gregg äußerst bedrückt, »können Sie sich die Folgen ausmalen. Ich nehme an, wir hätten noch einige wenige Freunde in Ihrem Parlament …«

»Im Haus der Tätigen ja … einige wenige. Nicht im Haus der Philosophen, und das ist das Oberhaus.«

»Ein zwanzigjähriger Stopp im Verkehr zwischen Erde und Mars – vielleicht ein Abbruch der Beziehungen für immer. Verdammt, Syaloch, Sie müssen die Steine finden!«

»Hm-m-m. Ich erbitte Ihre Verzeihung, aber das erfordert Nachdenken.« Der Martianer griff nach seinem eigentümlich geformten Instrument und zupfte spielerisch an einigen Saiten. Gregg seufzte und versuchte sich zu entspannen. Er kannte das Chlannach-Temperament; jetzt würde er eine Stunde lang Gejaule in Molltonarten über sich ergehen lassen müssen.

Der farblose Sonnenuntergang war vorüber, die Nacht mit dieser entnervenden martianischen Schnelligkeit hereingebrochen, und die Glühschlangen strahlten ihr blaues Licht aus, als Syaloch die Halbfiedel hinlegte.

»Ich fürchte, ich werde mich persönlich auf Phobos begeben müssen«, sagte er. »Für eine Analyse gibt es noch zu viele Unbekannte, und es ist niemals gut, Theorien aufzustellen, bevor man nicht alle Daten gesammelt hat.« Eine knochige Hand klopfte auf Greggs Schulter. »Kommen Sie, kommen Sie, mein Lieber. Ich bin Ihnen äußerst dankbar. Das Leben war höllisch langweilig geworden. Jetzt ist, wie mein irdischer Vorgänger sagen würde, das Wild aufgescheucht … und ein sehr stattliches Wild dazu!«

Ein Martianer ist in erdähnlicher Atmosphäre kaum behindert; er benötigt nur einen einstündigen Aufenthalt in einer Druckkammer und einen Filter auf dem Schnabel, um zu viel Sauerstoff und Feuchtigkeit fern zu halten. Syaloch lief frei im Hafen umher, ausgerüstet mit Filter, Pfeife und *Tirstokr*-Mütze, und schimpfte vor sich hin über die Hitze und die Feuchtigkeit. Ihm fiel auf, dass alle Menschenwesen außer Gregg zurückhaltend waren, fast verängstigt, wenn sie ihn beobachteten – sie hüteten ein Geheimnis, das zu Mord und Totschlag führen konnte.

Er schlüpfte in einen Raumanzug und ging hinaus, um sich die *Jane Brackney* anzusehen. Das Fahrzeug war auf die Seite rangiert worden, um später gekommenen Raumschiffen Platz zu machen, und stand jetzt neben einem natürlichen Felsen am Rand des Feldes und glitzerte im harten Sonnenlicht des Weltraums. Gregg und Yamagata waren bei ihm.

»Ich muss sagen, Ihr wart *wirklich* gründlich«, bemerkte der Detektiv. »Die Außenhaut ist ja fast völlig demontiert.«

Der Sphäroid erinnerte an ein Ei, das mit einem Waffeleisen aneinander geraten war: ein sich überkreuzendes Netz von Streben und Trägern über einer dünnen Aluminiumhaut. Die Düsen, Luken und der Antennenmast waren die einzigen Unterbrechungen in dem Schachbrettmuster, dessen Tiefe etwa dreißig Zentimeter betrug und dessen Quadrate am »Äquator« etwa eine Seitenlänge von knapp einem Meter hatten.

Yamagata lachte gequält. »Nein, die Polizei hat sie nur Zentimeter für Zentimeter mit dem Fluoroskop untersucht, aber so sehen Frachtraumschiffe immer aus. Sie landen niemals auf der Erde, wissen Sie, oder sonst wo, wo Luft ist, deshalb ist jede Stromlinienform überflüssig. Und da bei der Überfahrt niemand an Bord ist, brauchen sie auch nicht perfekt isoliert und absolut luftdicht zu sein. Verderbliche Güter werden in Spezialabteilen untergebracht.«

»Verstehe. Wo waren denn die Kronjuwelen?«

»Sie sollten in einem Schrank in der Nähe der Kreisler sein«, sagte Gregg. »Sie waren in einem verschlossenen Kasten, mit einer Kantenlänge von etwa zwanzig mal zwanzig mal dreißig Zentimeter.« Er schüttelte den Kopf, als könne er kaum glauben, dass ein solch kleiner Kasten so viel potentielles Unglück bergen könne.

»Ah … aber hat man sie dort auch untergebracht?«

»Ich habe zur Erde gefunkt und einen kompletten Bericht erhalten«, sagte Gregg. »Das Schiff wurde wie üblich auf der Satellitenstation beladen, dann etwa fünfhundert Meter weit weggeschoben, bis es Zeit zum Abflug war – man wollte es so lange aus dem Weg haben, wissen Sie. Es war auf derselben schwerelosen Bahn, gehalten von einem leichten Kabel – absolut gängige Praxis. In der letzten Minute, ohne dass es vorher jemand gewusst hätte, wurden die Kronjuwelen von der Erde hochgeschickt und an Bord gebracht.«

»Von einem Spezialpolizisten, nehme ich an?«

»Nein. Nur speziell zugelassene Techniker dürfen im All ein Schiff betreten, außer in Fällen, wo es um Leben und Tod geht. Einer von der regulären Besatzung der Station – ein Bursche namens Carter – wurde instruiert, wo er sie unterbringen sollte. Er wurde ständig von der Polizei beobachtet, wie er sich an dem Kabel hochzog und durch die Luke einstieg.« Gregg zeigte auf eine kleine Klappe neben dem Antennenmast. »Er kam wieder heraus, verschloss die Luke und hangelte sich am Kabel wieder nach unten. Die Polizei hat ihn und seinen Raumanzug auf der Stelle durchsucht, nur um sicher zu gehen, und er hatte die Juwelen auf keinen Fall. Es gab keinerlei Gründe für irgendeinen Verdacht gegen ihn – ein guter, verlässlicher Arbeiter –, allerdings ist er seitdem verschwunden. Die *Jane* wurde ein paar Minuten später gezündet, und ihre Trägerraketen wurden beobachtet, bis sie sich lösten und das Schiff auf seiner Bahn war. Danach hat es keiner mehr gesehen, bis es hier ankam – ohne die Juwelen.«

»Und das exakt auf seiner Bahn«, setzte Yamagata hinzu. »Hätte irgendein Wahnsinniger es unterwegs betreten, hätte es das Schiff so aus der Bahn geworfen, dass wir es bemerkt hätten. Der Schub des anderen Schiffes hätte sich ihm mitgeteilt.«

»Ich verstehe.« Hinter seiner Gesichtsplatte zeichnete sich Syalochs Schnabel als schwarze Kurve vor dem Himmel ab.

»Nun, Gregg, waren die Juwelen auch wirklich in dem Kasten, als er angeliefert wurde?«

»Auf der Erdstation, meinen Sie? O ja. Vier UN-Chefinspektoren waren beteiligt, und das Hauptquartier sagt, dass sie über jeden Verdacht erhaben sind. Als ich wegen des Diebstahls Meldung machte, bestanden sie darauf, dass ihre Quartiere und alles untersucht würden, und sie haben sich freiwillig dem Scop unterzogen.«

»Und Ihre eigenen Beamten auf Phobos?«

»Genau dasselbe«, sagte der Detective verbissen. »Ich habe ein Embargo verhängt – außer mir hat keiner die Siedlung verlassen, seit der Verlust entdeckt wurde. Ich habe jedes Zimmer, jeden Tunnel und jedes Lagerhaus durchsuchen lassen.« Er wollte sich am Kopf kratzen – ein frustrierendes Unterfangen, wenn man in einem Raumanzug steckt. »Länger kann ich diese Restriktionen kaum aufrechterhalten. Dauernd kommen Schiffe an, und die Empfänger wollen ihre Sendungen.«

»*Hnachla*. Das setzt uns also unter Zeitdruck.« Syaloch nickte sich selbst zu. »Wissen Sie, das ist eine faszinierende Variante des alten Problems »verschlossener Raum«. Ein Roboterschiff auf seiner Reise durchs All ist ein verschlossener Raum im allerklassischsten Sinne.« Er verfiel ins Träumen.

Gregg starrte trübe gegen den wilden Horizont, nackte Felsen, wie die unter seinen Füßen, und dann blickte er wieder zurück auf das Feld. Merkwürdig, wie unzuverlässig die Wahrnehmung im luftleeren Raum wurde, auch bei strahlendem Licht. Der Bursche, der da das Feld überquerte, im gleißenden Licht der Sonne und der Flutlichter, war nichts als ein Tupfen aus Schatten und Strahlen … was zum Teufel machte er da, band sich ausgerechnet dort den Schuh zu? Nein, er ging wohl ganz normal …

»Am liebsten möchte ich jeden auf Phobos dem Scop unterziehen«, sagte Gregg mit einem rohen Unterton, »aber das Gesetz lässt das nicht zu, wenn der Verdächtige nicht freiwillig zustimmt – und das haben nur meine eigenen Männer getan.«

»Ganz in Ordnung, mein Lieber«, sagte Syaloch. »Das Privileg des Privaten sollte man doch wenigstens im eigenen Kopfe haben. Zudem würde es der Untersuchung eine Note unerträglicher Primitivität verleihen.«

»Es ist mir düngermäßig egal, wie primitiv das ist«, sagte Gregg barsch. »Ich will nur den Kasten, und da drinnen sollen gefälligst die Kronjuwelen sein!«

»Ts, ts! Ungeduld hat schon manchen hoffnungsvollen jungen Polizeibeamten ruiniert, wie, so glaube ich mich zu erinnern, mein geistiger Vorfahr zu einem Scotland-Yard-Beamten gesagt hat, der – hm ja – sogar ein physischer Vorfahr von Ihnen gewesen sein könnte. Es sieht ganz so aus, als müssten wir eine andere Vorgehensweise wählen. Gibt es Leute auf Phobos, die gewusst haben könnten, dass die Juwelen an Bord dieses Schiffes waren?«

»Ja. Nur zwei Männer. Ich konnte ziemlich sicherstellen, dass sie die Sicherheitsbestimmungen eingehalten und keinem etwas erzählt haben, bis sowieso alle es wussten.«

»Und wer sind sie?«

»Zwei Techniker, Holliday und Steinmann. Sie haben auf der Erdstation gearbeitet, als die *Jane* beladen worden ist. Kurz danach sind sie gegangen – nicht zur selben Zeit –, sind mit Linienschiffen hierher gekommen und haben hier Arbeit gefunden. Sie können darauf wetten, dass ihre Quartiere durchsucht worden sind!«

»Vielleicht«, murmelte Syaloch, »könnte es der Mühe wert sein, die beiden in Frage stehenden Herren einmal zu verhören.«

Steinmann, ein dünner Rotschopf, hatte sich in seine Aufsässigkeit wie in einen Mantel eingehüllt; Holliday sah nur bekümmert drein. Das war keineswegs ein Zeichen von Schuld – die Vorgänge hatten die Nerven eines jeden arg strapaziert. Sie saßen im Polizeibüro, Gregg hinter dem Schreibtisch; Syaloch lehnte an der Wand, rauchte und betrachtete sie mit seinen undurchdringlichen gelben Augen.

»Verdammt noch mal, ich hab das wieder und immer wieder erzählt, bis mir bald übel davon wird!« Steinmann ballte seine Fäuste und starrte den Martianer mit blutunterlaufenen Augen an. »Ich habe die Dinger niemals angefasst, und ich weiß auch nicht, wer es getan hat. Hat ein Mann nicht mal mehr das Recht, den Job zu wechseln?«

»Bitte«, sagte der Detektiv milde. »Je mehr Sie uns helfen, desto schneller können wir die Arbeit beenden. Ich nehme an, dass Sie den Mann gekannt haben, der den Kasten an Bord verstaut hat?«

»Klar. Jeder hat John Carter gekannt. Jeder kennt auf einer Satellitenstation jeden.« Der Erdmann schob sein Kinn vor. »Deshalb will auch keiner von uns unters Scop. Wir wollen nicht unsere Gedanken vor lauter Kerlen ausquatschen, die wir jeden Tag fünfzigmal sehen. Da würden wir doch wahnsinnig!«

»Ich habe diese Forderung niemals gestellt«, sagte Syaloch.

»Carter war ein ziemlich guter Freund von mir«, sagte Holliday freiwillig aus.

»Allerdings«, knurrte Gregg. »Und er ist ebenfalls gegangen, fast zur selben Zeit wie ihr Jungs. Ab zur Erde und ward nicht mehr gesehen. Das Hauptquartier hat berichtet, dass ihr ziemlich dicke Freunde wart. Worüber habt ihr denn so gesprochen?«

»Das Übliche.« Holliday zuckte die Schultern. »Wein, Weib und Gesang. Ich habe nichts mehr von ihm gehört, seit ich die Erde verlassen habe.«

»Wer sagt denn, dass Carter den Kasten gestohlen hat?«, fragte Steinmann. »Er war es einfach leid, im All zu leben, und hat gekündigt. Er *kann* die Juwelen nicht gestohlen haben – er ist durchsucht worden, das wissen Sie doch.«

»Könnte er sie irgendwo versteckt haben, wo ein Freund an diesem Ende sie finden würde?«, fragte Syaloch.

»Sie verstecken? Wo bitte? Diese Raumschiffe haben keine Geheimfächer.« Steinmann klang müde. »Und er war nur wenige Minuten auf der *Jane*, gerade lang genug, um den Kasten da zu verstauen, wo er es sollte.« Seine Augen funkelten Gregg hasserfüllt an. »Sehen wir doch den Dingen ins Auge: Die einzigen Leute irgendwo auf der ganzen Strecke, die jemals eine Chance hatten, das Zeugs zu klauen, waren unsere heiß geliebten Bullen.«

Der Inspektor lief rot an und erhob sich. »Nun hören Sie aber mal, Sie …«

»Wir haben *Ihr* Wort, dass sie unschuldig sind«, maulte Steinmann. »Wieso soll das besser sein als meines?«

Syaloch besänftigte beide mit einer Handbewegung. »Ich bitte Sie. Streitereien sind so unphilosophisch.« Sein Schnabel öffnete sich zu einem Klappern, dem martianischen Äquivalent zu einem Lächeln. »Hat vielleicht einer von Ihnen eine Theorie? Ich bin für alle Anregungen offen.«

Es herrschte Stille. Dann murmelte Hollyday: »Ja. Ich habe eine.«

Syaloch verschleierte seine Augen und zog ruhig abwartend an seiner Pfeife.

Hollydays Grinsen war unsicher. »Nur, wenn ich Recht hätte, würden Sie die Juwelen nie wieder sehen.«

Gregg erregte sich sichtlich.

»Ich bin im Sonnensystem ganz schön rumgekommen«, sagte Holliday. »Draußen im All wird es verflucht einsam. Sie wissen nicht, wie riesig und einsam es ist, bis sie einmal da gewesen sind, ganz allein. Und genau das habe ich gemacht – ich bin Uraniumprospektor, wenn auch nur als Amateur und als ein glückloser dazu. Ich kann nicht glauben, dass wir alles übers Universum wissen oder dass da wirklich nur Vakuum zwischen den Planeten ist.«

»Reden Sie jetzt etwa von den Cobblies?«, schnaubte Gregg verächtlich.

»Gehen Sie nur hin und nennen es Aberglauben. Aber wenn Sie lange genug im All sind … nun gut, eines Tages *wissen* Sie es. Es gibt Wesen da draußen, Gaswesen, Strahlenwesen, was immer Sie sich vorstellen mögen, etwas *lebt* da draußen im All.«

»Und was sollte ein Cobblie mit ’ner Dose Juwelen anfangen?«

Hollyday breitete die Handflächen aus. »Wie kann ich das wissen? Vielleicht werden wir ihnen lästig, wenn wir mit unseren kleinen Raketen durch ihr eigenes dunkles Königreich rasen. Der Diebstahl der Kronjuwelen wäre doch eine gute Methode, um den Handelsverkehr mit dem Mars zu beenden, oder?«

Nur Syalochs Pfeife unterbrach den Innendruck des Schweigens. Aber ihr Gurgeln klang respektlos.

»Nun …« Gregg fummelte hilflos mit einem als Briefbeschwerer dienenden Meteoriten herum. »Nun, Mr. Syaloch, haben Sie noch weitere Fragen?«

»Nur noch eine.« Die dritten Lider glitten zurück, und Kälte sah Steinmann an. »Wenn Sie so nett wären, guter Mann, was ist Ihr Hobby?«

»Wie? Schach. Ich spiele Schach. Was geht Sie das an?« Steinmann senkte den Kopf und stierte verbissen.

»Nichts sonst?«

»Was denn sonst?«

Syaloch blickte zum Inspektor, der bestätigend nickte, und sagte dann: »Ich verstehe. Vielen Dank. Vielleicht spielen wir mal eine Partie. Ich selbst bin darin nicht ganz ungeschickt. Das wäre im Moment alles, meine Herren.«

Sie gingen; wie Gegenstände im Traum glitten sie durch das schwache Gravitationsfeld.

»Nun?« Gregg sah Syaloch bittend an. »Was kommt jetzt?«

»Nur wenig. Ich denke … ja, wo ich schon hier bin, würde ich mir gern die Arbeit der Techniker ansehen. In meinem Beruf bedarf es ausgedehnter Kenntnis aller Tätigkeiten.«

Cregg seufzte.

Ramanowitz führte den Gast herum. Die *Kim Bradney* war angekommen und wurde entladen. Sie schlängelten sich durch eine Schar von Männern in Raumanzügen.

»Die Polizei muss das Embargo möglichst bald aufheben«, sagte Ramanowitz. »Entweder das, oder sagen, warum sie es verhängt hat. Unsere Lagerhäuser quellen über.«

»Es wäre taktisch klug, so zu handeln«, stimmte Syaloch zu. »Ah, sagen Sie mal … ist diese Ausrüstung auf allen Stationen Standard?«

»Sie meinen, was die Jungs tragen und bei sich haben? Klar. Überall dieselbe Ausrüstung.«

»Könnte ich mir das mal näher ansehen?«

»Hä?« *Herr, erlöse mich vom Besuch der Feuerwehr*!, dachte Ramanowitz. Er winkte einen Mechaniker heran. »Mr. Syaloch möchte gern Ihre Ausrüstung erläutert bekommen«, verkündete er mit sarkastischem Pomp.

»Gerne. Regulärer Raumanzug, die Nähte verstärkt.« Die Hände in den Handschuhen bewegten sich hin und her und zeigten auf die entsprechenden Stellen. »Heizdrähte, die Energie kommt aus dieser Kondensatorenbatterie. Luftvorrat für zehn Stunden in den Tanks. In diese Haken hängt man die Werkzeuge, damit sie in der Schwerelosigkeit nicht wegdriften. In der kleinen Dose an meinem Gürtel ist Farbe, die durch dieses Ventil gesprüht werden kann.«

»Wozu braucht man bei Raumschiffen Farbe?«, fragte Syaloch. »Das Metall kann doch im All nicht rosten.«

»Wissen Sie, wir nennen es Farbe. In Wirklichkeit ist es eine Art Schutzfilm, mit dem wir Löcher in der Außenhülle provisorisch versiegeln können, bis die Platte ausgetauscht wird. Auch andere Schäden werden damit markiert. Meteoriteneinschläge und Ähnliches.« Der Mechaniker zog einen Abzugshebel, und ein dünner, fast unsichtbarer Strahl wurde versprüht, der auf dem Boden koagulierte.

»Aber man kann es doch kaum sehen«, wandte der Martianer

ein. »Ich zumindest kann es hier im luftleeren Raum kaum erkennen.«

»Das stimmt. Das Licht wird nicht reflektiert, sodass … wie
dem auch sei, das Zeug ist radioaktiv – natürlich nicht gefährlich, aber gerade genug, dass die Leute von der Reparaturabtei-
lung die Stelle mit dem Geigerzähler wiederfinden können.«

»Verstehe. Wie groß ist die Halbwertzeit?«

»Da bin ich wirklich überfragt. Halbes Jahr vielleicht? Ein
Jahr lang soll man es aufspüren können.«

»Vielen Dank.« Syaloch stakste davon. Ramanowitz musste
springen, um mit den langen Beinen Schritt zu halten.

»Glauben Sie, Carter hätte den Kasten in der Farbdose versteckt?«, wollte das Menschenwesen wissen.

»Das wohl kaum. Die Dose ist zu klein, und ich gehe davon
aus, dass er gründlich durchsucht wurde.« Syaloch blieb stehen
und verbeugte sich. »Sie waren äußerst freundlich und geduldig, Mr. Ramanowitz. Ich bin hier fertig, und den Inspector
kann ich selbst finden.«

»Wozu?«

»Natürlich um ihm zu sagen, dass er das Embargo aufheben
kann.« Beim »dass« zischte er diesmal besonders. »Und dann
muss ich das nächste Schiff zum Mars erreichen. Wenn ich
mich beeile, kann ich heute abend noch in Sabaeus ins Konzert
gehen.« Seine Stimme wurde schwärmerisch. »Sie geben als
Premiere Hanyechs *Variationen über ein Thema von Mendels-
sohn*, transponiert in die Königliche Chlannach-Notation. Es
muss ganz außergewöhnlich sein.«

Drei Tage später kam der Brief. Syaloch entschuldigte sich und
ließ einen illustren Klienten hocken, während er ihn las. Dann
nickte er dem anderen Martianer zu. »Es wird Sie sicherlich interessieren zu hören, dass die Ehrwürdigen Diademe auf Phobos eingetroffen sind und in diesem Moment zu uns zurückkehren.«

373

Der Klient, ein Kabinettsminister aus dem Haus der Tätigen, blinzelte. »Verzeihung, Freigebrüteter Syaloch, aber was haben Sie damit zu tun?«

»Nun … ich bin ein Freund des Federlosen Polizeichefs. Er dachte, ich wüsste es gerne.«

»*Hraa.* Waren Sie nicht jüngst auf Phobos?«

»Ein kleinerer Fall.« Der Detektiv faltete den Brief sorgfältig, bestreute ihn mit Salz und verzehrte ihn dann. Martianer lieben Papier, vor allem das offizielle Papier der Erde, das stark hadernhaltig ist. »Nun, Sir, Sie sagten gerade …«

Der Parlamentarier antwortete zerstreut. Er respektierte die Privatsphäre – ja, auf jeden Fall –, aber mit Röntgenblick hätte er Folgendes gelesen:

»Lieber Syaloch,

Sie hatten vollkommen Recht. Sie haben Ihr Problem des hermetisch verschlossenen Raumes gelöst. Wir haben die Juwelen zurückbekommen, alles ist in bester Ordnung, und dasselbe Schiff, das Ihnen diesen Brief bringt, liefert sie in die Schatzkammern zurück. Es ist zu schade, dass die Öffentlichkeit hiervon niemals etwas erfahren wird – zwei Planeten schulden Ihnen Dank –, aber so muss ich Ihnen all diesen Dank alleine abstatten und dafür Sorge tragen, dass jede Rechnung, die Sie stellen, in voller Höhe beglichen wird. Sogar, wenn hierfür, wie ich befürchte, die Vollversammlung eine besondere Dotation bewilligen müsste.

Ich muss zugeben, dass Ihr Vorschlag, das Embargo auf der Stelle aufzuheben, auf mich sehr riskant wirkte, aber er hat seine Früchte getragen. Natürlich hatte ich unsere Jungs losgeschickt, um Phobos mit Geigerzählern abzusuchen, aber Holliday hat den Kasten vor uns gefunden. Was uns viel Ärger erspart hat, ohne jede Frage. Ich habe ihn verhaftet, als er in die Siedlung zurückkam, und er hatte den Kasten zwischen seinen Gesteinsproben. Er hat gestanden, und Sie hatten auf der ganzen Linie Recht.

Wie ging das noch mal, was Sie zitiert haben, dieser Ausspruch des Erdlings, den Sie so bewundern? ›Wenn Sie das Unmögliche ausgeschlossen haben, muss das, was übrig bleibt, wahr sein, wie unwahrscheinlich es auch klingen mag.‹ Irgendetwas in der Art. Auf diesen Fall trifft es sicher zu.

Wie Sie demonstriert haben, muss der Kasten auf der Erdstation auf das Schiff gebracht worden sein, und er ist auch da gelassen worden – eine andere Möglichkeit gab es nicht. Carter hat sich das in der halben Minute ausgedacht, als er den Auftrag bekam, das Ding in der *Jane* zu verfrachten. Er ging nach drinnen, das ist richtig, aber er hatte den Kasten noch bei sich, als er wieder herauskam. In dem diffusen Licht hat niemand gesehen, wie er ihn zwischen die Träger rechts neben der Luke deponierte. Wie Sie so richtig bemerkten: Wenn die Juwelen nicht *in* dem Schiff sind, aber auch nicht vom Schiff *fort* sind, müssen sie *auf* dem Schiff sein. Die Schwerkraft alleine würde sie an ihrer Stelle halten. Als die *Jane* abhob, ließ die Kraft der Beschleunigung den Kasten vielleicht verrutschen, aber die Gitterstruktur verhinderte, dass er verloren ging; er wurde gegen die hintere Strebe gedrückt und verblieb dort. Den ganzen Weg bis zum Mars! Aber die Schwerkraft des Schiffes hielt ihn fest, auch im All, denn beide waren auf derselben Bahn.

Hollyday sagt, dass Carter ihn ins Bild gesetzt hat. Carter konnte nicht selbst zum Mars gehen, ohne Verdacht zu erregen und unter beständiger Bewachung zu stehen, sobald der Verlust entdeckt war. Er brauchte einen Verbündeten. Holliday begab sich auf Phobos und arbeitete in seiner Freizeit als Prospektor, um einen Vorwand für seine spätere Suche nach den Juwelen zu haben.

Wie Sie mir demonstriert haben, übertrifft bei einer Distanz von etwa tausendfünfhundert Kilometern die Schwerkraft von Phobos die des Raumschiffs. Jeder von den Raumleuten weiß, dass die Roboterschiffe erst kurz vor dem Ziel gebremst werden, dass sie sich dann fast exakt über dem Trabanten befinden und dass sie so gedreht werden, dass die Seite mit Luke und Antenne – wo Carter den Kasten deponiert hat – sich der Station zuwendet. Die Zentrifugalkraft der Rotation warf den Kasten vom Schiff, und zwar in Richtung des Phobos. Carter wusste, dass die Rotation behutsam erfolgt, sodass der Kasten nicht ins All geschleudert wurde, sondern im Schwerefeld des Phobos blieb. Er musste also auf den Trabanten fallen. Da die Station auf Phobos auf der dem Mars abgewandten Seite liegt, bestand auch keine Gefahr, dass die Beute gleich bis zum Mars weiterflöge.

So sind die Kronjuwelen auf den Mars getrudelt, so wie sie es deduziert hatten. Natürlich hatte Carter den Kasten kurz radioaktiv eingesprüht, als er ihn deponierte, und das nutzte Hollyday auf der Suche nach ihm unter all den Felsen und Spalten. Tatsache ist, dass der Juwelenkasten unseren Mond ein Stück umkreist hat und etwa zehn Kilometer von der Station entfernt niedergegangen ist.

Steinmann hat mir keine Ruhe gelassen; er wollte unbedingt wissen, warum Sie ihn nach seinem Hobby gefragt haben. Sie haben vergessen, mir das zu sagen, aber ich habe es selbst herausgefunden und ihm erklärt. Er oder Hollyday mussten mit der Sache zu tun haben, weil niemand sonst etwas von der Fracht wusste, und der Schuldige musste einen Vorwand haben, draußen nach dem Kasten zu suchen. Das Schachspiel liefert einen solchen Vorwand nicht. Stimmt's? Wenigstens zeigt meine Deduktion, dass ich derselben Richtschur, demselben Kanon folge, auf den Sie sich berufen. Übrigens lässt Steinmann fragen, ob Sie ihn empfangen würden, wenn er das nächste Mal Planetenurlaub hat.

Hollyday weiß, wo Carter sich verborgen hält, und wir haben diese Information zur Erde gefunkt. Ärgerlich ist nur, dass wir keinen von beiden belangen können, ohne die Fakten offen zu legen. Nun ja, zum Glück gibt es schwarze Listen.

Ich muss jetzt schließen, um den Brief noch aufs Boot zu

376

bringen. In der Hoffnung auf ein baldiges Wiedersehen – und dann bitte nicht dienstlich! – bin ich

in tiefer Bewunderung

Inspektor Gregg«

Aber der Kabinettsminister hatte nun einmal keinen Röntgenblick. Er entschlug sich daher aller unfruchtbaren Spekulationen und skizzierte sein Problem. Irgendwer, irgendwo in Sabaeus, vernickte die Krats, was zu einer beunruhigenden Zaksnautrie unter der Hyukus führte. Für Syaloch klang all das nach einem interessanten Fall.

Aus dem Englischen von Volker Neuhaus

James Yaffe

Von den ersten Beiträgen von Ellery Queen und Stanley Ellin über den von John Dickson Carr schließt sich hier der Kreis zum letzten. Auch James Yaffe, geboren 1928, gehört zu den von Ellery Queen – in seiner Eigenschaft als Frederick Dannay – geförderten Autoren. Mit fünfzehn Jahren schon debütierte der Krimi-Fan mit einer eigenen Geschichte in »Ellery Queen's Mystery Magazine«. Inhaltlich orientierte er sich dabei wohl eher an John Dickson Carr, war sein Detektiv-Held doch ein Paul Dawn vom Department of Impossible Crimes bei der New Yorker Polizei. Die jugendliche Serie endete mit der Einberufung ihres Autors zur Marine gegen Ende des Zweiten Weltkriegs.

Danach wandte sich der Student vom »Krimi« ab und der »richtigen« Literatur zu, deren Merkmal für ihn der »Realismus« von Dickens bis Lardner war – seine jugendlichen Versuche waren nach seinen eigenen Worten nicht vom wirklichen Leben, sondern von anderen Detektivgeschichten inspiriert und beeinflusst.

Der weitere Lebensweg ließ ihn zum Autor von Romanen und Dramen des literarischen Mainstream werden, meist mit dem jüdischen Leben in Amerika als Hauptthema, und führte ihn schließlich als Professor für Literatur ans Colorado College nach Colorado Springs, wo er sich auch wissenschaftlich mit dem Detektivroman beschäftigt. Doch schrieb er immer wieder – in fünfzehn Jahren insgesamt acht – Kurzgeschichten über eine jüdische Mutter, deren Sohn bei der Kripo gelandet ist und dessen Fälle sie beim allwöchentlichen Abendessen mit Sohn und Schwiegertochter ganz nebenbei zu lösen pflegt. In ihnen erschreibt sich James Yaffe nach eigenem Bekunden die Möglichkeit, den Detektivroman mit dem Realismus zu verbinden – die letzte, im Januar 1968 wie alle ihre Vorgängerinnen in »Ellery Queen's Mystery Magazine« erschienene und hier erstmals auf Deutsch vorgelegte, ist der erfolgreiche Abschluss dieses Wegs.

Gesammelt erschienen die acht Geschichten 1997 in einem kleinen Verlag mit dem anheimelnden Namen »Crippen and Landru Publishers«. Vorangestellt ist der Sammlung ein Brief, den ihr Autor als Dank 1997 an den 1982 verstorbenen Frederick Dannay alias »Ellery Queen/2« schickt. »Ellery Queen ist die amerikanische Detektivgeschichte« – der Satz Anthony Bouchers aus dem Jahre 1951 gilt auch heute noch, exakt ein halbes Jahrhundert später.

James Yaffe
Mom erinnert sich

»Eines wollte ich Sie schon immer mal fragen«, sagte Inspektor Millner zu meiner Mutter. »Wie sind Sie eigentlich dazu gekommen, sich für ungelöste Kriminalfälle zu interessieren?«

Mom lachte und sagte: »Das habe ich von Mama, natürlich. Sie hat mir alles beigebracht.«

Das überraschte mich. Mom erzählte nur selten etwas aus ihrer Kindheit oder von ihren Eltern. Nichts auf der Welt ist langweiliger, pflegte sie zu sagen, »als eine Alte, die immer nur zurückblickt«. Ich legte Messer und Gabel hin und sagte: »Deine Mutter hatte ein Händchen für die Aufklärung von Verbrechen, Mom?«

»Ein Händchen, ein Händchen! Hatte Einstein ein Händchen beim Zusammenrechnen von Zahlen? Hat Van Kleinberg ein Händchen beim Klavierspielen? Also Mama hat vielleicht nie studiert, aber als Detektivin hat sie sich ganz klar ihren Doktorhut verdient! Wenn es euch interessiert, erzähle ich euch von dem ersten Mordfall, der mir je begegnet ist. Mama hat ihn aufgeklärt, und ich stand mit großen Augen dabei und lernte von ihr …«

Aber bevor ich weitererzähle, sollte ich vielleicht erklären, was zu diesen Ausschweifungen von Mom geführt hat.

Das alles war am vierten Mai, einem Mittwoch. Normalerweise fahren Shirley und ich immer freitagabends hoch in die Bronx, um mit Mom Abendbrot zu essen – aber der vierte Mai ist ein besonderes Datum in Moms Leben. Es ist ihr Hochzeitstag. Shirley und ich lassen sie da nur ungern alleine.

Vor fünfundvierzig Jahren haben Mom und Papa geheiratet. Sie war damals achtzehn, er war gerade mal einundzwanzig. Schon zu Kinderzeiten waren sie zusammen zur Schule gegangen und hatten in demselben Mietshaus in der Lower East Side gewohnt; ihre Familien waren ursprünglich beide aus dem gleichen Dörfchen nach Amerika gezogen. Schon lange hatten ihre Eltern vereinbart, dass die beiden eines Tages heiraten sollten – weil das die Art war, wie man in der Heimat solche Angelegenheiten regelte. Ob sie sich lieben würden oder nicht, stand auf einem anderen Blatt. Aber komischerweise liebten die beiden sich tatsächlich.

Über dreißig Jahre haben sie glücklich zusammengelebt. Sie zogen von der Lower East Side in die Bronx. Und sie setzten mich, ihr einziges Kind, in die Welt. Sie sparten genug Geld zusammen, um mir ein Medizinstudium zu bezahlen. (Ich machte ihnen einen Strich durch die Rechnung, als ich nach dem College beschloss, Polizist zu werden.) Kurze Zeit später starb mit Anfang fünfzig urplötzlich mein Vater; sein Herz hatte unter zu vielen Rechnungen und zu viel Nachtarbeit gelitten und unter seinem unerschöpflichen Drang, sich anderer Leute Sorgen zu Eigen zu machen. Nie werde ich den Blick in Moms Augen vergessen – obwohl sie sehr mit sich kämpfte, um ihn vor mir zu verbergen. Und noch heute, an ihrem Hochzeitstag, huscht der Schatten dieses alten Schmerzes über ihr Gesicht.

Letztes Jahr haben Shirley und ich am vierten Mai Inspektor Millner mit hoch in die Bronx genommen. Inspektor Millner ist mein Chef bei der Mordkommission. Er ist ein hoch gewachsener Mann mit Glatze und einem Bulldoggengesicht. Sein harscher Blick kann selbst den abgebrühtesten Mördern Angst und Schrecken einjagen. Aber wenn er einer allein stehenden Frau in den besten Jahren und mit kokettem Augenaufschlag gegenübersitzt, wird er so schüchtern und wortkarg wie ein halbwüchsiger Jüngling.

Jedenfalls versuchen Shirley und ich seit ein paar Jahren, zwischen den beiden etwas in Gang zu kriegen, und obwohl es bislang noch keine gravierenden Fortschritte gegeben hat, scheint Mom immer froh zu sein, ihn zu treffen. Wir dachten, es könnte sie ein bisschen aufheitern, ihn am vierten Mai zu sehen.

381

Und tatsächlich, als er im Flur stand, bedachte sie ihn mit einer herzlichen Umarmung. »Es ist mir ein Vergnügen, Sie hier zu haben! Heute gibt es Schmorbraten, Ihre Leibspeise. Wenn Sie nicht zuschlagen wie ein hungriger Wolf, verstehe ich das als persönliche Beleidigung!«

Kein schlechter Anfang, dachte ich mir. Vielleicht würde Mom durch den Abend kommen, ohne dass dieser Schatten ihres alten Schmerzes wieder auftauchte.

Wenig später am Esstisch, wir waren gerade bei der Suppe, sagte sie: »Schmecken Ihnen meine *Matzen*-Klöße, Inspektor? Genau wie bei meinem Mendel. Er hat immer gesagt, er könnte hundert davon verschlingen, und sogar das Sodbrennen sei es ihm wert.« Ihre Stimme wurde eine Spur wackelig. »Er hatte so einen großen Appetit für einen so kleinen, sensiblen Mann …«

Das war gefährliches Terrain. Shirley und ich platzten gleichzeitig los.

»Ich habe einen schönen Mantel bei Macy's entdeckt, Mutter«, sagte Shirley, »der würde dir wunderbar stehen.«

»Diese Woche ist ein frischer Mordfall aufgetaucht, Mom«, sagte ich. »Inspektor, wollen Sie ihr nicht davon erzählen?«

»Deine Mäntel können noch ein bisschen warten, Liebling«, sagte Mom zu Shirley und wandte sich Inspektor Millner zu. »Ich würde gerne etwas von Ihrem neuesten Fall hören, wenn es Ihnen nicht allzu viel ausmacht.«

Es lag dieser wohl bekannte erwartungsvolle Glanz in ihren Augen. Wenigstens würde sie für eine Weile vergessen, traurig zu sein.

»Ich verstehe gar nicht, warum David den Fall überhaupt erwähnt hat«, sagte der Inspektor. »Routinegeschichte. Nichts, was ausgerechnet *Sie* interessieren könnte.«

»Mom interessiert sich für *alle* unsere Fälle«, wandte ich schnell ein.

»Na dann …« Inspektor Millner kratzte sich hinterm Ohr, eine Verlegenheitsgeste, die er immer an den Tag legte, wenn er öffentlich zu sprechen hatte, »… dieser Achtzehnjährige, sein Name ist Rafael Ortiz, also der hat gestern Abend einen Taxifahrer ausgeraubt und erstochen. Die übliche Geschichte. Der Typ hat in letzter Zeit mit den falschen Leuten rumgegangen, ist abends lange weggeblieben, hat sich mit seinen Eltern gestritten. Gleiche verdammte Geschichte passiert täglich, überall in der Stadt – und Jahr für Jahr wird's schlimmer.«

»Sie sind sich hundertprozentig sicher, dass der Junge der Schuldige ist?«

»Wasserdichter Fall. Kurz bevor er starb, ist der Taxifahrer im Krankenhaus noch mal zu Bewusstsein gekommen und hat ihn identifiziert. Und außerdem gibt es einen Augenzeugen – einen ungemein zuverlässigen Augenzeugen. Wie Sie sehen, kann jeder Verkehrspolizist den Fall aufklären. Sie verschwenden Ihr Talent.«

Mutter errötete. Ich kenne niemanden außer Inspektor Millner, der sie dazu bringt, rot zu werden. Shirley sagt, dass sei ein sehr gutes Zeichen.

Die Unterhaltung schweifte weiter zu anderen Themen und wenig später, kurz nachdem Mom den Schmorbraten aufgetischt hatte, fragte Inspektor Millner Mom, wie sie dazu gekommen war, sich für Verbrechensaufklärung zu interessieren. Als sie antwortete, waren wir schon wieder in gefährlichem Terrain.

»Ich werde euch von dem ersten Mordfall erzählen, der mir je begegnet ist«, sagte sie. »Wie gesagt, es war Mama, die ihn gelöst hat. Und es war dein Papa, Davie, der Mama und mich da reingezogen hat. Mein armer Mendel …«

Moms Stimme wurde wieder eine Spur wackelig. Aber mir wollte partout nichts einfallen, um schnell das Thema zu wechseln.

»Ich habe ja schon erwähnt, dass Mama ein regelrechtes Genie beim Aufklären von Verbrechen war«, erzählte Mom weiter, »was aber nicht heißen soll, dass sie auch nur einen Mordfall aufgeklärt hat – bis zu dem besagten Fall, der sich am Tag vor unserer Hochzeit ereignete. Damals in der Lower East Side war es nicht üblich, sich gegenseitig umzubringen. Vielleicht könnte sich Mrs. Horowitz im Stillen wünschen, dass Mrs. Shapiro der Schlag träfe, weil Mrs. Shapiro immer mit ihren reichen Verwandten aus Uptown Manhattan angibt und sich für etwas Besseres hält. Aber drei Minuten später schämt sich Mrs. Horowitz für ihre schrecklichen Gedanken und bittet Gott in der *Schul* um Vergebung und kocht noch eine Hühnerbrühe für die Shapiro-Tochter, die Grippe hat.

Worauf ich hinaus will, ist, dass Mama keine Söhne in der Mordkommission hatte, sie hatte nämlich gar keine Söhne – wenn sie welche gehabt hätte, wären die bestimmt Anwälte geworden oder irgendeiner *normalen* Arbeit nachgegangen. Deshalb waren die einzigen Verbrechen, die Mama aufklären konnte von der Sorte, welche die Polizei nicht mitbekommt und die es nicht bis in die Zeitungen schafft.

Ein Beispiel: Mrs. Kinski vom dritten Stock verkauft die alten hebräischen Bücher ihres Mannes, während er in der Stadt auf Arbeit in der Hutfabrik ist. Sie legt das Geld in ihre Zuckerdose in der Küche, und am nächsten Tag ist es verschwunden. In der Küche ist keiner gewesen, außer dem Sohn des Hausmeisters, um den Wasserhahn zu reparieren – was ein ziemlich vergebliches Unterfangen ist, denn der Wasserhahn ist so alt, dass da nicht mehr viel zu reparieren übrig ist. Und schon redet das ganze Haus davon, dass der Hausmeister einen Dieb als Sohn hat.

Dann kommt Mama und stellt ein paar Fragen und bringt ein paar Details ans Tageslicht und erinnert sich an eine Geschichte, die passiert ist, als sie noch ein Mädchen in ihrem *Schtetl* in Russland war – und schon hat sie den Fall gelöst. Der arme Mr. Kinski hat das Geld selber geklaut, damit er seine hebräischen Bücher zurückkaufen kann, weil er seine Bücher mehr liebt als alles andere auf der Welt, einschließlich seiner Frau.

Oder ein andermal – die kleine Glogauer, sie ist gerade mal

neun, klappt in der Schule zusammen, und der Schularzt sagt, vor Hunger, obwohl ihre Mutter ihr jeden Tag zehn Cent gibt, damit sie sich ein Sandwich und einen Apfel und eine Milch kaufen kann. Das Mädchen will nicht erzählen, was sie mit dem Geld gemacht hat, und weint, als ihre Mutter sie danach fragt.

Daraufhin stochert Mama hier ein bisschen und da ein bisschen, und noch vor Ende der Woche deckt sie einen organisierten Chicago-Schutzgeldring auf, der von allen Schulkindern die Groschen abpresst. Und von wem wird er betrieben? Von einem halben Dutzend elfjähriger Al Capones!

Das war die Art Verbrechen, die Mama gelöst hat, und zwar schon, solange ich denken kann. Was war sie nicht für ein schlaues Köpfchen! Wenn sie doch ein bisschen mehr Glück gehabt hätte – wenn sie in ein reiches Elternhaus geboren worden wäre und hätte studieren können –, wenn sie wenigstens keine Witwe gewesen wäre, die ihre vier Töchter in einer heruntergekommenen Wohnung großziehen musste und nichts als *Zores* mit dem Vermieter! Dieser sagenhaft schlaue Kopf, verschwendet auf Delancey Street, wenn ich daran denke, muss ich manchmal fast weinen!«

Mom zitterte ein wenig. Dann zuckte sie mit den Schultern. »Andererseits, wenn ihr Leben nicht so hart gewesen wäre, wer weiß, ob Mama jemals so ein Schlaufuchs geworden wäre. Ihr blieb ja keine andere Wahl, als schlau zu sein und schneller zu denken, mehr zu sehen als andere Leute – wie sonst, ohne wohlhabende Verwandte, füttert man vier Töchter durch und bringt sie auch noch alle unter die Haube? Wenn es über Leben und Tod entscheidet, ob man die Gedanken des Fleischers erraten kann, glaubt mir, dann lernt man ganz schnell, Gedanken zu lesen!

Jedenfalls, während ich aufwuchs, habe ich Mama ständig beobachtet und ihr zugehört, wenn sie ihren Kopf benutzt hat. Im Übrigen war ich ja auch kein Dummkopf – und nach einer Weile, nachdem ich den einen oder anderen Trick aufgeschnappt hatte, merkte ich, dass ich genauso schlau sein konnte wie sie.

Also gut, ich werde es nicht vor euch verbergen – ich war damals ziemlich eitel. Und was ließe sich zu meiner Verteidigung sagen? Nur dass ich zu der Zeit achtzehn war. Das ist eine schlimme Krankheit, aber Gott sei Dank wächst man da wieder raus – außer meine Schwester Jennie, die achtzehn geblieben ist, bis sie mit dreiundsechzig starb.

Also, zurück zu dem Mordfall vor fünfundvierzig Jahren, als ich gründlich von meiner Eitelkeit kuriert wurde und glasklar erkennen musste, dass ich keine zweite Mama abgeben kann und wenn ich's versuchen würde, bis ich hundert bin.«

Mom hielt kurz inne, ein wenig außer Atem gekommen. Als sie weiter erzählte, war ihre Stimme viel weicher. »Vor genau fünfundvierzig Jahren – am Tag vor meiner Hochzeit. Wenn ich daran denke, wie haarscharf wir damals am Unglück vorbeigeschrammt sind – wenn Mama nicht gewesen wäre, mit ihrem hellen Verstand, wer weiß, ob ich jemals geheiratet hätte. Wer weiß, ob ich dann hier in der Bronx sitzen würde und ob du, Davie heute hier sitzen würdest. Und meine zweiunddreißig Jahre mit Mendel – diese glücklichen zweiunddreißig Jahre …«

Ein Schleier legte sich über Moms Augen – genau was ich befürchtet hatte. Am vierten Mai sollte man Mom nicht dazu anregen, in der Vergangenheit zu stöbern. Am vierten Mai lenkt man sie ab von ihren Erinnerungen.

Deshalb platzte ich lautstark in ihre trübe Stimmung. »Mordfälle aus alten Zeiten finde ich ziemlich langweilig, Mom. Ich interessiere mich für die aktuellen Fälle. Dafür werde ich schließlich bezahlt. Dieser Junge, Ortiz, der den Taxifahrer abgestochen hat – also ich bin mir nicht so sicher, dass wir den Fall schon zu den Akten legen sollten, und ich würde da gerne deine Meinung zu hören. Warum klären Sie nicht Mom über die Einzelheiten auf, Inspektor!«

»Aber die Geschichte mit Ihrem Hochzeitstag …«

»Die sparst du dir auf für später, was Mom? Wir brauchen im Moment gerade deinen Expertenrat – wir sollten die Gelegenheit nutzen, dass wir gerade bei dir zu Besuch sind. Schließlich sind wir das auch den Steuerzahlern schuldig.«

Ich wusste, dass das ziehen würde. Die Steuerzahler-Nummer zeigt bei Inspektor Millner immer gute Wirkung.

Er ruckte ein wenig auf seinem Stuhl hin und her und sagte dann: »Nun, da es David damit so ernst zu sein scheint …« Er wandte sich an Mom. »Erzähle ich Ihnen also mehr von dem Fall Ortiz. Aber selbstverständlich nur, wenn es Sie nicht langweilt.«

Mom schluckte ein Stück Schmorbraten herunter und lehnte sich ein wenig vor. »Hat es mich jemals gelangweilt?«

»Dieser Ortiz lebt auf der West Side in den Eighties«, begann Inspektor Millner. »Seine Eltern sind vor zehn Jahren aus Puerto Rico eingewandert, als Rafael sieben war und seine Schwester Inez acht. Seitdem haben sie noch zwei weitere Kinder bekommen, zwei kleine Jungs. Die ganze Familie lebt in einer heruntergekommenen Billigwohnung in der Nähe von Amsterdam Avenue – bis auf die große Schwester, Inez Ortiz, die ist vor einem Jahr in ein Hotelzimmer irgendwo downtown gezogen, weil sie sich ständig mit ihrem Vater gestritten hat.«

»Ist Vater Ortiz der Typ Mensch, mit dem man sich schnell streitet?«, fragte Mom.

»Er ist ein unauffälliger, kleingewachsener Mann. Mitte vierzig könnte man denken, aber er ist glatt zehn Jahre älter. Er redet mit einer weichen, nuscheligen Stimme, aber die Nachbarn sagen alle, dass er ziemlich jähzornig ist, besonders samstagabends, dann trinkt er. Er arbeitet in einem Versandraum unten im Textilviertel. Die Mutter arbeitet fünfmal die Woche als Putzfrau, die Kinder bringt sie solange zur Frau des Hausmeisters. Mit anderen Worten, bei dem Haushalt ist es kein Wunder, dass der Junge auf die schiefe Bahn gerät.«

»Viele von denen schaffen es trotzdem, nicht vom Weg abzukommen«, sagte Shirley. »In der modernen Psychologie liegt die Betonung inzwischen viel weniger auf den Milieueinflüssen als auf der guten alten Willenskraft und der individuellen Motivation.«

Ich konnte sehen, wie Mom die Nase rümpfte. Aber wenn sie Gäste hatte, riss sie sich immer zusammen, um keinen Streit mit Shirley vom Zaun zu brechen. Deshalb lächelte sie Inspektor Millner an und sagte: »Sie erwähnten, glaube ich, dass der Junge erst seit kurzem auffällig geworden ist?«

»Das fing vor sechs Monaten an, nachdem er seinen High-School-Abschluss gemacht hatte. Bis dahin war er ein ziemlich anständiger Junge, gute Noten in der Schule, nachmittags hatte er einen Job als Lieferjunge für einen Lebensmittelladen. Seine Eltern sagen, er habe nie in Schwierigkeiten gesteckt, und seine Lehrer können das bestätigen. Im Jugendstrafregister gibt es zu ihm keine Akte. Er wohnt in einer ziemlich schlechten Gegend, einen Block weiter treibt eine Gang ihr Unwesen, wir haben die mal eine Weile beobachtet – aber soweit wir im Bilde sind, hat Rafael mit ihnen nichts am Hut.«

»Und was hat ihn dann aus der Bahn geworfen?«

»Tja, was wirft alle diese Jungs aus der Bahn? Sie verlieren ganz einfach jegliche Hoffnung. Früher oder später kriegen die mit, wie der Hase läuft: High School, harte Arbeit, immer schön gesetzestreu bleiben, und wie sieht ihre Zukunft aus? Die Chancen stehen tausend zu eins, dass sie in einem Versandraum im Textilviertel landen, als Tellerwäscher in einem Restaurant enden oder für irgendein Stadtverwaltungsamt die Post sortieren. Das sehen sie klar und deutlich vor sich, und das zieht sie runter.

Einige von ihnen werden zu Robotern, wie Rafaels Vater – den ganzen Tag lang sind sie freundliche, fügsame Maschinen, bis sie abends nach Hause kommen und ihren Frust an Frau und Kindern auslassen. Andere werden zu dumpfen Kohlköpfen –

388

leben von Sozialhilfe, behalten keinen Job länger als ein paar Monate, trinken zu viel und blenden jeden Gedanken an ein Morgen aus. Und einige von ihnen – die harten Typen – schlagen zurück. Aber was kann ein junger Puertoricaner dem System schon anhaben? Meistens landet er damit nur im Gefängnis – oder im Grab.

Und in genau die Richtung ging es mit Rafael seit letztem Winter. Es fing damit an, dass er sich über seinen Job im Lebensmittelgeschäft beschwerte – er habe Besseres verdient, als Lieferjunge zu sein. Also hat er gekündigt und versucht etwas Besseres zu finden – er brauchte einen Monat, um einzusehen, dass er mit dem Kopf durch die Wand wollte. Er weigerte sich aber, wieder den Lieferantenjob oder etwas Vergleichbares anzunehmen. Deshalb fing er an, in der Wohnung rumzulungern.

Sein Vater hat ihn ständig angeschrien und ihn einen Penner genannt. Er hat dann immer schön zurückgeschrien und seinen Vater einen Versager genannt, die Mutter stand heulend daneben. Dann hat er aufgehört, in der Wohnung rumzulungern. Nach einer Weile tauchte er nur noch zu den Mahlzeiten auf und blieb jeden Abend bis nach Mitternacht weg. Wenn der Alte ihn gefragt hat, wo er gewesen ist, hat er gesagt, das gehe ihn nichts an.«

»Vielleicht hat er sich dieser Bande angeschlossen, die Sie erwähnt haben?«, fragte Mom.

»Sein Vater dachte das auch. Aber die Gangmitglieder bestreiten, irgend etwas mit ihm zu tun zu haben, und wir haben niemanden gefunden, der ihn mit den Typen zusammen gesehen hat. Bei wem auch immer er rumgehangen hat, offenbar war es niemand aus dem Viertel. Kein gutes Zeichen.«

»Vielleicht war es eine Frau? Achtzehnjährige interessieren sich gelegentlich für das andere Geschlecht.«

»Er hat tatsächlich eine Freundin. Sie heißt Rosa Melendez, und sie lebt einen halben Block von der Wohnung der Ortiz' entfernt. Rafael ist immer samstag- und sonntagabends bei ihr,

389

aber werktags bekommt sie ihn nie zu Gesicht. Sie hat ihn mehrmals gefragt, wo er unter der Woche steckt, aber alles, was er sagt, ist, dass er kurz davor sei, irgend einen ›großen Fang‹ zu machen. Und sobald er ihn an Land gezogen habe, hätten sie genug Geld, um zu heiraten. Immer wenn sie ihn nach mehr Einzelheiten ausquetschen will, wird er wütend und sagt, dass niemand Lust hat, eine zu heiraten, die einen ständig nur mit Fragen löchert.«

»Für mich hört sich das so an, als hätte er irgendwo eine zweite Freundin«, meinte Shirley, »und als wollte er verhindern, dass sie das mitbekommt.«

»Schon möglich«, sagte der Inspektor. »Aber Rosa selbst kann sich das nicht vorstellen. Sie habe sich fürchterliche Sorgen um ihn gemacht, sie gibt zu, dass sie alle möglichen schrecklichen Vermutungen angestellt hat – aber nicht ein einziges Mal habe sie das Gefühl gehabt, dass er sie mit einer anderen betrügt. Und das nehme ich ihr ab. Außerdem passt die ›rätselhafte Freundin‹-Theorie nicht zu der merkwürdigen Geschichte, die der Vater uns erzählt hat.«

»Was für eine Geschichte?«, fragte Mom.

»Vor ungefähr einer Woche ist die Mutter des Jungen krank geworden, dieser Virus, der gerade kursiert, hatte sie schlimm erwischt. Sie musste ein paar Tage im Bett bleiben. Und dann ist an dem einen Nachmittag ihr Fernseher kaputtgegangen …«

»Diese Leute sind von Armut geplagt«, sagte Shirley, »aber einen Fernseher können sie sich trotzdem leisten?«

»Wenn man von Armut geplagt ist«, sagte Mom, »kann man nicht leben, ohne sich einen Fernseher zu leisten. Wie soll man sonst wenigstens mal für eine Weile vergessen, dass man schlecht dran ist?«

»Jedenfalls hat Rafael auf der Rückseite von dem Gerät mit einem Schraubenzieher rumgefummelt«, sagte der Inspektor, »und das Ding wieder zum Laufen gekriegt. An dem Abend dann ist er wie immer nach dem Abendbrot abgezogen, nach

dem üblichen Streit mit seinem Vater, weil er nicht sagen wollte, wo er hingeht. Um zehn Uhr rief er von irgendwo außerhalb
an, um zu fragen, ob der Fernseher noch läuft.

Sein Vater war am Apparat, und der hat ihn sofort gefragt,
von wo aus er anruft. Daraufhin ging der Streit von vorne los.
Aber während der folgenden Streitereien hat der Vater am anderen Ende der Leitung im Hintergrund Stimmen gehört. Ziemlich leise Stimmen, zunächst konnte er nicht verstehen, worüber
sie sprachen. Dann wurde plötzlich eine der Stimmen lauter,
eine Männerstimme, sie klang wütend. Der Vater hörte genau,
was sie sagte: ›Wer hat schon Angst vor der Polente? Wenn irgendein Polyp mir quer kommt, schieß ich ihn nieder!‹ Wenig
später hat Rafael dann aufgelegt.«

»Und sein Vater hat Ihnen das alles erzählt?«, sagte Shirley.
»Freiwillig erzählt, obwohl ihm doch klar sein müsste, wie be-
lastend so eine Aussage ist?«

»Ich fürchte, ja. Der alte Ortiz ist ziemlich verbittert über
seinen Jungen. ›Er hat einen Menschen getötet, geben sie ihm
seine verdiente Strafe.‹ Die Mutter sieht das natürlich ganz anders. Sie duldet nicht ein schlechtes Wort über ihren Jungen.
›Mein Rafael würde niemals einem Menschen etwas zuleide
tun‹, sagt sie immer wieder. Und zugegeben, ihr zuliebe würde
ich mir wünschen, dass der Fall nicht so eindeutig wäre …«

Die Stimme des Inspektors hatte eine traurige Färbung angenommen. Nach einer Weile sagte Mom: »Und was war jetzt mit
Mrs. Ortiz' Fernsehapparat? Hat er tatsächlich noch funktioniert, als der Junge anrief?«

»Großer Gott, Mutter«, sagte Shirley, »was tut das zur Sache?«

»Trotzdem, mich würde das interessieren.«

»Der Fernseher lief bestens«, sagte Inspektor Millner. »Der
Junge war schon immer geschickt mit elektrischen Apparaten.
Ein Jammer, dass er sein Talent nun nicht mehr wird nutzen
können.«

»Wieso das?«, fragte Mom.

Die Gesichtszüge des Inspektors verfinsterten sich. »Vor zwei Tagen hat er sein Leben endgültig verpfuscht. Der Taxifahrer Dominic Palazzo – ein kleiner Mann, gut sechzig Jahre alt, fünffacher Großvater – setzte etwa um dreiundzwanzig Uhr einen Fahrgast an der Ecke Broadway, sechsundachtzigste Straße ab, dann fuhr er weiter Richtung Osten. An der Amsterdam Avenue wurde er angehalten von einem jungen Typen – dünn, kleingewachsen, dunkle lange Haare, fast so lang wie bei einer Frau –, das war Palazzos Beschreibung. Könnte auf die meisten dieser verrückten Typen heutzutage passen, gebe ich zu. Der Typ setzte sich ins Taxi und sagte, er will nach Downtown. Er sprach mit einem spanischen Akzent.

Dann, nach ein paar Blocks, kamen sie in eine unbeleuchtete, leere Straße, und der Typ zieht ein Messer, drückt es Palazzo an die Kehle und befiehlt ihm, anzuhalten und sein Geld rauszurücken. Palazzo war im vergangenen Jahr schon zweimal überfallen worden und konnte sich einen weiteren Verlust offensichtlich nicht leisten. Deshalb steigt er in die Eisen, in der Hoffnung, den Typ aus dem Gleichgewicht zu bringen und ihm sein Messer wegzuschnappen. Aber bevor er auch nur seinen Kopf drehen konnte, hat der Typ ihm das Messer schon in den Nacken gerammt. Dann ist er aus dem Taxi gesprungen, die Straße runtergelaufen und um die Ecke verschwunden. Palazzo hat schrecklich geblutet, aber gestorben ist er erst zwei Stunden später im Krankenhaus. Er hatte noch Zeit, den Täter zu identifizieren.«

»Ihr habt den jungen Ortiz ins Krankenhaus gebracht?«, fragte Mom.

»Den Jungen selbst nicht. Wir sind zu ihm nach Hause, um ihn hochzunehmen, aber er war wie immer nach dem Abendbrot fortgegangen und noch nicht zurück. Wir haben von der Mutter ein Foto bekommen, sein Abschlussfoto aus der High School. Palazzo hat nur einen Blick auf das Foto geworfen und gesagt: ›Das ist er!‹«

»Eine Sache wundert mich ein bisschen«, sagte Mom. »Wie kommt es, dass ihr so kurz nach der Vorfall schon zu dem Jungen nach Hause gefahren seid, um ihn hochzunehmen? Wie seid ihr darauf gekommen, ihn zu verdächtigen?«

»Es gab einen Augenzeugen. Er kam gerade aus einem 24-Stunden-Hamburger-Imbiss ein Stück weit die Straße runter, als Palazzo anfing zu schreien. Er sah den Jungen die Straße runterlaufen und hat ihn erkannt.«

»Im Dunkeln, einen Block entfernt und von hinten?«

»Tatsächlich hat der Zeuge das Gesicht des Jungen nicht gesehen. Aber er konnte Körperbau und Hautfarbe erkennen, und vor allem, was der Junge anhatte. Vor ein paar Monaten hat er sich eine Lederjacke gekauft – knallrot, mit einem schwarzen Drachenkopf auf dem Rücken – und eine schwarzlederne Motorradkappe. Und diesen komischen Aufzug trägt er seitdem ständig. Sein Vater hat ihm gesagt, er sehe darin aus wie ein Knacki, was ihn natürlich noch mehr dazu angespornt hat, das Zeug zu tragen.

Jedenfalls sagen seine Eltern und ein paar andere, dass er die Jacke und die Kappe anhatte, als er nach dem Abendbrot aus dem Haus gegangen ist, und unser Zeuge hat eindeutig diese Jacke und die Kappe an dem Typen gesehen, der von dem Taxi weggelaufen ist. Das plus die Identifizierung von Palazzo haben für uns den Fall ziemlich eindeutig gemacht. Wir haben noch am selben Abend vor seinem Haus gewartet, um halb eins kam er die Straße entlang und pfiff sich eins, als hätte er nicht eine Sorge auf der Welt. Und tatsächlich trug er die rote Jacke und die schwarze Kappe. Also haben wir ihn festgenommen.«

»Und er hat gestanden?«, fragte Mom.

»Er hat noch immer nicht gestanden, bis jetzt. Er schwört, dass er den ganzen Abend lang nicht mal in die Nähe der Amsterdam Avenue oder der Eighties gekommen ist. Wir haben ihn gefragt, wo er dann den Abend über gewesen ist, und er hat behauptet, er sei mit seiner Schwester Inez ins Kino gegangen. Er habe

393

sie Downtown abgeholt – sie arbeitet als Kellnerin am Times Square und ihr Hotel liegt ein paar Blocks weiter –, und sie hätten sich zusammen einen Western-Doppelpack angeschaut.

Wir haben Kontakt zu der Schwester aufgenommen und sie gefragt, ob sie an dem Abend mit ihm ins Kino gegangen sei. Sie hat das bejaht. Daraufhin sind wir ein bisschen hinterhältig geworden und haben sie gebeten, die beiden Science-Fiction-Filme zu beschreiben, die sie sich angeschaut hätten. Sie fing an, von Monstern und Raumschiffen zu erzählen – jedenfalls haben schließlich beide zugegeben, dass das Alibi erfunden war. Aber Rafael gibt trotzdem nicht zu, dass er den Taxifahrer umgebracht hat, und er will uns nicht sagen, wo er den Abend über war und wo er in den letzten Monaten die meisten seiner Abende verbracht hat. Nun, unter diesen Umständen, was sollen wir da denken?«

Der Inspektor spreizte in einer hilflosen Geste seine Finger. Sein unglücklicher Gesichtsausdruck war nicht zu übersehen.

Dann sagte Mom mit ruhiger Stimme: »Aber ist die Beweislage gegen den Jungen wirklich so eindeutig? Der Taxifahrer gabelt einen Jungen auf einer dunklen Straße auf, und zwei Minuten später sticht der Junge ihn von hinten ab. Wie verlässlich kann dann die Aussage dieses armen Mannes sein?«

»Palazzo hatte ein gutes Auge und ein gutes Gedächtnis, Mom«, sagte ich. »Vor einem Jahr, als er das erste Mal überfallen wurde, hatte er auch keine Möglichkeit, den Dieb genau unter die Lupe zu nehmen. Aber zwei Wochen später bei der Gegenüberstellung der Verdächtigen hat er ihn klar identifiziert.«

»Außerdem«, sagte der Inspektor, »hat unser Augenzeuge die rote Jacke und die schwarze Kappe gesehen.«

»Könnte in New York nicht mehr als nur ein Junge mit einer roten Jacke mit einem schwarzem Drachen darauf rumlaufen? Vielleicht gehört dieser Ortiz einer Gang an, und Jacke und Kappe sind seine Uniform.«

»In Rafaels Viertel trägt keine der Gangs so eine Uniform«,

394

sagte der Inspektor. »Auch sonst nirgendwo in der Stadt, soweit wir den Überblick haben. Und wenn es so eine Bande gäbe, würden wir das höchstwahrscheinlich mitbekommen. Das ist ja der Grund, warum diese Typen solche verrückten Uniformen überhaupt tragen – weil sie damit in der Öffentlichkeit auffallen wollen.«

Mom runzelte die Stirn. Dann sagte sie: »Und dieser Augenzeuge, der behauptet, er hätte die Jacke des Jungen vom Tatort weglaufen sehen? Kann man ihm glauben, diesem Zeugen? Vielleicht hat er selbst den Taxifahrer umgebracht, und versucht jetzt den Verdacht auf einen Unschuldigen zu lenken. Vielleicht handelt es sich um ein Komplott.«

»Unser Zeuge ist über jeglichen Verdacht erhaben«, sagte Inspektor Millner.

»Entschuldigung …« Moms Lächeln zeigte einen winzigen Hauch Herablassung, »… aber wenn man nur einige der Dinge gesehen hat, die ich in meinem Leben gesehen habe, hört man auf zu glauben, dass es auch nur einen einzigen Menschen aus Fleisch und Blut gibt, der über einen Verdacht erhaben ist. Das wohlhabendste Gemeindemitglied unserer Synagoge vor dem Krieg, ein Mann, der der Wohlfahrt Tausende Dollar gespendet hat, ein weißhaariger Mann, der immer nur Zweireiher getragen hat, und als dann fünfhundert Dollar aus der Baustiftung fehlten …«

»Mom«, unterbrach ich sie, »selbst du wirst diesem Zeugen trauen.« Ich atmete einmal tief durch und fuhr dann fort: »Ich bin der Zeuge.«

Es ist nur wenige Male in meinem Leben vorgekommen, dass ich Mom mit einem überraschten Gesichtsausdruck gesehen habe. Dies war einer dieser Momente. »Davie – du machst Witze?«

»Ich wünschte, es wäre so. In demselben Haus, in dem die Ortiz wohnen, hat letzte Woche ein Mann seine Frau zu Tode geprügelt. Anschließend hat er sofort gestanden, aber ich musste noch ein paar Aussagen von den anderen Mietern einholen. Als ich mit dem Ehepaar Ortiz sprach, war Rafael die ganze Zeit über im gleichen Zimmer. Permanent machte er blöde Bemerkungen über Bullen und versuchte mich zu provozieren. Nichts, was ich nicht gewöhnt bin, aber aus dem Grund ist mir der Junge im Gedächtnis geblieben. Vor allem die Jacke, die er getragen hat.

Vor zwei Tagen, ungefähr um elf Uhr abends, war ich durch mit der Befragung. Ich ging auf die andere Straßenseite, um mir einen Hamburger und eine Tasse Kaffee zu gönnen. Dann hörte ich Schreie auf der Straße und ging raus, um zu sehen, was los war – da sah ich den Jungen von dem Taxi weglaufen. Ich habe nicht gleich versucht, ihn zu schnappen, weil mir schien, dass der Taxifahrer sofort Hilfe brauchte. Außerdem wusste ich ja, dass ich den Jungen später noch würde hochnehmen können. Glaub mir, Mom, diese rote Jacke hätte ich überall wiedererkannt.«

Mom legte die Stirn noch mehr in Falten. Schließlich sagte sie: »Also gut, dir glaube ich das, Davie, natürlich. Was bleibt mir auch anderes übrig? Aber irgendwas gefällt mir an der Geschichte nicht …«

Ein Hoffnungsschimmer huschte über Inspektor Millners Gesicht. »Der Junge ist unschuldig? Wenn ich das seiner Mutter sagen könnte, wenn Sie irgendeinen Beweis hätten …«

»Einen Beweis habe ich leider nicht. Nur so eine Idee. Eigentlich auch keine Idee, aber ich muss die ganze Zeit an eine ähnliche Geschichte denken.«

»Welche Geschichte?«

»Welche …?« Plötzlich war dieser Schleier, dieser Schatten des Schmerzes wieder auf ihrem Gesicht. »Dieser Mord – er ist genauso wie der erste Mordfall, der mir jemals begegnet ist. Dieser Ortiz-Junge – er ist genau wie Mendel. Wie mein armer Mendel vor fünfundvierzig Jahren …«

O Gott, schon wieder waren wir auf gefährliches Terrain geraten! Ich wusste nicht, wie wir dorthin gelangt waren, aber auf jeden Fall wollte ich da schnellstens wieder heraus.

»Vergiss doch diese alte Geschichte, Mom«, sagte ich. »Bitte konzentriere dich auf diesen neuen Fall hier, okay?«

»Ich mache doch nichts anderes«, sagte Mom. »Ist das noch nicht klar, Davie? Dieser Mord hier und der Mord vor fünfundvierzig Jahren, die könnten fast ein und derselbe Fall sein. Ich kann den neuen nicht lösen, wenn ich nicht an den alten denke …«

Ich sah ein, dass meine Ablenkungsmanöver vergeblich waren und ich keine Wahl hatte, als mich würdevoll geschlagen zu geben. »Na gut Mom, wenn du unbedingt willst«, sagte ich. »Erzähle uns von dem alten Mordfall.«

Mom legte die Hände in ihren Schoß und lächelte uns an. »Also gut, wenn ihr mich schon darum bittet, will ich ihn euch nicht vorenthalten«, sagte sie. »Nur lasst doch den Schmorbraten nicht kalt werden, bitte. Langen Sie zu, Inspektor, bediene dich, Shirley, und Davie, dich brauche ich nicht zu drängen, du isst ja ohnehin. Und während ihr alle esst, werde ich reden.«

»Zunächst muss ich euch von meinem Mendel erzählen«, sagte Mom. »Dein Papa, Davie, war ein wunderbarer Mann. Vielleicht würden die meisten Leute heutzutage darüber anders denken. Die Eigenschaften, die so wunderbar an ihm waren, sind heute nicht mehr so gefragt – und genau genommen, wer weiß, ob sie überhaupt jemals gefragt waren. Einen guten Geschäftssinn hatte er nicht gerade. Dass er eine bemerkenswerte Persönlichkeit war, kann man auch nicht behaupten, er war nicht der Typ, der ständig Witze reißt und den Leuten auf den Rücken klopft. Er hatte weder das Gesicht von Rudolph Valentino noch den Körper von Tarzan. Man brauchte ihn nur anzuschauen, um zu sehen, dass er nicht der Typ war, der eines Tages groß rauskommt. Puh, so ein Langweiler! Wer kann schon mit so einem *Schlamassel* etwas anfangen? Aber dieser *Schlamassel* war gutmütig und einfühlsam, er konnte keiner Fliege etwas zuleide tun, und nie kam eine Beleidigung über seine Lippen. Wie er dich auf seinen Knien geschaukelt hat, Davie, als du noch ein kleines Baby warst, und dabei sein glücklicher Gesichtsausdruck! Glaubt mir, es gibt viele Millionäre, die achtzig Jahre leben und nicht eine Sekunde lang so glücklich ausschauen, nicht mal, wenn sie ihre Bankguthaben zusammenrechnen. Und darum habe ich mich in diesen *Schlamassel* verliebt, was mich in den Augen vieler Leute – sogar meiner Schwester Jennie, diesem Hohlkopf – ebenfalls zu einem *Schlamassel* machte.

Als Mendel fünfzehn war, brachten ihn seine Eltern aus der alten Heimat mit nach Amerika. Sein Vater war ein Rabbiner. Was für ein anständiger Mann, mit einem langen, dunklen Bart, mit Augen, die Feuer fingen, wenn er auf jemanden böse war, und mit einer tiefen Stimme, die eine ganze Synagoge ausfüllen konnte und noch einige Häuserblocks vor der Tür dazu! Er zog in dasselbe Haus wie Mama und meine Schwestern und ich, zwei Stockwerke über uns. Und schon bald wurde er der Rabbi unserer *Schul*. Man respektierte und bewunderte Mendels Papa, aber ich muss zugeben, man hatte auch ein bisschen Angst vor ihm, weil keiner die alten Regeln so peinlich genau befolgte wie er.

Zum Beispiel würde eine der Frauen – natürlich aus Versehen – eine Milchspeise mit einem Fleischgericht vermischen. Sie bemerkt das aber erst kurz vor Essenszeit. Anstatt jetzt alles wegzuwerfen und ein neues Gericht zu kochen, würde sie vielleicht Gott kurz um Vergebung bitten und ihrer Familie das Essen auftischen, ohne ihren Fehler zu erwähnen. War das so eine schlimme Sünde? Tat sie das nur aus Bequemlichkeit?

Nein, sie tat das, damit ihre Liebsten nicht hungern müssen. Würde Gott nicht einen kleinen Fehltritt verzeihen, wenn es darum ging, den hart arbeitenden Ehemann und die Kinder zu ernähren? Ja, Gott schon, aber nicht Mendels Papa! In der *Schul* am Freitagabend würde sich die arme Frau so weit wie möglich von ihm fernhalten. Sie war sich sicher, wenn er sie nur einmal direkt anschaute mit diesen schwarzen, feurigen Augen, könne er in sie hineinsehen bis zu dem schrecklichen Geheimnis in ihrem Herzen.

Als Mendel hier in New York von Bord stieg, konnte er nicht ein Wort Englisch, er sprach nur Jiddisch und Hebräisch. Das erste Jahr in diesem Land, bis er die Sprache beherrschte, war nicht besonders einfach für ihn. Und ich will es euch nicht verheimlichen, sein Englisch war nie ganz astrein. Er konnte sagen, was er dachte, und verstehen, was andere sagten, aber seinen Akzent ist er sein Leben lang nicht losgeworden. An seinem letzten Tag auf dieser Welt, in dem Krankenhausbett, hatte er all sein Englisch vergessen, er sprach nur noch Jiddisch.

Jedenfalls ging er zur 84. Public School, bis er siebzehn war, dann fing er an, bei *Weierman and Son* zu arbeiten, einem Schneidereibetrieb für Herrenunterwäsche. Er war Zuschneider in den Fertigungsräumen. Nicht gerade die Arbeit, die sein Vater sich für ihn gewünscht hatte. Sein Vater wollte, dass er der Familientradition folgen und ein Rabbi, ein Schriftgelehrter, werden würde.

Aber Mendel war nicht der Typ, Gelehrter zu werden. Er wollte mit Menschen zu tun haben, nicht mit Büchern. Außerdem ist Amerika nicht wie die alte Heimat. Früher im *Schtetl* war ein junger Mann, der den ganzen Tag lang den Talmud studierte, ein Held. Er erfüllte alle mit Stolz, und wenn er etwas zu essen brauchte oder etwas anzuziehen, wer half da nicht gerne aus?

Aber hier in Amerika, auf Delancey Street, war es schwer genug, Kleidung und Essen für die eigenen Kinder zusammenzukriegen – und überhaupt, wer brauchte hier drüben noch Schriftgelehrte? Steht in den amerikanischen Zeitungen jemals etwas über Schriftgelehrte? Liest man jemals etwas über einen Gelehrten, der einen Preis gewonnen, eine Rede gehalten hat oder in ein Amt gewählt wurde? Um in Amerika zu Ansehen zu gelangen, muss man ein Geschäftsmann sein oder ein Facharbeiter oder ein Filmstar. Wer würde es ihm danken, wenn Mendel sein Leben mit der Nase im Talmud verbrachte?

Sein Vater konnte ihn auch nicht über Wasser halten, denn zu der Zeit bekam ein Rabbi in der Lower East Side noch nicht das dicke Gehalt, das diese berühmten Rabbiner mit ihren tadellosen Westen heute bekommen, mit einem Haus als Zulage und kostenlosen Reisen nach Israel. Also musste Mendel als Zuschneider bei *Weierman and Son* arbeiten, und nicht einmal sein Papa, egal wie böse er wurde, konnte etwas daran ändern.

Drei Jahre arbeitete er in Weiermans Nähstube. Er war ein guter Zuschneider, mein Mendel, und er hatte Pläne für die Zukunft. Und die ganze Zeit über war ich in ihn verliebt und er in mich. Ihr fragt euch, worauf wir noch warteten? Nur auf zwei Dinge: auf meinen achtzehnten Geburtstag und darauf, dass Mendel genug Geld beisammen haben würde, um seine eigene Schneiderei zu eröffnen. Und weil er nicht rauchte oder trank oder den Drang hatte, in teurer Kleidung rumzulaufen, weil er es nicht nötig hatte, nichtsnutzige Frauen auszuführen, Jezebels, die sich nur für einen Mann interessieren, wenn er viel Geld für sie ausgibt, und da seine Vorstellung von einem schönen Abend darin bestand, zwei Stockwerke runterzukommen und mit Mama und mir Binokel zu spielen – darum wuchsen seine Ersparnisse auf der Bank ziemlich rasch, obwohl *Weierman and Son* ihn weiß Gott nicht gerade mit Geld überschüttete. Als mein achtzehnter Geburtstag näher rückte, sagte Mendel schließlich, dass es nun an der Zeit wäre, sich nach einem Laden umzusehen, den man mieten könnte. Dann sprach er mit meiner Mama, und ich sprach mit seinem Papa, und als Hochzeitstag wurde der vierte Mai angesetzt. Was wieder einmal zeigt, dass wir Menschen unsere Pläne schmieden können, aber man nie weiß, ob Gott nicht einen anderen Plan aus dem Ärmel zieht.«

Mom hielt einen Moment inne und schüttelte sich ein wenig.

»Gottes Plan war, einen Witz auf Mendels und meine Kosten zu machen. Kein besonders lustiger Witz, meiner Meinung nach, aber seit wann sollen wir schon Gottes Humor schätzen? Der Witz ging so: Die Schwierigkeiten, in denen mein Mendel plötzlich steckte und die ihn fast seine Hochzeit gekostet und sein restliches Leben ruiniert hätten, hatte ihm eines dieser nichtsnutzigen Frauenzimmer beschert, eine dieser Jezebels, mit denen er nie etwas zu tun haben wollte.

Natürlich hieß sie nicht Jezebel, sondern Sadie Katz. Zugegeben, das hört sich nicht gerade großartig an. Im Kino heißt die Femme fatale nie Sadie Katz. In den Geschichtsbüchern wird man auch lange nach einer Sadie Katz suchen, die als Mätresse eines Königs das Wohl der ganzen Nation vernichtet hat. Es ist halt, wie William Shakespeare in einem dieser Stücke sagt, das sie verfilmt haben: ›Was ist ein Name? Und wenn sie Rosie hieße oder irgendeinen andern Namen trüge, sie würde doch nicht lieblich duften.‹ Vor Hunderten von Jahren hat er das geschrieben, und mir kommt es vor, als hätte er das über Sadie Katz gesagt!

Sie hat damals bei *Weierman and Son* gearbeitet, genau wie Mendel. Sie saß an einer der Nähmaschinen, also war sie nicht auf demselben Stock wie Mendel. Aber sie hatte die Angewohnheit, in den Fertigungsräumen herumzuspazieren und allen Anwesenden in Hosen lange Blicke zuzuwerfen. Die Hälfte der Zeit war ihre Nähmaschine abgestellt, und sie stolzierte hier herum und da herum, nicht ohne dabei ihre Hüften zu wiegen und mit ihren langen Wimpern jedem zuzublinken, der solche Anblicke genoss. Und viele genossen es, glaubt mir, einschließlich dem Vorarbeiter Grossfeld, einem Mittvierziger, mit fünf Kindern und einer kranken Frau zu Hause. Aber wie sonst, wenn sie nicht Grossfeld um den Finger gewickelt hätte, wäre sie mit so wenig Arbeit durchgekommen, ohne aus dem Laden zu fliegen?

Sie war eine dunkelhaarige Frau, wenn sie nicht gerade mal wieder das Bedürfnis hatte, blond zu sein, und sie kam ursprünglich aus Litauen. Eine Litauerin – was will man da auch erwarten! Nein, entschuldigt, ich hätte nicht so eine dumme Bemerkung machen sollen. Die Litauer sind nicht schlechter als andere Menschen, ich hege keine Vorurteile, glaubt mir. Aber wenn ich an Sadie Katz denken muss, kommt immer etwas über mich. Selbst nach all diesen Jahren …

Jedenfalls, nachdem sie sechs, sieben Monate in dem Laden gearbeitet hatte, begegnete sie schließlich meinem Mendel. Von da an gab es praktisch keinen Tag mehr, an dem sie sich nicht an ihn rangeschmissen hätte. Während er zuschnitt, pirschte sie sich von hinten an und wuschelte ihm durchs Haar. Sie erzählte ihm, wie gut er aussehe. Sie passte den Moment ab, in dem er aus dem Laden ging, und streifte ihn in der Tür, dann lief sie auf der Straße neben ihm her. Sie machte zweideutige Anspielungen und steckte ihm, dass er sie jederzeit anrufen und ausführen könne.

Nein, ihr braucht mich nicht zu unterbrechen, ich kann euren Gesichtern schon die Fragezeichen ablesen. Habe ich nicht gerade gesagt, dass Mendel kein Rudolph Valentino war und auch kein John D. Rockefeller? Warum sollte diese Sadie Jezebel, diese Delilah Katz sich also für ihn interessieren? Was war für so ein Frauenzimmer derartig anziehend an diesem gemütlichen kleinen Mann, der sein größtes Vergnügen darin sah, mit seiner Verlobten und seiner zukünftigen Schwiegermutter zu binokeln?

Mendel wirkte so anziehend auf Sadie Katz, weil er anders war als die anderen Männer in der Schneiderei – Mendel beachtete sie nicht. Er war blind gegenüber ihren Reizen und ihrer Schönheit – genau genommen konnte ich auch keine Schönheit an ihr entdecken. Wenn sie ihm durchs Haar strich, zuckte er zusammen, aber nicht vor Vergnügen, sondern weil es ihm peinlich war. Wenn sie sagte, sie wolle mit ihm ausgehen, dann bedankte er sich bei ihr – so höflich war Mendel, er konnte niemandem wehtun – und erklärte, dass er verlobt sei und mit niemandem ausgehe außer mit mir.

Tatsache war, dass Sadie Katz so was noch nicht erlebt hatte. Sie war gewohnt, dass die Männer nur so nach ihr lechzten, dass sie sich ihr zu Füßen warfen und dass sie sprangen, wenn sie ihnen befahl zu springen. Dass dieser arme kleine Zuschneider, ein Niemand ohne Geld und Namen, so gut ohne sie auskam, ging gegen ihren Stolz. Sie konnte nicht mehr ruhig schlafen, bevor nicht Mendel nach ihr lechzte wie all die anderen.

In der Zwischenzeit hatte sie natürlich ihre sozialen Kontakte aus Ärger über Mendel nicht abgebrochen. Ihre Vermieterin erzählte, dass sie praktisch jeden Abend ausging, mal mit dem einen, mal mit dem anderen Mann. Machmal würde sie abgeholt, und manchmal würde sie sich aufdonnern und alleine abziehen, ohne jemandem zu sagen, wo sie hingehe. Und dann um zwei Uhr nachts komme sie wieder hereingeschneit, alleine vor sich hinsingend. Am nächsten Morgen dann würde sie eine Stunde oder mehr zu spät zur Arbeit kommen – und dreimal dürft ihr raten, ob dieser *Nudnik* Grossfeld sie jemals deshalb ausgeschimpft hat.

So ging das jedenfalls bis zu der Nacht vor meiner Hochzeit. Der dritte Mai vor fünfundvierzig Jahren – der Tag, an dem es mit Sadie Katz so zu Ende ging, wie es mit so vielen Jezebels und Delilahs zu Ende geht.«

Mom machte eine ihrer Spannungspausen. Dann schaute sie in die Runde und fragte: »Was ist los? Warum isst denn niemand mehr? Ist der Schmorbraten missraten?«

Wir versicherten Mom, dass der Schmorbraten köstlich war, und aßen weiter. Sie beruhigte sich und fuhr fort mit ihrer Geschichte.

»Am dritten Mai um sechs Uhr abends gab es zu Mendels Ehren eine Feier. Eine Junggesellenfeier mit Witzen und Reden und Toasts auf Mendels Abschied aus dem Junggesellenleben. Zehn oder zwölf Leute waren da, Mendels engere Freunde aus der Schneiderei und Grossfeld, der Vorarbeiter, der eigentlich kein so enger Freund war, aber wie erklärt man seinem Vorgesetzten, dass man ihn nicht auf seiner Feier sehen will? Alle hatten zusammengelegt, um Mendel ein kleines Hochzeitsgeschenk zu kaufen, einen Füller mit einer Goldspange, in die seine Initialen eingraviert waren. Mendel öffnete ihn auf der Stelle und schrieb mit ihm, und dann musste er ein bisschen weinen – vor Freude, ihr versteht.

Die Feier fand in der Schneiderei statt, im Erdgeschoss, wo sich Mr. Weiermans Büro und der Schauraum für die Kunden von auswärts befand. Mr. Weierman hielt große Stücke auf Mendel und hatte für den Abend den Schauraum zur Verfügung gestellt – er tauchte sogar selbst gegen Ende der Feier dort auf. Er hielt eine Rede und nannte Mendel einen guten Kerl und einen erstklassigen Zuschneider. Unter uns gesagt glaube ich, dass Weierman immer noch hoffte, er könne Mendel davon abbringen zu kündigen und eine eigene Schneiderei zu eröffnen – weil auch damals schon, obwohl es noch Ausbeutungsbetriebe gab und noch keine Gewerkschaften, ein guter Zuschneider nicht leicht zu finden war.

Entschuldigt, ich will Weierman nicht unrecht tun. Eigentlich war er ein herzensguter Mann. Er war bei *Weierman and Son* der Junior – der Alte war schon vor Jahren verstorben –, und er hatte immer den Verdacht, dass seine Angestellten ihn weniger respektierten, als sie seinen Vater respektiert hatten. Aus dem Grund trug er ständig teure Anzüge, wohnte in Uptown Manhattan und spielte Golf; er hielt weitschweifende Reden und legte manchmal etwas großspurige Geschäftsmethoden an den Tag.

Aber der echte Weierman tief in ihm drin war anders. Hat er nicht Mendel ganze zwei Tage Urlaub gegeben für unsere Hochzeitsreise? Hat er nicht seine Frau gebeten – früher war sie Nora Plotkin gewesen, aus der Stanton Street, da war sie noch seine Sekretärin, aber jetzt war sie Nora Weierman mit zwei Pelzmänteln –, ihrem Koch aufzutragen, einen kleinen Schokoladenkuchen für Mendels Feier zu backen? Hat er nicht den

Sekt für das Fest spendiert? Champagner war es nicht gerade – ich glaube, es war Sekt aus Newark, New Jersey –, aber das war eine nette Geste von Weierman.

Wie oft habe ich mir danach gewünscht, dass der Sekt nichts als Traubensaft gewesen wäre. Nur wegen dem Sekt hat Mendel sich diese Probleme eingebrockt. Er war es einfach nicht gewöhnt, Alkohol zu trinken. Ein Gläschen Wein am Sabbat höchstens, dann war aber auch Schluss. Wenn er mehr als ein Glas trank, war ihm die ganze Nacht über schwindelig.

Aber auf der Feier, wo ihm alle Glück wünschten und ihm zuprosteten, musste er natürlich mit jedem einzeln anstoßen. Als dann die Feier vorbei war – sie ging nur eine Stunde –, hatte Mendel fünf Gläser Sekt intus, er sah alles nicht nur doppelt, sondern vierfach, und redete viel lauter als sonst. Ich will nicht länger um den heißen Brei herumreden: Mendel war stockbetrunken.

Er war so betrunken, dass er nicht mehr alleine nach Hause gehen konnte. Grossfeld, der Vorarbeiter, und ein paar andere mussten ihn auf der Straße beim Gehen stützen. Unterwegs haben sie ordentlich gesungen und gegrölt, und Mendel war mitten dabei. Ein oder zwei Blocks bevor er zu Hause ankam, fiel ihm plötzlich auf, dass es ungut wäre, wenn sein Vater seine Alkoholfahne riechen würde. Ich habe euch ja schon erzählt, dass Mendels Papa die Traditionen und die orthodoxe Lebensführung heilig waren. Und eine der ältesten Regeln ist, dass ein Jude sich nicht betrinken soll. Er muss nicht immer ganz trocken sein, ihr versteht – er kann sich schon mal ein Schnäpschen oder zwei zur Entspannung gönnen –, aber niemals trinkt er über den Durst, und niemals verliert er die Beherrschung und macht sich zum Narren. Wenn Mendels Papa, ein Rabbi wohlgemerkt, mitbekäme, dass sein eigener Sohn betrunken ist, was würde der für einen Sermon zu hören kriegen!

Deshalb kaufte Mendel in einem Bonbonladen schnell eine Rolle Pfefferminzbonbons für zehn Cents – er wollte die Lutscher runterkauen, um seine Fahne loszuwerden. Aber er war schon so jenseits von Gut und Böse, dass er sich nicht mehr an seinen Plan halten konnte. Er steckte die Bonbons in seine Tasche, zusammen mit dem Wechselgeld von seinem Dollarschein, und vergaß sie sofort wieder.

Jedenfalls erreichen Mendel und seine Freunde und Grossfeld irgendwann unser Haus. Mendel steigt auf den Treppenabsatz, dann dreht er sich herum, um sich von seinen Freunden zu verabschieden. Genauer gesagt verabschiedet er sich nicht nur, er hält eine Rede. Er spricht so laut und seine Gesten sind so komisch, dass Kinder herbeigelaufen kommen, um ihm zuzugucken, und die ganze Straße entlang recken die Leute ihre Köpfe aus dem Fenster. Mendel winkt mit den Armen und ruft ihnen zu: ›Ich bin ein glücklicher Mann! Ich bin verliebt und ich heirate! Schaut her, so einen schönen Füller haben mir meine Freunde geschenkt! Und fünf Gläser Sekt haben sie mir gegeben!‹

Und in diesem Moment, als wäre sie aus dem Nichts aufgetaucht, steht plötzlich Sadie Katz neben Mendel. Sie ist ihm von der Schneiderei bis hierher gefolgt, und jetzt kann sie sich nicht mehr zurückhalten – sie schlingt ihre Arme um ihn und drückt ihm einen dicken Kuss auf den Mund. Danach sagt sie so laut, dass es alle hören: ›Bis morgen bist du noch ein freier Mann, Mendel. Warum stattest du mir nicht heute Abend einen kleinen Besuch ab?‹ Dann läuft sie davon.

Anschließend geht Mendel hoch in seine Wohnung. Sein Vater erwartet ihn schon an der Tür. Als Mendel den Ausdruck auf dem Gesicht seines Vaters sieht, ist er auf einen Schlag wieder nüchtern. Mendels Papa hatte durchs Fenster beobachtet, was auf der Straße vorgegangen war, und jetzt war er so wütend, wie Mendel ihn noch nie gesehen hatte – und Mendels Papa war jemand, der zwei- oder dreimal pro Tag wütend wurde.

Für die nächste halbe Stunde hat Mendels Papa ihn beschimpft, ihn einen Säufer genannt und noch schlimmere Dinge, aber dann, wie ein göttliches Wunder, tat Mendel etwas, das er noch nie in seinem Leben getan hatte.

Er wehrte sich gegen seinen Vater. Er widersprach ihm und stritt sich mit ihm. Er sagte, er sei kein Säufer, und er sagte, sein Papa sei altmodisch und engstirnig und dass er ein Recht habe, sein Leben selbst zu bestimmen. Er hat diese Dinge vielleicht nicht so kraftvoll vorgetragen wie Jeremias oder wie Franklin D. Roosevelt oder der Rabbi Stephen Wise, aber er hat sie gesagt, und darauf kommt es an. Nach einundzwanzig Jahren, wo hat er da plötzlich den Mut hergenommen? Vielleicht war es der Sekt. Oder vielleicht hört ein Mann am Tag vor seiner Hochzeit auf, sich zu fürchten, weil er weiß, dass ihm sowieso nichts Schlimmeres mehr passieren kann.

Also wurde der Streit immer lauter und wütender und schließlich nannte Mendels Papa ihn einen Sünder und einen Gesetzesbrecher und befahl ihm, auf sein Zimmer zu gehen. Und Mendel sagte: ›Warum sollte ich auf mein Zimmer gehen? Es ist doch noch früh, die Nacht hat doch noch nicht einmal angefangen – ich muss noch mal raus und noch ein bisschen sündigen und ein paar Gesetze brechen!‹ Und dann, während sein Papa seine Faust erhob und seine arme Mama wimmerte und ihre Hände knetete, stolzierte Mendel aus der Wohnung.

Es war acht Uhr abends, als er ging, und er kam erst nach Mitternacht wieder. Seine Mama hörte, wie er die Wohnungstür schloss und dann ins Bad ging. Anschließend vernahm sie Geräusche, als würde er sich im Bad übergeben. Dann hörte sie ihn ins Bett gehen. Kurze Zeit später schlich sie sich in sein Zimmer; er schlief schon tief und fest, seine Kleider lagen verstreut über die Möbel. Sie hängte seinen Anzug auf und leerte seine Taschen aus, dann schlich sie wieder aus seinem Zimmer.

Am nächsten Morgen kam die Polizei und nahm Mendel fest wegen Verdacht auf Mord an Sadie Katz, Tatzeit am vorigen Abend zwischen neun Uhr dreißig und elf Uhr.«

Mom machte wieder eine ihrer Pausen. Sie weiß genau, wann sie ihre Zuhörer auf die Folter spannen kann.

Sie aß ein Stück Schmorbraten, spülte einen Schluck Wasser

hinterher und fuhr fort: »Sadie Katz wohnte in Mrs. Spiegels Logierhaus in der Avenue A. Es war ein fünfstöckiges Gebäude und hatte seine besseren Tage irgendwann vor der Unabhängigkeitserklärung der Vereinigten Staaten von Amerika gesehen. Sadie Katz bewohnte ein Zimmer im ersten Stock, in dem gerade genug Platz war für ein Bett und ein Waschbecken. Mrs. Spiegel wohnte im Erdgeschoss zusammen mit ihrem Mann, der tagsüber als fliegender Händler Kleidung verkaufte, während seine Frau sich um das Haus kümmerte. Die Spiegels waren fünf Jahre zuvor aus Deutschland gekommen, und sie blickten auf jeden herab, der aus Polen oder Russland eingewandert war. Sie taten so, als wären sie kultiviert und gebildet. Mr. Spiegel las die ganze Zeit deutsche Bücher, und alle beide gingen sie ein paar Mal im Jahr ins Theater.

Laut den Spiegels kam Sadie Katz am dritten Mai um sieben Uhr abends nach Hause, was kurze Zeit nach ihrem Auftritt vor unserem Haus gewesen sein muss. Sie ging hoch in ihr Zimmer, und die Spiegels konnten riechen, dass sie sich ein Stück Fleisch auf ihrer Kochplatte briet. In Mrs. Spiegels Mietskaserne gab es nur ein Telefon, und das hing im untersten Hausflur. Die Mieter mussten zehn Cent reinstecken, wenn sie einen Anruf machen wollten. Manchmal riefen auch Leute von außerhalb dort an – genau das passierte um zehn nach acht an jenem dritten Mai. Mrs. Spiegel nahm den Hörer ab, und eine Stimme – eine tiefe, flüsternde Stimme, wie jemand spricht, der erkältet ist – verlangte Sadie Katz zu sprechen. Mrs. Spiegel rief nach Sadie und verschwand wieder in ihrer Wohnung, wo sie gerade ein Knackwurst-Abendbrot für ihren Mann warm machte.

Natürlich schloss sie auf dem Weg zurück ihre Wohnungstür, aber sie blieb – bestimmt aus Versehen – einen Spalt offen. Die Spiegels konnten jedes Wort hören, das Sadie am Telefon sagte. ›Was für eine Überraschung, dass *du* anrufst!‹, sagte sie. ›Du willst mich sehen, heute Abend? Ich kann's kaum fassen‹, sagte sie. ›Nein, ich werde dich nicht woanders treffen. Ich bin müde und ich will mir hier zu Hause einen gemütlichen Abend machen. Warum kommst du nicht hier vorbei?‹

Es folgte eine längere Pause, und anschließend klang Sadie ein wenig verärgert. ›Warum sollte dich jemand sehen?‹, sagte sie. ›Du klingelst unten an der Tür, und ich komme runter und mache dir höchstpersönlich auf. Und wenn dich tatsächlich jemand sieht? Bin ich eine Asoziale oder was? Ist es verboten, mich zu besuchen?‹ Dann lachte sie kurz auf und sagte: ›Wovor hast du denn Angst? Du bist doch noch ein freier Mann. Du kannst tun und lassen, was du willst!‹

Und dann sagte sie: ›In Ordnung, ich erwarte dich in ungefähr einer Stunde.‹ Dann legte sie auf und klopfte bei den Spiegels an die Tür. Sie erklärte ihnen, dass sie heute Abend Besuch erwarte und dass sie, wenn es klingelt, gerne selber die Tür öffnen würde. Dann ging sie hoch auf ihr Zimmer.

Um halb zehn klingelte es an der Haustür. Frau Spiegel öffnete ihre Wohnungstür und war dabei, den Hausflur zu durchqueren, als Sadie Katz oben auf der Treppe auftauchte. ›Ich mache schon auf, vielen Dank‹, sagte sie, und wartete absichtlich so lange, bis Mrs. Spiegel wieder in ihrer Wohnung verschwunden war. Einen Moment später hörten die Spiegels, wie die Haustür geöffnet wurde, dann hörten sie Sadies Stimme, laut und fröhlich, und eine zweite sehr tiefe, gedämpfte Stimme. Anschließend hörten sie zwei Paar Füße die Treppe hochgehen. Aber zu Gesicht bekommen haben sie Sadies Besucher nicht.

Wenig später haben sich die Spiegels schlafen gelegt, weil Mr. Spiegel mit dem ersten Morgengrauen aufstehen musste, um rechtzeitig mit seinem Karren loszuziehen, wenn er zwischen all den anderen fliegenden Kleiderhändlern einen passablen Platz ergattern wollte. Deshalb sind die Spiegels an dem Abend früh schlafen gegangen und am nächsten Morgen um fünf Uhr aufgestanden. Um sechs hat Mrs. Spiegel ihren Mann auf den Weg geschickt, dann ist sie raufgegangen, um an Sadies Tür zu klopfen – das tat sie jeden Morgen, um Sadie rechtzeitig zur Arbeit zu wecken. An diesem Morgen bekam sie auf ihr Klopfen keine Antwort.

Mrs. Spiegel probierte die Tür, und tatsächlich, sie war nicht verschlossen. Sie trat ein und sah Sadie auf dem Fußboden liegen. Sadie trug ihr schickstes Kleid – dasselbe hatte sie am Abend zuvor um halb zehn angehabt –, aber ihre Make-up war verschmiert, ein Ärmel war zerrissen und ihre Zunge hing aus dem Mund. Mrs. Spiegel fing an zu schreien.

Das war am vierten Mai, am Morgen meines Hochzeitstages. Aber bevor der Morgen um war, sah es so aus, als würde es keine Hochzeit geben.

Die Polizei rückte an, untersuchte die Leiche und ließ sich berichten von dem Anruf und dem Besucher. Besonders interessierte sie sich für den letzten Teil des Telefongesprächs: ›Du bist doch noch ein freier Mann, oder nicht? Du kannst tun und lassen, was du willst!‹

Wem könnte Sadie diese Worte gesagt haben, außer jemandem, der demnächst kein freier Mann mehr sein würde, jemandem, der kurz davor war zu heiraten? Also fuhr die Polizei in die Delancey Street, holte Mendel aus dem Bett und nahm ihn fest.«

»Die Beweislage kommt mir aber ziemlich haarig vor«, sagte ich. »Auf der Grundlage würde man heute niemanden mehr festnehmen.«

»Entschuldigung, ich habe noch etwas vergessen«, sagte Mom. »Es gab noch ein Beweisstück. Auf dem Fußboden in Sadies Zimmer lagen unzählige Dinge, die runtergefallen waren bei dem Gerangel mit dem Mörder. Unter anderem lag dort ein neuer Füllfederhalter mit einer Goldspange, und auf der Spange waren Mendels Initialen.«

Der Inspektor sog scharf die Luft ein. Auf seinem Gesicht stand der Ausdruck tiefer Besorgnis, so als wäre er Papas bester Freund und als wäre der Mord erst gestern passiert.

»Und es kam noch schlimmer«, fuhr Mama fort. »Die Polizei fragte Mendel, wo er gewesen sei zwischen acht Uhr, als er

410

seine Wohnung verlassen hatte, und Mitternacht, als er wieder nach Hause gekommen war. Mendel sagte, er wisse es nicht mehr. Er habe sich in die U-Bahn gesetzt und sei an einer beliebigen Haltestelle ausgestiegen, er habe nicht einmal zur Kenntnis genommen, welche Haltestelle. Dann sei er irgendeine Straße entlanggelaufen, nur könne er nicht mehr sagen, welche Straße. Er sei einigen Passanten begegnet, die ihn wegen seines Hutes ausgelacht hätten. Dann habe er sich auf eine Bank in einem kleinen Park gesetzt, er wisse nicht mehr, in welchem Park oder für wie lange. Schließlich sei er wieder aufgestanden und zur U-Bahn zurückgelaufen – dann sei ihm aber aufgefallen, dass er kein Geld mehr in der Tasche habe, also sei er zu Fuß nach Hause gelaufen.

Die Polizei hat ihm seinen Füller gezeigt, und er hat zugegeben, dass es seiner war, er zeigte sich überrascht, dass er nicht mehr in seiner Tasche steckte. Die Polizei sagte daraufhin, sie könne seine Geschichte nicht glauben – wer würde auch so einer Geschichte glauben? –, aber Mendel wollte nichts an seiner Aussage ändern.

Und dann tat Mendel etwas, das seinen Fall praktisch hoffnungslos machte. ›Ich bin schuldig‹, sagte er. ›Ich habe gegen die Gesetze verstoßen, ich verdiene meine Strafe.‹ Und er ist zu seinem Papa gegangen und vor ihm auf die Knie gefallen. ›Vergib mir, Papa, ich bin ein Sünder und ein Gesetzesbrecher, genau wie du gesagt hast!‹

Natürlich ist die Polizei sofort darauf angesprungen. ›Gestehen Sie den Mord?‹, haben sie gefragt. ›Geben sie zu, dass sie die Frau in ihrem Zimmer aufgesucht haben und mit ihr schlafen wollten, und als sie sich weigerte, wurden sie wild und haben sie umgebracht?‹

Aber Mendel schaute sie nur unverwandt an und sagte: ›Ich habe niemanden umgebracht‹, und wiederholte nur immer wieder, dass er schuldig sei. Er sagte das die ganze Zeit über, während man ihn ins Gefängnis brachte.«

Mom unterbrach ihre Geschichte mit einem traurigen kleinen Lächeln. »Eine Stunde später, ich probierte gerade mein Hochzeitskleid an, erfuhr ich die schlechten Neuigkeiten. Ich fing an zu schreien, dass ich sofort zum Gefängnis müsse, um meinem Mendel in dieser schweren Zeit beizustehen.

Mama versuchte mich zu beruhigen. ›Nun zieh dein Hochzeitskleid nicht so hastig aus‹, sagte sie. ›Wenn du nicht aufpasst, reißt es noch.‹ Aber sie war nicht besonders hartnäckig – ihr war der gleiche Gedanke gekommen wie mir: Wahrscheinlich würde nie wieder jemand dieses Kleid anziehen.«

Durch die Fensterscheiben hörten wir eine Frau rufen: »Herbie, du kommst sofort hier rauf, oder du kriegst richtig Ärger! Hast du verstanden, Herbie?«

Damit war der Zauber geplatzt. Wir purzelten von der Lower East Side vor fünfundvierzig Jahren mit ihren heruntergekommenen Häusern und engen Straßen auf den Grand Concourse samt seinen Fernsehantennen und dem leisen Surren der Klimaanlagen.

»Um Gottes Willen, Mutter«, sagte Shirley, »was ist dann passiert?«

»Was dann passiert ist?« Die Traurigkeit entwich aus Moms Lächeln. Ihre Stimme bekam wieder ihre alte Schärfe. »Sitzen wir nicht heute Abend alle hier um den Tisch? Das beweist doch ziemlich eindeutig, dass das Hochzeitskleid doch noch zum Einsatz kam.«

»Sie haben Ihren Mann von dem Verdacht befreit?«, sagte Inspektor Millner. »Sie haben den Mordfall aufgeklärt?«

»Wie hätte ich in der Lage sein sollen, etwas aufzuklären? Mit achtzehn Jahren ist man selbst unter normalen Umständen – sogar wenn der Mann, den man liebt, nicht gerade vor einer Stunde ins Gefängnis gesteckt wurde – leicht hysterisch. Bei mir war da nicht viel mit aufklären, das hat alles Mama gemacht.

412

Nachdem ich das Hochzeitskleid ausgezogen hatte und wieder meine normale Kleidung trug, setzte mich Mama auf unser Sofa, gab mir ein Glas Mineralwasser und nahm meine Hand.

›Ganz ruhig‹, sagte sie, ›lass uns mal kurz über die Situation nachdenken. Wenn du jetzt zum Gefängnis läufst und deinen Mendel bedauerst, hilfst du ihm auch nicht weiter. Was wir jetzt tun müssen, ist rausfinden, wie wir beweisen können, dass er unschuldig ist.‹

›Mama, du glaubst, dass er unschuldig ist?‹, sagte ich und empfand mehr Dankbarkeit, als wenn mir jemand eine Million Dollar geschenkt hätte.

›Natürlich glaube ich das‹, sagte Mama. ›Ein netter junger Mann wie Mendel, der nicht mal beim Binokeln schummelt, selbst wenn der allen Sekt in ganz New York getrunken hat, würde er nicht hinter deinem Rücken mit einer anderen rummachen. Und Mendel ein Mörder? Mit seinem guten Herz und seinem schwachen Magen kann er ja nicht mal einen Kakerlak im Abfluss erschlagen. Aber du, Schätzchen? Du glaubst nicht, dass er unschuldig ist? Du liebst ihn, und du hast trotzdem Zweifel?‹

Ich schwörte meiner Mama, dass ich keine Zweifel hatte. Und das war die Wahrheit – aber natürlich war es eine Erleichterung zu hören, dass Mama genauso dachte wie ich. Für sich genommen war meine Meinung die eines über beide Ohren verliebten Mädchens. Mit Mama auf meiner Seite hatte diese Meinung plötzlich auch Sinn und Verstand bekommen – es bestand sogar die Möglichkeit, dass wir andere von unserer Einschätzung überzeugen konnten.

›Lass uns mal die Tatsachen genauer betrachten‹, sagte Mama und rieb dabei ihre Hände in der gleichen Weise, wie sie ihre Hände gerieben hatte, als sie ›die Tatsachen‹ rund um Mrs. Kinskis Zuckerdose ›betrachtet‹ hatte. Die nächste halbe Stunde erzählten Mama und ich uns gegenseitig drei- oder viermal, was die Polizei, die Nachbarn und Mendels Mutter erzählt hatten. Ich konzentrierte mich auf jedes kleine Detail, ich versuchte die Dinge mit Mamas Augen zu sehen und mit Mamas Kopf zu denken. Wie oft hatte ich mir eingebildet, dass ich Fälle genauso gut aufklären könne wie Mama! Hier war meine Chance, und es ging um Mendels Leben. Jetzt konnte ich beweisen, dass ich kein Schaumschläger war.

Nach einer halben Stunde war mir immer noch nichts aufgefallen. Aber Mom musste plötzlich lächeln, dann nickte sie ein paar Mal. ›Sehr gut, ich habe da so eine Idee‹, sagte sie. ›Jetzt lauf du nur zum Gefängnis und bedaure deinen armen Mendel, Schätzchen. Aber vergiss nicht, ihm eine bestimmte Frage zu stellen, die ich gerade im Kopf habe. Anschließend schaust du bei Grossfeld vorbei, dem Vorarbeiter aus der Schneiderei, und stellst ihm auch eine Frage. Und dann fragst du die Spiegels von dem Logierhaus noch etwas Bestimmtes. In der Zwischenzeit gehe ich mal hoch und tröste Mendels arme Eltern, und wenn ich dann schon mal da bin, stelle ich denen auch eine kleine Frage.‹

Dann sagte Mama mir, was ich fragen sollte – und ihre Fragen ergaben für mich überhaupt keinen Sinn. Aber ich versprach trotzdem, sie zu stellen – weil man damals als Kind auch tat, was die Mutter einem auftrug, ohne langes Hin und Her.

Im Gefängnis ließ man mich in einem lang gestreckten Raum mit Mendel sprechen, zwischen uns stand ein Tisch. Als Erstes sagte ich ihm, dass ich ihn liebe und an ihn glaube. Dann flehte ich ihn an, er solle mir die Wahrheit sagen, wo er gewesen sei zwischen acht Uhr und Mitternacht, und wenn er irgendwelche Zeugen hätte, dann solle er ihre Namen der Polizei nennen. Aber Mendel schüttelte nur den Kopf und sagte, er sei kein Mörder, und mehr als das könne er nicht sagen. Und überhaupt, habe so ein Nichtsnutz wie er nicht das Schlimmste verdient?

Als ich einsah, dass ich ihn nicht dazu bringen konnte, überlegt zu handeln, wechselte ich das Thema und stellte ihm Mamas Frage. ›Nach dem Streit mit deinem Papa gestern Abend,

hast du dich noch umgezogen, bevor du aus der Wohnung gerannt bist?‹

›Wann soll ich noch Zeit gehabt haben, mich umzuziehen?‹,
fragte Mendel. ›Ich bin nach Hause gekommen, Papa und ich
haben uns angeschrien, ich bin wieder rausgelaufen. Ich habe
das Gleiche getragen, was ich schon den ganzen Tag anhatte.
Aber warum willst du das wissen?‹

Was sollte ich darauf antworten? Ich wusste ja selber nicht,
warum ich das wissen wollte. Also küsste ich ihn über den Tisch
hinweg und sagte ihm, er solle die Hoffnung nicht aufgeben.
Dann ging ich wieder, um den restlichen Leuten Mamas Fragen
zu stellen. Wegen des Mordes hatte Weierman die Schneiderei
an dem Morgen nicht geöffnet, also lief ich zu Grossfeld nach
Hause. Er bewohnte vier Zimmer in dem obersten Stockwerk
eines Mietshauses. Seine Frau lag im Bett und roch nach Medi-
zin, und seine fünf Kinder machten Krach für hundert.

Es war gar nicht einfach, die Bande zu übertönen, aber
schließlich fragte ich Grossfeld: ›Können sie mir sagen, bitte –
bevor Mendel gestern die Feier verließ, war ihm da von dem
Sekt übel geworden? Ist er vielleicht auf die Toilette gegangen,
um sich zu übergeben?‹

Das war wieder eine Frage, aus der ich nicht schlau werden
wollte. Was tat das zur Sache, ob Mendel übel gewesen war
oder nicht? Wenn jemand einen Mord begangen hat, wird er
nicht wieder freigelassen, nur weil ihm zu dem Zeitpunkt übel
gewesen ist. ›Mendel war tatsächlich nicht besonders wohl‹,
meinte Grossfeld. ›Es überkam ihn, gerade als wir aufbrechen
wollten. Er lief zur Herrentoilette und blieb bestimmt für zehn
Minuten dort, und als er wiederkam, war er ganz grün im Gesicht.‹ Ich dankte Grossfeld und ging zu dem Logierhaus, in
dem Sadie Katz umgebracht worden war.

Vor dem Haus standen einige Polizisten, und ich musste sie
erst überzeugen, dass ich drinnen etwas Wichtiges zu erledigen
hatte. Schließlich schaffte ich es, in die Wohnung der Spiegels

415

zu gelangen. Mrs. Spiegel lag auf dem Sofa, immer noch unter Schock von ihrer schrecklichen Entdeckung, Mr. Spiegel fächelte ihr Luft zu. Aber hinter ihrem Schock konnte ich in Mrs. Spiegels Augen eine leise Genugtuung darüber ausmachen, dass sie der Mittelpunkt der Aufmerksamkeit war.

Ich entschuldigte mich, sie zu so einem Zeitpunkt zu belästigen. Das war für Mrs. Spiegel Anlass genug, mir die ganze Geschichte ihrer schrecklichen Entdeckung zu erzählen. Irgendwann konnte ich dann doch noch Mamas Frage stellen – diese war noch verrückter als die anderen beiden. ›Sie beide sind Liebhaber des Theaters, wenn ich das richtig sehe. Was mögen sie lieber, amerikanische oder jiddische Stücke?‹

Als ich meine Frage gestellt hatte, schauten sie verwundert drein – aber nicht halb so verwundert, wie ich selbst über die Frage war. Sie sagten, dass sie fast immer ins jiddische Theater gingen. ›Die amerikanischen Schauspieler reden derartig schnell‹, sagte Mrs. Spiegel, ›da kann man ja überhaupt nicht der Handlung folgen.‹ ›Geschweige denn die Witze verstehen‹, fügte Mr. Spiegel hinzu.

Ich bedankte mich bei ihnen und ging zurück nach Hause und zählte Mama die Antworten auf, die ich erhalten hatte. Sie rieb wieder ihre Hände und sagte: ›Sehr gut! Sehr gut! Ich hab auch eine Frage gestellt und eine Antwort bekommen. Bei dem ganzen Geheule da oben ist es gar nicht einfach, auch nur ein einziges Wort dazwischenzukriegen. Aber schließlich habe ich Mendels Mutter beiseite genommen und sie gebeten, mir zu sagen, wie viele Pefferminzbonbons noch in der Papierrolle waren, als sie gestern Abend Mendels Taschen ausgeleert hat. Und sie meinte, er habe überhaupt keine Pefferminzbonbons in der Tasche gehabt. Was hältst du davon, meine Kleine?‹

Ich sagte: ›Ich glaube, ich fange gleich an zu weinen. Man beschuldigt meinen Mendel, eine Frau umgebracht zu haben, und du machst dir Sorgen, dass er zu viele Süßigkeiten isst.‹

Aber Mama reagierte weder genervt noch wütend. Eine Frau,

die sich schon mit dreizehn Jahren zwei Stunden in einem Wandschrank verstecken musste, haut so schnell nichts um. ›Schätzchen‹, sagte sie, ›mach mal Gebrauch von dem Verstand, den Gott dir gegeben hat. Du kennst die Tatsachen rund um den Mord, du hast die Antworten zu meinen Fragen gehört – jetzt solltest du in der Lage sein, zu beweisen, wer der Mörder ist.‹

Das hat Mama zu mir gesagt, am vierten Mai, um elf Uhr morgens, vor fünfundvierzig Jahren. Und das ist, was ich jetzt euch sage.«

Mom hielt inne und blickte uns nacheinander an. Auf ihrem Gesicht stand dieser zufriedene Ausdruck, den sie immer in solchen Momenten aufsetzt. Sie weiß ganz genau, dass wir unsere Dummheit zugeben und sie um die Lösung anbetteln werden.

»Ich kriegs nicht raus«, sagte Inspektor Millner. »Der Fall sieht ziemlich schlecht aus für Mendel – Ihren Mann.‹

»Der Fall sieht schlecht aus«, sagte Mom, »solange Mendel kein Alibi hat, solange er keinen Zeugen nennt, der ihn zur Tatzeit gesehen hat. Was Mama tun musste, war herausbekommen, wo Mendel gewesen war, damit die Polizei einen Zeugen finden konnte – auch ohne Mendels Mithilfe …«

»Aber wenn es so einen Zeugen gegeben hat«, sagte Shirley, »warum auf aller Welt hat er das dann nicht gesagt? Ich kann mir nicht vorstellen, dass jemand, der unschuldig ist, absichtlich als Mörder dastehen möchte.«

»Wirklich nicht?« Moms Stimme war sehr ruhig. »Angenommen, es gibt etwas, das seiner Meinung nach schlimmer ist, als ein Mörder zu sein.« Der Satz stand einen Moment lang im Raum. Dann sagte der Inspektor: »Was kann es Schlimmeres geben?«

»Das hängt davon ab, wie man erzogen wurde«, sagte Mom. »Davon, was einem eingeimpft wurde, was man zu respektieren hat und wovor man Angst haben soll. Ich werde euch zeigen, was ich meine, Schritt für Schritt, so wie es mir Mama gezeigt hat.

›Wo ist Mendel gewesen zwischen acht Uhr und Mitternacht?‹, hat Mama mich gefragt. ›Er ist irgendwo hingegangen, wo ihn Leute wegen seines Hutes ausgelacht haben. Also, was bedeutet das, meine Kleine?‹

Ich sagte: ›Das bedeutet, dass er in einem nichtjüdischen Viertel war. Ein Jude soll seinen Hut immer tragen, egal ob es warm oder kalt ist, egal ob draußen und drinnen. Das gehört zu der Religion, es zeigt die Ehrfurcht vor Gott. In einer jüdischen Gegend würde sich niemand über einen jungen Mann wundern, der einen Hut trägt.‹

›Das ist alles richtig‹, sagte Mama, ›aber du hast nicht weit genug gedacht. Wie oft habe ich dir schon gesagt: Eine halbe Antwort taugt so wenig wie gar keine Antwort. Auch in einer nichtjüdischen Gegend, was soll so ungewöhnlich sein an einem jungen Mann, der auf der Straße einen Hut trägt? Es ist gerade mal Anfang Mai und noch ist es nicht so heiß, dass es lächerlich wäre, einen Hut aufzuhaben.‹

›Du willst damit sagen, Mama, dass Mendel gelogen hat mit den Leuten, die ihn ausgelacht haben?‹

›Das wird schon gestimmt haben. Warum sollte er sich so etwas ausdenken? Aber als er die Leute erwähnt hat, die ihn ausgelacht haben, fiel ihm auf, dass er nicht die ganze Wahrheit über diese Leute sagen konnte, weil er sonst ein paar Dinge hätte erklären müssen, die er nicht erklären wollte. Er war nicht auf der Straße, als er ausgelacht wurde. Er war drinnen – irgendwo in einem Gebäude, wo man normalerweise seinen Hut abnimmt. Er hat ihn aber nicht abgenommen, und für die anderen Leute wirkte das lustig.‹

Ich muss zugeben, ich war ein bisschen enttäuscht, dass ich nicht selber darauf gekommen war. Ich tat so, als hielte ich das für unwichtig. ›Drinnen oder draußen, was macht das für einen Unterschied?‹, sagte ich. ›Vielleicht haben ihn die Leute in der

U-Bahn ausgelacht. Er hat doch gesagt, dass er U-Bahn gefahren ist, gestern Abend.‹

›Wenn er in der U-Bahn ausgelacht worden ist, warum sollte er dann lügen und behaupten, er sei auf der Straße ausgelacht worden? Und überhaupt, wer nimmt schon in der U-Bahn seinen Hut ab? Glaub mir nur, Schätzchen, Mendel ist gestern irgendwo reingegangen. Jetzt sag mir, wo könnte das gewesen sein?‹

Ich wusste keine Antwort. Mein Gehirn wollte einfach nicht funktionieren. Also sagte Mama: ›Denk mal nach, Schätzchen. Wie war das mit dem Geld in Mendels Tasche?‹

›Warte mal, warte mal‹, sagte ich und mein Gehirn zeigte wieder erste Lebenszeichen. ›Auf dem Weg nach Hause von der Schneiderei gestern Abend hat sich Mendel eine Rolle Pefferminzbonbons gekauft.‹

An Mamas aufgeregtem Gesichtsausdruck konnte ich erkennen, dass ich auf der richtigen Spur war. ›Ja und, und? Was ist mit den Pefferminzbonbons?‹

›Er hat sie mit einem Ein-Dollar-Schein bezahlt und das Wechselgeld in seine Tasche gesteckt. Dann ist er nach Hause gekommen, hat sich mit seinem Papa gestritten und ist wieder rausgerannt, ohne sich umzuziehen. Anschließend hat er sich in die U-Bahn gesetzt, war ein paar Stunden weg und hat dann beschlossen, wieder nach Hause zu fahren. Aber als er wieder bei der U-Bahn-Station angelangt ist, hatte er kein Geld mehr in der Tasche. Fünf Cents für die Bonbons, fünf für die U-Bahn-Fahrt – dann müsste er noch neunzig Cents übrig haben. Hat ihn jemand bestohlen? Bestimmt nicht. Mendel sieht nun wirklich nicht nach Geld aus, der zieht doch keine Taschendiebe an. Er hat die neunzig Cents ausgegeben, Mama! Das, wo er drinnen gewesen ist, wo er seinen Hut nicht abnehmen wollte, das muss eine Art Laden gewesen sein, wo er etwas für neunzig Cents gekauft hat.‹

›Sehr gut, sehr gut‹, sagte Mama. ›Aber in was für einer Art Laden nimmt man normalerweise seine Kopfbedeckung ab?‹

419

Mir fiel nichts ein. Plötzlich versagte mein Gehirn wieder völlig. Mama schüttelte den Kopf und sagte: ›Mit den Pefferminzbonbons hast du so gut angefangen, Schätzchen. Warum machst du damit den Sack nicht zu? Mendel hat sich die Bonbons auf dem Weg von der Schneiderei nach Hause gekauft. Aber er hat sie nicht gegessen, er hat sie in die Tasche gesteckt und sofort vergessen. Und dann nach Mitternacht, als er schon schlief, hat seine Mama seine Taschen ausgeleert und was dabei gefunden? Keine Pfefferminzbonbons. Irgendwann während der vier Stunden, in denen er weg war, hat er sie alle aufgegessen. Aber warum?‹

›Er hatte Hunger‹, sagte ich. ›Hatte er nicht sein Abendbrot verpasst?‹

›Gibt sich ein junger Mann mit einer Rolle Pfefferminzbonbons als Abendbrot zufrieden? Es gibt schon noch andere Gründe, warum man Pefferminzbonbons isst, oder nicht? Der Grund, warum Mendel sie überhaupt gekauft hat …‹

›Um seine Alkoholfahne vor seinem Papa zu verstecken‹, sagte ich. ›Aber Mama, das kann doch zu der Zeit nicht mehr der Grund gewesen sein, sein Papa hatte doch schon mitbekommen, dass Mendel getrunken hat.‹

›Genau, darauf will ich ja hinaus‹, sagte Mama. ›Er hat die Pefferminzbonbons gegessen, um einen anderen Geruch zu verbergen. Vielleicht etwas, das er …‹

Ich unterbrach sie, weil ich jetzt alles glasklar vor mir sah. ›Um zu verbergen, was er gegessen hat! Das ist es, nicht wahr, Mama? Der Laden in dem nicht jüdischen Viertel war ein Restaurant! In welchem anderen Laden wird auch von einem erwartet, dass man den Hut abnimmt? Er hatte Hunger, er ging hinein und setzte sich an einen Tisch und bestellte etwas für neunzig Cents. Es muss etwas ziemlich Widerliches gewesen sein, Mama, wenn er anschließend eine ganze Rolle Pefferminzbonbons gegessen hat, um den Geruch zu überdecken. Und als er um Mitternacht nach Hause kam, ist er gleich ins Bad gegangen, um sich zu übergeben!‹

›Gar nicht dumm‹, meinte Mama, ›aber woher willst du wissen, dass er sich nicht von dem Sekt von der Feier übergeben musste?‹

›Nein, der Sekt kann es nicht gewesen sein‹, sagte ich. ›Von dem Sekt hat er sich doch schon früher am Abend in der Schneiderei übergeben. Also muss ihm um Mitternacht von etwas anderem übel geworden sein – etwas, das er in dem Restaurant gegessen hat …‹

›*Mazel tov*!‹, sagte Mama und blickte mich so stolz an, wie ich sie noch nie gesehen hatte. ›Also sag mir, Schätzchen, was war das für Essen, von dem Mendel so schlecht geworden ist? Wofür hat er sich so geschämt, dass ihm davon schlecht wurde und dass er hinterher eine ganze Rolle Pfefferminzbonbons essen musste?‹

›Mama, ich weiß es nicht!‹, sagte ich. Um ehrlich zu sein, ich war den Tränen nahe. ›Ich weiß nicht, was er in dem Restaurant gegessen hat, und selbst wenn ich es wüsste, wieso sollte er dann aus dem Gefängnis kommen?‹

Mama nahm mich in den Arm und klopfte mir auf die Schulter. ›Schätzchen, es ist so einfach‹, sagte sie. ›Wenn du nicht so schrecklich besorgt wärst, würdest du sehen, wie einfach es ist. Ein junger Mann wie Mendel, ein stiller, schüchterner Junge, der nie seinen Mann steht – gestern Abend hat er seinen Mann gestanden und seinem Papa endlich mal gesagt, dass er sein eigenes Leben führen will. Und natürlich war er wütend, als er aus der Wohnung rannte, viel wütender, als ein anderer Junge wäre, weil Mendel seine Wut die letzten einundzwanzig Jahre angespart hat.

›Ich werd's Papa zeigen‹, hat er sich gesagt. ›Ich mache jetzt etwas schrecklich Verbotenes! Er wird schon sehen, dass ich nicht mehr unter seiner Fuchtel stehe!‹ Dann ist er aus der U-Bahn gestiegen und eine Weile herumgelaufen, und plötzlich hat er dieses Restaurant gesehen und sich entschieden, die verbotenste Sache zu machen, die er sich überhaupt denken konnte. Er ist ins Restaurant gegangen und hat sich …‹

421

›Schweinefleisch bestellt!‹, platzte ich hervor, und ich musste gleichzeitig heulen und schlucken.

›Genau das‹, sagte Mama. ›Schweinefleisch, Schinken, Speck, das verbotene Fleisch, das Essen, das kein orthodoxer Jude, der so erzogen wurde wie Mendel, essen kann, ohne damit Gott persönlich zu beleidigen. Er hat das *treife* Schweinefleisch gegessen und sich ungefähr fünf Minuten lang großartig gefühlt.

Aber einundzwanzig Jahre sind nicht auf einen Schlag passé. Plötzlich verschwand der Stolz, und Mendel hasste sich für das, was er getan hatte, er fühlte nur noch Scham und wartete darauf, dass Gott Donner und Blitz auf ihn niederschleudern würde. Und am schlimmsten war die Vorstellung, was sein Papa sagen würde, wenn er es jemals herausfände. Was immer auch passierte, er musste auf jeden Fall verhindern, dass sein Vater es herausbekäme.‹

Also rannte er aus dem Restaurant und stopfte sich die Pfefferminzbonbons in den Mund, damit er nicht nach Schweinefleisch riechen würde. Dann ging er nach Hause – und der Gedanke an das verbotene Essen im Magen war schließlich zu viel für ihn, und er musste sich im Bad übergeben. Und am nächsten Morgen, als dann die Polizei kam und ihn des Mordes an Sadie Katz beschuldigte – in was für einer schrecklichen Zwickmühle steckte er da! Um sich von dem Verdacht zu befreien, hätte er sagen müssen, wo er zur Tatzeit gewesen war – und genau das durfte niemand wissen. Lieber sollte die ganze Welt ihn für einen Mörder halten, als dass sein Papa herausfände, dass er *treifes* Essen gegessen hat.‹

Als Mama zu Ende war, fühlte ich mich erleichtert und glücklich und wütend, alles gleichzeitig. ›Deshalb sagt er ständig, dass er schuldig ist, Mama? Deshalb nennt er sich selbst einen Sünder und Gesetzesbrecher? Dieser Mendel – wie kann er nur so verrückt sein?‹

›Wenn man einundzwanzig ist, ist das nicht schwer‹, meinte

Mama. ›Wir müssen ihn vor seiner eigenen Verrücktheit bewahren, Schätzchen. Wir erzählen unsere Idee der Polizei, und die probieren die Restaurants durch, und früher oder später wird sich jemand an den dünnen jungen Mann erinnern, der seinen Hut nicht abnehmen wollte.‹

Und wie immer hatte Mama recht. Um drei Uhr nachmittags hatte die Polizei das Restaurant ausfindig gemacht, und um vier wurde mein Mendel aus dem Gefängnis entlassen. Und pünktlich um fünf, genau wie geplant, haben Mendel und ich geheiratet. Dann haben wir zweiunddreißig Jahre glücklich zusammengelebt – und wenn Mendel nicht gestorben wäre ...«

Wir waren einen Moment lang still, dann redeten wir alle gleichzeitig los.

»Aber wenn es dein Mann nicht getan hat«, sagte Shirley, »wer um alles in der Welt hat dann die Frau umgebracht?«

»Was hatte Papas Füller auf dem Fußboden von Sadies Zimmer zu suchen?«, sagte ich. »Und wie erklärt sich der Anruf, den sie an dem Abend vor dem Mord bekommen hat?«

»Und warum meinten Sie vorhin, dass dieser alte Mord Sie an den Fall erinnert, an dem wir gerade arbeiten? Wo ist die Parallele zwischen ihrem Mendel und dem Ortiz-Jungen?«

Mom beantwortete die letzte Frage zuerst. »Ich werde Ihnen erzählen, wo ich da eine Ähnlichkeit sehe«, sagte sie, »wenn Sie mir vorher zwei Fragen beantworten.« Sie hob einen Finger. »Erstens: In den letzten Monaten, seit der Ortiz-Junge angefangen hat, abends lange wegzubleiben, hat er da mehr Geld ausgegeben als vorher – hat er sich teure Kleidung gekauft oder kostspielige Geschenke für seine Freundin?«

»Allem Anschein nach nicht. Laut Schwester und Mutter hat er sich in den letzten vier Monaten keine neuen Klamotten gekauft. Und seine Freundin, Rosa Melendez, behauptet, er lade sie sogar seltener ins Kino ein als früher.«

»Zweitens«, sagte Mom. »Als er noch zur High School gegangen ist, hat er da Kurse belegt, wo man lernt, elektrische Dinge auseinander zu nehmen?«

»Technisches Werken meinen Sie? Hat er nie gemacht. Er hat sich immer geweigert, solche Kurse zu nehmen – vielleicht, weil sein Vater ihn ständig dazu gedrängt hat.«

Mom nickte. »Danke schön. Das hatte ich erwartet. Wie Sie gesagt haben – ein wasserdichter Fall.«

Inspektor Millners Gesicht nahm wieder diesen traurigen Blick an. »Sie wollen damit sagen, sie können ihm nicht helfen? Sie sind auch überzeugt, dass er der Schuldige ist?«

»Ich war mir sicher, dass du das auch so sehen würdest, Mutter«, sagte Shirley. »Ich habe noch nie von einem Fall gehört, der so offensichtlich …«

»Offensichtlich?« Mom schüttelte den Kopf. »Wie Mama mir schon vor Jahren gesagt hat: Wer zu schnell seine Schlüsse zieht, hat sich auch schnell geschnitten. Monatelang verschwindet dieser Ortiz-Junge nach dem Abendbrot und kommt erst nach Mitternacht zurück, ohne zu sagen, was er in der Zwischenzeit treibt. Daraus schließen alle, dass er krumme Geschäfte macht.«

Inspektor Millner sagte: »Was soll man auch sonst davon halten?«

»Diese Raubüberfälle«, sagte Mom, »die er angeblich jeden Abend begeht, macht er nur an Wochentagen. Am Wochenende, samstag- und sonntagabends geht er mit seiner Freundin aus wie eh und je. Ist das nicht ein bisschen seltsam? Eine Gangsterbande, die sich am Wochenende Ferien gönnt – besonders am Samstagabend, wenn viele Leute betrunken sind und noch spät draußen herumlaufen und häufig sogar viel Geld bei sich haben?

Und noch etwas Seltsames: Der Junge macht ständig Überfälle, aber statt mehr Geld auszugeben als sonst, gibt er weniger aus. Was ist mit seinen Einnahmen? Da leuchtet mir nur eine Antwort ein: Vielleicht gibt es gar keine Einnahmen, und vielleicht gibt es auch keine Gangsterbande.«

»Aber Mom«, sagte ich, »was ist dann mit der Stimme, die Vater Ortiz am Telefon gehört hat, als der Junge vor einer Woche anrief?«

»Diese Stimme, die ist doch noch seltsamer als alles andere. Was hat sie gesagt, die Stimme? ›Wer hat schon Angst vor der Polente? Wenn irgendein Polyp mir quer kommt, schieß ich ihn nieder!‹ Ich bin ja kein Experte, was Gangster angeht, aber gelegentlich lese ich schon mal Zeitung oder sehe fern oder höre die Kinder in der Nachbarschaft reden. Sagt mir, wenn ich danebenliege, aber ein harter Typ heutzutage würde bestimmt nicht ›Polente‹ sagen oder ›niederschießen‹. Beliebter ist da heutzutage ›Bulle‹, oder? Und wenn man jemanden erschießt, dann ›macht man ihn kalt‹ oder ›knallt ihn ab‹. Aber ›Polente‹ und ›niederschießen‹ ist doch, was man vor fünfundzwanzig Jahren gesagt hat. Das, was sie in diesen alten Filmen mit Humphrey Bogart und Edward G. Robinson immer sagen.«

Inspektor Millner schlug mit der Hand auf den Tisch. »Sie wollen damit doch nicht sagen …«

»Ganz richtig«, unterbrach ihn Mom, »ich will sagen, dass diese Stimme exakt wie einer dieser alten Verbrecher gesprochen hat. Warum sollte ich das nicht feststellen, wenn es doch so war? Und wo laufen sie heutzutage, diese alten Filme? Im Fernsehen, habe ich Recht? Als Mr. Ortiz letzte Woche mit seinem Sohn telefoniert hat, hat er im Hintergrund einen alten Film gehört, der gerade im Fernseher lief.«

»Ich sehe nicht, was das beweisen soll«, sagte Shirley. »Der Junge und seine Knacki-Freunde haben an dem Abend halt zufällig ferngesehen …«

»Schau dir mal diesen Anruf ein bisschen genauer an«, sagte Mom. »Wie Mama mir immer gesagt hat: Eine halbe Antwort taugt so wenig wie gar keine Antwort. Warum hat der Ortiz-Junge denn überhaupt angerufen? Weil er am Nachmittag den Fernseher seiner Mutter repariert hatte, und nun wollte er wissen, ob der Apparat noch läuft. Aber wer kann schon einen

Fernseher reparieren, indem er ein bisschen mit einem Schraubenzieher daran rumfummelt? Dafür braucht man doch einiges an Wissen und Erfahrung. Dieser Junge hat nie Technikkurse in der Schule genommen. Also frage ich mich doch, wo er gelernt hat, Fernseher zu reparieren. Und für die Antwort zähle ich einfach eins und eins zusammen.

Monatelang ist er jeden Abend vier Stunden nicht zu Hause. An Samstagen und Sonntagen aber verschwindet er nie auf diese Weise. Während dieser Monate hat er nicht etwa mehr, sondern weniger Geld ausgegeben als vorher. Da, wo er hingeht, läuft ein Fernseher. Und urplötzlich, wie aus dem Nichts hat er ein Händchen beim Reparieren von Fernsehern.

Hört sich das an wie ein junger Mann, der mit einer Gang Raubüberfälle macht und Leute absticht? Oder hört sich das an wie einer, der zu einer Abendschule geht, damit er als Fernsehreparateur arbeiten und seine Liebste heiraten kann?«

Halb zuversichtlich und halb besorgt schüttelte Inspektor Millner den Kopf. »Aber wenn er das tatsächlich all die Monate gemacht hat – wenn er das zur Tatzeit gemacht hat –, warum hat er es uns dann nicht gesagt? Warum hat er es nie seinen Eltern erzählt?«

Auf Moms Gesicht zeigte sich wieder ihr trauriges kleines Lächeln. »Die junge Generation«, sagte sie. »Glauben Sie, die ändert sich nach fünfundvierzig Jahren? Ein zwanzigjähriger Jude auf der East Side, ein junger Puertoricaner auf der West Side – beides sind Jungens mit den gleichen Gefühlen und Eitelkeiten in der Brust. Für diesen Ortiz-Jungen wie für meinen Mendel gibt es Dinge, die schlimmer sind, als wegen Mordes festgenommen zu werden. Für alle beide ist das Wichtigste, dass Papa ihr Geheimnis nicht herausbekommt.«

»Das ist aber unlogisch, Mutter«, sagte Shirley. »Dein Verlobter hat etwas angestellt, das seinem Vater missfallen würde – also wollte er natürlich nicht, dass er das mitbekommt. Aber dieser Ortiz, wenn deine Theorie stimmt, hat etwas getan, was sein Vater gutheißen würde. Warum sollte er das vor seinem Vater verbergen?«

»Du hast selbst schon die Antwort genannt. Weil sein Vater das gutheißen würde. Sein Vater hat ihm, als er noch zur High School ging, sogar zu solchen Kursen geraten. Der Junge hat sich strikt geweigert, aber vor ein paar Monaten, da hat er ganz alleine für sich gemerkt, dass sein Vater Recht hatte. Er hat sich für eine Abendschule angemeldet und für die Schule hart und kontinuierlich gearbeitet, aber wie sollte er das zugeben, bei so einem Vater? Sollte er seinem Vater die Genugtuung geben, sagen zu können: ›Ich hab dir doch schon immer dazu geraten‹? Gibt es etwas Stärkeres und Verrückteres als den Stolz eines jungen Mannes?

Und nach einer Weile wurde das zu einem Teufelskreis: Der Junge wollte nicht sagen, wo er abends immer hingeht, und deshalb hat sein Vater ihn einen Herumtreiber genannt – das wiederum hat den Jungen noch starrköpfiger gemacht. Als ihn dann schließlich die Polizei festgenommen hat, war er zu stolz, um die Wahrheit zu sagen. Natürlich ist das unlogisch – solange man kein achtzehnjähriger Junge ist.«

Inspektor Millner strahlte über das ganze Gesicht. »Morgen früh«, sagte er, »fange ich an, alle Abendschulen für Fernsehreparateure durchzuprobieren. Was wird die Mutter von dem Jungen sich freuen …«

Ein Schatten huschte über Moms Gesicht. »Da wäre ich mir nicht so sicher«, sagte sie.

Der Inspektor schaute sie unverwandt an. »Jetzt verstehe ich nicht ganz …«

»Der Junge hat den Taxifahrer nicht umgebracht«, sagte Mom, »aber trotzdem sind seine rote Lederjacke und seine Motorradkappe am Tatort gewesen. Du hast gesehen, wie sie von dem Taxi weggerannt sind, Davie, und an deinem guten Auge möchte ich nicht zweifeln. Wenn also der Junge die Sachen nicht getragen hat, wer dann?«

»Er hat sie getragen, als er an dem Abend von zu Hause losgegangen ist, Mom. Seine Eltern haben das gesagt.«

»Ganz bestimmt. Er hat das jeden Abend getragen, wenn er losgezogen ist. Weil es seinem Vater missfallen hat. Aber in der Abendschule? Da kann er doch nicht in so einem lotterigen Aufzug erscheinen. Da muss er einen sauberen, ordentlichen Anzug tragen, wie alle anderen ernst zu nehmenden Schüler. Also muss er doch, bevor er in der Schule auftaucht, irgendwo hinfahren, wo er seine rote Jacke gegen seinen schönen Anzug wechseln kann. Und wenn dann nachts die Schule aus ist, muss er noch mal dahin zurück und wieder seine Jacke anziehen und seinen Anzug für den nächsten Abend deponieren.

Wo könnte er das machen? In einem Hotelzimmer – aber wie soll er sich das leisten? Bei einem Freund? Aber wem könnte er so ein Geheimnis anvertrauen? Nur einem einzigen Menschen: seiner Schwester – wie hieß sie doch gleich? – Inez. Sie ist ein Jahr älter als er, sie bewohnt ein Hotelzimmer in Downtown, sie hasst ihren Vater noch mehr, als er das tut. In der betreffenden Nacht hat er seine rote Jacke und die schwarze Kappe bei ihr gelassen, so wie er das schon seit Monaten tut. Und nachdem er losgegangen ist zu seiner Schule, zieht sie seine Jacke und seine Kappe über, so wie sie es auch schon seit Monaten macht, und zieht los, um Taxifahrer zu überfallen. Zusammen mit einer Hose ist das für sie die perfekte Tarnung, weil jeder Taxifahrer der Polizei sagen wird, dass er von einem jungen Mann ausgeraubt wurde.«

»Und Rafael ist tatsächlich klein und dünn!«, sagte ich. »Er hat lange Haare, wie all die Jugendlichen heutzutage. Mit der roten Jacke und der Motorradkappe, und dann noch die Familienähnlichkeit – kein Wunder, dass Palazzo ihn als den Mörder identifiziert hat!«

»Und es ist auch kein Wunder, dass du ihn von dem Tatort hast weglaufen sehen.«

Eine Weile war es still. Dann seufzte Inspektor Millner leise auf. »Ich lasse sie noch heute Abend festnehmen«, sagte er. »Und dann werde ich wohl die Mutter anrufen müssen ...«

Wieder eine lange Stille, dann konnte Shirley sich nicht mehr zurückhalten. »Alles schön und gut, Mutter«, platzte sie hervor, »aber was war jetzt mit dem alten Mord, dem von Sadie Katz? Hat man jemals rausgefunden, wer sie umgebracht hat?«

Mom drehte sich zu Shirley, lächelte kurz und sagte dann: »Habe ich das noch nicht erzählt? Entschuldigt, mein Fehler. Mama hat herausgefunden, wer sie umgebracht hat, natürlich.«

»Deine Mutter hatte eine Erklärung für den Füller?«, sagte Shirley. »Und für den Anruf, der den Anschein erweckt hat, Sadie Katz würde mit deinem Verlobten sprechen und ihn in ihr Zimmer einladen?«

»Der Anruf war Mamas beste Spur zu dem richtigen Mörder«, sagte Mom. »Warum dachte die Polizei denn, dass es Mendel war, der sie angerufen hat? Warum sollte sie ausgerechnet Mendel in ihr Zimmer eingeladen haben? Sie hatte so einige Männer an der Leine, unter anderem jemanden, der sie nie zu Hause treffen wollte, sondern immer nur außerhalb. Warum ist die Polizei ausgerechnet auf Mendel gekommen?

Nun, wie Mama damals festgestellt hat, war das alles zurückzuführen auf einen Satz, den Sadie am Telefon gesagt hatte: ›Wovor hast du Angst? Du bist doch noch ein freier Mann. Du kannst tun und lassen, was du willst.‹ Wen könnte Sadie damit gemeint haben, außer einen Mann, der kurz davor war zu heiraten? Und außer Mendel gab es da niemanden in ihrem Bekanntenkreis.

Aber Mendel hatte ein Alibi – folglich hat Sadie nicht mit ihm telefoniert. Deshalb meinte Mama: ›Vielleicht bedeuten diese Worte gar nicht das, was alle denken. Wer hat denn Sadie diese Worte sprechen hören? Mr. und Mrs. Spiegel, zwei alte Leute, die erst vor fünf Jahren aus Deutschland gekommen sind, die nie richtig Englisch gelernt haben, die sich lieber jiddische Stücke anschauen als amerikanische, weil sie sonst nichts

429

verstehen. Kann es nicht gut sein, dass diese zwei sich verhört haben, als sie Sadie Katz am Telefon sprechen hörten?‹

Mama musste gar nicht weiterreden. Ich sah sofort, worauf sie hinauswollte. ›Mama, das ist die Lösung! Die Spiegels dachten, dass Sadie Katz gesagt hat *Du bist doch noch ein freier Mann. Du kannst tun und lassen, was du willst.* Aber in Wirklichkeit hat sie gesagt: *Du bist doch Weierman, du kannst tun und lassen, was du willst.* Sie hat mit ihrem Chef Mr. Weierman telefoniert. Sie hatte eine Affäre mit ihm – und er ist der Mann, der sie nie zu Hause abholen wollte, den sie immer irgendwo draußen treffen musste. Er hat sie angerufen und gesagt, dass er sie gerne sehen möchte. Sie hat darauf bestanden, dass er zu ihr kommt – und als er gesagt hat, dass er befürchte, jemand könnte ihn sehen, da hat sie nur gelacht und gesagt, dass so ein toller Hecht wie er tun und lassen könne, was er wolle.

Also ist er zu dem Mietshaus gekommen und mit ihr raufgegangen – und vielleicht hat er ihr gesagt, dass er die Affäre beenden will, und vielleicht ist sie daraufhin wütend geworden und hat gedroht, seiner Frau alles zu erzählen. Deshalb hat er sie erwürgt. Und wegen des Füllers, Mama – als Mendel gestern nach Hause gekommen ist, da hat er sich doch auf den Treppenabsatz gestellt und den Leuten zugewinkt und ihnen seinen Füller gezeigt. Und ist dann nicht Sadie Katz zu ihm gelaufen und hat ihre Arme um ihn geschlungen und ihn geküsst? Vielleicht hat er dann in seiner Verwirrung den Füller fallen gelassen, und dann hat Sadie ihn aufgehoben, automatisch, ohne groß nachzudenken, so wie man das eben manchmal macht. Das würde erklären, wie der Füller in ihr Zimmer gekommen ist!‹

Ich hielt inne und wartete darauf, dass Mama mir sagt, was für ein Detektivgenie ich war. Aber sie schüttelte nur den Kopf.

›Immer nur halbe Antworten‹, sagte sie. ›Wie soll aus *Du bist doch noch ein freier Mann* denn *Du bist doch Weierman* werden. Wo ist das *noch* hin und wo das *ein*? Auch wenn man nicht so gut Englisch kann, würde man doch merken, dass da einige

Silben ausgelassen wurden. Was Sadie wirklich am Telefon gesagt hat, muss dem, was die Spiegels glauben gehört zu haben, viel ähnlicher gewesen sein.‹

›Aber was war es dann, Mama?‹

›Schätzchen‹, sagte Mama, ›es ist doch bekannt, dass verschämte Ehemänner viel seltener Morde begehen als eifersüchtige Ehefrauen.‹

›Mrs. Weierman? Sie soll …‹

›Warum nicht?‹, sagte Mama. ›Sie hat von der Affäre Wind bekommen und Sadie angerufen und verlangt, sie noch am selben Abend zu sehen. Sie wollte Sadie in Uptown treffen, aber Sadie hatte Spaß daran, diese piekfeine Frau zu sich nach Hause zu bestellen. *Wovor hast du Angst?*, hat Sadie sie gefragt. *Du bist doch Nora Weierman, du kannst tun und lassen, was du willst.* Und genau das hat Nora Weierman ungefähr eine Stunde später auch gemacht. Sie hat Sadie erwürgt!‹«

Mom holte kurz Luft, dann fuhr sie leise fort: »Letztendlich haben die Geschworenen sie bei der Verhandlung freigesprochen, aufgrund vorübergehender Psychopathie.«

Das war das Ende von Moms Geschichte. Ich seufzte erleichtert auf. Was ich befürchtet hatte, war nicht eingetreten. Mom hatte diese ganzen Erinnerungen an die alten Zeiten, an ihren Hochzeitstag überstanden, und sie sah putzmunter aus.

Aber dann rutschte mir das Herz in die Hose. Plötzlich standen Mom Tränen in den Augen.

»Was ist denn los?«, rief Inspektor Millner. »Kann ich irgendetwas für sie tun?«

»Es geht schon wieder«, sagte Mom. »Ich musste nur daran denken – die junge Generation heute, die junge Generation in den alten Zeiten, vielleicht gibt es da doch einen Unterschied. Der arme Mendel war bereit zu sterben, damit sein Vater sich nicht wegen ihm zu schämen brauchte. Und dieser Ortiz-Junge, er war bereit zu sterben, nur damit er seinen Vater nicht mit Stolz erfüllt.«

431

Mom begann langsam ihren Kopf zu schütteln. »Es ist schon eine verrückte Welt, in der wir heute leben; Mama hätte nicht viel Gefallen an ihr gefunden, glaube ich. Vielleicht ist es gut, dass sie das nicht mehr miterleben muss.«

Mom schlug ihre Augen nieder. Kurz darauf nahm sie ein Taschentuch und schneuzte sich die Nase. Als sie wieder hochschaute, lächelte sie. »Gehen wir zum Nachtisch über«, sagte sie. »Ihnen zu Ehren, Inspektor, habe ich einen Biskuitkuchen gebacken!«

Dann stand Mom auf, und wie ein General an der Spitze seiner siegreichen Armee marschierte sie in die Küche.

Aus dem Englischen von Paul Brodowsky